Marion Gawlik, Elena Krafft, Mike Seckinger

Jugendhilfe und sozialer Wandel

Die Lebenssituation Jugendlicher und der Aufbau der Jugendhilfe in Ostdeutschland

unter Mitarbeit von:

Heinrich Bauereiß, Robert Gugutzer, Sabine Lotze, Richard Münchmeier, Eva-Maria Spörl, Vera Sprau-Kuhlen

DJI Verlag Deutsches Jugendinstitut

Das Deutsche Jugendinstitut e.V. (DJI) ist ein zentrales sozialwissenschaftliches Forschungsinstitut auf Bundesebene mit den Abteilungen Jugend und Jugendhilfe, Jugend und Arbeit, Jugend und Politik, Mädchen- und Frauenforschung, Familie/Familienpolitik, Kinder und Kinderbetreuung, Medien und Kultur sowie Sozialberichterstattung. Es führt sowohl eigene Forschungsvorhaben als auch Auftragsforschung durch. Die Finanzierung erfolgt überwiegend aus Mitteln des Bundesministeriums für Familie, Senioren, Frauen und Jugend und im Rahmen von Projektförderung aus Mitteln des Bundesministeriums für Bildung, Wissenschaft, Forschung und Technologie. Weitere Zuwendungen erhält das DJI von den Bundesländern und Institutionen der Wissenschaftsförderung.

Alleinauslieferung: Juventa Verlag, Weinheim und München
© 1995 DJI Verlag Deutsches Jugendinstitut, München
Umschlagentwurf: Erasmi & Stein, München
Druck: Presse-Druck- und Verlags-GmbH Augsburg
Printed in Germany
ISBN 3-87966-359-9

Dank

Wir möchten uns an dieser Stelle herzlich bei allen JugendamtsleiterInnen und MitarbeiterInnen der Jugendämter sowie den MitarbeiterInnen der freien Träger für ihre Geduld und Unterstützung bedanken. Des weiteren danken wir den zuständigen Referenten im Bundesministerium für Frauen und Jugend sowie dem Deutschen Städtetag und dem Deutschen Landkreistag für die hilfreiche Unterstützung unserer Untersuchung.
Ein besonderer Dank gilt auch den 2419 Jugendlichen in den neuen Bundesländern, die bereit waren, an den Interviews der Jugendstudie teilzunehmen.
Bedanken möchten wir uns auch bei Herrn Dr. Peter Gerstenberger vom Förderverein für Jugend- und -sozialarbeit in Berlin, der uns in vielen Diskussionen hilfreich zur Seite stand.
Schließlich danken wir allen MitarbeiterInnen des Deutschen Jugendinstituts, die uns unterstützt haben, insbesondere Herrn Prof. Dr. Richard Münchmeier, Herrn Prof. Dr. Werner Schefold, Herrn Prof. Dr. Christian v. Wolffersdorff, Herrn Dr. René Bendit sowie Herrn Dr. Christian Lüders.

München, Februar 1995   Die AutorInnen

Abkürzungsverzeichnis

ABM	Arbeitsbeschaffungsmaßnahme
ACJD	Arbeitsgemeinschaft christlicher Jugend in der DDR
AFG	Arbeitsförderungsgesetz
AFT	„Aufbau freier Träger" (Sonderprogramm der Bundesregierung)
AgAG	„Aktionsprogramm gegen Aggression und Gewalt" (Sonderprogramm der Bundesregierung)
ASD	Allgemeiner Sozialdienst
AWO	Arbeiterwohlfahrt
BDKJ	Bund der Deutschen Katholischen Jugend
BMFJ	Bundesministerium für Frauen und Jugend
BSHG	Bundessozialhilfegesetz
CVJM	Christlicher Verein Junger Menschen
DA	Deutsche Alternative
DPWV	Der Paritätische Wohlfahrtsverband
DRK	Deutsches Rotes Kreuz
FDJ	Freie Deutsche Jugend
fjs	Förderverein für Jugend- und -sozialarbeit e.V., Berlin
IPOS	Institut für praxisorientierte Sozialforschung
IPP	Institut für Praxisforschung und Projektberatung
JGG	Jugendgerichtsgesetz
JVA	Justizvollzugsanstalt
JWG	Jugendwohlfahrtsgesetz
KABI	Konzertierte Aktion Bundesjugendplan Innovationen
KJHG	Kinder- und Jugendhilfegesetz
NF	Nationale Front
NRW	Nordrhein-Westfalen
SED	Sozialistische Einheitspartei Deutschlands
SPFH	Sozialpädagogische Familienhilfe
SZ	Süddeutsche Zeitung
ZIJ	Zentralinstitut für Jugendforschung (Institut der DDR, Leipzig)
ZSE	Zeitschrift für Sozialisationsforschung und Erziehungssoziologie
ZUMA	Zentrum für Umfragen, Methoden und Analysen, Mannheim

Inhalt

Seite

Einleitung (Richard Münchmeier)   11

1 Ziele und Methoden des Projekts   21

  1.1 Zum Ziel der Untersuchung   21

  1.2 Aufbau und Methode der Institutionenbefragungen   24

2 Die Jugendämter in Deutschland   30

  – Kreisgebietsreform   30

  2.1 Strukturelle Merkmale und Organisation   32

    – Zur Stellung des Jugendamts in der öffentlichen Verwaltung   32
    – Finanzen der Jugendämter   33
    – Personal im Jugendamt   37
    – Qualifikation der MitarbeiterInnen   41
    – Berufsbilder   42
    – Aus-, Fort- und Weiterbildung   43
    – Personal in den Einrichtungen des Jugendamtes   46
    – Zusammenarbeit mit Ämtern und jugendhilferelevanten Institutionen   47
    – Jugendhilfeausschuß   49
    – Die JugendamtsleiterInnen   51

  2.2 Aufgabenbereiche und Einrichtungen der Jugendhilfe   54

    – Tagesbetreuung von Kindern   54
    – Tagesbetreuung von behinderten Kindern   55
    – Fremdunterbringung   59
    – Beratungsstellen   64
    – Erziehungsbeistandschaften   65
    – Sozialpädagogische Familienhilfe   66
    – Jugendgerichtshilfe   69
    – Jugendberufshilfe   73

– Schulsozialarbeit	74
– Streetwork und mobile Jugendarbeit	77
– Jugendklubs und Jugendzentren	79

2.3 Weitere Faktoren für die Arbeit der Jugendämter 82

– Jugendhilfeplanung	82
– Problemwahrnehmung durch die JugendamtsleiterInnen	86
– Engpässe in der zukünftigen Entwicklung	90

2.4 Zusammenfassung: Jugendämter in Deutschland 92

3 Kinder- und Jugendheime in den neuen Bundesländern 99

3.1 Stichprobe 99

3.2 Träger der Kinder- und Jugendheime 100

3.3 Personal in den Heimen 101

– Anzahl der MitarbeiterInnen	101
– Aus- und Fortbildung	103
– Supervision	106
– Heimleitung	107

3.4 Zur Finanzlage der Kinder- und Jugendheime 108

– Haupteinnahmequellen	108
– Die Entwicklung der Tagessätze von 1991 bis 1993	109

3.5 Woher, wohin? 110

3.6 Wie die Kinder und Jugendlichen in den Heimen leben 112

– Essen, Raumsituation und Ausbildung	112
– Möglichkeiten der Freizeitgestaltung für Kinder und Jugendliche im Heim	114
– Kontakte zur Familie	115

3.7 Problembereiche   116

- Einschätzung verschiedener Probleme durch die Heimleitung   116
- Probleme in der Arbeit mit Jugendlichen   118
- Wie reagieren ErzieherInnen auf ein Entweichen der Jugendlichen?   119
- Besondere Probleme   120

3.8 Modernisierung in der Heimerziehung?   122

4 Freie Träger in den neuen Bundesländern   124

4.1 Jugendinitiativen   128

- Profis in Jugendinitiativen   131
- Finanzen   133
- Interessenvertretung, Kooperation und Vernetzung   135
- „Keine Verbesserung in Sicht – wir kämpfen weiter"   137

4.2 Jugendverbände   138

- Jugendverbände in den neuen Bundesländern   141
- Aktive in den Jugendverbänden   144
- Finanzen   147
- Kooperation   149
- Anerkennung als freier Träger   151
- Arbeitsschwerpunkte   152
- Die dringendsten Probleme nach Ansicht der Jugendverbände   152

4.3 Wohlfahrtsverbände   154

- Wohlfahrtsverbände in den neuen Bundesländern   156
- Personal   157
- Finanzen   159
- Zusammenarbeit   160
- „Es fehlt an kompetenten Mitarbeitern" – Kritische Stimmen aus den Wohlfahrtsverbänden   161

4.4 Zusammenfassung: Freie Träger   163

5 Jugendstudie — 169

5.1 Aufbau und Methode der Jugenduntersuchung — 174

5.2 Die Jugendlichen der Untersuchung — 178

5.3 Schule – Ausbildung – Beruf — 181

- 5.3.1 SchülerInnen — 184
- 5.3.2 Jugendliche in der Ausbildung — 191
- 5.3.3 Erwerbstätige Jugendliche — 202
- 5.3.4 Jugendliche im Berufsvorbereitungsjahr — 210
- 5.3.5 Arbeitslose Jugendliche — 213

5.4 Freizeit von Jugendlichen — 225

- Am liebsten mit der Clique… – Freizeitaktivitäten und Freizeitpartner — 227
- Jugendliche in Vereinen, Verbänden und Parteien — 230
- Treffpunkte von Jugendlichen — 231
- Jugendklubs und Zirkel – typisch DDR? — 232
- „Cola trinken und Spaß haben" – Freizeitwünsche im Jugendklub — 234
- Mit dem Walkman auf dem Moped… – Besitz von Konsumgütern und Kraftfahrzeugen — 236
- Freizeitverhalten nach Ausbildungs- bzw. Berufsstatus — 238
- Freizeit von Land- und Stadtjugendlichen — 241

5.5 Problembelastungen der Jugendlichen — 242

- Schule, Lehre, Arbeitslosigkeit und die Problembelastung der Jugendlichen — 252
- Haben junge Frauen und junge Männer unterschiedliche Probleme? — 254
- Wer fragt bei den Profis um Hilfe nach? — 257
- Regionale Unterschiede — 258
- Unterscheiden sich Subkulturen von der Gesamtheit der Jugendlichen hinsichtlich ihrer Probleme und ihres Umgangs damit? — 260
- Weitere Rahmenbedingungen, die mit den Problemen verknüpft sein können — 262

5.6 Gewalt in der Familie 262

- Empirische Befunde 264
- Ausländerfeindlichkeit, ein Ausdruck
  von Desintegration? 266
- AnsprechpartnerInnen 267
- Regionale Besonderheiten 269
- Arbeitslosigkeit und Gewalt in der Familie 269

5.7 Einstellung zu AusländerInnen und
AsylbewerberInnen 269

- Regionale Unterschiede 272
- Deutsch-nationale Gruppen 274
- AusländerInnen und AsylbewerberInnen
  im Quartier 276
- Ausbildung, Arbeitslosigkeit und
  Fremdenfeindlichkeit 276
- Wendefolgen und ihre Auswirkungen auf
  ausländerfeindliche Äußerungen 278
- Persönliche Kontakte zu ausländischen
  Jugendlichen 279

5.8 Jugendliche in Subkulturen 280

- Autonome: Laßt euch nicht BRDigen 283
- Punks: „... du mußtest immer zerrissener sein
  als der andere, dreckiger als der andere,
  schmuddeliger als der andere..." 284
- Hooligans: „Warum macht ihr das, warum prügelt
  ihr euch? – „Weil es uns Spaß macht." 284
- Organisierte Fußballfans (Kutten): „Wir scheißen
  auf den UEFA-Cup und werden deutscher
  Meister (Schlachtgesang) 285
- Skinheads: „Dreckig, kahl und hundsgemein"
  (Störkraft) 285
- Rocker (Biker): „Born to be wild" (Steppenwolf) 286
- Heavy-Metal-Fans (Metaller): „The triumph
  of steel" (Manowar) 287
- Jugendliche Subkulturen im Arbeiter-
  und Bauernstaat 287
- Ergebnisse aus der Jugendbefragung 290

- Freizeitverhalten 293
- Der Organisationsgrad in Vereinen und Parteien 295
- Problembelastungen und soziale Ressourcen 296
- Kontakt und Einstellung zum Jugendamt 300
- Einstellung zu AusländerInnen
  und AsylbewerberInnen 302
- Einstellung der unterschiedlichen Subkulturen
  zueinander 306
- Zusammenfassung 308

5.9 Wie Jugendliche das Jugendamt sehen 309

- „Jugendhilfe ist o.k." oder
  „So tief will ich nicht sinken." 310

5.10 Zusammenfassung: Jugendstudie 314

Literatur 321

- Veröffentlichungen der ProjektmitarbeiterInnen 334

Richard Münchmeier

Einleitung

Die Jugendhilfe hat sich in der Geschichte der Bundesrepublik zu einem komplexen sozialen Leistungssystem entwickelt. War sie ursprünglich eine Auffang- und Kontrollinstanz für die zahlenmäßig kleine Gruppe auffälliger und benachteiligter junger Menschen, so hat sie mehr und mehr Aufgaben der allgemeinen Förderung und Sozialisation im Kindes- und Jugendalter übernommen. Sie hat dadurch ihren potentiellen Adressatenkreis enorm ausgeweitet und ist gewissermaßen Teil des allgemeinen Sozialisations-, Versorgungs- und Sozialsystems des Wohlfahrtsstaats geworden – ohne daß freilich ihre traditionellen Aufgaben der Intervention bei sozialen Abweichungen damit erledigt worden wären.

Äußeres Kennzeichen dieser oft herausgestellten Funktionserweiterung ist die enorme Ausweitung ihres Dienstleistungsapparats:
- die komplexe Ausdifferenzierung der Angebote, Maßnahmen und Arbeitsfelder und
- eine erstaunliche Aufstockung ihres Personals verbunden mit einem beachtlichen Professionalisierungs- und Akademisierungsprozeß.[1]

Diese Ausweitung macht es zunehmend schwerer, Überblick zu behalten und Aussagen über die Entwicklung der Jugendhilfe zu machen. In den Gremien und Kommissionen, die sich mit solchen Aufgaben einer „Gesamteinschätzung" und Bilanzierung der Entwicklungstrends beschäftigen, wird dies deutlich spürbar. Die Jugendhilfetage der AGJ z. B. präsentieren (v. a. mit ihrem „Markt der Möglichkeiten") immer eindrücklicher die imposante Vielfalt und Buntheit des Arbeitsfelds, können aber – wie kritische Stimmen herausstellen – immer weniger den Zustand, die Trends und Perspektiven der Jugendhilfe abbilden. Immer weniger reicht das abrufbare Expertenwissen, das ja regional, träger- und verbandsspezifisch oder einrichtungs- und arbeitsfeldbezogen begrenzt ist, dazu aus, ein „Gesamtbild" der Jugendhilfe als „Gesamtsystem" zu skiz-

---

[1] Vgl. dazu: Th. Rauschenbach: Sind nur Lehrer Pädagogen? Disziplinäre Selbstvergewisserungen im Horizont des Wandels von Sozial- und Erziehungsberufen. In: ZfPäd 38, 1992, 3, S. 385-417

zieren. Alle Kommissionen, die an den letzten Jugendberichten der Bundesregierung gearbeitet haben, haben übereinstimmend den Mangel an Datenüberblicken über die Entwicklung der Jugendhilfe beklagt, ein Mangel, dem durch das in den Kommissionen vorhandene oder durch Expertisen einwerbbare Expertenurteil nicht befriedigend Abhilfe geschaffen werden kann.[2]
Ihre Forderung nach einer Verbesserung der Datengrundlagen, die nicht nur die Bereitstellung entsprechender Mittel, sondern auch erhebliche theoretische und methodische Anstrengungen sowie die (nach den Erfahrungen durchaus nicht immer gegebene) Kooperations- und Auskunftsbereitschaft der öffentlichen und privaten Trägerszene erfordern würde, entspringt nun aber nicht einfach nur dem Motiv wissenschaftlicher Neugier, sondern markiert ein wichtiges jugendhilfepolitisches Erfordernis. Für die Jugendhilfe ist die „neue Unübersichtlichkeit" nämlich durchaus nicht ungefährlich, da sie den Eindruck von großer Beliebigkeit und Zufälligkeit begünstigt. Sie legt eine Sichtweise nahe, in der die Entwicklung des Praxisfelds eher wildwüchsig und zufällig erscheint, strukturiert eher von sach- und fachfremden Motiven wie dem Beharrungsvermögen der Institutionen, der Eigenlogik und dem Selbsterhaltungswillen der Organisationen oder dem Expansionsdrang der Verbände und Professionellen als von nachvollziehbaren fachlichen Notwendigkeiten oder unabweisbaren sozialen Aufgaben und begründbarem Bedarf. Gerade in Zeiten knapper Kassen und restriktiver öffentlicher Haushaltspolitik muß die mangelnde Auskunftsfähigkeit der Jugendhilfe über ihren eigenen Stand bzw. über die Gründe und inhaltlichen Richtungen ihrer Entwicklung ein Problem werden, das sie in eine Legitimationsfalle bringt. Je unübersichtlicher ihre Entwicklung sich darstellt, desto mehr verstärkt sich der Eindruck von Beliebigkeit, desto weniger lassen sich finanzielle Kürzungen als Demontage des notwendigen Bestands darstellen bzw. läßt sich ein wirklich einschneidender Abbau von einer gewissen Einschränkung der Vielfalt bzw. Kürzung des Luxus unterscheiden.

Überblick zu behalten ist aber nun keineswegs nur aus legitimatorischen Gründen unverzichtbar. Das Motiv der Verteidigung gegen unzumutbare Finanzkürzungen würde solche Gesamteinschätzungen auch wohl eher verderben und die Gefahr mit sich bringen, daß die Daten und Informationen in der Perspektive von opportunen Legitimationserfordernissen angeordnet und interpretiert wer-

---

[2] So z.B. im letzten „Gesamtbericht": Achter Jugendbericht, Bericht über Bestrebungen und Leistungen der Jugendhilfe, Bonn 1990, S. 174f und 178f

den. Die Jugendhilfe selber muß aber ein Interesse daran haben, sich kritisch-reflexiv ihrer selbst zu vergewissern, ihre Entwicklung nachdenkend nachzuvollziehen, sich ihren Ungereimtheiten ebenso zu stellen wie ihre Fortschritte und fachlichen Erfahrungen sich anzueignen.[3] Ein in seiner Binnenstruktur so ausdifferenziertes, in seiner gesellschaftlichen Funktionalität so komplexes und in seinen lebensweltorientierten Aufgaben so variables Handlungssystem wie die Jugendhilfe braucht eine beständige kritische „Dauerbeobachtung", die am besten als „Selbstbeobachtung" anzulegen ist, will es nicht in der Diffusität und Vielfalt seiner Einzelaspekte und Teilorganisationen orientierungslos werden. Es ist für die Jugendhilfe selber von durchaus vitalem Interesse, herauszufinden, welche Aspekte ihrer Entwicklung Faktoren wie Trägeregoismen, institutionelle Eigenlogik oder einfach auch der „normativen Kraft" von Gewöhnung und Routine geschuldet sind und welche dem fachlichen Kriterium einer adressaten- und lebenslagengerechten Dienstleistungserbringung standhalten. Sie kann ihre eigene Weiterentwicklung nicht der Zufälligkeit, irgendwelchen konkurrierenden Partialinteressen oder von anderen Sachlogiken, Prioritätensetzungen und Verteilungskämpfen bestimmten Entscheidungsprozeduren in anderen Bereichen, wie etwa der Finanz- und Haushaltspolitik, überlassen.

Insofern haftet jedem Versuch, Überblick über die Entwicklung der Jugendhilfe zu gewinnen, ein Moment von Evaluation an. Denn – und dies muß bewußt bleiben – ein Überblick über die Jugendhilfeentwicklung läßt sich weder wert- und inhaltsneutral noch „bloß empirisch", d.h. außerhalb von theoretischen Rahmenüberlegungen, erstellen. Die Vorstellung, aus der Agglomeration einer möglichst großen Zahl von flächendeckend erhobenen Daten lasse sich ein „objektives" Gesamtbild zusammensetzen, erweist sich bei genauerem Hinsehen als „positivistisches" Mißverständnis. Jede Betrachtung muß vielmehr abhängig bleiben vom Standpunkt des Betrachters und den Interessen seiner Beobachtung. „Entwicklung von Jugendhilfe" ist eben nicht nur eine Frage von *quantitativen Veränderungen*, sondern immer auch eine Frage ihres *qualitativen Wandels.*[4]

Die vorliegende Studie versteht sich als begrenzter Beitrag zu der komplexen Aufgabe, Überblicksinformationen über die Ent-

---

[3] Vgl.: R. Münchmeier: Herausforderungen für die Jugendhilfeforschung. In: Diskurs 2/1993, S. 15-19
[4] Vgl.: D.J.K. Peukert/R. Münchmeier: Historische Entwicklungsstrukturen und Grundprobleme der deutschen Jugendhilfe. In: Materialien zum 8. Jugendbericht, Bd.1, München 1990, S. 1-49

wicklung der Jugendhilfe insgesamt zur Verfügung zu stellen. Sie will die Entwicklung der Jugendhilfe insgesamt in den Blick nehmen und ihre Probleme gewissermaßen aus der Vogelschau betrachten. Sie kann und will also keine Aussagen zu einzelnen Arbeitsbereichen, Trägern oder Einrichtungen treffen. Insofern ist ihr Anliegen ein anderes als das der traditionellen praxis- oder institutionenbezogenen Jugendhilfeforschung. Ihr Erkenntnisinteresse zielt nicht unmittelbar auf eine Verbesserung der Praxis, sondern eher auf die kritische Information jugendhilfepolitischer Entscheidungsnotwendigkeiten. Sie will jugendhilfepolitischen Handlungsbedarf auf den verschiedenen Entscheidungsebenen und in den verschiedenen Trägerbereichen aufzeigen. Sie interessiert sich also für die Richtungen und Gewichtsverteilungen innerhalb der Jugendhilfeentwicklung und versteht sich als erster Baustein im Konzept einer auf Kontinuität hin angelegten „Dauerbeobachtung" dieser Entwicklung.[5]

Ein solches Forschungsprogramm ist in Arbeiten, die sich mit dem Zustand der Sozialpädagogik als Wissenschaft beschäftigen, engagiert eingefordert worden. Dem liegt die Diagnose zugrunde, daß sozialpädagogische Forschung sich zu sehr von Einzelfragen einzelner Praxisfelder bestimmen lasse. So stellt sich etwa Jugendhilfeforschung in der Gegenwart wesentlich als Addition heterogener Forschungsansätze zu wiederum heterogenen Feldern (verbandliche Jugendarbeit, arbeitsweltbezogene Jugend-Sozialarbeit, Heimerziehung etc.) dar. Diese hohe Segmentierung der Forschung entlang der verschiedenen Praxisfelder hat die Entwicklung integrativer Fragestellungen und Theorien weitgehend verhindert. Die wissenschaftliche Präsentation der in der öffentlichen und fachpolitischen Diskussion so hochgehaltenen „Einheit" der Jugendhilfe beschränkt sich auf die seltenen Überblicksstudien.[6]

Dies ist um so problematischer, als sich in der öffentlichen Debatte Fragen, welche die Jugendhilfe als Ganzes betreffen – nach dem Verhältnis von Staat und „privaten" Gemeinschaften, von Profession und Laienarbeit, von Intervention und Prävention etc. –, nach vorne geschoben haben. Auch die in der Fachdiskussion (etwa im Achten wie auch im Neunten Jugendbericht) eingeforderten „Strukturmaximen" der Jugendhilfe in Richtung Prävention, Lebensweltorientierung, Partizipation u. a. laufen alle auf eine integra-

---

[5] Hier ist noch einmal zu sagen, daß eine solche Absicht inhaltlicher Kriterien bedarf; dazu siehe die Erläuterungen im folgenden.

[6] Vgl.: D. Kreft/ H. Lukas: Perspektivenwandel der sozialen Arbeit: Aufgabenwahrnehmung und Innovationsbereitschaft der Jugendämter in der Bundesrepublik Deutschland, Projektabschlußbericht ISKA-Nürnberg, 2.Bde., Nürnberg 1990

tive, traditionelle Grenzen überwindende Praxis hinaus; sie zwingen zu integrativen Betrachtungsweisen.

Der sich abzeichnende Modus einer „reflexiven Modernisierung" (Beck) auch der Jugendhilfe erhöht so den Bedarf nach einem eigenständigen sozialpädagogischen Forschungsprogramm, um die vielen ungeklärten Fragen der Jugendhilfe, aber auch anderer Bereiche sozialstaatlicher, personbezogener Dienstleistungsformen für die öffentliche Verständigung wissenschaftlich thematisieren zu können.

Vor dem Hintergrund solcher Rahmenbedingungen für die Entwicklung der Jugendhilfe in den neunziger Jahren ergibt sich die Notwendigkeit zu einer Jugendhilfeforschung, die sich nicht in einer maßnahmen-, modell- oder problemgruppenbezogenen Fragestellung erschöpft. So wichtig und sinnvoll solche speziell ausgerichteten Projekte sind, so wenig können sie solche Informationen und Daten liefern, die es erlauben, den Veränderungsbedarf wie die tatsächlichen Veränderungsschritte in der Jugendhilfe im Umgang mit den erwähnten Herausforderungen und Rahmenbedingungen sowohl im Überblick und in der Zusammenschau wie auch in der konkreten regionalen Differenzierung zu analysieren und zu verfolgen. Notwendig ist deshalb auch in der Jugendhilfe eine „Grundlagenforschung" als „Dauerbeobachtung der Entwicklung der Jugendhilfe in den neunziger Jahren".

Dieses generelle Anliegen ist in der vorliegenden Studie erst in einem ersten Schritt einzulösen versucht worden. Unter dem Eindruck der Wende und der deutschen Vereinigung ist sie zum einen auf die neuen Bundesländer in Ostdeutschland und die dortigen Probleme des Aufbaus eines leistungsfähigen und adressatengerechten Jugendhilfesystems eingegrenzt worden; es muß weiteren Studien vorbehalten bleiben, die Entwicklung der Jugendhilfe im gesamten Deutschland in den Blick zu nehmen. Zum anderen mußte die Untersuchung mit begrenzten Möglichkeiten haushalten und ihr empirisches Programm entsprechend begrenzen. Es kann durchaus diskutiert werden, ob die hier vorgenommenen Begrenzungen und ausgewählten methodischen Verfahren in jeder Hinsicht optimal sind. Vor allem aber konnte der inhaltliche Anspruch, die Entwicklung der Jugendhilfe kriteriengeleitet zu betrachten, nur sehr unvollkommen methodisch eingelöst werden.

Der Zusammenhang von Jugendhilfe und sozialem Wandel[7]

---

[7] „Jugendhilfe und sozialer Wandel" war der Titel eines entsprechenden von 1989 bis 1994 am Deutschen Jugendinstitut durchgeführten Projekts, an dem - neben den AutorInnen des vorliegenden Forschungsberichts – weitere KollegInnen mitgearbeitet haben, insbesondere W. Schefold und Chr. von Wolffersdorff. Sie haben besonders die konzeptionellen Vorüberlegungen zu diesem Projekt erarbeitet.

sollte hier Kriterium der Betrachtung sein. Im Antrag zur Finanzierung des Projekts wurde dies folgendermaßen begründet:

Für die Entwicklung der Jugendhilfe in den neunziger Jahren haben sich sowohl veränderte Ausgangsbedingungen wie auch komplexere und fachlich weniger leicht zu überschauende Herausforderungen und Perspektiven ergeben. Die Verabschiedung und Inkraftsetzung des neuen Kinder- und Jugendhilfegesetzes (KJHG) wie auch die Herausforderungen durch den Prozeß der deutschen Einigung bringen für die weitere Gestaltung der Jugendhilfe neue Rahmenbedingungen mit sich. Angesichts der für unsere Gesellschaft kennzeichnenden Prozesse der Pluralisierung der Lebenslagen und der Individualisierung der Muster der Lebensführung (8. Jugendbericht) haben sich aber auch Verschiebungen des Jugendhilfebedarfs, des Zuschnitts der Bedürfnisse und Hilfeanlässe wie der Art und Weise der Hilfenachfrage ergeben. Dies erfordert von seiten der Jugendhilfe die Weiter- und Neuentwicklung ihres Hilfeangebots. Zudem sind die Möglichkeiten der Jugendhilfe, sich in ihren Maßnahmen an traditionellen Vorstellungen von „normaler Sozialisation und Lebensführung", „durchschnittlicher biographischer Muster" und kollektiv gültiger „Normalitätsvorstellungen" zu orientieren, durch die soziokulturellen Wandlungsprozesse unserer Gesellschaft problematisch geworden und erfordern eine „Neuverständigung" über die Handlungsmaximen einer „lebensweltorientierten Jugendhilfe".

Aufbau der Jugendhilfe in der DDR:
Mit dem Prozeß der politischen Einigung Deutschlands sind für die Bevölkerung der jetzigen DDR sehr schwierige und komplizierte soziale Umbrüche, einschneidende Veränderungen der Lebensverhältnisse, im Alltag der Menschen spürbare Krisen und erhöhte Anforderungen an die individuelle Lebensbewältigung verbunden. Dies wird auch einen ansteigenden Bedarf an Leistungen der Jugendhilfe für Kinder, Jugendliche und ihre Familien nach sich ziehen. Gleichzeitig sind aber die strukturellen und organisatorischen Voraussetzungen einer modernen Jugendhilfe nach hiesigem Verständnis in der DDR nur höchst unzureichend gegeben. Es wird also darum gehen, funktionsfähige und problemgerechte Jugendhilfestrukturen aufzubauen.
Dabei kann aber nicht übersehen werden, daß einer Etablierung von Jugendhilfe gleichsam „von oben nach unten" Grenzen gezogen und daß ihr spezifische Probleme eigen sind. Es besteht z. B. die Gefahr, daß Probleme (z. B. subkulturell-abweichendes Verhalten), die in der Öffentlichkeit als besonders gravierend skandalisiert werden, zur vorrangigen Aufgabe gemacht werden, zumal in einer Gesellschaft, die wenig Erfahrung im Umgang mit Nonkonformität und Abweichung hatte. Es besteht auch die Gefahr, daß die Maßnahmen der Jugendhilfe sich an westlichen institutionellen Vorbildern anstelle an den konkreten sozialräumlichen und soziokulturellen Voraussetzungen der Betroffenen orientieren, also über die konkreten sozialen, situativen und persönlichen Bedingungen „hinweggehen", deshalb als „bevormundend" und „sozial kontrollierend" empfunden werden und nicht die notwendige Akzeptanz und Kooperation auf seiten der Adressaten finden. Eine moderne Jugendhilfe ist aber ohne die Mitgestaltung der Hilfenachfra-

ger selbst, ihre Bereitschaft und Fähigkeit, sich aktiv einzubringen, ebensowenig denkbar wie ohne die Feinfühligkeit der Mitarbeiter, ihre Angebote „stimmig" in die Perspektiven und erreichbaren Lebensmöglichkeiten der Klienten einzubetten, sie mit deren Lebenszielen und -stilen sowie mit den konkreten informellen Lebenszusammenhängen zu vermitteln. Aufgrund der besonderen Situation der DDR muß hier von beträchtlichen Unterschieden im Vergleich zur Bundesrepublik ausgegangen werden. Laufend zu überprüfen, wie die Entwicklung von Jugendhilfestrukturen mit diesen spezifischen Problemen umgeht, wird zu einer entscheidenden Frage.

Jugendhilfe im sozialen Wandel:
Die Herausforderung des sozialen Wandels, dem unsere gegenwärtigen gesellschaftlichen Verhältnisse unterliegen, liegt in der Auflösung der sozialstaatlich vertrauten Denk- und Interpretationsfiguren, an denen Jugendhilfe sich bisher orientieren und jeweils ihr Funktionsbild bestimmen konnte: Arbeit, Sozialisation, Normallebenslauf, Kindheit, Jugend. Erziehung setzt traditionell gesehen ein Verständnis von Normalität voraus, auf das sie sich mit ihren Zielen und Maßnahmen beziehen kann; sie braucht Normen, an denen sie Vernünftigkeit, Gelingen und Sinn der erzieherischen Bemühungen messen und von Unvernünftigkeit und Mißlingen unterscheiden kann. Sie muß dabei eine Balance zwischen dem Eigenrecht des Subjekts (der einzelne soll sich entfalten können) und den sozialen Erfordernissen (der einzelne soll in der Gesellschaft zurechtkommen) suchen.
Die Normalitätsmaßstäbe, in denen man diese Balance zwischen individueller Biographie einerseits und sozialen Regelungen und gesellschaftlichen Bedingungen andererseits zu fassen versucht hat, ergaben sich in der Vergangenheit aus einer spezifischen Ordnung des Lebenslaufs und aus bestimmten Mustern der Lebensführung. Diese Ordnung hat man „Normalbiographie" genannt. Natürlich gab es innerhalb dieses Konzepts der Normalbiographie wichtige Differenzierungen, z. B. schichtspezifischer, aber auch geschlechtsspezifischer Art: Der männliche Lebenslauf war stärker auf Arbeit und Beruf, der weibliche auf Mutterschaft und Familienleben ausgerichtet. Über solche Normalitätsstandardisierungen war die einzelne Biographie schließlich auch auf überschaubare Weise in die Zukunft vermittelt, schien die Zukunft sowohl antizipierbar wie auch planbar: Eine gute Vorbereitung und Qualifikation in der Jugend versprach gute berufliche und soziale Chancen im Erwachsenenleben, auf ein solides und diszipliniertes Berufsleben sollte der wohlverdiente Ruhestand folgen, die Arbeit in Familie und Haushalt wurde durch die Versorgungsgemeinschaft der Ehe gesichert usw.
Die teilweise längerfristigen Prozesse des sozialen Wandels lösen jene übersichtlichen Ordnungen der Normalbiographie auf. Wie mit den Konzepten „Pluralisierung" und „Individualisierung" herausgearbeitet wird, löst sich das komplexe Zusammenspiel von ökonomischen, soziokulturellen und normativen Bedingungen mit subjektiven Mustern der Lebensführung auf und verschiebt sich. Es liegt auf der Hand, daß damit auch die Orientierungspunkte und Maßstäbe von Jugendhilfe vieldeutig werden. Auf welche Vorstellung einer gelingenden Biographie soll sie sich beziehen, auf welche

biographische Zukunft, welchen Lebensstil vorbereiten? Lassen sich ihre Maßnahmen (Angebote) noch auf traditionelle Bedarfssituationen (Nachfrage) und Zielgruppen („Problemgruppen") beziehen? Muß man nicht heute mit einer Vielzahl unterschiedlicher Orientierungen und Muster der Lebensführung rechnen, die sich einer einfachen Unterscheidung zwischen „normal" bzw. „gelingend" und „abweichend" bzw. „problematisch" entziehen. Ist die sog. „Normalfamilie", in der die Mutter sich um die Kinder kümmert, wirklich „unproblematisch", und sind davon „abweichende" Familienformen – wie z. B. Einelternfamilien – „problematisch"?

Innerhalb der Jugendhilfeforschung wurden die Zusammenhänge von sozialem Wandel und Jugendhilfeentwicklung bislang nur im Kontext der Jugendhilfeplanung thematisiert. Im Kontext von Planung sollte das Verhältnis des Leistungsbereichs Jugendhilfe zu den gesellschaftlichen Entwicklungen einer „rationalen" Überprüfung und Verständigung zugänglich gemacht und seines zufälligen, willkürlichen Charakters entkleidet werden. An den konkreten Jugendhilfeplanungen wurde jedoch kritisiert, daß in diesem Verfahren ein relativ einfaches – nämlich „zirkuläres" – Argumentationsmuster eingeführt wird, das den Bedarf an Jugendhilfe einfach an der Meßlatte des gegenwärtigen Bestands orientiere.

In der hier vorliegenden Studie wurde versucht, sich dem „Bedarf" durch eine *Jugendstudie* anzunähern, die sich auf die Belastungen der Lebenslagen und die Probleme und Ressourcen der *alltäglichen Lebensbewältigung* bezieht. Auf diese Weise soll es möglich werden, den lebensweltlichen Hintergrund in den Blick zu bekommen, auf den sich die Planung und Ausgestaltung der Jugendhilfeangebote beziehen muß. Die verschiedenen Jugendstudien, die zur Situation junger Menschen in Ostdeutschland vorliegen, können dies nicht oder nur am Rande leisten. Sie sind in ihrem Frageinteresse eher auf jugendliche Einstellungen in politischen Fragen, Wertorientierungen, im Bereich des allgemeinen Jugendlebens und der Stationen des Erwachsenwerdens ausgerichtet oder stellen Vergleichsgesichtspunkte zwischen Ost und West in den Vordergrund.[8]

Jedoch ermöglicht die Anlage unserer Untersuchungen es nicht, beide Seiten des Zugangs – die Untersuchung der Struktur und der Maßnahmen der Jugendhilfe gewissermaßen von der *Angebotsseite* einerseits und die Porträtierung der alltäglichen Belastungen und Bewältigungsaufgaben Jugendlicher gewissermaßen von der *Nachfrageseite* andererseits – methodisch aufeinander zu beziehen. Hier-

---

[8] Vgl. den Überblick über die neuesten Studien in: W. Hornstein/ W. Schefold: „Stimmungsumschwung" -Jugend '92. In: SLR 16, 1993, 27, S. 73-89

zu wäre nicht nur eine synchrone Regionalisierung der verschiedenen empirischen Zugänge notwendig gewesen (weil das Wechselspiel von Hilfeangebot und Nachfrage nur im Kontext der jeweils lokal und regional zu konkretisierenden Kontextbedingungen von gegebenen Belastungen und Ressourcen identifiziert werden kann). Hierfür wären sicherlich auch andere methodische Verfahren – etwa der Vor-Ort-Beobachtung oder der längerfristigen teilnehmenden Beobachtung – sowie eine theoretisch sehr anspruchsvolle und schwierige Vorklärung der zu erforschenden Sachverhalte notwendig gewesen. Denn nicht jedes im Alltag wahrgenommene Problem, nicht jede Beeinträchtigung der durchschnittlichen Lebensführung ist als solches schon ein Problem für die Jugendhilfe, für das ein Hilfeangebot zu entwickeln wäre. Die Bedingungen aber, unter denen aus Alltagsproblemen solche Situationen werden, die sich als „Hilfsbedürftigkeit", als „Unterstützungsbedarf" oder „Teilnahmemotiv" aus der Sicht der Jugendhilfe interpretieren lassen, sind empirisch überkomplex und theoretisch unüberschaubar. Die fraglose Interpretation eines jeden alltäglichen „Störfalls" als ein Hilfe erforderndes Problem führt genauso in die Irre wie die fraglose Verknüpfung eines jeden Hilfebedarfs mit einem Angebot der Jugendhilfe – ganz zu schweigen davon, daß Jugendhilfeangebote in ihrer Zielausrichtung eine gewisse Diffusität und Unspezifität aufweisen, d. h. auf eine gewisse Bandbreite von Bedarfslagen bezogen werden können. Für welchen „Bedarf" etwa das „Angebot" eines Jugendzentrums oder einer Beratungsstelle steht, läßt sich erst in seiner jeweiligen situativen Konkretisierung und Aktualisierung, aber nicht generell und im vorhinein präzisieren. Mit anderen Worten: In jedem konkreten Einzelfall sozialpädagogischer Hilfeleistung geht es um Kontingenzprobleme, um in ihrer Spezifik je kontingente Hilfeanlässe und in ihrer situativen Konkretisierung jeweils individualisierte Hilfeerbringung. Die Betrachtung des (potentiellen!) Zusammenhangs von Bedarfssituationen und Angebotsstrukturen muß also immer als *allgemeiner Zusammenhang*, der im Einzelfall aktualisiert werden (oder auch nicht wirksam werden) kann, erfolgen.

Für eine solche allgemeine Interpretation kann unsere Studie Anhaltspunkte liefern. Sie stellt zumindest Informationen über die durchschnittlichen jugendhilferelevanten Alltagssituationen junger Menschen zur Verfügung, die in die jeweilige konkrete Planung der Angebote und Maßnahmen einfließen können. Wie sie allerdings in der konkreten Situation vor Ort aufgegriffen und umgesetzt werden, muß aus den konkreten Bedingungen vor Ort heraus entschieden und insofern in der Verantwortung der lokal arbeitenden Träger bleiben. Unsere Untersuchung erlaubt und beabsichtigt also keine „Evaluation" der örtlichen Situation, sondern zielt vielmehr auf eine zusammenschauende Bewertung der generellen Lage und der sich andeutenden Defizite und Perspektiven. Die Bearbeitung dieser übergreifenden jugendhilfepolitischen Zusammenhänge allerdings – dies sollte bewußt bleiben – ist notwendig, wenn für die lokalen Jugendhilfeszenen wesentliche Verbesserungen ihrer Handlungsbedingungen entstehen und ihre Spielräume erweitert werden sollen, um eine solche Angebotsstruktur zu entwickeln und auszudifferenzieren, die konstruktiv und kreativ dem Bedarf ihrer Adressaten gerecht wird.

1 Ziele und Methoden des Projekts

1.1 Zum Ziel der Untersuchung

Das Projekt „Jugendhilfe und sozialer Wandel" hat es sich zur Aufgabe gemacht, die Entwicklung der Jugendhilfe in den 90er Jahren zu dokumentieren und kritisch zu reflektieren. In der ersten Projektphase (1/1992–12/1994) wurden dazu die Grundsteine gelegt und die Rahmenbedingungen der Jugendhilfe in ausgewählten Regionen erhoben. Die Entwicklung der Jugendhilfe über die neunziger Jahre zu beobachten, bedeutet zunächst, im Rahmen einer Dauerbeobachtung quantitative Daten über strukturelle Bedingungen von Jugendhilfe öffentlicher und freier Träger zu generieren und zu bewerten. Aufgrund der besonderen Situation in Deutschland, nämlich der Aufbauphase der Jugendhilfe in den neuen Bundesländern nach dem KJHG, war es naheliegend, das Hauptaugenmerk in diesem Projektabschnitt auf die Entwicklung in den fünf neuen Ländern zu legen.

In unserem Projekt wurden parallel zu den „Institutionenbefragungen" Jugendliche in den neuen Bundesländern befragt. Im Hinblick auf die zunehmende Dienstleistungsorientierung der modernen Jugendhilfe, die nicht mehr „nur" repressiv agieren, sondern zunehmend präventiv arbeiten will, ist es notwendig, Informationen über mögliche Problemlagen und -konstellationen des potentiellen Nutzers, des Jugendlichen, zu erhalten. Dieses wird besonders dann notwendig, wenn sich, wie in der ehemaligen DDR geschehen, die Lebensumstände, Wertorientierungen und politischen Verhältnisse für Jugendliche so drastisch ändern, daß die Auswirkungen auf den Alltag dieser Jugendlichen kaum abgeschätzt werden können.

Als Ertrag der Dauerbeobachtung sollen wissenschaftliche Einsichten, Informationen und Dienstleistungen für mehrere Adressatenebenen erbracht werden. Die in dem Projekt „Jugendhilfe und sozialer Wandel" gewonnenen empirischen Erkenntnisse über die aktuellen Strukturmerkmale der Jugendhilfeeinrichtungen in der Bundesrepublik Deutschland werden dazu beitragen können, politische Entscheidungen auf einer fundierten fachlichen Basis zu fällen. So wird zum Beispiel an den Ergebnissen über die Förderpraxis freier Träger deutlich werden, welche spezifischen Auswirkungen die unterschiedlichen Modelle der Förderung freier Träger auf den Bestand und auch auf die Neugründung in Abhängigkeit von der Organisationsform haben. Anhand der Daten über die Personalausstattung der Jugendämter freier Träger sowie die Art der Finanzierung des Personals (ABM, AFG § 249h) werden wichtige Informationen für die Fortschreibung von Personalplanung und Fördermittel gegeben. Die Fragen über Kooperationszusammenhänge helfen, Defizite aufzudecken und eine gezielte Verbesserung der Kommunikation zwischen bestimmten Kooperationspartnern zu erreichen.

Die letzte ausführliche, überregionale Untersuchung von Jugendämtern haben Kreft und Lukas 1987 für die alten Bundesländer durchgeführt. Diese Untersuchung wurde vor der Einführung des KJHG gemacht, so daß deren Ergebnisse nicht problemlos auf die heutige Situation übertragen werden können.

Für uns war es daher wichtig, den aktuellen Stand der Jugendämter im Westen zu erheben.

Kreft und Lukas nennen in ihrem Bericht Partizipation, Prävention, Lebensweltorientierung und Vernetzung als zentrale Faktoren für eine Entwicklung im Sinne moderner Jugendhilfeleistungen und -angebote. Sie stellen für die freien Träger der westdeutschen Jugendhilfe fest:

„Die vorherrschende Mischfinanzierung aus vielen ‚Geldtöpfen' zieht ständig viel Arbeitskraft ab, die dem Bereich der eigentlichen Hilfeleistung verloren geht." (Kreft/Lukas 1990, S. 22)

Sie kritisieren weiterhin, daß gerade kleine freie Träger oftmals vom Goodwill der Entscheidungsträger in der kommunalen Verwaltung und Politik abhängig sind und zudem von großen Verbänden als Konkurrenz betrachtet werden (Kreft/Lukas 1990, S. 21f.). Die kleinen Träger werden allerdings als unerläßlich für eine moderne Jugendhilfe erachtet, da gerade sie durch ihre kleinräumliche Orientierung und Adressatennähe den Ansprüchen einer lebensweltorientierten und partizipierenden Jugendhilfe entsprechen.

Für die zukünftige Entwicklung mahnen Kreft und Lukas an, sich nicht in einem „Zuständigkeitsghetto" alter Prägung einengen zu lassen, sondern im Sinne einer flexiblen Einmischungsstrategie auch in anderen Arbeitsbereichen tätig zu werden, die mit der Jugendhilfe verwoben sind (Kreft/Lukas 1990, S. 19).

Für die neuen Bundesländer leistete Tümmler mit seiner Untersuchung von ostdeutschen Jugendämtern 1990 Pionierarbeit. Die Ergebnisse dokumentieren den Aufbau der Jugendämter kurz nach der Vereinigung und geben erste Anhaltspunkte über die strukturellen Voraussetzungen in der Jugendhilfe. Nach seinen Ergebnissen ist die Situation der Jugendämter in der Aufbauphase durch einen akuten Personalmangel und die teilweise unzureichenden

Qualifikationen der MitarbeiterInnen gekennzeichnet (Tümmler 1992, S. 41ff.). Hinsichtlich der freien Träger stellt Tümmler fest, daß in 24 % der Jugendamtsbezirke noch keine Wohlfahrtsverbände existierten (Tümmler 1992, S. 56). Als größte Hindernisse für die Entwicklung der Jugendhilfe nennen die Befragten seiner Untersuchung fehlende Qualifikation bei den MitarbeiterInnen, fehlende Anleitung durch die Landesbehörden sowie Personal- und Finanzmangel (Tümmler 1992, S. 87).

Otto und Prüß haben mit ihren MitarbeiterInnen eine differenzierte Untersuchung von Jugendämtern, JugendamtsmitarbeiterInnen und freien Trägern in Mecklenburg-Vorpommern vorgelegt. Sie kommen zu dem Ergebnis, daß Jugendhilfe in Mecklenburg-Vorpommern öffentliche Jugendhilfe bedeutet (Otto/Prüß u. a. 1994) und stellen fest:

„Der Mangel an freien Trägern führt jedoch zu einer eingeschränkten Entwicklung der Leistungsangebote der Jugendhilfe, was besonders in einem Defizit vor allem an neuen, KJHG-spezifischen Leistungen und Angeboten zum Ausdruck kommt." (ebd.)

Vier Jahre nach der Vereinigung sind im Aufbau freier Träger starke Defizite festzustellen. Auch hinsichtlich der Personalausstattung in den Jugendämtern hat sich nach ihren Ergebnissen kaum etwas verbessert; hinzu kommt ein hoher Anteil von MitarbeiterInnen auf ABM-Basis, d. h. mit befristeten, ungesicherten Arbeitsplätzen (Otto/Prüß u. a. 1994). Des weiteren charakterisieren sie die praktizierte Jugendhilfe als weitgehend einzelfallorientiert und aufsuchend; Kinder und Jugendliche geraten eher wegen individueller Verhaltensauffälligkeiten als aufgrund sozialstruktureller Benachteiligung in den Blick der Jugendhilfe-MitarbeiterInnen (Otto/Prüß u. a. 1994).

Die besondere Situation in Deutschland legte es nahe, das Hauptaugenmerk unserer Studie zunächst auf die Entwicklung in den fünf neuen Ländern zu richten. Eine zentrale Bedeutung nimmt dabei das Jugendamt ein, das vom Gesetzgeber als staatliche Instanz der Jugendhilfe installiert ist und sowohl über die Mittelvergabe im Rahmen der verfügbaren Haushaltmittel an freie Träger verfügt als auch gemäß § 79 KJHG die Gesamtverantwortung für die Erfüllung der im KJHG beschriebenen Aufgaben hat. Auch freie Träger als wesentlicher Bestandteil einer pluralistischen und modernen Jugendhilfe waren Gegenstand unserer Untersuchung. Wobei deren Befragung allerdings nur explorativ und auf die neuen Bundesländer beschränkt durchgeführt werden konnte.

1.2 Aufbau und Methode der Institutionenbefragung

Im Verlauf des Projekts wurden mehrere Befragungen von Institutionen der Jugendhilfe sowie Interviews mit Jugendlichen durchgeführt. Grafik 1.1 stellt diese Untersuchungen dar.

Grafik 1.1

Totalerhebung der Jugendämter Ost (Sommer '92)	Befragung freier Träger Ost -Wohlfahrtsverbände -Jugendverbände -Jugendinitiativen (Herbst bis Winter '93)	Befragung von 2419 Jugendlichen von 16-19 Jahren in den neuen Bundesländern (Sommer '93)
Befragung 35 ausgewählter Jugendämter Ost (Winter '92/'93)	Befragung von ausgewählten Kinder- und Jugendheimen Ost (Herbst bis Winter '93)	
Befragung 49 ausgewählter Jugendämter West (Herbst '93)		

In dieser ersten, hier vorgestellten Projektphase wurden alle Untersuchungen und Befragungen mit quantitativen Methoden durchgeführt. Ziel war es zunächst, Basisdaten zu generieren, die bislang in dieser Breite und in diesem Umfang nicht vorlagen. Vordringlichste Aufgabe des Projekts ist es, Infrastrukturdaten der Jugendhilfe zu erheben. Zentrale Punkte sind die finanzielle Ausstattung und Personalstärke ebenso wie unterschiedliche Arbeitsbereiche und die Vernetzung mit anderen Jugendhilfe-relevanten Stellen. Es bietet sich an, hierfür quantitative Instrumente zu benutzen, die einen möglichst schnellen Überblick über strukturelle Bedingungen ermöglichen. Eine Beschäftigung mit pädagogischen Konzepten in der Arbeit der Jugendhilfe, die einen anderen, stark qualitativen Zugang erfordert hätte, erschien zu diesem Zeitpunkt verfrüht. Zunächst galt es festzustellen, inwieweit sich die Strukturen der Jugendhilfe den neuen gesetzlichen Bestimmungen entsprechend entwickelt haben, die Voraussetzung für die Auseinandersetzung mit bzw. die Umsetzung unterschiedlicher pädagogischer Konzepte sind.

Die Untersuchungen wurden auf postalischem Weg mit weitgehend standardisierten Fragebögen durchgeführt. Bei der Vielzahl der Befragungen und der Art der erhobenen Daten war dies die einzig realisierbare Möglichkeit. Eine mündliche Befragung durch Interviewer wäre zum einen nicht finanzierbar, zum anderen auch aufgrund der Fragestellungen, die teilweise von den Befragten ausführliche Recherchen erforderlich machten, z.B. die aktuelle Zahl von Kindergartenplätzen in Betriebskindergärten, nicht möglich gewesen.

Unser erstes Interesse bei der Erforschung der Entwicklung der Jugendhilfe in den neuen Bundesländern galt den Jugendämtern, die die öffentliche Jugendhilfe repräsentieren und eine zentrale Stellung einnehmen.

Die zuverlässigste Art, einen Überblick über den Bestand vorhandener Strukturen zu bekommen, ist eine Totalerhebung. Hinsichtlich der sich noch im Aufbau befindlichen Jugendämter und der daraus resultierenden Arbeitsbelastung erschien es nicht angemessen, den MitarbeiterInnen die Beantwortung eines ausführlichen Fragebogens zuzumuten und ihre Belastung damit noch zu erhöhen. Auf der anderen Seite sollte die Chance, zumindest einige Grundlagendaten von allen Ostjugendämtern zu erhalten, nicht vertan werden. Daher wählten wir in Absprache mit dem Deutschen Städtetag und dem Deutschen Landkreistag ein zweistufiges Verfahren aus. Im ersten Schritt wurden mit einem Kurzfragebogen zentrale Daten bei allen 215[9] zum Erhebungszeitpunkt (Sommer/Herbst 1992) existierenden Jugendämtern erhoben, die einen groben Überblick über die Strukturen der Jugendämter geben. Die Rücklaufquote beträgt 88,4 %. Die Ämter waren zum Teil von der Gebietsreform betroffen, so daß sich eine Frage der Totalerhebung mit den Aussichten auf den Weiterbestand der Ämter in ihrer jetzigen bzw. in veränderter Form befaßt. Des weiteren wurden Daten zur Personalstärke und zum Vermögens- und Verwaltungshaushalt erhoben, da finanzielle Mittel und Personal wichtige Ressourcen für den Aufbau der Jugendhilfe sind.

Da es sich bei der Totalerhebung nur um wenige Grunddaten handelt, sollten einige ausgewählte Gebietskörperschaften ausführlicher untersucht werden. Für einen zweiten Untersuchungsschritt haben wir 35 Jugendämter ausgewählt. Damit möglichst unterschiedliche Größen von Gebietskörperschaften einbezogen werden konnten, wurden die zwei kleinsten sowie die drei größten Landkreise pro Bundesland ausgewählt. Außerdem befinden sich die jeweils größte und kleinste kreisfreie Stadt in der Stichprobe. Großstädte (über 300 000 Einwohner) wurden aus der Stichprobe bewußt ausgeschlossen, da sie nicht über alle Bundesländer verteilt

---

[9] Die Jugendämter im Ostteil Berlins wurden aufgrund ihrer Sonderstellung in unserer Erhebung nicht berücksichtigt.

sind und somit eine Vergleichbarkeit der Ergebnisse bezüglich der Bundesländer nicht möglich gewesen wäre. Für die Befragung der alten Bundesländer wurden parallel dazu ebenfalls zwei kreisfreie Städte und fünf Landkreise pro Bundesland ausgewählt. Die Stadtstaaten und das Saarland wurden nicht in die Untersuchung einbezogen, da hier keine vergleichbaren Gebietskörperschaften zu befragen waren. Bei der Auswahl bemühten wir uns, soweit dies realisierbar war, in den befragten Jugendamtsbezirken in Ost und West Kreise und kreisfreie Städte mit relativ ähnlichen Einwohnerzahlen zu finden, um vergleichbare Ergebnisse zu erhalten. Der Fragebogen ist bis auf die Fragen, die speziell für den Aufbau im Osten relevant sind, unverändert übernommen worden. Jedoch wurde er ergänzt durch einige wenige Fragen aus dem Kurzfragebogen. Zwei der West-Jugendämter waren auf Gemeindeebene organisiert, ihre Angaben sind in der Auswertung nicht enthalten, da die Daten mit den anderen Jugendämtern nicht vergleichbar sind. Des weiteren antwortete ein westliches Jugendamt trotz intensiver Nachfragen unsererseits nicht im Rahmen der vorgegebenen Zeit. Daher gehen von der Befragung der westlichen Jugendämter die Angaben von 46 Jugendämtern in die Auswertung ein.

Dieser Fragebogen geht ausführlich auf das Angebot der Jugendhilfe in dem jeweiligen Kreis ein, wobei neben dem Vorhandensein von Einrichtungen und Angeboten auch deren Kapazität und Personalstärke ermittelt wird. Es wird auch abgefragt, ob sich die jeweiligen Einrichtungen in öffentlicher und/oder freier Trägerschaft befinden. Weitere Schwerpunkte bilden die Personalstruktur und die Möglichkeiten der Mitarbeiterfortbildung. Schließlich befaßt sich der Fragebogen mit der Zusammenarbeit zwischen dem Jugendamt und anderen jugendhilferelevanten Institutionen. Auch die Förderung freier Träger und die Aktivitäten der Jugendämter zu aktuellen jugendspezifischen Problemen werden thematisiert.

Beide Fragebögen, sowohl der Kurzfragebogen für die Totalerhebung als auch der ausführliche Fragebogen für die ausgewählten Jugendämter, wurden in enger Zusammenarbeit mit JugendamtsleiterInnen aus den neuen Bundesländern, mit Vertretern des Deutschen Städtetags und des Deutschen Landkreistags sowie KollegInnen aus Wissenschaft und Forschung konstruiert. Sie waren darüber hinaus Gegenstand zweier Workshops. Durch dieses aufwendige Verfahren hofften wir, sowohl alle wichtigen Fragestellungen zum Aufbau eines Jugendhilfe-Systems westlicher Prägung – auch aus der Perspektive der Menschen aus den neuen Bundesländern – in unsere Instrumente integrieren zu können, ohne sie zu überfrachten, als auch ein hohes Maß an Reliabilität und Validität zu erreichen. Einzelne Itembatterien aus den Jugendamtsfragebögen haben wir einer Reliabilitätsprüfung unterzogen (vgl. Tabelle 1.1). Die Überprüfung stützt sich auf den gebräuchlichsten Koeffizienten für die Inter-Item-Konsistenz, Cronbachs alpha (Borg/ Staufenbiel 1992, S. 46f.)

Tabelle 1.1

Reliabilitätskoeffizienten für Itemgruppen der Jugendamtsbefragung (Cronbachs alpha)			
	BRD gesamt	Ost	West
Fortbildung allgemein	0,51	0,66	0,55
Qualität der Fortbildung	0,56	0,57	0,50
Bedeutung des Jugendhilfeausschusses (JHA)	0,75	0,55	0,79
JHA als Ort des Interessenausgleichs zwischen öffentlichen und freien Trägern sowie zwischen Kindern und Jugendlichen	0,66	0,76	0,63
Problemsicht	0,75	0,79	0,83
Einschätzung der zukünftigen Lage	0,60	0,45	0,61

Neben dem öffentlichen Träger sind die freien Träger wichtiger Bestandteil einer modernen, vielfältigen und funktionsfähigen Jugendhilfe. Nach Oppl (1992) entfallen auf die freien Träger in der westdeutschen Wohlfahrtspflege etwa 70 % der Marktanteile – dieser Anteil dürfte innerhalb des Jugendhilfebereichs ähnlich sein. Es ist zu erwarten, daß sich in den neuen Bundesländern noch keine ausdifferenzierte Freie-Träger-Landschaft wie im Westen entwickeln konnte. Erst die Präsenz freier Träger unterschiedlichster Organisation und Ausrichtung verwirklicht den vom Gesetzgeber in § 3 KJHG festgeschriebenen Grundsatz von Vielfältigkeit. Somit ist die Untersuchung freier Träger unabdingbar, will man Aussagen über den Bestand und die Funktionsfähigkeit von Jugendhilfe in bestimmten Regionen machen. Unter diesem Gesichtspunkt führten wir auch eine Befragung freier Träger in den neuen Bundesländern durch.

Es wurden Jugendverbände, Jugendinitiativen und Wohlfahrtsverbände mit jeweils einem eigenen Erhebungsinstrument befragt, das die Spezifika der unterschiedlichen Organisationsform berücksichtigt. In den drei Teilbefragungen ging es um die Erfassung struktureller Daten wie Finanzierung, Personalstärke, Mitgliederzahl im Ortsverband und um Daten bezüglich der Zusammenarbeit mit dem öffentlichen Träger und anderen freien Trägern. Weiterhin konnten die freien Träger Stellung zu den wesentlichen Problemen ihrer Arbeit beziehen. Dies erschien uns notwendig, um den freien Trägern die Möglichkeit zu geben, Probleme, die sich aus ihrer spezifischen Organisationsform ergeben, ansprechen zu können. 102 freie Träger haben unsere Fragebögen beantwortet.

Die Fragebögen wurden Testläufen mit Fachleuten für die unterschiedlichen Organisationstypen unterzogen und anschließend noch einmal überarbeitet. Der Fragebogen für die Jugendinitiativen wurde dem Selbsthilfezentrum München und dem Förderverein für Jugend- und -sozialarbeit e.V. (fjs) in Berlin zur kritischen Bewertung vorgelegt.

Der Jugendverbandsfragebogen wurde aufgrund der Anmerkungen von VerbandsvertreterInnen aus München überarbeitet.

Im Unterschied zur Jugendamtsbefragung stellte sich die Adressenfindung bei den freien Trägern in den neuen Bundesländern als relativ schwieriges Unterfangen heraus. Die vorliegenden Adressen stammen von AFT-Kontaktstellen, Wohlfahrts- und Jugendverbänden, dem Bundesjugendring, den Landesjugendringen, den Jugendämtern, Stiftungen, Cash coop, dem fjs sowie verschiedenen westdeutschen Initiativen, die in Ostdeutschland tätig sind. Folge dieser schwierigen Ausgangssituation ist, daß unsere Erhebungen bei freien Trägern in den neuen Bundesländern den Charakter einer explorativen Pilotstudie haben und wir damit keinen Anspruch auf eine Repräsentativität dieser Ergebnisse erheben können. Von den überregionalen freien Trägern wurde die jeweils unterste Organisationseinheit, also die Orts- oder Kreisgruppen, befragt.

Die Heimerziehung bot sich aus unserer Sicht als ein Arbeitsbereich der Jugendhilfe an, der aus verschiedenen Gründen genauer betrachtet werden sollte. In der Entwicklung und Praxis der Heimerziehung spiegeln sich häufig wesentliche Veränderungen der Jugendhilfeentwicklung wider. Man denke „an den gesellschaftlichen Auftrag, störende Jugendliche aus dem Blickfeld (der Öffentlichkeit, d. Verf.) zu schaffen" (Freigang 1994, S. 3) oder andererseits an die Öffnung der Heime in den späten siebziger und in den achtziger Jahren, mit der auch positive Entwürfe neuer Formen der Jugendhilfe verbunden waren, die gerade im Zusammenhang mit einer Stärkung des präventiven Gedankens in der Jugendhilfe öffentlich thematisiert wurden.

Da die meisten Kinder- und Jugendheime bereits vor der Wiedervereinigung bestanden, erwarten wir, daß sich in diesem Arbeitsfeld die Auswirkungen der rechtlichen und ideologischen Veränderungen gut dokumentieren lassen. Denkbar wäre, daß sich die mit der Übergabe ehemals staatlicher Einrichtungen an freie Träger verbundenen Umstrukturierungen deutlich erkennen lassen. Anhand der Daten zur Personalentwicklung, Fort- und Weiterbildung und zur Etablierung von Supervision sind Aussagen zu Professionalisierungsprozessen in der Jugendhilfe möglich. Ebenso aussagekräftig sind Daten zur Gruppengröße, Vernetzung der einzelnen Kinder- und Jugendheime in dem regionalen Jugendhilfesystem sowie die Einschätzung verschiedener Probleme durch die HeimleiterInnen.

Die Adressen der Kinder- und Jugendheime bekamen wir dankenswerterweise von den Landesjugendämtern, den Wohlfahrtsverbänden und dem Verband privater Kinderheime zur Verfügung gestellt. Aus den erhaltenen Adressen wurde eine zufällige Auswahl an Kinder- und Jugendheimen angeschrieben, von denen uns 153 Kinder- und Jugendheime geantwortet haben. Damit verfügen wir unseres Wissens über die – gemessen an der Zahl der Heime – zur Zeit umfangreichste Untersuchung zu Kinder- und Jugendheimen in den neuen Bundesländern; allerdings können wir aufgrund der Stichprobenziehung und der nicht nachvollziehbaren Gründe für Antwortverweigerungen eine Repräsentativität der Erhebung nicht in Anspruch nehmen.

Für eine sinnvolle Interpretation aller von uns erhobener Daten ist ein umfassendes Hintergrundwissen unumgänglich. Wir haben uns in zahlreichen Gesprächen mit MitarbeiterInnen der öffentlichen als auch der freien Jugendhilfe, mit Jugendlichen in Heimen und Jugendzentren sowie mit Personen der Kommunalpolitik vor Ort über ihre Arbeit, Aufgaben und Probleme informiert. Es wurden mehrere Reisen in zwei Kommunen (eine Stadt in Sachsen und ein Landkreis in Mecklenburg-Vorpommern) unternommen, um einen ausführlichen Einblick in die Situation vor Ort zu gewinnen und darüber, wie Jugendhilfe in der Praxis „funktioniert". Des weiteren führten wir zwei Workshops in München durch, zu denen MitarbeiterInnen der öffentlichen und freien Jugendhilfe eingeladen waren, um mit ihnen die Ergebnisse unserer Untersuchungen zu diskutieren. Auf zahlreichen Fachveranstaltungen zum Themengebiet „Jugendhilfe in den neuen Bundesländern" sprachen wir sowohl mit Personen aus der Jugendhilfe als auch mit ForschungskollegInnen über ihre Erfahrungen vor Ort. Erst diese Gespräche, Diskussionen und Erfahrungen in den neuen Bundesländern geben uns die Möglichkeit, die Daten unserer Erhebungen adäquat auszuwerten und zu interpretieren.

Aufbau und Methode der Jugendstudie werden in Kapitel 5.1 erläutert.

2 Die Jugendämter in Deutschland

Es wurden 35 Jugendämter in den neuen und 49 Jugendämter in den alten Bundesländern befragt. Zwei der West-Jugendämter waren auf Gemeindeebene organisiert, ihre Angaben sind in der Auswertung nicht enthalten, da die Daten mit den anderen Jugendämtern nicht vergleichbar sind. Des weiteren antwortete ein westliches Jugendamt trotz intensiver Nachfragen unsererseits nicht im Rahmen der vorgegebenen Zeit. Daher gehen von der Befragung der westlichen Jugendämter die Angaben von 46 Jugendämtern in die Auswertung ein.

Kreisgebietsreform

Im Unterschied zu den Gebietskörperschaften im Westen wurden in der ehemaligen DDR sehr kleine Landkreise gebildet. Tabelle 2.1 zeigt die Verteilung der Gebietskörperschaften in Ost- und Westdeutschland (außer Berlin) nach Größenklassen.

Tabelle 2.1

	Einwohnerzahl der Jugendamtsbezirke		
	BRD gesamt	Ost	West
bis 50.000 Einwohner	101 17 %	84 39 %	17 5 %
50.001 bis 100.000 Einwohner	179 33 %	100 47 %	79 24 %
100.001 bis 200.000 Einwohner	161 30 %	24 11 %	137 42 %
200.001 bis 500.000 Einwohner	85 17 %	5 2 %	80 24 %
über 500.000 Einwohner	16 3 %	2 1 %	14 5 %
insgesamt	542 100 %	215 40 %	327 60 %

(errechnet nach den Angaben des Statistischen Jahrbuchs 1991, S. 55-60)

Wie zu sehen ist, haben 86 % der östlichen Kreise und kreisfreien Städte maximal 100 000 Einwohner, im Westen gilt dies für knapp 30 %. In Anlehnung an die Landkreisgrößen in den alten Bundesländern wurde für die neuen Bundesländer eine Kreisgebietsreform geplant, die die kleinen Kreise zu neuen, größeren Einheiten zusammenschließen soll. Die Ländergesetze wurden zu unterschiedlichen Zeiten verabschiedet. Der Vollzug der Kreisgebietsreform wurde 1993 begonnen und soll 1994 in allen neuen Bundesländern abgeschlossen werden.

Da wir davon ausgehen, daß sich die Unsicherheit der bevorstehenden Kreisgebietsreform auf die Arbeit und Planung der Jugendämter auswirkt, haben wir in unserer Totalerhebung die Jugendamtsleiter nach einer Einschätzung gefragt, wie ihr Jugendamtsbezirk von der Kreisgebietsreform betroffen ist. Fast 90 % der Landkreise erwarten durch die Kreisgebietsreform eine Veränderung, dagegen nur 26 % der kreisfreien Städte. Die Jugendamtsleiter der kreisfreien Städte gehen davon aus, daß ihre Stadt durch die Kreisgebietsreform vergrößert wird (durch Eingemeindungen). Eine kreisfreie Stadt gab an, ihren Status zu verlieren. Die Art der Veränderung bei den Landkreisen ist dagegen komplexer. Hier wurden von den Jugendamtsleitern unterschiedliche Veränderungen erwartet (Vergrößerung, Aufteilung, unbestimmte Veränderungen). Der Umstand der Ungewißheit des Weiterbestehens wirkte sich nicht eindeutig auf die Planungen im Jugendamt aus. Wir konnten keinen rechnerischen Zusammenhang zwischen der erwarteten Umstrukturierung und der Jugendhilfeplanung vor Ort feststellen. Die Erwartung, daß in Jugendämtern, deren Bestand relativ sicher erscheint, eher die Bereitschaft zur Jugendhilfeplanung besteht, wurde durch unsere Daten nicht bestätigt.

Wir haben anhand der inzwischen vorliegenden Ausführungsbestimmungen zur Kreisgebietsreform die Einschätzungen der Jugendamtsleiter überprüft und festgestellt, daß die Jugendamtsleiter die Situation fast immer richtig eingeschätzt haben.

Nur drei der von uns in der 35er-Auswahl untersuchten Landkreise bleiben bestehen oder werden vergrößert. Von den anderen wird etwa die Hälfte mit weiteren Kreisen zusammengefaßt, die andere Hälfte wird in verschiedene neue Kreise aufgeteilt. Bei den kreisfreien Städten ändert sich wenig. Eine kreisfreie Stadt aus unserer Untersuchung verliert allerdings ihren Status und gehört nach Vollzug der Kreisgebietsreform zu einem Landkreis.

2.1 Strukturelle Merkmale und Organisation

Ein Schwerpunkt unserer Untersuchung waren die strukturellen Bedingungen der Jugendämter. Dazu gehören neben Angaben zum Personalbestand und der finanziellen Ausstattung auch die Frage danach, ob das Jugendamt eigenständig organisiert ist und ob der ASD Teil des Jugendamts ist, sowie Fragen der Kooperation mit anderen jugendhilferelevanten Institutionen und nach der Arbeit des Jugendhilfeausschusses. Auf eine Untersuchung der inneren Organisationsstruktur der Jugendämter anhand von Organigrammen haben wir verzichtet. Die Ergebnisse der von Tümmler (1992) vorgelegten Studie lassen eine Bewertung der internen Organisationsstrukturen bei dem aktuellen Stand des Aufbaus der Jugendämter als noch nicht sinnvoll erscheinen. Die zum Erhebungszeitpunkt noch nicht vollzogene Gebietsreform sowie die geringe personelle Ausstattung in Ostdeutschland weisen auf die Vorläufigkeit der bisherigen internen Organisationsformen hin.

Im folgenden sollen die Ergebnisse über die strukturellen und organisatorischen Bedingungen der Jugendämter in Ost und West dargestellt werden.

Zur Stellung des Jugendamts in der öffentlichen Verwaltung

Die Einordnung des Jugendamts in das Gefüge der öffentlichen Verwaltung der Gebietskörperschaften kann durchaus als Hinweis auf die Bedeutung der Jugendhilfe im politischen Kräftefeld gesehen werden. Wir fragten deshalb die JugendamtsleiterInnen in den neuen Bundesländern, ob ihr Jugendamt eine eigenständige Behörde sei (vgl. Tabelle 2.2). 89 % der JugendamtsleiterInnen antworten auf diese Frage mit „ja". 10 % der Jugendämter haben den Status einer Fachabteilung, und ein Jugendamt befindet sich auf der Ebene eines Sachgebiets. Sind die Jugendämter keine selbständigen Einheiten, so sind sie meistens dem Sozialamt oder dem Sozial- und Gesundheitsamt zugeordnet. Die von Tümmler 1991 durchgeführte Studie kommt zu einem leicht abweichenden Ergebnis: 95 % der Städte und Kreise in den neuen Bundesländern haben eigenständige Jugendämter gebildet, die Strukturierung der Verwaltung war bei 98 % Anfang 1991 abgeschlossen (vgl. Tümmler 1991, S. 43). Wie es dazu kommt, daß es bei der von uns durchgeführten Erhebung in weniger Kreisen und kreisfreien Städten eigenständige Jugendämter gibt als im Jahr zuvor, entzieht sich unserer Kenntnis.

Tabelle 2.2

Organisationform des Jugendamts		
Jugendamt ist...	Anzahl	Prozent
Eigenständiges Amt	168	89,4 %
Abteilung	19	10,1 %
Sachgebiet	1	0,5 %

Der allgemeine Sozialdienst (ASD), Schnittstelle der Jugend-, Sozial- und Gesundheitshilfe, hat umfassende Aufgaben in „den Bereichen Familienhilfe, wirtschaftliche Hilfen, Wohnen und Arbeit, Jugend-, Gesundheits- und Altenhilfe, Integrationshilfen für besondere Problemgruppen" (Schwarz 1992, S. 24). Für die Arbeitsfähigkeit des Jugendamts ist es nicht unerheblich, wo der ASD angegliedert ist, je nach Ressortierung des ASD kann das Jugendamt Einfluß auf die Schwerpunktsetzung der Arbeit des ASD nehmen, können Aufgaben delegiert werden.

In 92 % der Kreise und kreisfreien Städte der neuen Bundesländer gibt es einen ASD und in 71 % der Gebietskörperschaften ist er dem Jugendamt zugeordnet. In 12 % der Kreise und kreisfreien Städte untersteht der ASD dem Sozial- und Jugendamt bzw. dem Gesundheits- und Jugendamt (vgl. Tabelle 2.3).

Tabelle 2.3

Zuordnung des ASD	
Jugendamt	71,3 %
Sozial-, Jugend- und Gesundheitsamt	12,2 %
Existiert nicht	8,0 %
Sozialamt	6,4 %
sonstiges	2,1 %

Finanzen der Jugendämter

Um einen Überblick über die finanzielle Ausstattung der Jugendämter zu bekommen, haben wir verschiedene Haushaltstitel abgefragt. Zum einen erfragten wir den Vermögens- und Verwaltungshaushalt von 1992, zum anderen sollten die Jugendämter die Ausgaben für 1992 in den Arbeitsbereichen Jugendarbeit, Jugendsozialarbeit, Förderung in Tagesbetreuung und Tagespflege sowie im Bereich Hilfen zur Erziehung angeben. In den genannten Bereichen wurden die jeweiligen Haushaltstitel nach den Ausgaben zur Förderung freier Träger sowie Ausgaben für Maßnahmen des Jugendamts getrennt erfragt.

Leider haben sehr viele der JugendamtsleiterInnen, vor allem im Westen, die Angaben zum Vermögens- und Verwaltungshaushalt verweigert, weswegen genaue Auswertungen nicht möglich sind. Dennoch möchten wir einen Überblick über die Größenordnungen der genannten Summen geben (vgl. auch Tabellen 2.4 und 2.5). So liegen die Angaben für den Vermögenshaushalt im Osten zwischen 6000,– DM und 33,68 Mio. DM und im Westen zwischen 27500,– DM und 226,8 Mio. DM. Für den Verwaltungshaushalt wurden in den neuen Bundesländern Summen zwischen 1,1 Mio. DM und 177,9 Mio. DM angegeben, in den alten Bundesländern zwischen 965000,– DM und 595 Mio. DM. Im Vergleich etwa gleich großer Kreise und kreisfreier Städte zwischen beiden Teilen Deutschlands zeigt sich, daß im Westen insgesamt ein höheres Finanzniveau zu finden ist.

Gefragt nach den Finanzmitteln für einzelne Arbeitsbereiche, zeigten sich die JugendamtsleiterInnen wesentlich auskunftsfreudiger, so daß hier einige interessante Ergebnisse dargestellt werden können.

Betrachten wir den Anteil der jeweiligen Arbeitsschwerpunkte

Tabelle 2.4

Jugendamtsetats in Westdeutschland (in DM)			
	Minimum	Maximum	Median
Jugendarbeit ohne freie Träger	0	2.035.979	160.000
Jugendarbeit mit freien Trägern	0	4.184.500	122.820
Jugendsozialarbeit ohne freie Träger	0	726.463	0
Jugendsozialarbeit mit freien Trägern	0	531.307	0
Tagesbetreuung ohne freie Träger	0	6.478.670	264.581
Tagesbetreuung mit freien Trägern	0	11.432.200	0
Hilfen zur Erziehung ohne freie Träger	0	44.817.103	3.823.200
Hilfen zur Erziehung mit freien Trägern	0	6.380.000	33.700

Tabelle 2.5

Jugendamtsetats in Ostdeutschland (in DM)			
	Minimum	Maximum	Median
Jugendarbeit ohne freie Träger	5.687	3.925.726	80.000
Jugendarbeit mit freien Trägern	0	1.406.000	25.000
Jugendsozialarbeit ohne freie Träger	0	9.935.349	0
Jugendsozialarbeit mit freien Trägern	0	800.000	0
Tagesbetreuung ohne freie Träger	0	127.000.000	237.000
Tagesbetreuung mit freien Trägern	0	17.442.000	0
Hilfen zur Erziehung ohne freie Träger	0	15.443.100	2.358.150
Hilfen zur Erziehung mit freien Trägern	0	548.000	0

an den Gesamtausgaben dieser Bereiche, stellen wir große Unterschiede zwischen Ost und West fest (siehe Grafik 2.1).

Während im Osten der größte Anteil mit etwa drei Viertel der Gesamtausgaben in den Bereich Tagesbetreuung fließt, beträgt dieser Anteil im Westen lediglich 22 %. Die große Differenz ist u. a. durch die unterschiedlichen Länderausführungsgesetze zu erklären. In den neuen Bundesländern wird der gesamte Etat für Tagesbetreuung von den Jugendämtern verwaltet, während es dafür bei einigen der Gebietskörperschaften im Westen gesonderte Haushaltsposten gibt. Des weiteren ist der Versorgungsgrad mit Einrichtungen der Kindertagesbetreuung im Osten deutlich höher.

Grafik 2.1

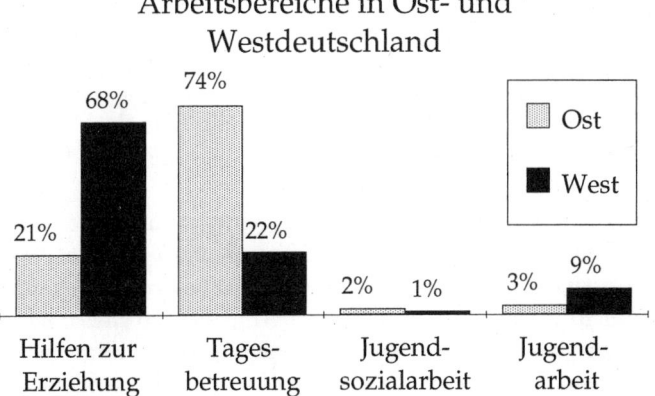

Jugendhilfeetats ausgewählter Arbeitsbereiche in Ost- und Westdeutschland

In beiden Teilen Deutschlands wird für Jugendarbeit und für Jugendsozialarbeit verhältnismäßig wenig Geld von den Jugendämtern ausgegeben. Im Osten ist der Anteil mit 2 % für Jugendsozialarbeit immerhin doppelt so hoch wie im Westen. Dies ist auf Sonderprogramme des Bundes zurückzuführen, die ausschließlich für die neuen Bundesländer bestimmt waren. Sie kamen überwiegend Regionen zugute, in denen es schon früh zu rechtsextremistischen Ausschreitungen gegen ausländische Mitbürger gekommen war.

Diese Zahlen scheinen von Bothmers Einschätzung zu bestätigen. „Als Fazit bleibt: Auf der kommunalen Ebene wird Jugendsozialarbeit ... – entgegen der gesetzlichen Formulierung – als zu vernachlässigende oder doch zumindest nachrangige ‚Kann'-Leistung angesehen, für die Geld nicht mehr zur Verfügung steht, da es für die zwingend vorgeschriebenen ‚Muß'-Leistungen gebraucht wird." (von Bothmer 1994, S. 8)

Bei der Erfragung der Ausgaben in den Arbeitsbereichen wurde nach den Ausgaben des Jugendamts für eigene Projekte und Leistungen sowie nach den Ausgaben für die Unterstützung freier Träger unterschieden. Hier zeigt sich deutlich, daß es im Osten der Republik noch nicht zu einer so breiten Aufgabenteilung zwischen öffentlichen und freien Trägern wie im Westen gekommen ist. Unsere Daten belegen, daß der Aufbau freier Träger im Osten nicht abgeschlossen ist. Im Westen Deutschlands geben die Jugendämter ein Viertel des zur Verfügung stehenden Geldes in den vier abgefragten Arbeitsbereichen an freie Träger weiter, im Osten Deutschlands werden nur 8 % weitergeleitet. Während im Westen die Ausgaben der Jugendämter in den Arbeitsbereichen Jugendsozialarbeit und Jugendarbeit zwischen öffentlichen und freien Trägern nahezu ausgeglichen sind, erhielten im Osten die freien Träger dieser Arbeitsbereiche weit weniger Geld, als der öffentliche Träger ausgibt. Im Bereich Tagesbetreuung sind die Unterschiede besonders gravierend. Im Westen kommen 65 % des Haushalts freien Trägern zugute, im Osten dagegen erhalten freie Träger in diesem Arbeitsbereich lediglich 8 % des Geldes.

Der durchschnittliche Anteil der Ausgaben für freie Träger in diesen Arbeitsbereichen verdeutlicht nochmals, daß im Westen Deutschlands freie Träger wesentlich stärker gefördert werden als im Osten (siehe Grafik 2.2).

Dies kann einerseits als Beleg für die immer noch unzureichende Etablierung freier Träger in den neuen Bundesländern gewertet werden, andererseits wird daran aber auch die Strategie vieler Jugendämter deutlich, freien Trägern nur dann Aufgaben zu übertragen, wenn diese für das Jugendamt kostengünstiger arbeiten können, als es für das Jugendamt selbst möglich wäre. Eine Jugendamtsmitarbei-

Grafik 2.2
Durchschnittlicher Anteil der Ausgaben für freie Träger

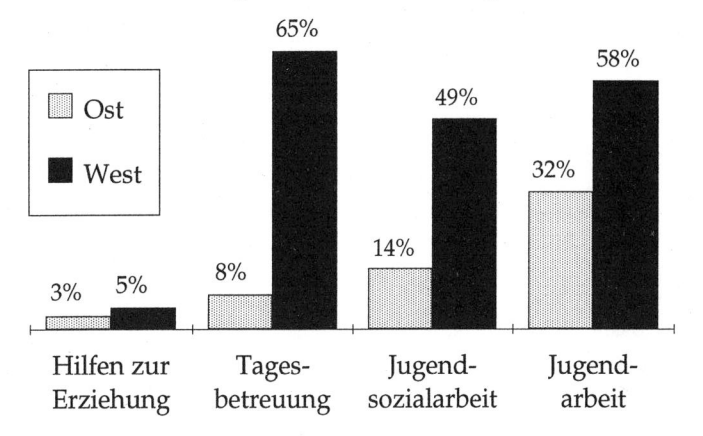

Ost / West

	Hilfen zur Erziehung	Tagesbetreuung	Jugendsozialarbeit	Jugendarbeit
Ost	3%	8%	14%	32%
West	5%	65%	49%	58%

terin formulierte es so: „Wenn wir schon 100 % bezahlen müssen, so wollen wir auch uneingeschränkt bestimmen dürfen."

Personal im Jugendamt

Neben der Finanzausstattung ist der Personalbestand ein wesentlicher Faktor für die Qualität der Arbeit des Jugendamts. Wir haben deshalb sehr detailliert die Personalausstattung der einzelnen Jugendämter abgefragt. So können wir zum Beispiel feststellen, daß Frauen in den Jugendämtern zwar überrepräsentiert sind, daß die Jugendamtsleitung hingegen meistens in Männerhand liegt (durchschnittlicher Frauenanteil: 74,3 %; Frauen als Jugendamtsleiterin: 33%).

In einem Jugendamt leisten zum Erhebungszeitpunkt 22 Frauen und Männer ihr Praktikum ab, in einem Viertel der Jugendämter sind ein bis zwei PraktikantInnen tätig und in 36 der befragten Jugendämter arbeiten keine PraktikantInnen. Im Unterschied zu freien Trägern können die Jugendämter nicht mit der Unterstützung durch Ehrenamtliche rechnen; nur drei der befragten Jugendämter geben an, von Ehrenamtlichen unterstützt zu werden. In keinem einzigen Jugendamt wird ein freiwilliges soziales Jahr abgeleistet.

In einem Drittel der Jugendämter gibt es niemanden, der in Teilzeit arbeitet, und in weiteren 40 % der Jugendämter arbeiten nicht mehr als ein Fünftel der Beschäftigten in Teilzeit.

Die Größe der Jugendämter differiert stark (vgl. Tabelle 2.6), wobei der Anteil der Jugendämter im Osten deutlich überwiegt.

Tabelle 2.6

	BRD gesamt	Ost kreisfreie Städte	Ost Landkreise	West kreisfreie Städte	West Landkreise
bis 10 MitarbeiterInnen	9,1 %	11,1 %	20,0 %	0,0 %	3,2 %
11-20 MitarbeiterInnen	15,6 %	0,0 %	24,0 %	8,3 %	16,1 %
21-40 MitarbeiterInnen	40,3 %	33,3 %	48,0 %	25,0 %	41,9 %
über 40 MitarbeiterInnen	35,1 %	55,6 %	8,0 %	66,7 %	38,7 %

Der durchschnittliche Anteil der MitarbeiterInnen, die lediglich auf ABM-Basis angestellt sind, beträgt in der Gesamtstichprobe 7 %, variiert allerdings zwischen den einzelnen Jugendämtern stark. 44 Jugendämter gaben an, keine ABM-Kräfte zu beschäftigen, und bei den übrigen Ämtern schwankt der Anteil zwischen 1 % und 62 %. Da eine längerfristige Beschäftigung von ABM-Kräften nicht möglich ist, entsteht in zahlreichen Jugendämtern ein personeller Engpaß, sobald diese Verträge auslaufen. Jugendämter mit einem Anteil von über 25 % ABM-MitarbeiterInnen – und dies waren immerhin ein Zehntel aller befragten Jugendämter in Ost und West – dürften kaum noch arbeitsfähig sein, wenn diese Stellen entfallen und es nicht möglich ist, „feste" Stellen zu schaffen. Um diese Ergebnisse angemessen interpretieren zu können, muß man berücksichtigen, daß ABM-Kräfte fast ausschließlich in Ost-Jugendämtern beschäftigt werden und sich dort die Situation weit dramatischer darstellt, als es diese Zahlen auf den ersten Blick vermuten lassen (vgl. Abschnitt Ost-West-Vergleich).

In Zeiten, in denen allgemein die Notwendigkeit von Einsparungen bei der öffentlichen Hand beschworen wird, ist es für die Jugendhilfe erfahrungsgemäß schwierig, erreichte Standards zu halten. Ein Indiz für die verringerte Wichtigkeit der Jugendhilfe bei den Kommunal- und Kreispolitikern ist ein Stellenabbau in der Verwaltung des Jugendamtes. Ein Viertel der befragten Jugendämter hat in dem Zeitraum zwischen dem 1.1.1991 und dem 1.10.1992 Personal abgebaut, wobei der Personalabbau entweder durch Entlassungen (14 %), Umschichtungen innerhalb der Verwaltung der Stadt bzw. des Kreises (13 %) oder durch die Übergabe einzelner Aufgabenbereiche an freie Träger (9 %) erfolgte.[10]

---

[10] Die Summe der Prozentangaben ist höher als 25 %, da einige Jugendämter mehrere Angaben machten.

Da wir in Ostdeutschland zwei Erhebungen bei Jugendämtern durchführen konnten, die zeitlich versetzt waren, ist es uns möglich, für 35 Jugendämter die Personalentwicklung genauer zu beschreiben. Im Vergleich zum Personalbestand im ersten Untersuchungszeitraum haben sich bei den meisten Jugendämtern Veränderungen ergeben. Über 60 % der Jugendämter, darunter alle befragten Jugendämter in Thüringen, konnten ihre Mitarbeiterzahl erhöhen. Bei sechs Jugendämtern haben sich keinerlei Veränderungen ergeben und in weiteren sechs Jugendämtern wurden Stellen abgebaut, wobei der Stellenabbau in einem Jugendamt besonders drastisch verlief, da 78 % der Stellen gestrichen wurden. Der Abbau der Stellen erfolgte in vier Fällen in Jugendämtern, die angaben, durch die Kreisgebietsreform betroffen zu sein, und zusammengelegt werden.

Eine differenzierte Betrachtung des Stellenzuwachses zeigt, daß sich lediglich bei acht Jugendämtern die Anzahl „fester" Stellen erhöhte. Dagegen vollzog sich der Personalaufbau bei anderen Jugendämtern mittels ABM-Stellen, also nicht vergleichbar mit einer langfristigen Personalaufstockung. In einigen Jugendämtern hat sich dadurch der Anteil der ABM-Kräfte extrem (bis zu 62 %) erhöht. Solange der Aufbau der örtlichen Jugendhilfe vorrangig mit ABM-Kräften betrieben wird, wird eine sachgerechte Strukturierung der Jugendämter erschwert.

Vergleicht man in Ost- und Westdeutschland die Jugendämter miteinander, in deren Einzugsgebiet ungefähr gleich viele Menschen wohnen, so lassen sich einige deutliche Unterschiede in der Personalausstattung erkennen. Zu erwarten wäre, daß den besonderen Bedingungen der Aufbausituation im Osten insofern Rechnung getragen wird, als dort mehr Personal in den Jugendämtern angestellt ist als im Westen. Die von uns erhobenen Daten belegen jedoch, daß genau das Gegenteil der Fall ist.

Betrachtet man die Zahl der Beschäftigten in den einzelnen Jugendämtern, so erkennt man, daß im Mittel die Jugendämter im Osten 15,7 Beschäftigte weniger haben als vergleichbare Jugendämter im Westen.

Eine weitere wichtige Kennzahl für die personelle Ausstattung der Jugendämter ist der Anteil an ABM-Kräften. Hier wird schon beim ersten Blick auf die Tabelle 2.7 deutlich, daß es große Unterschiede zwischen West und Ost gibt. So liegt der Median[11] für den

---

[11] Der Median teilt die Stichprobe in zwei gleich große Gruppen. Im konkreten Beispiel bedeutet das, die ersten 50 % der Westjugendämter haben keine ABM-Kraft, im Osten dagegen haben bereits die ersten 50 % der Jugendämter 12,5 % ABM-Kräfte.

Tabelle 2.7

Kennzahlen zur Personalausstattung in Ost- und West (Einwohnergröße der Jugendamtsbezirke zwischen 30.000 und 300.000)		
	Ost (n=28)	West (n=37)
Alle Beschäftigten im Jugendamt		
Durchschnitt	47,6	63,3
Median	32	36
ABM im Jugendamt		
Durchschnitt	4,8	3,4
Median	4,0	0,0
Jugendämter ohne ABM	3	32
%-Anteile der ABM im Jugendamt		
Durchschnitt	12,2 %	0,8 %
Median	12,5 %	0,0 %

prozentualen Anteil der ABM-Kräfte an der Zahl der Beschäftigten im Westen bei 0 % und im Osten bei 12,5%. Die Tatsache, daß nur in vier der befragten 49 westdeutschen Jugendämter sich MitarbeiterInnen in Arbeitsbeschaffungsmaßnahmen befinden, es in den neuen Bundesländern dagegen nur drei Jugendämter gibt, die keine MitarbeiterInnen in ABM haben, verdeutlicht noch einmal die großen Unterschiede zwischen West und Ost. Der im Vergleich dazu hohe Durchschnittswert der ABM-Beschäftigten in Westjugendämtern ist bedingt durch 119 ABM-Kräfte in einem Stadtjugendamt. Dieses Stadtjugendamt stellt die große Ausnahme im Westen dar. Berücksichtigt man diesen Extremfall bei der Durchschnittsbildung nicht, so erhält man einen repräsentativeren Wert. Pro Westjugendamt werden durchschnittlich 0,11 ABM-Kräfte beschäftigt.

Diese Differenzen machen deutlich, daß die personelle Ausstattung der öffentlichen Jugendhilfe in Ost und West sehr unterschiedlich ist. Dem oben angedeuteten Mehrbedarf an Personal in den neuen Bundesländern wird faktisch nicht entsprochen, dazu kommt eine erhöhte Belastung durch befristete und damit unsichere Arbeitsverhältnisse (ABM).

Ein weiterer Hinweis darauf, daß die Jugendämter in den neuen Bundesländern unterbesetzt sind, ist, daß in elf der 13 Jugendämter unserer Erhebung, in deren Bezirk zwischen 100 000 und 140 000

Einwohner wohnen, weniger MitarbeiterInnen arbeiten (inkl. ABM), als von der Landesarbeitsgemeinschaft der Jugendamtsleiter in Mecklenburg-Vorpommern im Juli 1993 als Mindeststandard für Jugendämter in einem Jugendamtsbezirk mit 100 000 Einwohnern empfohlen wurde. Fünf dieser Jugendämter haben sogar 10,5 bis 19,5 MitarbeiterInnen weniger, als in dieser Empfehlung stehen. Die Landesarbeitsgemeinschaft empfiehlt 42,5 Stellen.

Die Aufbausituation ist nicht nur durch die völlige Umorganisation vorhandener Strukturen und den Neuaufbau von Institutionen und Verwaltungen gekennzeichnet, sondern ein wesentliches Merkmal der aktuellen Situation ist ein hoher Fortbildungsbedarf. Zum einen mußte eine neue Gesetzeslage zur Kenntnis genommen und produktiv in die tägliche Praxis umgesetzt werden, zum anderen sind zahlreiche für Ostdeutschland neue Qualifikationen erforderlich, um den Anforderungen einer modernen Jugendhilfe gerecht zu werden. All dies erschwert zusätzlich die prekäre Personalsituation.

Qualifikation der MitarbeiterInnen

Neben der Anzahl des Personals ist seine fachliche Qualifikation für eine lebensweltorientierte Jugendhilfe von entscheidender Bedeutung (vgl. §§ 72, 79 Abs. 3 KJHG). Die Ausbildungen für den sozialen Bereich und besonders für den Bereich der Jugendhilfe waren in der DDR völlig andere als in Westdeutschland. Die Ausbildung zur ErzieherIn war spezialisierter auf einzelne Bereiche, z.B. HeimerzieherIn oder HortnerIn, und wurde wie im Westen an Fachschulen absolviert. Die Jugend-, Gesundheits-und SozialfürsorgerInnen haben entweder ein Direktstudium (sechs Semester) oder ein Fernstudium (vier Jahre berufsbegleitend) absolviert. Diese Ausbildung ist nach dem Beschluß der Jugendministerkonferenz vom 21.6.1991 mit der „hiesigen (= westdeutschen; d. Verf.) Fachhochschulausbildung zum Diplom-Sozialarbeiter bzw. zur Diplom-Sozialarbeiterin nicht vergleichbar: sie ist auf einem geringeren Niveau angesiedelt und um vieles spezialisierter" (vgl. Forum Jugendhilfe, AGJ-Mitteilungen, 1991, Heft 2–3).

Es ist also davon auszugehen, daß sich die in den Jugendämtern vorfindbaren Berufsbilder in Ost- und West-Deutschland stark voneinander unterscheiden. Darüber hinaus gibt es aufgrund des unterschiedlichen Ausbildungs- und Jugendhilfesystems einen hohen Bedarf an Aus- und Fortbildung bei den MitarbeiterInnen in den neuen Bundesländern.

Berufsbilder

Aus Tabelle 2.8 wird ersichtlich, wie sich die unterschiedlichen Ausbildungssysteme für den Bereich der Jugendhilfe und der Sozialarbeit in Ost- und Westdeutschland in dem Qualifikationsprofil der MitarbeiterInnen in den Jugendämtern abbilden.

Tabelle 2.8

Berufsbilder im Jugendamt					
	BRD gesamt	Ost	West	Stadt	Land
LehrerIn und PionierleiterIn	4 %	19 %	0 %	2 %	5 %
Jugendfürsorger (nur Ostdeutschland)	-	17 %	-	4 %	10 %
psychosoziale Ausbildung	62 %	23 %	68 %	70 %	45 %
Ausbildung im Gesundheitsbereich	1 %	6 %	0 %	1 %	2 %
Verwaltungs- / kaufmännische Ausbildung	26 %	20 %	27 %	21 %	29 %
sonstige Ausbildung	6 %	15 %	4 %	3 %	10 %
Anzahl insgesamt	*80*	*35*	*45*	*23*	*57*

So haben die JugendamtsmitarbeiterInnen mit einem Abschluß im sozialen, erzieherischen oder psychologischen Bereich im Westen einen Anteil von 68 % am Personal, im Osten hingegen beträgt ihr Anteil 23 %. Rechnet man die JugendfürsorgerInnen zu dieser Gruppe hinzu, so steigt ihr Anteil am Personal auf 40 %. Der Anteil von MitarbeiterInnen mit einer Ausbildung, die untypisch für den Bereich der Jugendhilfe ist, beträgt in Ostdeutschland 15 %, in Westdeutschland hingegen nur 4 %. Bei der Bewertung dieser Zahl ist zu berücksichtigen, daß aufgrund der völlig anderen Organisation von Jugendarbeit in der DDR viele dieser MitarbeiterInnen über langjährige Erfahrungen in der ehrenamtlich geleisteten Jugendarbeit verfügen.

Für die einzelnen MitarbeiterInnen in den ostdeutschen Jugendämtern haben diese von dem westdeutschen Muster abweichende Berufsbiographien mehrere Auswirkungen. Zum einen werden sie teilweise nicht ihren Arbeitsanforderungen entsprechend eingruppiert, da die formalen, in den Tarifverträgen festgeschriebenen Voraussetzungen, z. B. Fachhochschul-Diplom, fehlen. Zum anderen müssen sich die MitarbeiterInnen einer umfangreichen Anpassungsqualifikation unterziehen, die neben der Arbeit in den Jugendämtern absolviert werden muß.

Aus-, Fort- und Weiterbildung

Um ein hohes fachliches Niveau der Arbeit der Jugendämter langfristig aufbauen und sichern zu können, ist eine kontinuierliche „Fortbildung der MitarbeiterInnen" unerläßlich. Wir haben deshalb einige Fragen zum Themenkomplex Fortbildung gestellt.

Eine wichtige Voraussetzung, um den MitarbeiterInnen die Teilnahme an Fortbildungsmaßnahmen zu ermöglichen, ist, daß das Jugendamt über Geld für diesen Zweck verfügt. Aber nur 40 % der von uns befragten Jugendämter haben einen eigenen Haushaltstitel „Fortbildung von MitarbeiterInnen", was bedeutet, daß bei 60 % der Jugendämter die Entscheidung über die Sinnhaftigkeit der Teilnahme an einer Fort- oder Weiterbildungsmaßnahme außerhalb des Jugendamtes gefällt wird. Angesichts der zahlreichen Klagen der in der Jugendhilfe Tätigen über die mangelnde politische Unterstützung für die Anliegen der Jugendhilfe (vgl. Kapitel 2.3) kann dies kein befriedigender Zustand sein. Die Hälfte der Jugendämter mit einem eigenen Etat konnte über maximal 5510,- DM im Jahr 1991 und 9400,- DM im Jahr 1992 verfügen. Bei 70 % der Jugendämter ist der Fortbildungsetat 1992 gestiegen, wobei die Steigerung zwischen 500,- DM und 70 600,- DM betrug. Die Haushaltssteigerungen konnten hauptsächlich im Osten Deutschlands realisiert werden, 94 % der Jugendämter in den neuen Bundesländern, die einen eigenen Haushaltstitel für Fortbildung haben, konnten ihre Haushaltsmittel erhöhen, 6 % mußten Kürzungen in diesem Bereich hinnehmen. In den alten Bundesländern hingegen mußte ein Viertel der Jugendämter Streichungen akzeptieren, und nicht einmal die Hälfte (46 %) konnte ihren Haushaltsansatz steigern. Für diese ungleiche Entwicklung zwischen Ost und West gibt es mehrere Erklärungen. Ein besonderer Fortbildungsbedarf der MitarbeiterInnen in den Ostjugendämtern ist aufgrund des völlig anderen Ausbildungssystems der DDR und der dort vermittelten pädagogischen Orientierungen und Konzepte unbestritten. Des weiteren haben unsere Analysen gezeigt, daß die Etats für Mitarbeiterfortbildung in den neuen Bundesländern im Jahre 1991 zu niedrig angesetzt waren, denn die JugendamtsleiterInnen im Osten haben signifikant häufiger (sig: < 5 %) ihre Etats überzogen als die JugendamtsleiterInnen im Westen, so daß die Steigerung der Etats im Osten eine notwendige, aber sicher noch unzureichende Anpassung an den tatsächlichen Fortbildungsbedarf darstellt.

Neben den Etats zur Fortbildung wollten wir von den JugendamtsleiterInnen etwas über ihre Erfahrungen mit bisher durchgeführten Fort- und Weiterbildungen erfahren. Dazu legten wir ihnen eine Liste mit acht verschiedenen Statements vor, deren Aussage sie auf einer vierstufigen Skala bewerten sollten. Daraus ergab sich, daß eine große Mehrheit der JugendamtsleiterInnen mit der Qualität der Fortbildungen zufrieden ist, die Zustimmung lag bei den drei Items, die diesen Themenbereich abdecken, zwischen 62 % und 78 %. Die Motivation der MitarbeiterInnen wird positiv beurteilt, über 60 % der JugendamtsleiterInnen fordern mehr Geld für Fortbildungen, ein Drittel wünscht sich bessere Freistellungsmöglichkeiten für die MitarbeiterInnen und fast 80 % fänden eine langfristige berufsbegleitende Fortbildung wichtig.

Interessante Unterschiede gibt es bei der Bewertung einzelner Statements zwischen ost- und westdeutschen JugendamtsleiterInnen. Die JugendamtsleiterInnen in den neuen Bundesländern betonen signifikant häufiger (sig: 1 %) die große Wichtigkeit einer langfristigen und berufsbegleitenden Fortbildung. WestjugendamtsleiterInnen legen keinen besonderen Wert darauf, daß Fort- und Weiterbildungen mit einem Zertifikat, das eine allgemein anerkannte Zusatzqualifikation darstellt, abschließen (sig: < 1 %). Sie sind auch mit der Fortbildungsmotivation ihrer Mitarbeiter deutlich unzufriedener als ihre OstkollegInnen, von denen sich keine einzige über eine mangelnde Motivation der MitarbeiterInnen beklagte (sig: < 1 %).

Stadt- und Landkreisjugendämter unterscheiden sich hingegen in ihren Bewertungen nicht.

Wie bereits angesprochen, stellt die Anerkennung von Berufsabschlüssen aus DDR-Zeiten ein besonderes Problem für die MitarbeiterInnen in den ostdeutschen Jugendämtern dar. Deshalb ist es wichtig, zwischen Fort- und Weiterbildung auf der einen Seite und Anpassungsqualifizierungen auf der anderen Seite zu unterscheiden. Fort- und Weiterbildungen führen nicht zu einem anerkannten pädagogischen Berufsabschluß, sondern stellen im besten Fall eine Zusatzqualifikation dar. Nur durch Anpassungsqualifizierungen ist es den einzelnen MitarbeiterInnen möglich, eine tarif- und arbeitsrechtliche Anerkennung oder Gleichstellung ihrer Berufsausbildung zu erreichen. Es gibt umfangreiche und von Bundesland zu Bundesland völlig unterschiedliche Regelungen, unter welchen Bedingungen ein Berufsabschluß anerkannt oder als gleichwertig behandelt wird. So werden nach dem Erlaß der Ministerin für Arbeit, Soziales, Gesundheit und Frauen des Landes Brandenburg vom 15. Mai 1991 alle in der DDR ausgebildeten und in Brandenburg wohnhaften Gesundheits-, Jugend- und SozialfürsorgerInnen auf Antrag mit SozialarbeiterInnen gleichgestellt. Diese Gleichstellung wird widerrufen, wenn nicht innerhalb von fünf Jahren die Maßnahmen zur ergänzenden Qualifikation erfolgreich absolviert wurden. Der zeitliche Umfang beträgt für AbsolventenInnen staatlicher Ausbildungsstätten 160 Stunden. In Sachsen müssen die TeilnehmerInnen von Anpassungsqualifikationen eine mindestens zweijährige Berufspraxis vorweisen und sich zum Abschluß des 352stündigen berufsbegleitenden Ergänzungskurses einer mündlichen Prüfung unterziehen. Von ErzieherInnen, Unter- und OberstufenlehrerInnen sowie AbsolventInnen anderer pädagogischer Ausbildungsgänge werden in Mecklenburg-Vorpommern nach dem Erlaß der Kultusministerin vom 22. Juli 1992 1200 Stunden Zusatzqualifikation innerhalb von zwei Jahren verlangt, um „die notwendigen gleichwertigen Fähigkeiten und Erfahrungen eines sonstigen Angestellten im Sinne des Teiles II Abschnitt G zum BAT/BAT-O" (Erlaß der Kultusministerin des Landes Mecklenburg-Vorpommern vom 22.7.1992; Feststellung gleichwertiger Fähigkeiten und Erfahrungen in der Ausübung der Tätigkeit als Sozialarbeiter/Sozialpädagoge für Personen, die eine pädagogische Ausbildung abgeschlossen haben; zitiert nach Rabe 1993) zu erwerben.

Von besonderem Interesse war für uns deshalb die Frage, wieviel Mitarbeiter und Mitarbeiterinnen Anpassungsqualifizierungen absolvieren. Der prozentuale Anteil der MitarbeiterInnen, die an den Maßnahmen zur Anerkennung ihrer beruflichen Abschlüsse teil-

Grafik 2.3

MitarbeiterInnen in Anpassungsqualifikationen

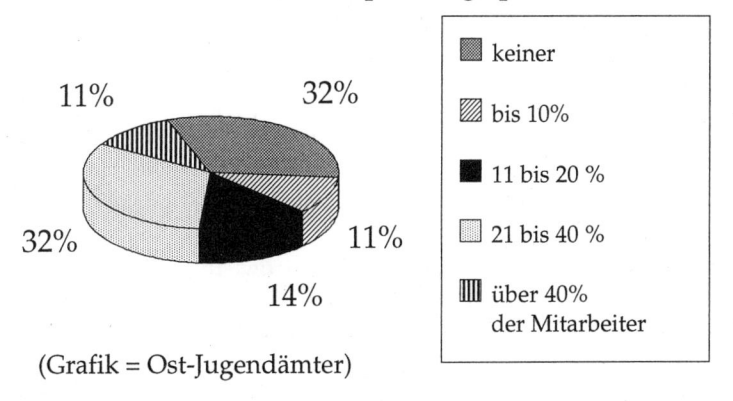

11% 32%
32% 11%
14%

- keiner
- bis 10%
- 11 bis 20 %
- 21 bis 40 %
- über 40% der Mitarbeiter

(Grafik = Ost-Jugendämter)

nahmen, differierte stark (vgl. Grafik 2.3). In einem Drittel der Jugendämter nahm keine der MitarbeiterInnen an einem solchen Anpassungslehrgang teil. Wohingegen bei einem Jugendamt 43% der MitarbeiterInnen solche Lehrgänge besuchten. Die sehr unterschiedlichen Regelungen zur Anpassungsqualifizierung und Gleichstellung von Berufsabschlüssen haben nach unseren Daten keine Auswirkungen auf den Anteil von MitarbeiterInnen, die an solchen Maßnahmen teilnehmen.

Personal in den Einrichtungen des Jugendamtes

Eine Vielzahl von Dienstleistungen der Jugendhilfe wird vom öffentlichen Träger angeboten. Wir erfragten im Rahmen der Untersuchung auch, wie hoch die Personalzahl in den nachgeordneten Einrichtungen des Jugendamtes ist. Zwölf der 80 befragten Jugendämter haben keine nachgeordneten Einrichtungen, maximal arbeiten 3384 Personen in nachgeordneten Einrichtungen. Die Zahl der Ehrenamtlichen ist sehr gering, insgesamt arbeiten 0,1% (= 18 Frauen und Männer) ehrenamtlich, sieben davon leisten ihre Arbeit in einem Westjugendamt und zwölf in zwei Ostjugendämtern. Es ist weiterhin festzustellen, daß von den Stadtjugendämtern erheblich mehr Personal in Einrichtungen beschäftigt wird (Median: 454) als in den Landkreisjugendämtern (Median 10). Die Zahl der auf ABM-Basis eingestellten MitarbeiterInnen ist in der Gesamtstichprobe niedrig, der Median für den prozentualen Anteil an MitarbeiterInnen mit ABM-Verträgen beträgt 0,4%. Hier gibt es deutliche Unterschiede zwischen Ost und West: Im Osten schwankt dieser Anteil zwischen 0% und 100%, im Westen dagegen liegt das Maximum bei 26%. Einen Anteil von über 50% ABM-Kräfte haben die Jugendämter, die sehr wenig Personal in Einrichtungen beschäftigen, und bei keinem einzigen Jugendamt in dieser Gruppe sind mehr als zwölf MitarbeiterInnen in den Einrichtungen tätig.

Bei acht Jugendämtern unserer Stichprobe werden mehr als 500 MitarbeiterInnen in Einrichtungen beschäftigt, wobei sich sieben dieser acht Jugendämter in Ostdeutschland befinden. Die hohe MitarbeiterInnenzahl läßt sich bei diesen acht Jugendämtern zum größten Teil durch die Beschäftigten in den Kinderkrippen, -gärten und Horten erklären.

Vergleicht man die Ergebnisse der von uns im Sommer 1992 durchgeführten Totalerhebung mit den Ergebnissen einer von Tümmler durchgeführten Jugendamtsbefragung 1991 (vgl. Tümmler 1992, S. 91), so läßt sich beim Personal in Einrichtungen folgende Entwicklung beschreiben: Der prozentuale Anteil der Jugendämter, die weniger als zehn MitarbeiterInnen in nachgeordneten Einrichtungen haben, ist von 42 % auf 28 % gesunken. Halbiert hat sich auch der Anteil der Jugendämter, die zwischen 101 und 500 MitarbeiterInnen in Einrichtungen beschäftigen.

Tabelle 2.9

Personal in Einrichtungen des Jugendamtes		
	Tümmlerstudie 1991	DJI 1992
bis 10 MitarbeiterInnen	41,5 %	27,9 %
11 bis 50 MitarbeiterInnen	26,9 %	36,8 %
51 bis 100 MitarbeiterInnen	10,8 %	16,3 %
101 bis 500 MitarbeiterInnen	10,8 %	5,8 %
über 500 MitarbeiterInnen	10,0 %	13,2 %

Die aus Tabelle 2.9 ersichtliche Steigerung der MitarbeiterInnenzahl ist unter Umständen auf einen verstärken Einsatz von ABM-Kräften zurückzuführen. Leider liegen aus der Tümmler-Studie keine Zahlen über den Anteil von ABM-Stellen in den Einrichtungen vor, so daß aufgrund dieser Zahlen nicht auf den Stand des Aufbaus rückgeschlossen werden kann.

Zusammenarbeit mit Ämtern und jugendhilferelevanten Institutionen

Die Zusammenarbeit zwischen dem Jugendamt und anderen kommunalen Stellen sowie jugendhilferelevanten Institutionen ist zentral für die Bewältigung der vielfältigen Aufgaben, die an die Jugendhilfe herangetragen werden. Wir wollten daher von den JugendamtsleiterInnen wissen, inwieweit sie mit anderen Ämtern und Stellen zusammenarbeiten. Dabei erfragten wir nicht nur die Tatsache der Zusammenarbeit, sondern auch die Form dieser Zusammenarbeit.

Dabei zeigt sich, daß die Zusammenarbeit überwiegend im Rahmen von Einzelfällen praktiziert wird. Gemeinsame Arbeitsgruppen gibt es seltener, gemeinsame Projekte nur in durchschnittlich

10% aller Jugendamtsbezirke unserer Befragung. Die Jugendämter (über 90%) arbeiten am intensivsten im Rahmen der Einzelfälle mit dem Schulamt, den Schulen, dem Arbeitsamt und den Justizbehörden zusammen. In der Zusammenarbeit mit den genannten Institutionen läßt sich kein Unterschied zwischen den Jugendämtern in Ost und West oder zwischen Landkreisjugendämtern und städtischen Jugendämtern feststellen.

Die häufigsten Kooperationspartner bei der Unterhaltung von Arbeitsgruppen sind Wohlfahrts- und Jugendverbände sowie die Polizei. Bei der Zusammenarbeit in Arbeitsgruppen mit anderen Stellen gibt es signifikante Unterschiede. In der Zusammenarbeit mit der Kinder- und Jugendpsychiatrie gibt es zwischen Landkreisen und kreisfreien Städten große Unterschiede (sig: < 5%). Bei 17% der Stadtjugendämter gibt es Arbeitsgruppen mit Einrichtungen der Kinder- und Jugendpsychiatrie, bei den Landkreisjugendämtern gilt das nur für 4% (sig: < 5%). Auch Arbeitsgruppen mit dem Sozialamt sind in den kreisfreien Städten weiter verbreitet als in Landkreisen (sig: 1%). Fast 60% der Stadtjugendämter geben gemeinsame Arbeitsgruppen an – gegenüber knapp einem Drittel der Jugendämter in den Landkreisen. Ähnliche Unterschiede gibt es bei der Zusammenarbeit mit Selbsthilfegruppen. 30% der Stadtjugendämter, aber nur 11% der Landkreise haben Arbeitsgruppen mit Selbsthilfegruppen. In diesem Bereich gibt es auch einen signifikanten Unterschied zwischen Ost und West (sig: 1%), eine Kooperation mit Selbsthilfegruppen findet überwiegend in den alten Bundesländern statt.

Im Osten gibt es in 11% der untersuchten Gebietskörperschaften Arbeitsgruppen mit Schulen, im Westen ist dies in über der Hälfte der Kreise und kreisfreien Städte der Fall (sig: < 1%). Die Jugendämter in den neuen Bundesländern arbeiten deutlich häufiger als die aus den alten Ländern mit den Gewerbeaufsichtsämtern in Arbeitsgemeinschaften zusammen (sig: < 5%). Ein Viertel der ostdeutschen Jugendämter geben gemeinsame Arbeitsgruppen an, gegenüber 6% im Westen. Gemeinsame Projekte unterhalten Jugendämter in hohem Maß mit Wohlfahrtsverbänden (59%), Jugendverbänden (59%) und Schulen (40%). Eine relativ große Bedeutung haben noch Kirchen (34%) und Sportverbände (28%). Das Kulturamt hat als Partner für Zusammenarbeit eine höchst unterschiedliche Bedeutung für die Jugendämter in Ost und West. Im Westen geben 37% der Gebietskörperschaften an, überhaupt nicht mit dem Kulturamt zusammenzuarbeiten, im Osten sind dies lediglich 9% (sig: < 1%), was in der unterschiedlichen Tradition von Jugendarbeit in Ost und West liegen kann. Jugendarbeit verstand sich in der ehemaligen DDR auch immer als Jugendkulturarbeit.

Unsere Ergebnisse belegen, daß sich die häufigste Zusammenarbeit auf Einzelfälle bezieht. Gemeinsame Projekte gibt es meist nur mit den „klassischen" Partnern der Jugendämter: Jugend- und Wohlfahrtsverbände sowie Schulen. Diese Gruppen sind es auch, mit denen in der Regel mehrere Formen der Zusammenarbeit gepflegt werden. So geben für die Wohlfahrtsverbände knapp 80 % der Jugendämter mindestens zwei Formen der Zusammenarbeit an. Für die Jugendverbände sind dies 65 %, für die Schulen knapp über die Hälfte der befragten Jugendämter. Gemeinsame Projekte mit Justizbehörden, der Polizei oder Einrichtungen der Kinder- und Jugendpsychiatrie gibt es dagegen nur sehr selten.

Jugendhilfeausschuß

Nach § 71 KJHG hat der Jugendhilfeausschuß die Aufgabe, sich mit allen

„Angelegenheiten der Jugendhilfe, insbesondere mit
1. der Erörterung aktueller Problemlagen junger Menschen und ihrer Familien sowie mit Anregungen und Vorschlägen für die Weiterentwicklung der Jugendhilfe,
2. der Jugendhilfeplanung und
3. der Förderung der freien Jugendhilfe"

zu befassen. Dabei soll der Jugendhilfeausschuß zu drei Fünftel mit Vertretern der öffentlichen Jugendhilfe und zu zwei Fünftel mit Vertretern der anerkannten, in der Jugendhilfe wirkenden freien Trägern besetzt sein (ebd.).

In den Jugendamtsbezirken der neuen Bundesländer ist der Jugendhilfeausschuß mit fünf bis 29 Personen besetzt, der Durchschnitt liegt bei 17 Mitgliedern. Im Westen ist der Durchschnitt mit 22 Personen etwas höher, die Anzahl der Mitglieder differiert hier zwischen fünf und 45 Mitgliedern.

Nach unseren Ergebnissen setzt sich ein Jugendhilfeausschuß aus durchschnittlich 34 % VertreterInnen öffentlicher Träger, 12 % VertreterInnen von Jugendverbänden, 14 % VertreterInnen von Wohlfahrtsverbänden und 16 % in der Jugendhilfe erfahrene Frauen und Männern zusammen. Die VertreterInnen der Kirchen haben einen durchschnittlichen Anteil von 8 %, und sonstige Personen sind mit 16 % vertreten. Allerdings unterscheidet sich die Zusammensetzung der Jugendhilfeausschüsse zum Teil erheblich. Eine Gruppe von fünf Jugendämtern fällt durch den hohen Anteil von über 60 % in der Jugendhilfe erfahrenen Personen auf. Zwei Jugendämter haben einen 60 %igen Anteil an VertreterInnen des öffentlichen Trägers im Jugendhilfeausschuß und drei Jugendämter fallen durch einen besonders hohen Anteil an fast 40 % VertreterInnen der Jugendverbände und einen sehr geringen Anteil an VertreterInnen der Wohlfahrtsverbände auf. Dabei handelt es sich um zwei Jugendämter aus den neuen Bundesländern und ein West-Jugendamt. Der prozentuale Anteil an VertreterInnen öffentlicher Träger in den Jugendhilfeausschüssen ist in Ostdeutschland im Durchschnitt um 6 % höher als in Westdeutschland, der Anteil an sonstigen Personen um 7 % geringer (vgl. Tabelle 2.10). Auch dies ist ein Hinweis auf eine noch nicht stabilisierte und ausgebaute freie Trägerszene.

Tabelle 2.10

Zusammensetzung des Jugendhilfeausschusses		
	Ost	West
VertreterInnen der öffentlichen Träger	38 %	32 %
erfahrene Personen in der Jugendhilfe	16 %	16 %
WohlfahrtsverbandsmitarbeiterInnen	16 %	13 %
JugendverbandsmitarbeiterInnen	11 %	13 %
KirchenmitarbeiterInnen	7 %	8 %
sonstige MitarbeiterInnen	12 %	19 %

Die JugendamtsleiterInnen sollten einige Statements zum Jugendhilfeausschuß mit den Kategorien „trifft voll zu", „trifft eher zu", „trifft eher nicht zu" und „trifft überhaupt nicht zu" bewerten. Es gibt einen leichten Trend dahingehend, daß die JugendamtsleiterInnen den Jugendhilfeausschuß besonders positiv beurteilen, wenn vor Ort ein hoher Anteil freier Träger am Jugendhilfeausschuß beteiligt ist. Allerdings wird der Jugendhilfeausschuß insgesamt sehr positiv bewertet. Der Aussage, daß der Jugendhilfeausschuß vor Ort für die Jugendhilfeplanung eine große Bedeutung hat, stimmen fast 70 % zu, wobei 25 % dem sogar ohne Einschränkung zustimmen. Überwiegend negativ wird dieses Statement nur von JugendamtsleiterInnen aus Bayern und Sachsen-Anhalt bewertet. Die Aussage, daß der Jugendhilfeausschuß der Ort ist, an dem für die Jugendhilfe wichtige Entscheidungen gefällt werden, bestätigen fast 90% der JugendamtsleiterInnen. Die Hälfte stimmt diesem Statement sogar voll zu. Große Zustimmung herrscht auch bei der Aussage, daß der Jugendhilfeausschuß die Möglichkeit bietet, Probleme von Kindern und Jugendlichen öffentlich zu machen. Dem stimmen 78% der JugendamtsleiterInnen zu.

Hinsichtlich des Statements, daß der Jugendhilfeausschuß dazu dient, die Interessen von freien Trägern, der Kommune und des Jugendamts abzuklären, gibt es signifikante Unterschiede in der Beurteilung zwischen JugendamtsleiterInnen aus Ost und West (sig: < 1%). Während fast alle JugendamtsleiterInnen aus dem Osten zustimmen – die Hälfte sogar ohne Einschränkung –, wird diese Meinung „nur" von 60% der JugendamtsleiterInnen aus den alten Bundesländern geteilt. Ohne Einschränkung stimmen nur 18% der westlichen JugendamtsleiterInnen diesem Statement zu. Unterschiede gibt es ebenfalls in der Beurteilung, ob der Jugendhilfeausschuß nur ein Bestätigungsgremium für Beschlüsse ist, die außerhalb gefallen sind (sig: 1%). Dem stimmen 21% der westdeutschen JugendamtsleiterInnen gegenüber nur 6% der JugendamtsleiterInnen im Osten zu. Während 56% der Ost-JugendamtsleiterInnen diese Aussage vollkommen ablehnen, sind dies im Westen lediglich ein Viertel.

Nach unseren Gesprächen mit JugendamtsleiterInnen und MitarbeiterInnen freier Träger in den neuen Bundesländern hat uns diese positive Einschätzung des Jugendhilfeausschusses etwas erstaunt, was die Vermutung nahelegt, daß JugendamtsleiterInnen diese Frage eher theoretisch beantwortet haben, also eher die Intentionen des KJHG hinsichtlich des Jugendhilfeausschusses wiedergeben und weniger die Realität vor Ort bewerten. Unsere Gespräche mit Beteiligten vor Ort lassen darauf schließen, daß der Jugendhilfeausschuß auf kommunaler Ebene durchaus nicht nur positiv gesehen wird und hinsichtlich der Zusammenarbeit verschiedener Gruppen nicht immer dem entspricht, was im KJHG intendiert ist.

Die JugendamtsleiterInnen

Um einige Informationen über die JugendamtsleiterInnen unserer ausgewählten Kreise und kreisfreien Städte zu erhalten, haben wir sie um wenige persönliche Daten gebeten, d.h. die JugendamtsleiterInnen sollten Angaben zu Geschlecht, Alter (in Gruppen vorgegeben) und Ausbildung machen. Die Ergebnisse zeigen starke Unterschiede in der Besetzung der JugendamtsleiterInnenstellen in den neuen und den alten Bundesländern. Bezüglich aller drei Merkmale sind die Unterschiede signifikant, nennenswerte Unterschiede in der Besetzung der Stellen von JugendamtsleiterInnen in Kreisen und kreisfreien Städten lassen sich durch unsere Daten dagegen nicht belegen.

Insgesamt wird ein Drittel der Jugendämter von Frauen geleitet, wobei der Frauenanteil im Osten über 50 % (sig: < 1 %) beträgt.

Auch in bezug auf das Alter der JugendamtsleiterInnen ergeben sich starke Differenzen. Tabelle 2.11 zeigt die Verteilung der JugendamtsleiterInnen nach Altersgruppen in Ost und West. Die Tabelle zeigt, daß die JugendamtsleiterInnen im Osten im Schnitt wesentlich jünger sind als die im Westen. Während in den neuen Bundesländern 44 % jünger als 40 Jahre sind, befinden sich im Westen nur 16 % in dieser Altersgruppe. Fast die Hälfte aller JugendamtsleiterInnen in Westdeutschland sind älter als 50 Jahre gegenüber 17 % im Osten. Die meisten jungen JugendamtsleiterInnen kamen in unserer Befragung aus Thüringen, die meisten älteren aus Baden-Württemberg.

Tabelle 2.11

JugendamtsleiterInnen in Ost- und Westdeutschland nach Altersgruppen			
Altersgruppe	BRD gesamt	Ost	West
unter 30 Jahren	1 1 %	1 3 %	0 0 %
zwischen 30 und 39 Jahren	20 27 %	13 41 %	7 16 %
zwischen 40 und 50 Jahren	29 38 %	13 41 %	16 36 %
älter als 50 Jahre	26 34 %	5 15 %	21 48 %
insgesamt	**76** **100 %**	**32** **42 %**	**44** **58 %**
Signifikanz: 1%			

Das Spektrum an unterschiedlichen Ausbildungen ist bei den JugendamtsleiterInnen sehr groß. Zehn der befragten JugendamtsleiterInnen haben mehr als eine Ausbildung abgeschlossen. Sehr viele JugendamtsleiterInnen haben Ausbildungen im sozialen Bereich absolviert, wobei hier die Spannbreite von Diplomstudiengängen in Pädagogik, Psychologie, Sozialwissenschaft bis hin zu Ausbildungen als Jugendfürsorger, Heimerzieher und Sozialarbeiter reicht. Eine weitere große Gruppe umfaßt JugendamtsleiterInnen, die ein Verwaltungsdiplom besitzen. Aber auch einige für den Jugendhilfebereich eher untypische Berufe wie Bibliothekar oder Staatswissenschaftler wurden angegeben, diese wurden in der Gruppe „sonstige Ausbildungen" zusammengeschlossen. In Gruppen zusammengefaßt, ergibt sich Tabelle 2.12.

Tabelle 2.12

JugendamtsleiterInnen in Ost- und Westdeutschland nach Ausbildungsbereichen			
Ausbildungsbereich	BRD gesamt	Ost	West
Ausbildung im soz., psych. Bereich mit akad. Abschluß	21 28 %	12 37 %	9 21 %
Verwaltungsdiplom	23 31 %	1 3 %	22 51 %
Ausbildung im soz., psych. Bereich ohne akad. Abschluß	26 34 %	14 44 %	12 28 %
sonstige Ausbildungen	5 7 %	5 16 %	0 0 %
insgesamt	75 100 %	32 43 %	43 57 %
Signifikanz: <1%			

JugendamtsleiterInnen mit einem Verwaltungsdiplom gibt es demnach fast ausschließlich in den alten Bundesländern. Hier machen sie über die Hälfte aller JugendamtsleiterInnen unserer Befragung aus. Es ist aber davon auszugehen, daß sich auch die Situation in den neuen Bundesländern in den nächsten Jahren verändern wird, da unseres Wissens etliche JugendamtsleiterInnen aus Ostdeutschland Verwaltungslehrgänge besuchen und sich somit in diesem Bereich weiterbilden.

Ein Zusammenhang zwischen dem Geschlecht und der Ausbildung der JugendamtsleiterInnen ließ sich genausowenig feststellen wie ein Zusammenhang zwischen dem Alter und der Art der Ausbildung. Einen signifikanten Zusammenhang (sig: 1 %) konnten wir allerdings zwischen dem Alter und dem Geschlecht der JugendamtsleiterInnen erkennen: Frauen sind zu 46 % unter 40 Jahre, bei den Männern beträgt dieser Anteil lediglich 20 %.

Zusammenfassend könnte man sagen, daß weibliche, jüngere Jugendamtsleiterinnen mit einer Ausbildung im sozialen Bereich eher im Osten, ältere, männliche Jugendamtsleiter mit einem Verwaltungsdiplom dagegen eher im Westen anzutreffen sind.

2.2 Aufgabenbereiche und Einrichtungen der Jugendhilfe

Ein weiterer Schwerpunkt unserer Untersuchung waren die Angebote und Einrichtungen der Jugendhilfe, die in den Jugendamtsbezirken vorhanden sind. Die Jugendämter sollten angeben, ob sich die jeweiligen Einrichtungen und Dienstleitungsangebote in freier, öffentlicher oder sowohl in freier als auch öffentlicher Trägerschaft befinden. Dabei wurde sehr differenziert nach Fallzahlen (bzw. Plätzen), Personal und, wenn möglich, nach der Anzahl der Einrichtungen gefragt. Die Ergebnisse sind im folgenden in den einzelnen Kapiteln dargestellt.

Tagesbetreuung von Kindern

Im Bereich der Tagesbetreuung von Kindern haben wir die Anzahl von Krippenplätzen sowie Kindergarten- bzw. Kindertagesstättenplätzen in freier, öffentlicher und betrieblicher Trägerschaft erhoben. Die Stichtage in den neuen Bundesländern waren der 3.10.1990 und der 1.10.1992 und in den alten der 1.1.1991 und der 31.12.1992.

Bei den Tageseinrichtungen für Kinder vom Krippen- bis zum Schulalter ist in den neuen Bundesländern eine deutliche Verlagerung von öffentlicher in freie Trägerschaft feststellbar. In den Landkreisen wurden die Kindertagesstättenplätze öffentlicher Träger um knapp 11 %, bei den Krippen um 25 % reduziert. Betriebliche Einrichtungen in den Landkreisen wurden vollständig geschlossen. Diese Entwicklung führt insgesamt zu einer Reduzierung des Angebotes. In den Tendenzen zeichneten sich keine unterschiedlichen Entwicklungen in Stadt und Land ab. In den Städten sind die betrieblich geführten Einrichtungen zwar nicht vollständig weggefallen, aber auch hier ist ein starker Rückgang zu verzeichnen (vgl. Tabelle 2.13).

Die uns vorliegenden Zahlen über die Entwicklung bei den Hortplätzen suggerieren einen Ausbau des Angebots in den neuen Bundesländern, da die Anzahl der Hortplätze nach den Angaben der Jugendämter im Zeitraum von Oktober 1990 bis zum Oktober 1992 um durchschnittlich 40 Plätze pro Jugendamtsbezirk stieg und der Anteil der Jugendämter, die angaben, daß es in ihrem Bezirk keine Hortplätze gibt, sich von 11% auf 6% verringerte.

Tabelle 2.13

Entwicklung der Tagesbetreuung von Kindern				
	Ost		West	
	Mittelwert	Median	Mittelwert	Median
Kinderkrippenplätze	-439,3	-284,0	+4,5	±0
Kindergartenplätze	-561,0	-368,0	+46	+125,5
Hortplätze	+39,9	-136,0	+40	±0

Diese Entwicklung läßt sich vor allem dadurch erklären, daß infolge der Umstrukturierungen nach der Wende die Zuständigkeit für die Horte von den Schulbehörden zu den Jugendämtern wechselte, so daß aus unseren Zahlen keine Einschätzung über die tatsächliche Entwicklung des Angebots möglich ist. Im fünften Familienbericht der Bundesregierung ist für die neuen Bundesländer eine Versorgungsquote von 88% angegeben (BMFuS 1994, S. 190).

In den alten Bundesländern kam es zu einem leichten Ausbau des Angebots bei allen Formen der Kindertagesbetreuung, was sicherlich eine Wirkung des viel diskutierten und inzwischen verbrieften Rechtsanspruchs auf einen Kindergartenplatz ist.

Tagesbetreuung von behinderten Kindern

Waren nach dem Krieg die Betreuung und Förderung behinderter Kinder in Sonderkindergärten und -tageseinrichtungen üblich, die einen besonderen Schutz boten und erstmals die Bildungsfähigkeit behinderter Kinder anerkannten (vgl. Gernert 1993), so entwickelte sich in den 70er Jahren zunehmend der Wunsch nach integrativer

Erziehung behinderter und nichtbehinderter Kinder.[12] Dem Aufwachsen behinderter Kinder in „Ghettos" und der dadurch entstehenden Ausgrenzung sollte entgegengewirkt werden. In der heutigen Praxis gibt es zwei Formen der Integration. Zum einen handelt es sich um integrative Einrichtungen, die mit entsprechendem Fachpersonal ausgestattet sind, in denen die Gruppenstärke auf ca. 14 bis 20 reduziert ist und die sowohl der integrativen Betreuung als auch der therapeutischen Förderung der Kinder nachkommen können. Zum anderen werden in Regelkindergärten vereinzelt behinderte Kinder aufgenommen.

„Der Vorteil der Integration im Regelkindergarten ist die Wohnortnähe, die den Eltern zeitaufwendige Fahrtwege erspart und Kinder nicht nur in die Kindergruppe, sondern in lokale Lebenszusammenhänge hineinwachsen läßt, nachteilig ist (sic!) bei dieser Integrationsform die bisher zumeist unzureichende personelle Ausstattung und fehlende heilpädagogische und therapeutische Möglichkeiten." (Achter Jugendbericht 1990, S. 103)

In Westdeutschland wurden zur Integration in Regelkindergärten zahlreiche Modellprojekte durchgeführt, die die Integration behinderter Kinder in Regelkindergärten vorantreiben und die dazu nötigen Rahmenbedingungen feststellen sollten (vgl. Graf-Frank 1984; Gernert 1993). 1986 stellt Miedaner fest, daß sich integrative Vorschulerziehung behinderter und nichtbehinderter Kinder zwar verbreitet hat, daß sie aber keinesfalls als flächendeckend durchgesetzt gelten kann. (Miedaner 1986, S. 329) Trotz der positiven Erfahrungen für die behinderten und nichtbehinderten Kinder sowie für die Erzieherinnen dieser Regelkindergärten (vgl. Gernert 1993) gibt es noch zahlreiche Sondereinrichtungen, in denen nahezu ausschließlich behinderte Kinder betreut werden.

Um etwas über die Unterbringung der behinderten Kinder in den von uns befragten Jugendamtsbezirken zu erfahren, haben wir nach der jeweiligen Zahl der behinderten Kinder in Sondereinrichtungen, integrativen Einrichtungen und Regeleinrichtungen gefragt. Dabei wurde deutlich, daß es in fast allen Kreisen und kreisfreien Städten unterschiedliche Tagesbetreuungsformen gibt. In allen befragten Gebietskörperschaften in Schleswig-Holstein, Nordrhein-Westfalen und Thüringen gibt es Regeleinrichtungen, die behinderte Kinder aufnehmen, wobei jedoch Schleswig-Holstein das einzige Bundesland ist, in dem alle befragten Jugendämter angeben, in ihren Kreisen und kreisfreien Städten integrative Einrichtungen zu besitzen. In Bayern, Nordrhein-Westfalen und Thüringen dagegen verfü-

---

[12] Zu den Schwierigkeiten der Betreuung von behinderten Kindern in Regeleinrichtungen vgl. Dittrich 1989.

gen alle befragten Kreise und kreisfreien Städte über Sondereinrichtungen. Die Verteilung der behinderten Kinder auf die verschiedenen Einrichtungstypen sind in den Grafiken 2.4 und 2.5 visualisiert.

Grafik 2.4

Tagesbetreuung behinderter Kinder in Kreisen und kreisfreien Städten

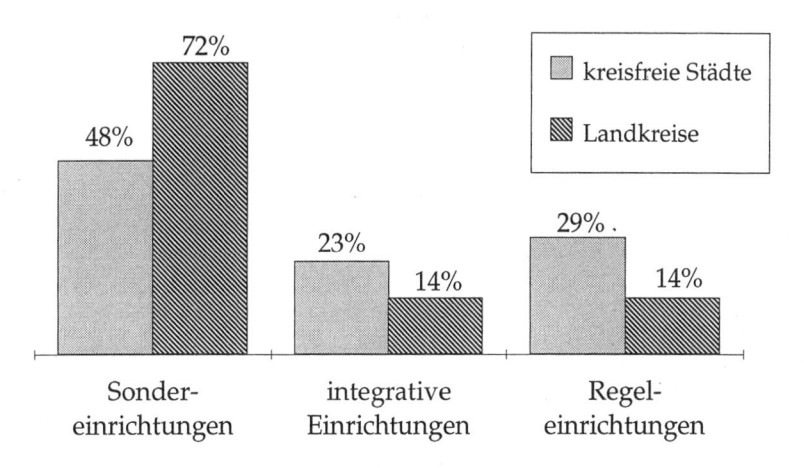

	kreisfreie Städte	Landkreise
Sondereinrichtungen	48%	72%
integrative Einrichtungen	23%	14%
Regeleinrichtungen	29%	14%

Trotz der Ausweitung integrativer Erziehungsmöglichkeiten für behinderte und nichtbehinderte Kinder im Vorschulalter werden heute immer noch über 60 % der behinderten Kinder, die in die Tagesbetreuung einbezogen sind, in Sondereinrichtungen betreut. Nach Hössl (o. J., S. 29) ist weiterhin anzunehmen, daß ca. 40 % der behinderten Kinder keinen Platz in der Tagespflege erhalten. Nur knapp ein Fünftel der behinderten Kinder in Tagesbetreuung haben einen Platz in integrativen Einrichtungen.

Vergleicht man diese Ergebnisse mit den jeweiligen in den neuen und den alten Bundesländern, so lassen sich kaum Unterschiede erkennen. Im Westen ist der Anteil der Kinder in Regeleinrichtungen leicht höher, im Osten dagegen in den integrativen Einrichtungen. Diese Entwicklung ist besonders bemerkenswert, da es zu DDR-Zeiten keine integrativen Einrichtungen für behinderte und nichtbehinderte Kinder gab und dennoch nach bereits relativ kurzer Zeit nach der Wende ein so hoher Anteil an behinderten Kindern integrativ betreut werden kann, daß der West-Standard erreicht ist. Die rechtlichen Bedingungen in der DDR machten eine Einweisung behinderter Kinder und Jugendlicher in Sondereinrichtungen praktisch unumgänglich (vgl. Heinze 1993, S. 20). Die schnelle Ausbreitung integrativer Kindertagesstätten ist u. a. in einem bereits zu

DDR-Zeiten begonnenen Prozeß des Umdenkens bei den Menschen, die entweder selbst betroffen waren oder sich in ihrer Arbeit damit auseinandersetzen mußten, begründet (vgl. Heinze 1993).

Grafik 2.5
Tagesbetreuung behinderter Kinder in der Bundesrepublik Deutschland (1992)

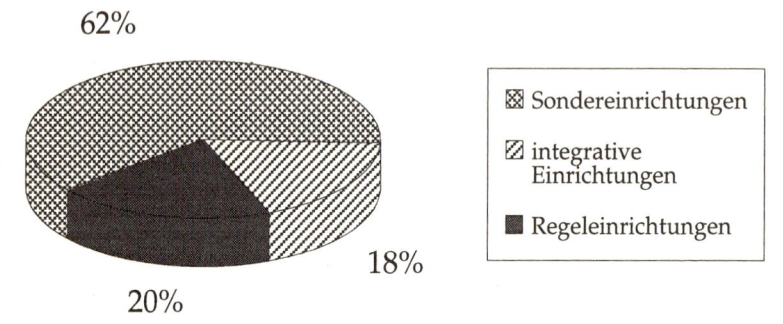

62%
20%
18%

- Sondereinrichtungen
- integrative Einrichtungen
- Regeleinrichtungen

Berücksichtigt man, daß die Diskussion um integrative Betreuung behinderter Kinder in den alten Bundesländern bereits seit den 70er Jahren geführt wird, ist die Entwicklung in den Altländern in diesem Bereich als rückständig zu bezeichnen, da in den Gebietskörperschaften unserer Untersuchung im Westen gerade ein Fünftel der behinderten Kinder in integrativen Einrichtungen betreut wird. Es bleibt abzuwarten, ob die neuerdings geführte Diskussion um behinderte Kinder in Regeleinrichtungen mehr Früchte trägt.

Die größten Unterschiede zeigen sich zwischen Landkreisen und kreisfreien Städten, wobei der Anteil der Kinder in Sondereinrichtungen in den Städten bei 48%, in den Landkreisen dagegen bei 72% liegt. Dementsprechend ist die Unterbringung behinderter Kinder in Regel- und integrativen Einrichtungen in den Städten sehr viel höher. Allerdings ist zu vermuten, daß in den Sondereinrichtungen in den Kreisen auch behinderte Kinder aus Städten betreut werden, insbesondere wenn es sich um Spezialeinrichtungen für bestimmte Behinderungsarten (z. B. Sinnesbehinderte) handelt.

Auch hinsichtlich der Größe der Einrichtungen unterscheiden sich die Städte und Landkreise voneinander. Die größten Sondereinrichtungen (mit über 40 Kindern) sowie die kleinsten (mit unter 20 Kindern) liegen in Landkreisen, wobei es keine Unterschiede zwischen West- und Ostdeutschland gibt. In den Sondereinrichtungen werden zwischen sechs und 100 Kinder betreut, im Durchschnitt 32 pro Einrichtung. Bezüglich integrativer Einrichtungen lassen sich keine Unterschiede zwischen Landkreisen und kreisfreien Städten feststellen. In den integrativen Einrichtungen werden im Durchschnitt elf behinderte Kinder betreut, die Streuung liegt zwischen einem und höchstens 47 Kindern in einer westdeutschen kreisfreien Stadt. In Hessen wurden landesweite Regulierungen zur Umsetzung eines flächendeckenden Angebots geschaffen. Hier befinden sich auch die meisten integrativen Einrichtungen.

Zusammenfassend kann festgestellt werden, daß die Forderung nach integrativer Tagesbetreuung von behinderten Kindern, insbesondere in ländlichen Regionen, noch lange nicht verwirklicht ist. Dies betrifft sowohl die alten als auch die neuen Bundesländer, wenn letztere auch einen leichten Vorsprung in der Betreuung der Kinder in integrativen Tagesstätten haben. Der Anteil der behinderten Kinder, die in Regeleinrichtungen ohne verbesserte Rahmenbedingungen betreut werden, scheint relativ hoch. Möglicherweise werden dort überwiegend Kinder mit leichteren Behinderungen betreut, mit der Folge, daß die schwerer behinderten Kinder um so mehr in den Sondereinrichtungen isoliert sind.

Fremdunterbringung

Die Fremdunterbringung bedeutete in den alten Bundesländern lange Zeit fast ausschließlich die Unterbringung der Kinder und Jugendlichen in Heimen, wobei es innerhalb der Heimunterbringung den Typus der geschlossenen Unterbringung gibt. Die Fremdunterbringung, insbesondere die Unterbringung in geschlossenen Heimen, geriet zunehmend ins Kreuzfeuer der Kritik und geschlossene Unterbringung wurde sogar als „Bankrotterklärung" emanzipatorischer Sozialpädagogik betrachtet (vgl. Wolffersdorff/Sprau-Kuhlen 1990). Von den anderen Möglichkeiten der Fremdunterbringung, die erprobt und ausgeweitet wurden, gewann bereits Anfang der 70er Jahre die vermehrte Unterbringung in Pflegefamilien an Bedeutung.

„Weil die zutage getretenen Mängel in den Heimen in kürzester Zeit nicht zu beheben waren, eine Entspannung in der öffentlichen Diskussion aber politisch notwendig erschien, erfuhr die bis dahin stiefmütterlich behandelte Pflegefamilienerziehung als ‚ökonomisch vertretbare, pädagogisch sinnvolle und politisch legitimationsstarke Alternative' zur Heimerziehung eine ungeheuer rasche Aufwertung." (Heitkamp 1989, S. 50)

Wohngruppen für Jugendliche wurden in den 80er Jahren als Unterbringungsform im Rahmen der Jugendhilfe eingerichtet und auf breiter Ebene erprobt. Dabei handelte es sich „um ein relativ klar umrissenes, institutionelles Betreuungskonzept im Rahmen der Heimdifferenzierung" (LWV 1991, S. 60), das Jugendlichen bei der Verselbständigung und der Organisation der Alltagsaufgaben helfen sollte. Die betreuten Wohnformen sind meist an Heime angeschlossen. Diese Formen der Fremdunterbringung gelten als weniger kontrollierend und repressiv und sollen Kindern und Jugendlichen im Gegensatz zum Heim ein eher „normales" Aufwachsen ermöglichen.

Im Achten Jugendbericht wird schließlich ausdrücklich die Reformierung der Fremdunterbringung gefordert (vgl. BMJFFG: Achter Jugendbericht 1990, S. 148ff.). Zum einen soll dies durch eine Neugestaltung der Heimerziehung geschehen (vgl. Kapitel 3), vor allem aber durch die Nutzung „alternativer" Unterbringungsformen wie Pflegefamilien, betreute Wohngruppen oder betreutes Einzelwohnen. Dabei ist die Unterbringung von Kindern und Jugendlichen außerhalb institutioneller Fremdunterbringungsmöglichkeiten zu bevorzugen (ebd., S. 148). Regionalität, Alltagsbezug und verstärkte Kontakte zur Herkunftsfamilie sowie Erziehung zur Selbständigkeit sollen zu Handlungsmaximen werden. Durch das KJHG werden diese Forderungen verstärkt und festgeschrieben (§ 34 KJHG).

In der ehemaligen DDR gab es keine Versuche, alternative Konzepte zur Fremdunterbringung in Heimen zu entwickeln (vgl. Krause 1992), was teilweise auf das für alle zur verbindlichen Ideologie erhobene Konzept der Kollektiverziehung zurückzuführen ist. Mit den Jugendwerkhöfen entstand eine Unterbringungsform, die zwischen geschlossener Heimunterbringung und Jugendstrafanstalten angesiedelt werden kann. Hier wurden angeblich schwererziehbare oder straffällig gewordene Jugendliche untergebracht und mit militärischem Drill „erzogen". Nach der Wende mußten die Jugendwerkhöfe geschlossen werden und die Jugendlichen wurden in normale Heime überwiesen und vereinzelt dem Jugendstrafvollzug zugeführt.

Hinsichtlich der unterschiedlichen Traditionen bei der Fremdunterbringung von Kindern und Jugendlichen in den beiden Teilen Deutschlands ist auch ein Unterschied im Ausbau unterschiedlicher Möglichkeiten der Fremdunterbringung in Ost und West zu erwarten. Um einen Überblick über die Situation zum jetzigen Zeitpunkt in den von uns untersuchten Regionen zu bekommen, fragten wir nach der Anzahl der Plätze, die in den Kreisen und kreisfreien Städten für die Heimunterbringung und für betreutes Wohnen zur Verfügung stehen, und nach der Anzahl der Kinder und Jugendlichen, die in Pflegefamilien vermittelt wurden.

Tabelle 2.14 zeigt, wie sich der Anteil der fremduntergebrachten Kinder und Jugendlichen auf die unterschiedlichen Formen der Fremdunterbringung verteilt, einmal auf der Basis der Daten unseres Projekts, zum anderen auf Datenbasis des Statistischen Bundesamtes.

Tabelle 2.14

Fremdunterbringung in Ost- und Westdeutschland

Art der Fremd-unterbringung	Anteil Ost 1992	1991	Anteil West 1992	1991
im Heim	90 %	90 %	67 %	55 %
bei Pflegefamilien	9 %	10 %	26 %	40 %
in betreutem Wohnen	1 %	0 %	7 %	5 %

Die Angaben für 1991 aus: Wirtschaft und Statistik, Heft 12/1992, S.894, Tabelle 5

Wie die Vergleichsdaten von 1991 in der Tabelle zeigen, sind „unsere" Kreise und kreisfreien Städte der westlichen Bundesländer hinsichtlich der Fremdunterbringung nicht repräsentativ. Was vor allem daran liegt, daß wir aus methodischen Gründen Stadtstaaten wie Hamburg, die sehr reformfreudig sind, und Großstädte insgesamt ausgeschlossen haben. Auf der anderen Seite bestätigen diese Daten den relativ geringen Ausbau von betreutem Wohnen in Westdeutschland.

Wie zu erwarten, ist die Form der Unterbringung in Pflegefamilien und im Rahmen von betreutem Wohnen im Westen stärker ausgebaut als im Osten. Immerhin sind nach unseren Daten etwa ein Viertel der Kinder und Jugendlichen im Westen in Pflegefamilien untergebracht, laut Statistik sogar 40%. Im Gegensatz dazu sind in den neuen Bundesländern noch 90 % in Heimen untergebracht.

Für die Beratung im Pflegekinderwesen und die Vermittlung von Pflegekindern steht den Jugendämtern in Ost und West unterschiedlich viel Personal zur Verfügung. So arbeiten über zwei Drittel der Ost-Jugendämter mit nur einer MitarbeiterIn in der Beratung des Pflegekinderwesens, und eine Gemeinde hat überhaupt keine solche Stelle. Im Westen dagegen haben 20 % eine MitarbeiterIn und 24 % verfügen über mehr als zehn MitarbeiterInnen für diese Aufgabe. Im Osten gibt es kein einziges Jugendamt mit so vielen MitarbeiterInnen in diesem Arbeitsbereich. Allerdings muß ausdrücklich darauf hingewiesen werden, daß die Personalzahlen in engem Zusammenhang mit den Fallzahlen in den Kommunen stehen (sig: < 1 %) und die West-Jugendämter sehr viel höhere Fallzahlen haben. Insgesamt variieren die Fallzahlen zwischen neun und 750 Fällen zwischen dem 1.1.1992 und dem 1.10.1992. Die durchschnittliche Fallzahl liegt im Osten bei 76 pro Jugendamt, im Westen dagegen bei 183. Was die Beratung im Pflegekinderwesen angeht, so befindet sie sich weitgehend in der Hand des öffentlichen Trägers. Lediglich eine Kommune im Osten und zehn im Westen geben diese Aufgaben zumindest teilweise an freie Träger ab.

Betrachtet man die Vermittlung in Pflegefamilien, so ergibt sich ein ähnliches Bild. Auch hier sind die Personalzahlen in den Jugendämtern der alten Bundesländer sehr viel höher als in den neuen Bundesländern. Mehr als ein Drittel im Westen haben über zehn MitarbeiterInnen, im Osten kein einziges. Zwei Drittel der Jugendämter in Ostdeutschland arbeiten mit nur einer MitarbeiterIn in diesem Arbeitsbereich, im Westen gilt dies für 16 % der Jugendämter. Auch hier stehen die Mitarbeiterzahl und die Fallzahl in engem Zusammenhang (sig: < 1 %). Die Fallzahl variiert zwischen einem Kind und 250 Kindern von Januar bis Ende September 1992. Der Durchschnitt pro Jugendamt liegt im Osten bei 20, im Westen bei 62 Kindern. Wie die Beratung im Pflegekinderwesen so wird auch die Vermittlung von Pflegekindern hauptsächlich vom öffentlichen Träger durchgeführt.

Es zeigt sich auch im Westen, daß es nur sehr wenige Jugendliche gibt, die einen Platz in betreuten Wohngruppen oder im betreuten Einzelwohnen bekommen können. Dabei sind die vorhandenen Kapazitäten regional ungleich verteilt; wir konnten für den Westen 13 und den Osten 22 Gebietskörperschaften feststellen, die keine Möglichkeiten der Unterbringung in Formen des betreuten Wohnens haben.

Insbesondere hinsichtlich der Trägerschaft der Heime und betreuten Wohngemeinschaften gibt es große Unterschiede zwischen den beiden Teilen Deutschlands. In zwei Drittel der Kreise und kreisfreien Städte in den neuen Bundesländern gibt es noch keine Möglichkeiten, Jugendliche in betreuten Wohngruppen unterzubringen. Auch sind so gut wie keine freien Träger in diesem Bereich aktiv. Im Westen dagegen gibt es in über zwei Drittel der Gebietskörperschaften einige wenige Plätze in betreuten Wohngruppen; über die Hälfte dieser Kreise und kreisfreien Städte hat in diesem Bereich ausschließlich Angebote von freien Trägern. Es ist zu hoffen, daß die Etablierung freier Träger im Osten auch in diesem Arbeitsbereich voranschreitet, um ein flächendeckendes Angebot an betreuten Wohngruppen aufzubauen.

Tabelle 2.15

Träger der Kinder- und Jugendheime in Ost- und Westdeutschland			
	BRD gesamt	Ost	West
gibt es nicht	13 17 %	5 15 %	8 18 %
nur freie Träger	32 41 %	5 15 %	27 62 %
teils freie, teils öffentliche Träger	16 21 %	8 24 %	8 18 %
nur öffentliche Träger	16 21 %	15 46 %	1 2 %
insgesamt	77 100 %	33 43 %	44 57 %
Fehlende Angaben: 3		Signifikanz: <1 %	

Tabelle 2.15 zeigt, in welcher Trägerschaft sich die Heime für Kinder und Jugendliche in den ausgewählten Regionen befinden. Dabei wird deutlich, daß sich im Unterschied zu den westlichen Gebietskörperschaften die Heime im Osten noch weitgehend in öffentlicher Trägerschaft befinden.

Zusammenfassend muß festgestellt werden, daß die Fremdunterbringung von Kindern und Jugendlichen immer noch, trotz aller Reformbestrebungen, von der Heimerziehung dominiert wird. In der aktuellen Diskussion wird wieder über eine Ausweitung der geschlossenen Unterbringung nachgedacht (vgl. Der Spiegel 14,15/1992; AFET-Rundbrief 3–94 oder Jordan 1994) – allen pädagogischen Erkenntnissen der letzten Jahrzehnte zum Trotz. Dabei wäre es dringend notwendig, betreute Wohngemeinschaften stärker zu fördern und auch verstärkt Pflegefamilien zu gewinnen.

Auf der anderen Seite ist es dringend geboten, weiter an Reformen im Heimbereich zu arbeiten, und dies insbesondere im Osten, wo die Heimerziehung durch eine völlige Neuorientierung ihrer pädagogischen Arbeit, einen enormen Qualifizierungsdruck auf die MitarbeiterInnen und teilweise katastrophale räumliche Verhältnisse geprägt ist (vgl. Kapitel 3).

Beratungsstellen

In unserem Fragebogen wurde sowohl das Vorhandensein als auch die Trägerschaft der wichtigsten Beratungsstellen erfragt. Die Ergebnisse sind in Tabelle 2.16 dargestellt. Betrachtet man die Tabelle, fällt auf, daß Aids-Beratungen im Vergleich zu anderen Beratungsstellen sehr häufig in ausschließlich öffentlicher Hand sind, was u. a. daran liegen kann, daß Aids-Beratungsstellen von den Gesundheitsämtern organisiert werden. Dagegen werden in den relativ meisten Jugendamtsbezirken Drogen- und Suchtberatungsstellen (39 %) sowie Schwangerschaftsberatungsstellen (38 %) ausschließlich von freien Trägern geführt.

Tabelle 2.16

Beratungsstellen				
	nur öffentliche Träger	teils öffentliche, teils freie Träger	nur freie Träger	nicht vorhanden
Aids-Beratung	47 %	31 %	5 %	17 %
Jugendinfo- und Beratungsstelle	20 %	37 %	19 %	24 %
Beratung für sexuell mißbrauchte Kinder	15 %	55 %	9 %	21 %
Schwangerschaftsberatung	13 %	48 %	38 %	1 %
Drogen-, Suchtberatung	13 %	47 %	39 %	1 %
Beratung für ausländische Kinder und Jugendliche	10 %	30 %	29 %	31 %
Erziehungs- und Familienberatung	9 %	54 %	33 %	4 %

Einen signifikanten Unterschied in der Verteilung der Beratungsstellen auf Landkreise und kreisfreie Städte gibt es in bezug auf das Vorhandensein von Aids-Beratungsstellen. Während nur 4 % der kreisfreien Städte angeben, keine Aids-Beratungsstelle zu haben, sind es fast ein Viertel der Landkreise (sig: < 1 %).

Einen weiteren signifikanten Unterschied gibt es hinsichtlich der Erziehungs- und Familienberatungsstellen. Während im Westen alle Gebietskörperschaften solche Beratungsstellen unterhalten, gibt es im Osten in 10 % der Kreise und kreisfreien Städte keine Erziehungs- und Familienberatungsstellen (sig: < 5 %).

Auffällig ist, daß besonders viele Gebietskörperschaften in Bayern und Brandenburg keine Beratungsstellen für sexuell mißbrauchte Kinder und Jugendliche sowie für ausländische Jugendliche haben.

Drei Viertel der Kreise und kreisfreien Städte in den neuen Bundesländern haben keine Jugendschutzstellen, wobei Mecklenburg-Vorpommern und Sachsen besonders schlecht ausgestattet sind. Auch in den alten Bundesländern beträgt der Anteil der Jugendämter, die das Vorhandensein von Jugendschutzstellen in unserer Befragung angeben, lediglich 50 %. Von den Kreisen, die über Jugendschutzstellen verfügen, gibt ein Drittel im Westen an, daß diese Einrichtungen von freien Trägern geführt werden, im Osten dagegen nur 9 %.

In zwei Drittel der Jugendamtsbezirke in den neuen Bundesländern sind Mädchen- und Frauenhäuser etabliert, in den alten Bundesländern gilt dies für die Hälfte der Kreise und kreisfreien Städte. Hier fällt Brandenburg positiv auf, wo in sechs von sieben befragten Kreisen Mädchen- und Frauenhäuser vorhanden sind. Landkreise sind schlechter mit Frauenhäusern ausgestattet als kreisfreie Städte. Etwa 40 % der vorhandenen Frauenhäuser befinden sich in der Hand von freien Trägern, sowohl in West- als auch in Ostdeutschland.

Erziehungsbeistandschaften

Erziehungsbeistandschaft ist eine der im KJHG aufgezählten Hilfen zur Erziehung. Erziehungsbeistände haben nach § 30 KJHG die Aufgabe,

„das Kind oder den Jugendlichen bei der Bewältigung von Entwicklungsproblemen möglichst unter Einbeziehung des sozialen Umfeldes (zu) unterstützen und unter Einhaltung des Lebensbezugs zur Familie seine Verselbständigung (zu) fördern".

Im Unterschied zum JWG ist die Erziehungsbeistandschaft zu einem Leistungsangebot im Rahmen der Hilfe zur Erziehung geworden (Maas 1991, S. 37). Ein kritischer Punkt in der neuen Regelung zu Erziehungsbeistandschaften ist die Verquickung mit der Betreuungshilfe, die als ein Ergebnis der Novelle des JGG (§ 10 JGG) in das KJHG aufgenommen wurde – im Gesetz ist also ein Konflikt zwischen sozialpädagogischer Hilfe und staatlicher Kontrolle angelegt. Das Jugendamt hat darauf zu achten, daß dieser Konflikt nicht zuungunsten der Hilfefunktion gelöst wird (vgl. Münder 1991, S. 66 oder Maas 1991, S. 38).

45 % der Jugendämter geben an, daß in ihrem Bezirk keine Erziehungsbeistandschaften durchgeführt werden, was in Anbetracht der Rechtslage als unbefriedigend zu bezeichnen ist. Bei weiterer Analyse der Daten zeigt sich, daß in Ostdeutschland und in den Landkreisen die Versorgung mit Erziehungsbeistandschaften erheblich schlechter ist als in Westdeutschland und in den kreisfreien Städten. In zwei Drittel der ostdeutschen und in 30 % der westdeutschen Jugendamtsbezirke gibt es keine Einrichtung, die Erziehungsbeistandschaften durchführt. In fast der Hälfte der Landkreise (Ost und West) und in 36 % der kreisfreien Städte gibt es keine Erziehungsbeistände. Die Unterschiede zwischen Landkreisen und kreisfreien Städten sind in den neuen Bundesländern noch größer (68 % der Landkreise, 30 % der kreisfreien Städte).

Erziehungsbeistände arbeiten meistens bei einem öffentlichen Träger, was die Lösung des Konflikts zwischen Hilfe- und Kontrollfunktion, zugunsten der Hilfefunktion, sicher nicht erleichtert (vgl. Tabelle 2.17).

Tabelle 2.17

	Träger von Erziehungsbeistandschaften		
	BRD gesamt	Ost	West
öffentliche Träger	73,2 %	81,8 %	70,0 %
öffentliche/freie Träger	17,1 %	18,1 %	16,6 %
freie Träger	9,8 %	0,0 %	13,3 %

Aufgrund der geringen Anzahl von Jugendamtsbezirken, in denen Erziehungsbeistandschaften durchgeführt werden, macht es keinen Sinn, die Fallzahlen und die Personalausstattung detailliert zu analysieren. Als Orientierungsgröße sei hier angegeben, daß die Hälfte der Erziehungsbeistände mehr als 15 Kinder und Jugendliche gleichzeitig zu betreuen hat. Die Personalausstattung im Osten bewegt sich zwischen einer und zwanzig, im Westen zwischen einer und acht Personen.

Sozialpädagogische Familienhilfe

Seit der Einführung des KJHG besteht ein eindeutig formulierter Rechtsanspruch auf sozialpädagogische Familienhilfe (SPFH). Die

Jugendämter sind also verpflichtet, ausreichende Kapazitäten bereitzustellen. Im Achten Jugendbericht werden verschiedene Gründe für den gebotenen Ausbau der SPFH angeführt (vgl. Achter Jugendbericht 1990, S. 139f.). Sozialpädagogische Familienhilfe entspricht mit ihrem Auftrag und ihrer Verpflichtung, Hilfe zur Selbsthilfe zu leisten und die Familien bei der Stärkung ihrer Problemlösekompetenzen zu unterstützen, in einer besonderen Weise einer lebensweltorientierten Jugendhilfe. SPFH ist eine intensive und oft auch langfristige Maßnahme (vgl. Schattner 1993, S. 29), die erfolgversprechender und kostensparender erscheint als andere Hilfen (z. B. Heimaufenthalt). Sehr viele Familien, die mit SPFH betreut werden – in Bayern über die Hälfte (vgl. Schattner 1993, S. 27) – sind schon seit vielen Jahren bei den BezirkssozialarbeiterInnen bekannt und können somit zu den Problemfamilien gerechnet werden, für die ein Ausbau des Unterstützungs- und Hilfesystems dringend notwendig ist.

Wir haben die Jugendämter gebeten, uns über die Anzahl der MitarbeiterInnen der SPFH, die Anzahl der Familien, die 1992 SPFH erhalten haben, sowie über die Trägerschaft der SPFH Auskunft zu geben. Es liegen uns aus 71 der 80 Jugendamtsbezirke Angaben zur Trägerschaft vor (vgl. Tabelle 2.18). In ungefähr einem Drittel (31 %) wird die SPFH ausschließlich von freien Trägern, bei 21 % sowohl von freien als auch von öffentlichen Trägern und bei 47 % ausschließlich von öffentlichen Trägern durchgeführt. Angesichts der lange geführten Debatte über die damit verbundenen Schwierigkeiten (strikte Trennung der Familienhilfe von hoheitlichen Aufgaben) erscheint es uns bemerkenswert, daß in fast 70 % der befragten Jugendamtsbezirke SPFH auch oder ausschließlich von öffentlichen Trägern durchgeführt wird. Bayern ist nach unseren Daten das Bundesland, in dem die SPFH am häufigsten in der Hand freier Träger liegt. Bedeutsame Unterschiede zwischen Ost- und Westdeutschland hinsichtlich der Trägerschaft von SPFH gibt es auf dieser globalen Ebene nicht. Der Anteil an Jugendamtsbezirken, in denen ausschließlich freie Träger SPFH leisten, ist in den neuen Bundesländern zwar niedriger (26 % zu 35 %), dieser Unterschied ist jedoch statistisch nicht signifikant. Zwischen Landkreisen und kreisfreien Städten sind die Unterschiede größer, aber ebenfalls nicht signifikant. Bei 60 % der kreisfreien Städten ist die SPFH ausschließlich bei öffentlichen Trägern angesiedelt. Diese geringe Bedeutung freier Träger in den kreisfreien Städten ist in Ostdeutschland besonders ausgeprägt, wo in keiner einzigen der befragten kreisfreien Städte die SPFH ausschließlich in der Verantwortung freier Träger ist.

Tabelle 2.18

	freie Träger	freie und öffentliche Träger	öffentliche Träger
Träger: Sozialpädagogische Familienhilfe			
BRD gesamt	31,4 %	21,4 %	47,1 %
Ost	26,6 %	20,0 %	53,3 %
West	35,0 %	22,5 %	42,5 %
Kreisfreie Städte	15,0 %	25,0 %	60,0 %
Ost	0,0 %	22,2 %	77,8 %
West	27,3 %	27,3 %	45,5 %
Landkreise	38,0 %	20,0 %	42,0 %
Ost	38,1 %	19,0 %	42,9 %
West	37,9 %	20,7 %	41,4 %

Die zu leistende Arbeit der FamilienhelferInnen ist eine sehr anspruchsvolle und zeitintensive (vgl. Schattner 1993), so daß die Fallzahlen pro Fachkraft eher niedrig sind. Nach den uns vorliegenden Angaben haben die FamilienhelferInnen zwischen einer und 15 Familien zu unterstützen. 50 % haben nicht mehr als 3,3 Familien pro Jahr und durchschnittlich wird mit 4,1 Familien gearbeitet. Zwischen den einzelnen Bundesländern gibt es erhebliche Unterschiede hinsichtlich der Fallzahlen pro Fachkraft. Eine FamilienhelferIn hat in Brandenburg 2,5 Familien, in Sachsen-Anhalt dagegen 6,4 Familien zu betreuen. Die Fallzahl pro Fachkraft ist in den neuen Bundesländern im Durchschnitt (4,6) höher als in den alten (3,8), was gerade im Hinblick auf die schwierige Aufgabe der SPFH und dem allseits anerkannten besonderen Aus- und Weiterbildungsbedarf der in den neuen Bundesländern in der Jugendhilfe Tätigen aus fachlicher Sicht als problematisch zu bezeichnen ist. Auch zwischen den westlichen Bundesländern gibt es hier große Unterschiede: in Nordrhein-Westfalen werden 2,8 und in Hessen 5,7 Familien von einer Fachkraft betreut. In kreisfreien Städten ist die Anzahl der Familien, die von einer HelferIn betreut werden, etwas höher als in den Landkreisen, was mit den größeren Distanzen, die in den Landkreisen zurückgelegt werden müssen, erklärt werden kann.

Die besonderen Schwierigkeiten und Belastungen, denen eine FamilienhelferIn ausgesetzt ist, machen – unter dem Aspekt der Sicherung der fachlichen Qualität – Teamarbeit zu einem unverzichtbaren Bestandteil der SPFH. Deshalb kann davon ausgegangen werden, daß in den Jugendamtsbezirken, in denen die Verantwortung für die SPFH auf einer Person lastet, der öffentliche Träger seiner Pflicht, für ein ausreichendes Angebot zu sorgen, bisher nicht in einem genügenden Ausmaß nachgekommen ist. Das gilt für 15 % der befragten Jugendamtsbezirke, in weiteren 3 % existiert SPFH überhaupt nicht. In 50 % der Jugendamtsbezirke arbeiten nicht mehr als vier Personen in diesem Bereich. Umgerechnet auf die Einwohnerzahl ergibt sich folgendes Bild: In den östlichen Bundesländern kommen auf eine Fachkraft ca. 31 500 und in den westlichen ca. 50 600 Einwohner. Es bleibt anzumerken, daß wir keine Angaben darüber haben, wie viele der angegebenen Fachkräfte Vollzeit arbeiten, so daß unsere Zahlen die tatsächlichen Verhältnisse unterschätzen und eine Bewertung des Versorgungsgrades in Ost und West daher nicht sinnvoll ist.

Jugendgerichtshilfe

Die Jugendgerichtshilfe ist eine im JGG § 38 festgeschriebene Leistung und dem Jugendamt (§ 52 KJHG) zugeordnet. Dabei haben die JugendgerichtshelferInnen dem Gericht die familiäre und persönliche Situation des beklagten Jugendlichen darzulegen, dessen Persönlichkeit darzustellen und geeignete Strafsanktionen zu erörtern. Falls nach dem Urteil kein Bewährungshelfer berufen wird, ist die JugendgerichtshelferIn auch dazu verpflichtet, die Weisungen und Auflagen, die ein Jugendlicher erhält, zu überwachen. Sie ist so bald wie möglich zum Verfahren hinzuzuziehen, hat Verkehrsrecht mit dem Jugendlichen und muß vor Gericht gehört werden. Allerdings verfügt er/sie nicht über Einspruchs- und Fragerecht und darf die Aussage nicht verweigern, wenn er/sie vom Gericht als Zeuge benannt wird (vgl. Brunner 1978, S. 183ff.). Die JugendgerichtshelferIn stellt nicht nur die Situation des Jugendlichen und seine Lebensumstände dar, d.h., er/sie hat nicht nur die Funktion eines „Sozialanwalts" für den Jugendlichen, sondern er/sie gehört zum Rechtsapparat und ist somit Teil einer staatlichen Kontrollinstanz (vgl. Albrecht 1987). Dieser Faktor darf bei der Beurteilung der Funktion von Jugendgerichtshilfe nicht übersehen werden.

In der ehemaligen DDR gab es ebenfalls ein Recht der Jugendhilfe, bei Strafverfahren gegen Jugendliche mitzuwirken (StPO § 71), wovon in der Praxis allerdings oftmals kein Gebrauch gemacht wurde. Weis und Schaefer stellen fest, daß verschiedene Untersuchungen die

„mangelhafte Mitwirkung der Jugendhilfe bei der Feststellung und Verwirklichung strafrechtlicher Verantwortlichkeit Jugendlicher (Mitwirkung im Ermittlungsverfahren, Teilnahme an der Hauptverhandlung, Betreuung bei der Verwirklichung von Strafen)"

belegt haben. (Weis/Schaefer 1991, S. 195f.)

In den letzten Jahren wird verstärkt in den Medien, der Politik und auch unter FachwissenschaftlerInnen ein Anstieg der Jugendkriminalität diskutiert, weshalb auch in den nächsten Jahren mit einem Anstieg der Fallzahlen in der kommunalen Jugendgerichtshilfe zu rechnen ist, wobei die Höhe der Fallzahlen bei der Jugendgerichtshilfe eines Jugendamts nicht unbedingt etwas über die tatsächliche Höhe der Straftaten in dieser Kommune aussagt. Hier spielt die unterschiedliche Zugriffsweise der Polizei, etwa durch eine hohe Präsenz auf der Straße, genauso eine Rolle wie die Anzeigebereitschaft in der Bevölkerung.

Ziel unserer Untersuchung ist es jedoch nicht, Aussagen über die Kriminalitätsbelastung in den Kommunen zu machen, sondern die Belastung der Jugendämter durch die Fallzahlen in der Jugendgerichtshilfe, insbesondere im Rahmen unserer geplanten Dauerbeobachtung, zu dokumentieren. Zu diesem Zweck wurden von uns die Jugendämter nach den Fallzahlen in der Jugendgerichtshilfe in ei-

Tabelle 2.19

| Einwohnerzahl | \multicolumn{4}{c}{Fallzahlen in der Jugendgerichtshilfe} |

Einwohnerzahl	bis 100 Fälle	101 bis 500 Fälle	501 bis 1000 Fälle	über 1000 Fälle
bis 80.000 Einwohner	5 26 %	13 69 %	1 5 %	0 0 %
80.001 bis 200.000 Einwohner	3 13 %	17 70 %	3 13 %	1 4 %
über 200.000 Einwohner	0 0 %	1 7 %	6 37 %	9 56 %
insgesamt	8 14 %	31 52 %	10 17 %	10 17 %

Fehlende Angaben: 21 Signifikanz: <1%

nem bestimmten Zeitraum sowie nach der Anzahl der MitarbeiterInnen in diesem Bereich befragt.

Die Fallzahlen schwanken in den einzelnen Gebietskörperschaften zwischen 48 und über 2278 Fällen, wobei 21 Jugendämter allerdings keine Angaben zu diesem Bereich machten. Wir vermuten, daß es für die JugendamtsleiterInnen zu mühsam war, die Fallzahlen in der Jugendgerichtshilfe nachzuschlagen. Die höchsten Fallzahlen findet man in den alten, die niedrigsten in den neuen Bundesländern und die Fallzahlen stehen in einem eindeutigen Zusammenhang zur Größe der Kreise und kreisfreien Städte (siehe Tabelle 2.19). In Bayern und Niedersachsen müssen besonders viele MitarbeiterInnen mit überdurchschnittlich hohen Fallzahlen zurechtkommen. Möglicherweise ist der Arbeitsaufwand pro Fall für die MitarbeiterInnen in den neuen Bundesländern erhöht, da sie häufiger Bewährungshilfe leisten müssen als ihre KollegInnen im Westen, wo sich in diesem Bereich zahlreiche freie Träger etabliert haben.

Die Fallzahl, die eine MitarbeiterIn in den einzelnen Kreisen und kreisfreien Städten zu behandeln hat, streut sehr stark, wobei der Durchschnittswert 184 Fälle pro MitarbeiterIn im Jahr beträgt. Generell haben MitarbeiterInnen kreisfreier Städte mehr Fälle zu bearbeiten als ihre KollegenInnen in Landkreisen. Der Durchschnittswert liegt in Städten bei 247 Fällen pro MitarbeiterIn, in Landkreisen dagegen bei 151. Da die freie Trägerlandschaft im Osten noch lange nicht so vielfältig und differenziert ist wie in den alten Bundesländern, ist es wahrscheinlich, daß auch im Bereich der Straffälligenhilfe freie Träger noch nicht flächendeckend vorhanden sind. Auffällig ist, daß gerade in kleinen Kreisen und kreisfreien Städten die Belastung der MitarbeiterInnen durch hohe Fallzahlen häufiger vorkommt als in Gebietskörperschaften mit mehr als 200000 Einwohnern (siehe Tabelle 2.20). Setzt man dieses Ergebnis in bezug zu den allgemeinen Personalzahlen der Jugendämter kleinerer Kreise und kreisfreier Städte, so wird nochmals die Unterbesetzung dieser Jugendämter deutlich. In der Regel müssen hier die MitarbeiterInnen mehrere Aufgaben übernehmen, und so kommt es in Einzelfällen dazu, daß eine MitarbeiterIn im Jugendamt mehr als 400 Fälle im Jahr bearbeiten muß. Dieses Faktum muß um so mehr problematisiert werden, wenn man den Medien glaubt, die für die Zukunft drastisch höhere Kriminalitätsraten voraussagen. Eine MitarbeiterIn in der Jugendgerichtshilfe kann sich bei einer derartig hohen Zahl von zu bearbeitenden Fällen nicht mehr intensiv genug mit den einzelnen Klienten beschäftigen.

Da die Darstellung der Probleme Jugendlicher vor Gericht Auswirkungen auf das Strafmaß haben sollte, das gegen den Jugendli-

Tabelle 2.20

Einwohnerzahl	Fallzahl pro MitarbeiterIn in der Jugendgerichtshilfe		
	bis 100 Fälle	101 bis 200 Fälle	über 200 Fälle
bis 80.000 Einwohner	4 21 %	9 47 %	6 32 %
80.001 bis 200.000 Einwohner	10 44 %	6 26 %	7 30 %
über 200.000 Einwohner	4 27 %	8 53 %	3 20 %
insgesamt	18 32 %	23 40 %	16 28 %
Fehlende Angaben: 23			

chen verhängt wird und somit über dessen Weiterentwicklung und zukünftiges Leben mitentscheidet, ist der Jugendliche auf den persönlichen Einsatz seiner JugendgerichtshelferIn angewiesen. Um diese Aufgaben angemessen zu erfüllen, muß die JugendgerichtshelferIn mit dem betroffenen Jugendlichen sprechen, Personen seines Umfeldes befragen und sich unter Umständen auch vor Ort, in der Familie und in der Wohnung des Beschuldigten ein Bild machen, was einen erheblichen Zeitaufwand erfordert. Eine adäquate Darstellung der Lebenssituation und Person des Jugendlichen vor Gericht, wie sie vom Gesetzgeber gefordert wird, ist unter solchen Arbeitsbedingungen, wie sie unsere Daten zeigen, kaum möglich. Werden für die Zukunft mehr Straftaten Jugendlicher erwartet, ohne daß es im Jugendrecht im Bereich der Bagatelldelikte zu Reformen kommt, ist mit einem Anstieg des Klientels in der Jugendgerichtshilfe zu rechnen. Da der Jugendgerichtshilfe hinsichtlich des Erziehungsgedankens im Jugendstrafrecht unumstritten eine Schlüsselfunktion zukommt (vgl. Albrecht 1987, S. 272f.), muß dem auch in der Praxis nachgekommen werden, indem ausreichend Stellen für JugendgerichtshelferInnen geschaffen werden. Dies betrifft sowohl die Gebietskörperschaften in Ost wie auch in West.

Jugendberufshilfe

Hilfen zur Erziehung sollen nach § 13 Abs. 2 KJHG auch durch Ausbildungs- und Beschäftigungsmaßnahmen realisiert werden, soweit die Ausbildung der Jugendlichen nicht durch Maßnahmen und Programme anderer Träger und Organisationen sichergestellt wird. Letzteres ist in den neuen Bundesländern immer seltener der Fall. Die Jugendhilfe wird damit stärker gefordert, ergänzend, in Zusammenarbeit oder alternativ zu beschäftigungspolitischen Maßnahmen der Bundesanstalt für Arbeit, Instrumente zu entwickeln, die eine Ausbildung und berufliche Qualifizierung Jugendlicher ermöglichen. Das Ziel der Jugendberufshilfe ist,

„soziale Benachteiligungen und individuelle Beeinträchtigungen junger Menschen im Übergang von der Schule zur Berufsarbeit durch sozialpädagogische Hilfen und sozialpädagogisch begleitete Ausbildungs- und Beschäftigungsmaßnahmen auszugleichen". (Felber 1993, S. 179)

Für die Mehrheit der befragten JugendamtsleiterInnen stellt Jugendarbeitslosigkeit ein gravierendes Problem dar. Angesichts dieser Einschätzungen und der Statistik der Jugendarbeitslosigkeit in den neuen Bundesländern überrascht es, daß in nur 19 der 35 befragten Jugendamtsbezirke – nach Angaben des Jugendamtes – Projekte der Jugendberufshilfe existieren. Ausbildungs- und Beschäftigungsmaßnahmen von arbeitslosen Jugendlichen werden in der Regel über das Arbeitsamt organisiert und finanziert, d.h., die Verwaltung der Jugendämter hat nicht zwangsläufig Kenntnis von diesen Maßnahmen des Arbeitsamtes und definiert sie vermutlich auch nicht als Bereich der Jugendberufshilfe. Die mangelnde Kenntnis über die Projekte vor Ort ist aber auch ein Indiz für die mangelnde Koordination und Kooperation zwischen Jugendamt und Arbeitsamt.

In den alten Bundesländern ist der Anteil der Jugendämter, die Projekte der Jugendberufshilfe in ihrem Jugendamtsbezirk angeben, ebenso niedrig, wobei Jugendarbeitslosigkeit aber auch wesentlich seltener von den befragten JugendamtsleiterInnen als gravierendes Problem eingestuft wird. Vermutlich wird in den alten Bundesländern angesichts der Entspannung auf dem Lehrstellenmarkt oft kein Handlungsbedarf in der Jugendberufshilfe gesehen.

Im Mittel (Median) haben die 19 Jugendämter in den neuen Bundesländern zwei Projekte mit jeweils zwei MitarbeiterInnen (im Westen: vier MitarbeiterInnen). Als Träger der Projekte wurde in den meisten Fällen das Jugendamt oder, bei mehreren Projekten pro Jugendamt, teils öffentliche und teils freie Träger angegeben, wobei es selten vorkam, daß in einem Jugendamtsbezirk ausschließlich freie Träger im Bereich der Jugendberufshilfe tätig waren. In den alten Bundesländern ist dies wesentlich häufiger der Fall. Dagegen gibt es in den neuen Bundesländern doppelt so häufig Jugendamtsbezirke, in denen ausschließlich Projekte öffentlicher Träger existieren.

Ähnliche Ergebnisse zeigte die wissenschaftliche Begleitung des Bundesjugendplan-Modellprogramms. Auch hier wurde in den alten Bundesländern eine „relative Abstinenz" der öffentlichen Jugendhilfe beobachtet (vgl. Braun/Lex/Schäfer/Zink 1993, S. 182).

Erfahrungen mit Projekten der Jugendberufshilfe zeigen, daß ein wesentliches Hindernis für die Arbeit der Projekte in den rechtlichen Förderstrukturen liegt. So ist es nur schwer möglich, bereits vorhandene Förderinstrumente und Finanzierungsmöglichkeiten miteinander zu verbinden; KJHG, BSHG, AFG und Wirtschaftsförderung werden nur innerhalb ihrer jeweiligen Zweckbestimmung ausgelegt (vgl. Collingro/Menkel 1993).

Schule, Arbeitsamt bzw. auch die Berufsberatung des Arbeitsamts sind notwendige Kooperationspartner der Jugendberufshilfe. Die Informations- und Beratungsangebote des Arbeitsamtes erreichen oft gerade die Jugendlichen nicht, denen der Zugang zum ersten Arbeitsmarkt wegen fehlender oder schlechter Schulabschlüsse erschwert, wenn nicht sogar verschlossen ist (vgl. Braun/Lex/Schäfer/Zink 1993). Eine regelmäßige Zusammenarbeit von Arbeitsverwaltung und Jugendamt in Arbeitsgruppen oder gemeinsamen Praxisprojekten gibt es nach unseren Ergebnissen lediglich in fünf Bundesländern (Brandenburg, NRW, Thüringen, Niedersachsen, Rheinland-Pfalz), in den Jugendämtern der übrigen Bundesländer dagegen bleiben die Kontakte auf eine einzelfallbezogene Zusammenarbeit beschränkt. Erschwert wird die Kooperation zwischen Jugendamt und Arbeitsamt erfahrungsgemäß durch die unterschiedlichen Ziele und Rahmenbedingungen von Arbeitsverwaltung und Jugendamt. Um dem sozialpädagogischen Auftrag der Jugendhilfe gerecht zu werden, ist jedoch eine Zusammenarbeit zwischen der Schule, dem Sozial-, Jugend- und Arbeitsamt unerläßlich.

Schulsozialarbeit

Die DDR-Schule kannte keine Schulsozialarbeit. Das System der Jugendhilfe in der ehemaligen DDR hatte keinerlei Bezug zum Schulsystem; sehr präsent in den Schulen war dagegen die FDJ, welche oft als dritte Sozialisationsinstanz neben Familie und Schule bezeichnet wird. Im achten Schuljahr fand die Aufnahme der SchülerInnen in die FDJ statt. Die Veranstaltungen der FDJ waren eng mit dem Klassenverbund verknüpft und fanden meist im Rahmen der Schule statt. Erwachsene waren die dominierenden Akteure und verhinderten oft selbstbestimmtes und eigenständiges Handeln der Jugendlichen. Die FDJ leistete keine Schulsozialarbeit, da der Bezug zu schulischen Problemen und zur altersspezifischen Lebenswelt der Jugendlichen nicht vorhanden war (vgl. Giessmann 1990).

Eine Einrichtung, die ähnlich stark verschulte außerunterrichtliche Freizeitarbeit anbot, war der Hort, der in schulischer Trägerschaft geführt wurde und ein flächendeckendes Angebot für die unteren Jahrgangsstufen darstellte.

Das schulpädagogische Konzept der ehemaligen DDR ging von einem Erziehungsauftrag der Schule aus, der LehrerInnen und SchülerInnen gemeinsam auf den Schulerfolg verpflichtete. In einer Umfrage an Schulen im Jahr 1990 wurde im Osten das eigene Bildungssystem von den LehrerInnen abgewertet, nur in den Dimensionen „Chancengleichheit" und „Lernen ohne Leistungsdruck" wurde es als dem westdeutschen Bildungssystem überlegen beurteilt (vgl. Behnken u.a. 1991). Aus westdeutscher Sicht wird das Bewertungssystem der Schulen der DDR als „potemkinscher Leistungsnachweis" herabgewürdigt, d.h., die LehrerInnen waren es gewohnt, ein positives Bild der SchülerInnen zu geben, um die eigene Leistungsfähigkeit zu dokumentieren. Ein weiteres Merkmal des Schulwesens der DDR war der Arbeitsweltbezug der Schule, der durch polytechnischen Unterricht in Betrieben hergestellt wurde. Der Übergang in Ausbildung und Beruf war aufgrund der staatlichen Planung sicher und ohne Risiko (vgl. Raab/Rademacker 1994).

Die Umgestaltung des Bildungswesens hat extreme Auswirkungen für die SchülerInnen (vgl. Kapitel 5.2.1 sowie Gawlik/Krafft/Seckinger 1994). So ist z.B. der Einzugsbereich der früher wohnortnahen Schulen wesentlich größer geworden, gewachsene Beziehungen zwischen Nachbarschaft, Wohngebiet und Schule wurden zerstört und der Bildungs- und Erziehungsauftrag der Schule wird in zunehmendem Maße durch einen Ausleseprozeß ersetzt:

„...aus einer Schule, in der Anerkennung durch gute Noten und erreichte Schulabschlüsse für fast alle Schülerinnen und Schüler normal waren, ist eine Schule der Konkurrenz um Bildungschancen geworden, in der das Risiko des Scheiterns die Schulwirklichkeit wesentlich prägt". (Raab/Rademacker: Schule und Jugendhilfe, DJI-Manuskript 1994)

Der Übergang von der Schule in die berufliche Ausbildung ist wesentlich unsicherer, risikoreicher und unübersichtlicher geworden.

In den alten Bundesländern wird vielfach eine dramatisch negative Entwicklung der Schulen festgestellt (vgl. Barth 1992, Der Spiegel 42/1992 und Korte 1992).

Trotz der Mißstände in den Schulen und der vielfachen Überforderung der LehrerInnen, auch mit der Auf- und Umbauphase des Bildungswesens in den neuen Bundesländern, scheitern Reformpläne am Geldmangel. Ungehört bleiben die Hilferufe von DirektorInnen in den alten Bundesländern, ihre Einrichtung in eine Ganztagsschule umzuwandeln, um die vielen Problemkinder nicht nach der Schule sich selbst überlassen zu müssen. Chancenlos erscheint auch die Forderung, kleinere Klassen einzurichten und für schwierige Schüler Heil- und SozialpädagogInnen einzustellen (vgl. Der Spiegel, 42/1992). Die bildungspolitischen Konzepte vieler Landesregierungen zielen dagegen auf verstärkte Selektion in den Schulen, eine Straffung des Unterrichts, Verkürzung der Schulzeit und eine Erhöhung der Lehrerarbeitszeit (vgl. Brenner 1993).

Unsere Erhebung zeigt, daß die Jugendämter Schulsozialarbeit in den seltensten Fällen durchführen. In 72 % aller Jugendamtsbezirke in Ost und West gibt es keine Maßnahmen und Projekte im Bereich der Schulsozialarbeit, die am Jugendamt angesiedelt sind. Im Bundesland Sachsen-Anhalt gibt es kein einziges Jugendamt in unserer Erhebung, in dessen Bezirk Schulsozialarbeit stattfindet. In Thüringen arbeiten drei von sieben Jugendämtern in diesem Bereich oder haben freie Träger, die dieses Arbeitsfeld abdecken. In den alten Bundesländern ist die Zahl der Jugendämter, die Schulsozialarbeit durchführen/anbieten, etwas häufiger, aber auch hier überwiegt der Anteil der Jugendämter, die sich in diesem Bereich nicht engagieren.

In Arbeitsgemeinschaften mit Schulen arbeiten etwas mehr als die Hälfte der Jugendämter im Westen, im Osten gibt es diese Zusammenarbeit nur vereinzelt (11 %). Die von uns befragten Jugendämter in Sachsen und Sachsen-Anhalt haben keine institutionalisierte Zusammenarbeit mit der Schule.

In den neuen Bundesländern kann Schulsozialarbeit als ein präventives Mittel genutzt werden, um Zustände, wie sie an den Schulen der alten Bundesländer herrschen, nicht entstehen zu lassen. Den massiven Veränderungen im Schul- und Ausbildungswesen folgt ein großer Beratungsbedarf. Berufsfindungsprozesse sind schon in den Schulen zu unterstützen und zu fördern, um mit gezielten Informationen über Ausbildungsinhalte, -umstände und -möglichkeiten ein realistisches Bild zu schaffen.

Streetwork und mobile Jugendarbeit

Streetwork und mobile Jugendarbeit – zwei Begriffe, die Unterschiedliches meinen und doch oft synonym verwendet werden.

Mit dem Etikett „mobile Jugendarbeit" werden unterschiedliche Arbeitsformen belegt, deren Gemeinsamkeiten darin bestehen, nicht an eine zentrale Einrichtung gebunden zu sein und sich dezentral gelegener Räumlichkeiten – z. B. Jugendklub-Räumen – zu bedienen. Sie stellt eine Kombination aus Gemeinwesenarbeit, aufsuchender Arbeit und lebensweltbezogener Einzelhilfe und Gruppenarbeit dar. Nach Schilling ist sie nicht speziell auf die Zielgruppe benachteiligter Jugendlicher ausgerichtet (Schilling 1983).

Streetwork hingegen hat sich, nach Gref, an den Bedürfnissen und Problemlagen einer speziellen Gruppe von benachteiligten Jugendlichen zu orientieren (Gref 1994). Erkennbar wird diese Zielgruppenorientierung besonders in der Drogenarbeit, in der die Bedeutung von Streetwork unumstritten wichtig ist. Weitere konzeptionelle Grundorientierungen lassen sich mit den Stichwörtern Versorgungsorientierung und ganzheitlicher Arbeitsansatz beschreiben. So ist ein Streetworker Helfer in psychosozialen und finanziellen Notlagen, hilft bei der Wohnungs- und Arbeitsplatzsuche und unterstützt die Jugendlichen bei dem Durchsetzen von Ansprüchen.

Eine Gemeinsamkeit von mobiler Jugendarbeit und Straßensozialarbeit besteht darin, daß sie keine genau umschriebenen und definierten Arbeitsmethoden darstellen. Keppeler geht sogar so weit, daß er Streetwork als Teilbereich der mobilen Jugendarbeit ansieht (Keppeler 1989).

Einig sind sich alle Autoren, daß mobile Jugendarbeit und Streetwork fester Bestandteil einer modernen, lebensweltbezogenen Jugendhilfe sein sollten und es in einigen Bereichen (Drogenarbeit, Obdachlose, Arbeit mit gewaltbereiten Jugendlichen) bereits sind.

Nach den uns vorliegenden Daten der Jugendamtsbefragung in Ost- und Westdeutschland gibt es in 71 % der Jugendamtsbezirke keine Straßensozialarbeit und in 61 % keine mobile Jugendarbeit. Straßensozialarbeit ist, wie nicht anders zu erwarten, in Städten deutlich häufiger etabliert als in ländlichen Regionen, was auch für die mobile Jugendarbeit gilt. Bei ihr ist dies auch eher bemerkenswert, da bereits Anfang der achtziger Jahre der Begriff mobile Teams für die Jugendarbeit auf dem Land in Anspruch genommen wurde (vgl. Schlicht 1981).

Die mobile Jugendarbeit liegt überwiegend in der Hand öffentlicher Träger, während Streetwork in gleich vielen Regionen entwe-

Tabelle 2.21

Träger von Streetwork / mobiler Jugendarbeit		
	Streetwork	mobile Jugendarbeit
nur freie Träger	10,3%	13,3%
freie und öffentliche Träger	7,8%	6,6%
nur öffentliche Träger	10,3%	18,6%
nicht vorhanden	71,4%	61,3%

der nur von öffentlichen oder nur von freien Trägern organisiert wird (vgl. Tabelle 2.21). Eine weitere Auffälligkeit besteht darin, daß Streetworkprojekte in den fünf neuen Bundesländern in deutlich mehr Jugendamtsbezirken zu finden sind als in den alten Bundesländern (vgl. Tabelle 2.22). Eine Erklärung dafür könnte z.B. sein, daß im Osten viele Streetworkprojekte aus dem Aktionsprogramm gegen Aggression und Gewalt bei Jugendlichen (AgAG) finanziert werden (vgl. KABI Nr. 17). Auch die mobile Jugendarbeit ist in den neuen Bundesländern stärker verbreitet als in den alten. In 41% der Jugendamtsbezirke, in denen mobile Jugendarbeit in die Praxis umgesetzt wird, arbeitet lediglich eine Person in diesem Bereich, in einem der Bezirke sind es zwei, in 15% drei. In fünf Jugendamtsbezirken unserer Untersuchung (entspricht 6%) arbeiten mehr als vier Personen in der mobilen Jugendarbeit. Eine extrem gute Personalausstattung gibt es in einem Landkreis in den alten Bundesländern, wo 60 Frauen und Männer in der mobilen Jugendarbeit arbeiten.

Die Personalausstattung für Streetwork ist eher noch schlechter. In über 40% der wenigen Jugendamtsbezirke, in denen Straßen-

Tabelle 2.22

Streetwork und mobile Jugendarbeit in Ost und West				
	Ost		West	
	Regionen	Prozent	Regionen	Prozent
Streetwork	14	41,2 %	7	16,3 %
mobile Jugendarbeit	17	41,2 %	15	32,6 %

sozialarbeit durchgeführt wird, gibt es nicht mehr als zwei SozialarbeiterInnen für diese Aufgabe. In einem Viertel dieser Jugendamtsbezirke machen drei SozialarbeiterInnen Streetwork und im verbleibenden Drittel arbeiten bis zu 15 Personen in der Straßensozialarbeit.

Jugendklubs und Jugendzentren

Folgt man den AutorInnen des Achten Jugendberichts, so nimmt die Jugendarbeit eine besondere Stellung in der Jugendhilfe ein.

„Kinder und Jugendliche sollen in der Jugendarbeit selbst tätig werden können, Aktionen und Projekte selbst planen und umsetzen, Arbeitsinhalte und -formen mitgestalten, sich selbst organisieren können. Jugendarbeit unterscheidet sich damit von vielen anderen Bereichen der Jugendhilfe, die eher Angebote für Kinder und Jugendliche in belasteten Lebenslagen entwickeln, eher in Kategorien der Versorgung denken. (Achter Jugendbericht, S. 107)

Eines der wichtigsten Ziele der Jugendarbeit ist es, Lernfelder für eine Teilhabe an politischen und gesellschaftlichen Prozessen für die Kinder und Jugendlichen zu eröffnen sowie ein Bestandteil der sozialen und kulturellen Infrastruktur für alle Jugendlichen zu sein. Im Hinblick auf die vielen Diskussionen über die Attraktivität rechtsradikalen Gedankenguts bei Jugendlichen und über andere sozial- und gesellschaftspolitische Probleme gerät die Jugendarbeit immer stärker unter den Druck, problemgruppenorientiert zu arbeiten. Ihr Anspruch, für möglichst alle Jugendlichen ansprechende Angebote zu machen, wird so – langsam, aber sicher – ausgehöhlt.

Über die Entwicklung der Jugendarbeit in den neuen Bundesländern hat sich eine zum Teil heftig geführte Diskussion über den Abbau von Angeboten im Bereich der offenen Jugendarbeit ergeben. Karig konstatiert zum Beispiel, daß in Sachsen nach der Wende fast die Hälfte der Jugendzentren und Jugendklubs geschlossen wurde (vgl. Karig 1994, S. 138). Die Jugendlichen scheinen unter dem massiven Abbau von Angeboten zu leiden (vgl. Kapitel 5.3). Wie stellt sich die Situation nun dar, wenn man die Zahlen der Jugendämter zugrunde legt?

Unser Interesse galt deshalb besonders den Fragen, wie viele Jugendklubs bzw. Jugendzentren in den einzelnen Jugendamtsbezirken existieren und ob es systematische Unterschiede zwischen Ost und West gibt. Die absoluten Zahlen schwanken zwischen null in einem Jugendamtsbezirk und 247 in einem anderen. Bereits an diesen zwei Zahlen wird deutlich, daß unter dem von uns verwendeten Begriffstrippel „Jugendklub, Jugendzentrum bzw. Jugendfreizeitstätte" nicht überall das gleiche subsumiert wird und man bei der Bewertung der Unterschiede deshalb vorsichtig sein muß. In 50% der Jugendamtsbezirke gibt es nicht mehr als 13 Jugendklub(räume), und der Durchschnitt liegt bei 24 pro Bezirk. Setzt man die Anzahl der Jugendzentren mit der Einwohnerzahl in den Jugendamtsbezirken in Beziehung, so ergibt sich folgendes Bild: In ungefähr jeweils einem Drittel der Bezirke haben die Jugendzentren ein Einzugsgebiet bis zu 7700 Einwohnern, von 7700 bis zu 14400 Einwohnern oder mehr als 14400 Einwohner. Der Einzugsbereich der Jugendklubs in kreisfreien Städten unterscheidet sich von dem der Jugendklubs in den Landkreisen signifikant (sig: < 1%). In 64% aller kreisfreien Städte kommen auf ein Jugendzentrum zwischen 7700 und 14400 Einwohner, wohingegen auf fast die Hälfte der Jugendzentren in den Landkreisen (43%) weniger als 7700 Einwohner kommen. Die Unterschiede zwischen Ost- und Westdeutschland sind ebenfalls signifikant (sig: < 1%). In Ostdeutschland ist die Zahl der Wohnbevölkerung, die auf ein Jugendzentrum kommt, niedriger als in Westdeutschland. Dieser Unterschied erklärt sich zum größten Teil durch die stark voneinander abweichende Ausstattung der Landkreise mit Jugendklubs. Während im Osten Deutschlands 64% der Jugendzentren in den Landkreisen einen Einzugsbereich von maximal 7700 Einwohnern haben, sind in 63% der Landkreise im Westen die Jugendfreizeitstätten für mehr als 14400 Einwohner zuständig. Bei den kreisfreien Städten ist die Relation Einwohner pro Jugendzentrum im Westen Deutschlands besser.

Gegenüber dem Jahr 1991 hat sich die Versorgung mit Jugendklubs in den neuen Bundesländern wieder verbessert (vgl. Tabelle

Tabelle 2.23

Jugendklubs in Ostdeutschland		
Anzahl der Jugendklubs pro Jugendamtsbezirk	Tümmlerstudie 1991	DJI 1992
bis 5 Jugendklubs	54,6 %	14,3 %
6 bis 10 Jugendklubs	14,9 %	20,0 %
11 bis 20 Jugendklubs	19,1 %	40,0 %
über 20 Jugendklubs	11,3 %	25,7 %

2.23). Vergleicht man unsere Ergebnisse mit denen von Tümmler (Tümmler 1992, S. 96), so stellt sich heraus, daß der Anteil von Kreisen und kreisfreien Städten mit weniger als fünf Jugendklubs von 54 % auf 14 % gesunken, der Anteil der Jugendamtsbezirke mit elf bis 20 Jugendklubs dagegen von 19 % auf 40 % angestiegen ist.

Die Qualität offener Jugendarbeit ist nicht nur abhängig von einem ausreichenden Raumangebot, sondern auch von einer hinreichend guten Personalausstattung. Auf unsere Frage, wieviel Leute in den Jugendzentren beschäftigt sind, ergaben sich folgende Daten: Durchschnittlich arbeiten etwa 1,75 Personen in den Jugendfreizeitstätten. Etwas mehr als ein Drittel der Jugendklubs hatte maximal eine dreiviertel Stelle zur Verfügung und ein weiteres Drittel mußte mit ein bis zwei MitarbeiterInnen auskommen. Auch hier gibt es wieder signifikante Unterschiede zwischen kreisfreien Städten und Landkreisen. Während 83 % der Jugendklubs in den Landkreisen mit maximal zwei MitarbeiterInnen auskommen müssen, haben 75 % der Jugendzentren in den kreisfreien Städten zwei und mehr MitarbeiterInnen. In den neuen Bundesländern ist diese Ungleichverteilung noch ausgeprägter als in den alten (vgl. Tabelle 2.24), so daß sich die scheinbar bessere Versorgung (weniger Einwohner pro Jugendzentrum) wieder relativiert.

Tabelle 2.24

	Personal pro Jugendklub						
	BRD gesamt	Landkreis	kreisfr. Städte	Ost Landkreis	kreisfr. Städte	West Landkreis	kreisfr. Städte
maximal 0,75 Stellen	34 %	46 %	10 %	53 %	0 %	42 %	18 %
1 bis 1,75 Stellen	31 %	39 %	15 %	35 %	11 %	42 %	18 %
2 bis 3,5 Stellen	25 %	12 %	50 %	12 %	56 %	12 %	46 %
3,5 bis 5,5 Stellen	10 %	3 %	25 %	0 %	33 %	4 %	18 %

Des weiteren wollten wir wissen, wer der Träger des Jugendklubs bzw. der Jugendklubs in dem jeweiligen Jugendamtsbezirk (vgl. Grafik 2.6) ist. Bereits durch die Regelungen im JWG waren die Jugendämter verpflichtet, die Jugendarbeit durch freie Träger zu fördern und, wenn irgendwie möglich, von eigenen Einrichtungen abzusehen. Trotzdem werden in 21,1 % der befragten Jugendamtsbezirke Jugendzentren ausschließlich vom öffentlichen Träger geführt. Hierin unterscheiden sich die kreisfreien Städte von den Landkreisen deutlich. Während in mehr als jedem vierten Land-

Grafik 2.26
Träger von Jugendzentren

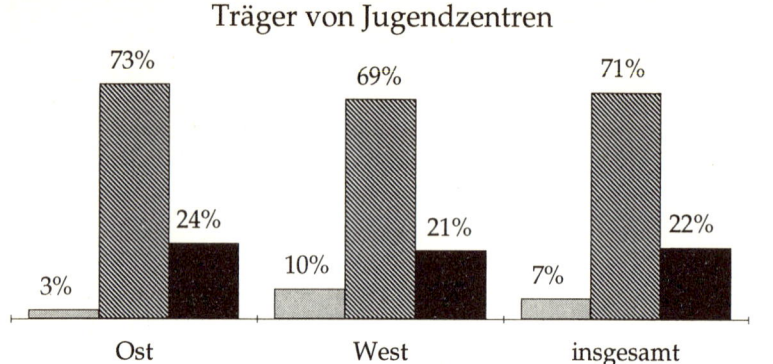

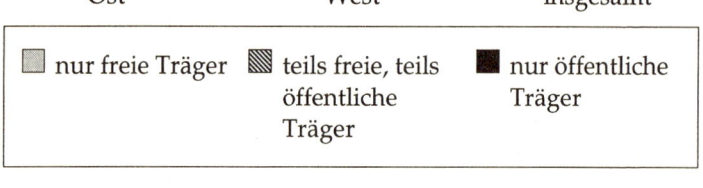

	Ost	West	insgesamt
nur freie Träger	3%	10%	7%
teils freie, teils öffentliche Träger	73%	69%	71%
nur öffentliche Träger	24%	21%	22%

kreis (28 %) nämlich ausschließlich öffentliche Träger tätig sind, so gilt dies nur für 5 % der kreisfreien Städte. Unterschiede zwischen ost- und westdeutschen Landkreisen bestehen an diesem Punkt nicht.

2.3 Weitere Faktoren für die Arbeit der Jugendämter

Hinsichtlich der Entwicklung der Jugendhilfe vor Ort gibt es wesentliche Merkmale, die einen Einfluß darauf haben, welche Probleme auf welche Weise angegangen werden. Ein wichtiger Faktor dabei ist die Jugendhilfeplanung, ein weiterer die Problemsicht der JugendamtsleiterInnen. Außerdem sind für die zukünftige Arbeit der Jugendhilfe politische Unterstützung und eine gute finanzielle Ausstattung wichtig. Im letzten Teil des Kapitels über Jugendämter soll nun auf diese Punkte eingegangen werden.

Jugendhilfeplanung

Im Achten Jugendbericht der Bundesregierung wird Jugendhilfeplanung als wichtiges Instrument der Entwicklung langfristiger Konzepte unter Mitwirkung von Nutzern und freien Trägern gesehen, wobei Jugendhilfeplanung vor der Einführung des KJHG für die Jugendämter allerdings nicht verbindlich vorgeschrieben war.

Jedem Jugendamt war es selbst überlassen, ob es auf dieses Instrument zur Entwicklung einer bedarfsgerechten Jugendhilfe vor Ort zurückgriff oder nicht. Durch die Einführung des KJHG hat sich die rechtliche Situation geändert. In § 79 KJHG wird die Verantwortung der Jugendämter für Jugendhilfeplanung festgeschrieben, deren Inhalt in § 80 näher erläutert wird. Dazu gehören eine Bestandsaufnahme der Einrichtungen und Dienste und eine Bedarfsermittlung der Zielgruppe für Jugendhilfemaßnahmen für einen mittelfristigen Zeitraum unter Berücksichtigung bestimmter Faktoren wie lebensweltnahe Angebote und Dienste. Weiterhin ist festgeschrieben, daß freie Träger der Jugendhilfe an dem Planungsprozeß beteiligt werden müssen.

Jordan und Schone bezeichnen Jugendhilfeplanung als

„Instrument einer systematischen, innovativen, vorausschauenden und damit zukunftsgerichteten Gestaltung und Entwicklung der Handlungsfelder der Jugendhilfe mit dem Ziel, positive Lebensbedingungen für junge Menschen und ihre Familien zu erhalten oder zu schaffen und ein qualitativ und quantitativ bedarfsgerechtes Jugendhilfeangebot rechtzeitig und ausreichend bereitzustellen". (Jordan /Schone 1992, S. 51)

Dabei muß Jugendhilfeplanung als kontinuierlicher Prozeß betrachtet werden, in dem die sich laufend ändernden gesellschaftlichen Bedingungen, Lebenssituationen und konkreten Probleme des Jugendhilfeklientels Beachtung finden und der auf eine adäquate Veränderung der Angebote und Leistungen zielt. Dabei kann Planung sowohl bereichsorientiert wie auch zielorientiert, zielgruppenorientiert oder sozialraumorientiert praktiziert werden. Welche dieser Methoden die geeignete ist, entscheidet sich an den besonderen Gegebenheiten vor Ort. So stellt auch von Wildenradt fest, daß Jugendhilfeplanung nur regional konzipiert werden kann,

„d.h., die Konzepte der Jugendhilfeplanung müssen sich regionalen Ressourcen und Aufgaben anpassen. Die Jugendhilfeplanung der Stadt Köln hat andere Aufgaben und Methoden als die Jugendhilfeplanung des Landkreises Saarlouis". (v. Wildenradt 1991, S. 168)

Erste Erfahrungen mit Jugendhilfeplanungen haben gezeigt, daß die Planung aus der Arbeit vor Ort begonnen werden muß. Die Beauftragung eines außenstehenden Instituts, mit der sich einige JugendamtsleiterInnen gerne dieser arbeitsintensiven Aufgabe entledigen (vgl. Merchel 1992), hat sich bereits als wenig effizient erwiesen. Adressaten werden auf diese Weise schnell auf einen „Objektstatus" reduziert, die „von außen eingebrachten Beurteilungsmuster für regional spezifische Situationen" werden angezweifelt (Merchel 1992, S. 95). Jugendhilfeplanung ist, wird sie ernst genommen, ein arbeitsintensives Unterfangen. Viele Jugendämter, insbesondere in den neuen Bundesländern, sind aufgrund ihrer Personalsituation nicht in der Lage, MitarbeiterInnen für längere Zeit zur Jugendhilfeplanung freizustellen. Neue MitarbeiterInnen, speziell für diesen Arbeitsbereich, können nur selten eingestellt werden. Aufgrund der relativ hohen Arbeitsanforderung, aber auch aufgrund von Planungsunwilligkeit, bleiben Jugendhilfepläne oft auf der Stufe einer Bestandsaufnahme (Merchel 1992, S. 95).

Zusätzlich gewinnt Jugendhilfeplanung dadurch an Brisanz, daß Betroffene und freie Träger in die Planung mit einbezogen werden müssen. Es kann leicht zu einem Kampf um Aufgaben- und Zuständigkeitsbereiche kommen, die den gesamten Jugendhilfeplanungsprozeß zum Scheitern verurteilen (vgl. Floerecke 1988). Jugendhilfeplanung in einem pluralistischen Trägersystem erfordert ein hohes Maß an Gesprächs- und Kompromißbereitschaft sowie Koordination.

Die Beteiligung aller in der Jugendhilfe relevanten Institutionen, Vereine und Verbände eröffnet allerdings auch Chancen. Im Kommunikationsprozeß der unterschiedlichen Beteiligten können verschiedene Sichtweisen bestimmter Probleme ausgetauscht, die Probleme der einzelnen Träger transparent gemacht und gemeinsam ein abgestimmtes, bedarfsgerechtes, innovatives und somit modernes Angebot an Jugendhilfeleistungen erstellt werden.

Wie sich in unserer Untersuchung gezeigt hat, haben nur wenige der befragten Jugendämter bereits einen Jugendhilfeplan erstellt, der alle Arbeitsbereiche umfaßt. Im Westen sind dies vier, im Osten nur ein Jugendamt. Einige Jugendämter können Teilpläne vorweisen, die sich in der Regel auf den Bereich der Kindertagesbetreuung beziehen. Im Westen steht an zweiter Stelle, allerdings mit sehr viel weniger Nennungen, der Bereich der Jugendarbeit. Alle anderen Arbeitsbereiche tauchen nur als Einzelnennung auf. Die Gründe dafür liegen im Westen Deutschlands in der geänderten Rechtslage, wonach ab 1996 ein Rechtsanspruch auf einen Kindergartenplatz bestehen wird und die Jugendämter somit gezwungen sind, eine verläßliche Bedarfsplanung vorzunehmen. In den neuen Bundesländern gibt es vermutlich eine andere Planungsmotivation. Eine flächendeckende Versorgung im Bereich der Kindertagesbetreuung ist weitgehend gewährleistet (vgl. Fünfter Familienbericht 1994, S. 188), so daß die Bedarfsermittlung eher die Aufgabe hat, den Bestand zu sichern bzw. der Bevölkerungsentwicklung anzupassen. Die Übergabe einzelner Einrichtungen an freie Träger wird erleichtert, wenn es aufgrund des Jugendhilfeplans so etwas wie eine mittelfristige Bestandsgarantie gibt.

Erstaunlich ist die hohe Zahl der Jugendämter, die angeben, noch gar nicht mit der Jugendhilfeplanung begonnen zu haben. Im Westen sind dies 45 %, im Osten sogar 64 % der befragten Jugendämter. Dies legt zum einen die Vermutung nahe, daß in den Jugendämtern die Notwendigkeit von Jugendhilfeplanung noch nicht erkannt wurde, zum anderen liegt es sicherlich daran, insbesondere in den neuen Bundesländern, daß die Personaldecke in den Ämtern so dünn ist, daß zusätzliche Aufgaben, die aufgrund von Sonderregelungen noch nicht verpflichtend sind, zurückgestellt werden müssen. So hatte Tümmler 1991 für die neuen Bundesländer ein umgekehrtes Verhältnis der Angaben zur Jugendhilfeplanung ermittelt. In seiner Untersuchung gaben 64 % der Jugendämter an, einen Jugendhilfeplan oder zumindest Teilpläne fertiggestellt zu haben bzw. die Jugendhilfeplanung fest in den Arbeitsplan für 1991 und 1992 aufgenommen zu haben (Tümmler 1992, S. 135 ff.). Ein Jahr später zeigt sich durch unsere Ergebnisse, daß Jugendhilfeplanung zwar möglicherweise im Arbeitsplan festgeschrieben war, bislang aber nicht realisiert werden konnte.

Ein Blick auf die Arbeitsbedingungen, unter denen Jugendhilfeplanung in den Jugendämtern realisiert werden muß, bestätigt dies. Bei über der Hälfte der Jugendämter werden Teilpläne in den Fachabteilungen erstellt, wobei die MitarbeiterInnen diese Pläne und Bestandsaufnahmen in der Regel neben ihrer üblichen Arbeit erledigen müssen. Nur etwa ein Viertel der Jugendämter stellt MitarbeiterInnen eigens für die Aufgabe der Jugendhilfeplanung frei. Dabei liegt die Anzahl der freigestellten MitarbeiterInnen im Westen etwas höher als im Osten, beträgt aber auch hier maximal drei Personen pro Jugendamt. Ein Viertel der Jugendämter nimmt hierfür fachliche Unterstützung von außen in Anspruch. Gesonderte Mittel zur Erstellung eines Jugendhilfeplans stehen nur 16 % der Jugendämter zur Verfügung, wobei dieser Etat zwischen 1500 und 314 000 DM liegt. In der Jugendhilfeplanung werden verhältnismäßig wenig ABM-Kräfte eingesetzt – 8 % der Jugendämter geben an, auch in diesem Bereich ABM-Kräfte zu beschäftigen.

In 11 % der Jugendämter gibt es eine eigene Abteilung für Jugendhilfeplanung, was im Osten lediglich für ein einziges Jugendamt zutrifft. Vier Jugendämter haben externe Institute mit der Erstellung eines Jugendhilfeplans beauftragt und zwischen 97 und 276 TDM dafür bezahlt.

Insgesamt kann festgestellt werden, daß Jugendhilfeplanung noch lange nicht den herausragenden Stellenwert in den Jugendämtern hat, der ihr von Jordan und Schone (1992) zugeschrieben wird, wodurch ein wirksames Instrument zur Entwicklung einer lebensweltnahen, präventiven und modernen Jugendhilfe vielfach ungenutzt bleibt.

Für die neuen Bundesländer muß berücksichtigt werden, daß Planung für die besondere Situation im Osten auch ein Risiko darstellen kann, da sie unter dem Vorzeichen langfristig fehlender finanzieller Mittel leicht zum Instrument der Reduzierung des Anspruchs an Angeboten und Leistungen werden kann. Auf der anderen Seite stellt Jugendhilfeplanung gerade auch in den neuen Ländern eine Chance dar, im Planungsprozeß einen fachlich konstruktiven Dialog mit allen an der Jugendhilfe beteiligten Gruppen (öffentliche, freie Träger und Betroffene) zu führen.

Problemwahrnehmung durch die JugendamtsleiterInnen

Neben den vielfältigen, eher organisatorischen Problemen, die durch den Neuaufbau der Jugendhilfestrukturen entstehen, gibt es eine Reihe von sozialen Problemen, die einen großen Stellenwert besitzen. Sie wirken sich auf die Situation Jugendlicher aus und sind damit auch für die Arbeit der Jugendämter relevant. Das zentrale Thema im Osten ist dabei die hohe Arbeitslosenquote, die Jugendliche und ihre Familien trifft und in bestimmten Regionen beängstigende Ausmaße annimmt (vgl. Amtliche Nachrichten der Bundesanstalt f. Arbeit, Heft 9, 1992, S. 1492). In den Medien werden Bereitschaft zur Gewalt und Ausländerfeindlichkeit bei Jugendlichen diskutiert (z.B. Der Spiegel, Heft 24, 1993; Heft 3, 1994) – ein Thema, das im Rahmen der Forderung nach einer Änderung der Drogenpolitik, auch immer wieder in die Schlagzeilen gerät (vgl. Der Spiegel, Heft 4, 1994). Des weiteren bestimmen, schwerpunktmäßig im Westen, Themen wie sexueller Mißbrauch und Gewalt in Familien die öffentliche Diskussion (vgl. Der Spiegel, Heft 7, 1994).

In unserer Erhebung haben wir danach gefragt, wie gravierend folgende Probleme in den Augen der JugendamtsleiterInnen für die Arbeit des Jugendamtes sind:
– Jugendarbeitslosigkeit
– Ausländerfeindlichkeit/Gewaltbereitschaft
– Drogenkonsum
– Alkoholismus
– sexueller Mißbrauch von Kindern
– Gewalt in Familien
– Gefährdung durch Sekten und religiöse Bewegungen

Die Befragten hatten diese Probleme danach einzuschätzen, ob sie im jeweiligen Jugendamtsbezirk ein gravierendes, kein sehr dringendes oder aber gar kein Problem darstellen. Dabei sind wir uns der methodischen Unzulänglichkeiten dieser Art der Befragung durchaus bewußt. Unsere Ergebnisse lassen keine wirkliche Bewertung der Auswirkungen der genannten sozialen Probleme im jeweiligen Jugendamtsbezirk zu, da wir keinerlei Maßstab dafür haben, ab wann welche JugendamtsleiterInnen welches Problem als gravierend einstufen. Auch können wir nicht klären, ob diese Problemwahrnehmung ein Artefakt der Schlagzeilen und Berichte in den Medien ist, ob Probleme deshalb wahrgenommen werden, weil für ihre Lösung finanzielle Mittel durch Sonderprogramme von Bund und Ländern bereitgestellt werden, oder ob wir es hier mit tatsächlichen Schwierigkeiten in der Arbeit des Jugendamtes zu tun haben. Trotzdem sind wir der Meinung, daß diese Fragen im Rahmen eines standardisierten Fragebogens, der sich nicht ausschließlich diesem Thema widmen kann, einen Sinn erfüllen. Die Antworten darauf sind insofern wichtig, als sie ein Problembewußtsein in den Jugendämtern widerspiegeln und damit für die Praxis der Jugendämter handlungsrelevant sind.

Tabelle 2.25

Gravierende Jugendprobleme nach Einschätzung der JugendamtsleiterInnen in Ost und West			
Problem	BRD gesamt	Ost	West
Gewalt in Familien	57 %	47 %	64 %
Gewalt / Ausländerfeindlichkeit	56 %	76 %	42 %
Alkoholmißbrauch	56 %	59 %	53 %
Jugendarbeitslosigkeit	53 %	79 %	34 %
Sexueller Mißbrauch	53 %	27 %	68 %
Drogenmißbrauch	36 %	6 %	58 %
Gefährdung durch Sekten	5 %	6 %	5 %

Tabelle 2.25 zeigt den Anteil derjenigen JugendamtsleiterInnen, die die aufgeführten Probleme in ihrem Jugendamtsbezirk für sehr gravierend halten. Die Tabelle zeigt deutliche Unterschiede zwischen der Problemsicht der JugendamtsleiterInnen in Ost und West, wobei die Unterschiede in den Bereichen Arbeitslosigkeit

(sig: < 1 %), Gewalt/Ausländerfeindlichkeit (sig: 1 %), Drogenmißbrauch (sig: < 1 %) und sexueller Mißbrauch (sig: < 1 %) signifikant sind. Während Gewaltbereitschaft und Ausländerfeindlichkeit sowie Jugendarbeitslosigkeit die bestimmenden Probleme nach Einschätzung der JugendamtsleiterInnen im Osten sind, liegen im Westen die Schwerpunkte bei sexuellem Mißbrauch von Kindern und Jugendlichen, Gewalt in Familien sowie Drogenmißbrauch. Bei der Beurteilung von Gewaltbereitschaft und Ausländerfeindlichkeit kann man den Einfluß der Medien vermuten, die Gewalt von Jugendlichen gegenüber Ausländern hauptsächlich zu einem ostdeutschen Problem machen – was es faktisch nicht ist. Bei sexuellem Mißbrauch von Kindern und Jugendlichen ist nicht anzunehmen, daß sich die Realität in Ost und West stark voneinander unterscheidet. Hier zeigt sich allerdings bei der Einschätzung der JugendamtsleiterInnen eine große Diskrepanz, die durchaus damit zusammenhängen kann, daß dieses Thema im Westen schon seit einigen Jahren in der öffentlichen Diskussion ist und zunehmend enttabuisiert wird. Es ist daher zu erwarten, daß die Bereitschaft der JugendamtsleiterInnen, dieses Thema „wahrzunehmen" bzw. die Bereitschaft des Klientels, über dieses Thema zu sprechen, im Westen ausgeprägter ist.

Weitgehend ausgeglichen ist die Problemsicht, was Alkoholmißbrauch durch Kinder und Jugendliche angeht. Dieses Problem hat in ganz Deutschland für die JugendamtsleiterInnen eine große Bedeutung. Alkoholmißbrauch wird auch immer wieder im Zusammenhang mit Gewaltaktionen Jugendlicher, auch gegen Ausländer (vgl. Schneider 1993, S. 133, Der Spiegel, Heft 24, 1993), oder mit Subkulturen wie Hooligans (vgl. Becker 1990) diskutiert. Somit wirkt sich Alkoholmißbrauch auf zahlreiche andere Bereiche aus und ist dementsprechend im Bewußtsein der JugendamtsleiterInnen präsent.

Eine besondere Gefährdung Kinder und Jugendlicher durch Sekten ist nach Ansicht der JugendamtsleiterInnen in Ost und West nicht gegeben.

Zwischen JugendamtsleiterInnen aus kreisfreien Städten und JugendamtsleiterInnen aus Landkreisen gibt es hinsichtlich ihrer Einschätzung der Gewaltbereitschaft und Ausländerfeindlichkeit bei Kindern und Jugendlichen einen signifikanten Unterschied (sig: < 1 %). Der Anteil der JugendamtsleiterInnen, die dieses Problem in ihrem Bezirk als gravierend betrachten, ist in den kreisfreien Städten fast doppelt so hoch wie in den Landkreisen.

Mit Hilfe einer Cluster-Analyse lassen sich bezüglich der Problemeinschätzung drei Gruppen von JugendamtsleiterInnen bilden. Bei dieser Analyse wurde das Problem der Gefährdung durch Sekten ausgeklammert, da es aus Sicht der JugendamtsleiterInnen als geringfügig angesehen wird.

Die erste Gruppe sieht alle Probleme als durchweg gravierend an. Diese Gruppe besteht aus 42 JugendamtsleiterInnen. 71 % der JugendamtsleiterInnen aus dem Westen gehören zu dieser Gruppe gegenüber 48 % der ostdeutschen JugendamtsleiterInnen.

Die zweite Gruppe sieht insbesondere Jugendarbeitslosigkeit, Gewalt, Ausländerfeindlichkeit und Drogenmißbrauch als schwerwiegende Probleme an, während sie die anderen Probleme als eher nicht so gravierend bezeichnet. In dieser Gruppe befinden sich sieben JugendamtsleiterInnen, sechs davon aus dem Osten.

Die dritte Gruppe besteht aus 19 JugendamtsleiterInnen, die alle genannten Probleme als entweder nicht gravierend oder überhaupt nicht als Problem bezeichnen. Hier sind JugendamtsleiterInnen aus Ost und West etwa gleich stark vertreten.

Natürlich können die Einschätzungen der Probleme vor Ort neben obengenannten Gründen auch von der Person der JugendamtsleiterIn abhängen. Wir haben daher die persönlichen Daten, die wir über die JugendamtsleiterInnen erhoben haben, auf einen Zusammenhang hinsichtlich der Problemeinschätzung überprüft. Dabei gab es weder geschlechts- noch altersspezifische Unterschiede. Auffällig war lediglich ein Zusammenhang mit der Berufsausbildung. JugendamtsleiterInnen mit Verwaltungsdiplom sehen dabei signifikant seltener Alkoholmißbrauch (sig: < 5 %) und Gewaltbereitschaft/Ausländerfeindlichkeit (sig: < 1 %) als gravierende Probleme in ihrem Jugendamtsbereich an als JugendamtsleiterInnen mit einer anderen Ausbildung.

Die JugendamtsleiterInnen wurden von uns ebenfalls gefragt, mit welchen Lösungsversuchen das Jugendamt an der Bearbeitung der Probleme beteiligt ist. Insgesamt erhielten wir auf diese offenen Fragen 524 Nennungen von Aktivitäten. Wie sich diese Nennungen auf die einzelnen Aktionsbereiche verteilen, zeigt Tabelle 2.26.

Dies ist zunächst eine relativ hohe Zahl, sagt aber noch nichts über die Realisierung der Maßnahmen aus. Etwa ein Drittel der Antworten bezog sich auf Information und Beratung. Im Westen fiel etwa ein Viertel der Antworten auf die Kooperation mit anderen Stellen und Gruppen der Jugendhilfe, des Arbeitsamtes, des Gesundheitsamtes oder mit der Polizei und den Schulen. Im Osten waren dies 19 % der Nennungen.

Wenn bestimmte Probleme für den Jugendamtsbereich als nicht gravierend empfunden wurden, gab es dort in der Regel auch kaum konkrete Maßnahmen. Lediglich Information, Öffentlichkeitsar-

Tabelle 2.26

Art der Maßnahme	Ost	West
Reaktionen auf gravierende Probleme		
Beratung, Information, Öffentlichkeitsarbeit	65 40 %	117 32 %
Arbeitsgemeinschaften, Kooperation mit anderen	33 20 %	89 25 %
eigene Projekte, Förderung freier Träger	28 17 %	82 23 %
Einrichtungen	10 6 %	13 4 %
Fortbildung von Mitarbeitern	13 8 %	24 7 %
sonstiges	14 9 %	37 9 %

beit und Beratung (weitgehend unspezifisch), manchmal auch Arbeitsgemeinschaften zum Thema, wurden in diesen Fällen genannt.

Die Fortbildung von Fachkräften spielte hauptsächlich bei den Problemen Gewalt in Familien und sexueller Mißbrauch von Kindern und Jugendlichen eine Rolle.

31mal wurde von JugendamtsleiterInnen im Osten ein Problem als gravierend beurteilt, ohne daß eine Maßnahme des Jugendamts dazu genannt wurde. Im Westen kam dies 14mal vor.

Aufgrund der postalisch durchgeführten Befragung können wir im nachhinein nicht beurteilen, ob die JugendamtsleiterInnen diese Fragen aufgrund des Arbeitsaufwands so unbefriedigend beantwortet haben, oder ob tatsächlich keine Maßnahmen bei bestimmten Jugendproblemen ergriffen werden und sich damit eine relativ hohe Hilflosigkeit gegenüber den genannten Problemen zeigt.

Engpässe in der zukünftigen Entwicklung

Wir wollten von den JugendamtsleiterInnen etwas über die Engpässe wissen, die nach ihrer Einschätzung die zukünftige Entwicklung der Arbeit vor Ort erschweren werden. Dazu gaben wir vier Statements vor, die mit den Kategorien „trifft voll zu", „trifft eher zu", „trifft eher nicht zu" und „trifft überhaupt nicht zu" bewertet werden sollten.

Damit Jugendhilfe funktionieren kann und Jugendämter Einflußmöglichkeiten in die sozialpolitisch relevanten Entscheidungen haben, müssen sie politische Unterstützung durch den jeweiligen Kreis, die kreisfreie Stadt und auch das Land erhalten. Wir wollten daher von den JugendamtsleiterInnen eine Einschätzung darüber erhalten, ob sie vor Ort einen Mangel an politischer Unterstützung erfahren, was über die Hälfte der JugendamtsleiterInnen zustimmend beantwortet. Die Unzufriedenheit mit der politischen Unterstützung ist in Ost und West sowohl in Landkreisen wie auch in kreisfreien Städten ähnlich ausgeprägt. In den Bundesländern Bayern, Baden-Württemberg und Thüringen klagen besonders viele JugendamtsleiterInnen über mangelnde politische Unterstützung.

Streichungen in öffentlichen Haushalten treffen vor allem den sozialen Bereich, was Gespräche mit JugendamtsleiterInnen vor Ort für die Jugendhilfe bestätigten. Viele Vorhaben können aufgrund fehlender finanzieller Mittel nicht in die Tat umgesetzt werden. Daher wollten wir in unserer Untersuchung von den JugendamtsleiterInnen auch eine Einschätzung über die Finanzlage für ihren Arbeitsbereich erhalten. Die Ergebnisse zeigen, daß mangelnde öffentliche Finanzen das Hauptproblem für die JugendamtsleiterInnen darstellen. Über die Hälfte der JugendamtsleiterInnen stimmten dem Statement, daß es an öffentlichen Mitteln mangelt, voll zu, nochmals 29% stimmten eher zu. Dabei gibt es keine Unterschiede zwischen den Beurteilungen der JugendamtsleiterInnen aus Ost und West sowie aus kreisfreien Städten und Landkreisen. Natürlich sehen die Voraussetzungen für eine Einschätzung der Finanzen in den beiden Teilen Deutschlands unterschiedlich aus. Während es im Westen um die Erhaltung der Standards geht, müssen im Osten zuerst einmal zufriedenstellende Standards an Angeboten und Diensten geschaffen werden (vgl. DIE ZEIT, 40/1993). Besonders unzufrieden mit ihrer finanziellen Situation sind die JugendamtsleiterInnen in Thüringen, Mecklenburg-Vorpommern und Schleswig-Holstein.

Moderne Jugendhilfe mit ihren vielfältigen Aufgaben und den hohen Erwartungen, die von politischer Seite an sie herangetragen werden (vgl. Prantl 1992), kann nur mit entsprechend ausgebildetem und ausreichendem Personal bewältigt werden. In den neuen Bundesländern müssen die MitarbeiterInnen in der Jugendhilfe langwierige Anerkennungslehrgänge absolvieren, deren Inhalte oft nicht für die Bewältigung der täglichen Arbeit dienlich sind, während es im

Westen seit vielen Jahren eine Tradition für fachspezifische Ausbildungen gibt. Ein weiteres Statement, das zu beurteilen war, betrifft daher den Mangel an Fachpersonal. Bei diesem Statement unterscheiden sich die Antworten der Ost-JugendamtsleiterInnen signifikant (sig: < 1 %) von denen ihrer westlichen KollegInnen. Während im Westen lediglich 5 % dem Mangel an Fachpersonal voll zustimmen, sind dies im Osten 19 %. Die Antwortkategorie „trifft eher zu" wählten im Westen 23 % gegenüber 48 % im Osten. Dieses Ergebnis war zu erwarten und bestätigt einmal mehr den Bedarf an Fortbildung der ostdeutschen JugendamtsmitarbeiterInnen und MitarbeiterInnen freier Träger (vgl. Kapitel 4).

Ein weiterer wichtiger Faktor für vielfältige Jugendhilfeangebote vor Ort sind die Präsenz und Arbeit der freien Träger. Unser letztes Statement, das die JugendamtsleiterInnen beurteilen sollten, beschäftigt sich mit dem Mangel an Impulsen und Maßnahmen der freien Träger und Initiativen. Hier zeigt sich ein noch signifikanter Unterschied (sig: < 1 %) zwischen Ost und West. Die Hälfte aller JugendamtsleiterInnen in den neuen Bundesländern stimmte dieser Aussage[13] voll zu – gegenüber 14 % ihrer westlichen KollegInnen. 19 % im Osten stimmten eher zu, im Westen waren dies nur 9 %. Diese Einschätzung durch die Ost-JugendamtsleiterInnen wird durch unsere anderen Ergebnisse bestätigt. Allerdings kann man nicht davon ausgehen, daß es am mangelnden Willen freier Träger liegt, sich zu engagieren. Vielfach sind die strukturellen Bedingungen vor Ort nicht gegeben, die freien Trägern eine Etablierung erlauben (vgl. Kapitel 4).

Insgesamt ist die Beurteilung der JugendamtsleiterInnen hinsichtlich ihrer Bedingungen für die zukünftige Arbeit nicht sehr positiv. Immerhin beklagen sich über 40 % aller befragten JugendamtsleiterInnen über mangelndes Fachpersonal und eine zu geringe Initiative von freien Trägern. Über die Hälfte vermißt die politische Unterstützung ihrer Arbeit und 85 % bestätigen, daß es an finanziellen Mitteln fehlt. Die Zukunft im Bereich Jugendhilfe sieht nach diesen Einschätzungen nicht allzu rosig aus.

2.4 Zusammenfassung: Jugendämter in Deutschland

Die drängenden Probleme aus der Sicht der JugendamtsleiterInnen sind sozialpolitische Aufgaben, wofür die Jugendarbeitslosigkeit

---

[13] Das Statement lautet: „Es gibt zuwenig Impulse und Maßnahmen, die von freien Trägern entwickelt werden."

ein Beispiel ist, die von 79% der Ost-JugendamtsleiterInnen als gravierendes Problem genannt wurde. Diesen Aufgaben können Jugendämter nur gerecht werden, wenn sie sich in Bereiche der Sozial-, Jugend- und Bildungspolitik einmischen. Eine solche Strategie erfordert die Kooperation und Vernetzung von allen Trägern der Jugendhilfe. Gefragt nach Lösungsversuchen geben bislang erst 20% der Jugendämter trägerübergreifende Arbeitsgemeinschaften und Kooperationen an. Die Angaben zu den Reaktionen auf gravierende Probleme läßt auf eine generelle Überforderung der Jugendämter schließen, die u. a. sicher auch auf die unzureichende Personalsituation, Verunsicherung der MitarbeiterInnen durch befristete Arbeitsverträge und die mangelnde politische Unterstützung zurückzuführen ist.

Die Ergebnisse unserer Untersuchung über den Aufbau der Jugendämter in den neuen Bundesländern geben nur bedingt Anlaß zum Optimismus. So lassen sich durchaus Regionen ausmachen, in denen sich Jugendämter fest etabliert haben, wo eine pluralistische Freie-Träger-Landschaft zu finden ist und Kommunikationsstrukturen geschaffen wurden, die eine Aufgabenbewältigung im Sinne des KJHG möglich machen.

In der Regel sieht die Situation der regionalen Jugendhilfe allerdings sehr viel schlechter aus. Jugendhilfe bedeutet für viele Landkreise, aber auch für einige kreisfreie Städte immer noch überwiegend öffentliche Jugendhilfe (vgl. auch Otto/Prüß u. a. 1994). Das Verhältnis zwischen Jugendamt und freien Trägern ist in vielen Regionen stark beeinträchtigt. Die Ausgaben für freie Träger sind in zahlreichen Jugendamtsbezirken verschwindend gering, was ein deutliches Indiz für den mangelhaften Ausbau der Strukturen freier Träger darstellt. Zum Beispiel fließen im Osten nur 32% der Gelder für Jugendarbeit an freie Träger, im Westen sind dies 58%. Für den Arbeitsbereich Jugendsozialarbeit ist die Differenz noch drastischer. Hier werden im Osten nur 14% der Gelder an freie Träger abgegeben, im Westen dagegen 49%. Freie Träger werden als Konkurrenz zum Jugendamt empfunden, und besonders kleine Initiativen werden von JugendamtsmitarbeiterInnen eher mit Mißtrauen betrachtet, als daß sie in ihrer oft innovativen und engagierten Tätigkeit unterstützt werden. Jugendhilfe in den neuen Bundesländern kann in vielen Orten noch nicht den im KJHG formulierten Anspruch auf eine Pluralität des Angebots einlösen. Dies führt zu einem einseitigen Angebot an Einrichtungen und Leistungen und hemmt gerade die Entwicklung im Bereich adressatennaher Projekte. Der Mangel an freien Trägern bedeutet eine eingeschränkte Entwicklung neuer und moderner Angebote (vgl. Otto/Prüß u. a. 1994). Gründe für die regionalen Unterschiede im Ausbau einer pluralen Trägerlandschaft sind zum einen in der fehlenden Präsenz von Verbänden zu suchen, zum anderen im Mißtrauen einiger Verantwortlicher gegenüber Initiativen sowie in der Angst der JugendamtsleiterInnen, die Kontrolle über bestimmte Arbeitsbereiche zu verlieren, wenn sie an freie Träger abgegeben werden. Nach unseren Ergebnissen ist das Jugendamt noch weit von einem Selbstverständnis und einer entsprechenden Funktionswahrnehmung als „Moderator und Regulator" der Jugendhilfe entfernt. Öffentliche Träger können sich oft nur zögernd von ihren Führungsansprüchen verabschieden und zu einer partnerschaftlichen Zusammenarbeit finden. Das Projekt hat die Erfahrung gemacht, daß das Jugendamt einige freie Träger nicht wahrnimmt bzw. nicht wahrnehmen will und daß in der regionalen Szene oft wesentlich mehr potentielle Träger von Jugendhilfeangeboten vorhanden sind, als die Jugendämter meinen.

Hinsichtlich der Arbeit der Jugendämter in den neuen Bundesländern kann in weiten Bereichen von einer Mangelverwaltung gesprochen werden. Die Personalausstattung der Jugendämter hat sich gegenüber der von Tümmler 1990 festgestellten Situation (vgl. Tümmler 1992) nur marginal verbessert. Immer noch fehlen Personalstellen, und zahlreiche MitarbeiterInnen sind auf ABM-Basis beschäftigt, d.h. mit befristeten ungesicherten Arbeitsverträgen ausgestattet (vgl. auch Otto/Prüß u.a. 1994). Das Auslaufen solcher Verträge führt nicht nur zu einer weiteren Verschärfung der Personallage, sondern auch zum Verlust eingearbeiteter Kräfte, was für den Aufbau und die Etablierung von Jugendämtern von besonderem Nachteil ist. Insbesondere in Bereichen, in denen der persönliche Kontakt und das Vertrauen zwischen MitarbeiterInnen und Klienten entscheidend für die Arbeit ist (z.B. Jugendsozialarbeit, sozialpädagogische Familienhilfe), sind ungesicherte Arbeitsverträge, die eine hohe Fluktuation der MitarbeiterInnen bedingen, nicht zu verantworten. Zahlreiche MitarbeiterInnen absolvieren Weiterbildungsmaßnahmen zur Anerkennung ihrer Berufsabschlüsse, was zu einer erheblichen Mehrbelastung führt und oftmals mit einem hohen Maß an Frustration verbunden ist, da die Abwertung der eigenen Ausbildung und teilweise langjährigen Berufspraxis erfahren wird (vgl. Müller 1993). Die Motivation der MitarbeiterInnen, dies alles zu bewältigen, ist trotz der Belastungen außerordentlich groß und wird von den JugendamtsleiterInnen hervorgehoben. Für die Jugendämter in Ost und West gilt, daß die Bedingungen, unter denen Fortbildungen stattfinden, verbesserungsbedürftig sind und Supervisionsangebote endlich als notwendiger Teil der Arbeitsbedingungen etabliert werden müssen.

Ein weiteres Hemmnis für eine den Ansprüchen des KJHG gerecht werdende Entwicklung der Jugendhilfe in den neuen Bundesländern ist die mangelhafte finanzielle Ausstattung, die insbesondere für die Arbeitsbereiche Jugendarbeit und Jugendsozialarbeit festzustellen ist (vgl. auch Otto/Prüß u. a. 1994). Präventive und aufsuchende Konzepte sind in der Arbeit der Jugendämter (in den neuen Bundesländern) eher die Ausnahme. Lebensweltorientierung als neue Maxime der sozialen Arbeit ist in den Handlungsansätzen der JugendamtsmitarbeiterInnen noch nicht fest verankert.

Die Ansprüche, die von politischer Seite – vornehmlich in Krisenzeiten – an die Jugendhilfe herangetragen werden, sich beispielsweise verstärkt um gewaltbereite, rechtsradikale oder arbeitslose Jugendliche zu kümmern, stehen im Widerspruch zu den Möglichkeiten, die die Jugendämter aufgrund ihrer finanziellen Ausstattung durch die politischen Gremien haben. Die Entwicklung neuer Konzepte und Modelle in der Jugend- und Jugendsozialarbeit wird dabei genauso erschwert, wenn nicht sogar verhindert, wie die Umsetzung und Konkretisierung von Partizipations- und Präventionskonzepten.

Jugendhilfeplanung, obwohl im KJHG verpflichtend vorgeschrieben und für eine sinnvolle Weiterentwicklung regionaler Jugendhilfe unabdingbar, wurde bislang von den wenigsten Jugendämtern in Ost und West durchgeführt. In der Regel wird die angespannte Personal- und Finanzsituation entschuldigend angeführt. Es wird allerdings übersehen, daß gerade eine konsequente Jugendhilfeplanung auch dazu dienen kann, innerhalb der kommunalen Verwaltung auf die dringenden Aufgaben und Bedarfe aufmerksam zu machen und die Notwendigkeit finanzieller Zuwendungen auch für Jugendhilfelaien zu begründen. Bislang wurde Jugendhilfeplanung in vielen Kommunen der neuen Bundesländer lediglich dazu benutzt, den Bedarf an Kindergarten- und Krippenplätzen sowie die dazugehörige Personalstärke festzulegen. Bereiche, die nicht an Einrichtungen gebunden sind, bleiben dabei weitgehend unbeachtet. Unseres Erachtens wird damit eine Chance vergeben, den tatsächlichen Notwendigkeiten vor Ort Ausdruck zu verleihen. Ein weiterer wichtiger Aspekt der Jugendhilfeplanung ist die Zusammenarbeit zwischen allen in der Jugendhilfe tätigen Trägern und Institutionen, die gerade in den neuen Bundesländern noch sehr mangelhaft und unbefriedigend ist. So wäre Jugendhilfeplanung eine Möglichkeit, die Kommunikationsstrukturen zwischen den verschiedenen Trägern zu verbessern.

An dieser Stelle soll nun der Versuch unternommen werden, die vorliegenden Daten zu den einzelnen Arbeitsbereichen in Hinblick auf die Modernisierung der Jugendhilfe zu bewerten. Ein Versuch ist es deshalb, weil eine Bewertung ohne Kenntnis der inhaltlichen Ausgestaltung der einzelnen Leistungen in den jeweiligen Jugendämtern immer unzureichend bleiben muß.

Bei der Kindertagesbetreuung gibt es im Westen eine leichte Angebotssteigerung, die aber bei weitem noch nicht ausreicht, um eine flächendeckende Versorgung zu gewährleisten. In den neuen Bundesländern ist ein Angebotsrückgang bei einem insgesamt sehr hohen Versorgungsgrad zu verzeichnen. Ob dieser Rückgang an absoluten Zahlen ausschließlich eine Anpassung an die demographische Entwicklung oder vielmehr eine tatsächliche Verringerung der Versorgungsquote darstellt, läßt sich mit unseren Zahlen nicht beurteilen.

Die Integration behinderter Kinder ist (republikweit) noch immer schwierig, da es kein ausreichendes Angebot an integrativen Gruppen gibt. Es bleibt zu hoffen, daß die Dynamik des Ausbaus an integrativen Angeboten in den neuen Bundesländern erhalten bleibt.

Die klassische Form der Fremdunterbringung, das Kinder- und Jugendheim, dominiert in Ost- wie Westdeutschland, auch wenn nach amtlicher Statistik aus dem Jahr 1991 40 % der fremduntergebrachten Kinder und Jugendlichen in den alten Bundesländern bei Pflegefamilien sind. Aufgrund der Personalstruktur des Pflegekinderwesens der neuen Bundesländer (in zwei Drittel der Jugendämter ist nicht mehr als eine MitarbeiterIn für die Beratung im Pflegekinderwesen zuständig) ist mit einer schnellen Anpassung an die Verhältnisse in den alten Bundesländern nicht zu rechnen. Der Ausbau betreuter Wohnformen erscheint eher zögerlich, was darauf hinweist, daß die in Ost und West heftig geführte Diskussion zum Ausbau betreuter Wohnformen offensichtlich noch keine Früchte trägt.

Die Jugendgerichtshilfe ist der Bereich der Jugendamtsarbeit, in dem die höchsten Fallzahlen zu finden sind. Die Fallzahl pro MitarbeiterIn beträgt hier im Durchschnitt 184, was eine intensive, auf Unterstützung des einzelnen Jugendlichen zielende Betreuung unmöglich erscheinen läßt. Die Belastung der JugendgerichtshelferInnen wird in den östlichen Bundesländern noch verstärkt, da diese nicht auf eine eingespielte Zusammenarbeit mit freien Trägern zurückgreifen können. In den Landkreisen ist das Jugendamt oftmals die einzige Stelle außerhalb der Justiz, die mit straffälligen Jugendlichen arbeitet.

Den Prozeß der Modernisierung beschreibt Otto folgendermaßen:

„Will sich die Jugendhilfe ihrer marginalen Rolle und ihres kontrollierenden, reaktiv-kompensatorischen Charakters entledigen – so die zentrale These –, ist sie gefordert, von ihren tradierten Institutionalisierungsmustern und Routinen Abschied zu nehmen und sich statt dessen an einer erhöhten Flexibilität und Offenheit gegenüber den Lebensbedingungen und Problemkonstellationen Jugendlicher zu orientieren." (Otto 1991, S. 4)

All den Bereichen, die der modernen, präventiv orientierten Jugendhilfe zuzuordnen sind, wie zum Beispiel Erziehungsberatung, sozialpädagogische Familienhilfe, mobile Jugendarbeit, Streetwork und Schulsozialarbeit, ist gemeinsam, daß die Personalausstattung verbesserungsbedürftig ist und sich die Beteiligung freier Träger im Osten durchaus noch steigern ließe. Beispielsweise sei daran erinnert, daß die Personalausstattung in der SPFH so schlecht ist, daß Teamarbeit oftmals unmöglich ist. Streetwork wird nur in 18 % aller befragten Jugendamtsbezirke auch oder ausschließlich von freien Trägern angeboten. In zwei Drittel der Jugendamtsbezirke im Osten gibt es keine Erziehungsberatung. Weiterhin fällt auf, daß es große Unterschiede zwischen den einzelnen Jugendämtern gibt. So ist in den Landkreisen in den präventiven Arbeitsbereichen ein signifikant geringeres Angebot zu verzeichnen (sig: 1 %), das heißt, es werden nur einige wenige der abgefragten Arbeitsbereiche abgedeckt. Ein signifikanter Ost-West-Unterschied besteht auf dieser Ebene dagegen nicht.

Es ist also festzuhalten, daß Ansätze zur Modernisierung zwar durchaus vorhanden sind, daß die Einlösung der hochgesetzten Erwartungen in diese Modernisierungsprozesse unter den bestehenden Bedingungen jedoch nicht zu erwarten ist.

Die strukturellen Mängel, die in der Jugendhilfe in den neuen Bundesländern auch noch drei Jahre nach der Wiedervereinigung durch unsere Daten dokumentiert werden, lassen eine Umsetzung präventiv ausgerichteter Jugendhilfe, die mit den Stichworten Partizipation, Lebensweltorientierung und Vernetzung beschreibbar ist, als in absehbarer Zeit unwahrscheinlich erscheinen. Es besteht die Gefahr, daß aufgrund der unterschiedlichsten Mängel in der regionalen Jugendhilfe auf „altbewährte" Muster zurückgegriffen wird und die Entwicklung bzw. Verwirklichung neuer Modelle und Konzepte eher die Ausnahme bleiben wird. Schlagworte sind: Heimerziehung statt betreutes Wohnen; härtere Strafen gegen Jugendliche statt Diversion; Ausgrenzung von „Problemjugendlichen" statt Streetwork und integrierende Jugendsozialarbeit.

Unsere Daten zeigen auch für die Jugendämter in den alten Bundesländern, daß die soziale Arbeit immer noch zu stark dem kurativen Modell, der Einzelfallorientierung, verhaftet ist. Es werden zu wenig strukturbildende und -verändernde Maßnahmen durchgeführt. Man denke in diesem Zusammenhang beispielsweise an das geringe Wissen der Jugendamtsleiter über die Maßnahmen zur Jugendberufshilfe in ihrem Jugendamtsbezirk, an die fast immer auf den Einzelfall beschränkte Zusammenarbeit mit anderen Institutionen oder an das in Kapitel 2.2 beschriebene Arbeitsprofil der Jugendämter.

3 Kinder- und Jugendheime in den neuen Bundesländern

Die von Winnicott in den fünfziger und sechziger Jahren immer wieder formulierte Aussage, daß die Heimerziehung zu den anspruchsvollsten Aufgaben der sozialen Arbeit gehört (vgl. Winnicott 1984), ist auch heute noch gültig. Gerade im Zusammenhang mit der Diskussion über präventive Strategien zur Verringerung devianten Verhaltens Jugendlicher muß auf die besondere Bedeutung der pädagogischen Betreuung in Heimen hingewiesen werden. Um eine solche Arbeit sowohl für die Kinder und Jugendlichen und die SozialarbeiterInnen als auch für die Gesellschaft in zufriedenstellender Art und Weise zu erbringen, sind zahlreiche strukturelle und personelle Voraussetzungen zu erfüllen. In diesem Teil des Projekts „Jugendhilfe und sozialer Wandel" geht es darum aufzuzeigen, unter welchen äußeren Bedingungen in einer Phase gesellschaftlicher und oftmals auch persönlicher Verunsicherungen und Brüche Heimerziehung in den neuen Bundesländern stattfindet. Deshalb fragen wir in dem von unserem Projekt entwickelten standardisierten Fragebogen zum Beispiel nach personeller Kontinuität, Ausdifferenzierung von (alternativen) Betreuungsformen, konkreten Lebensbedingungen für die Kinder und Jugendlichen, nach in den letzten drei Jahren erfolgten Umstrukturierungen, finanziellen Grundlagen, Aus- und Fortbildung von MitarbeiterInnen. Wesentliche Bedeutung erlangt diese Teiluntersuchung für das Gesamtkonzept der vorliegenden Studie, da hier versucht wird, Auswirkungen aktueller Entwicklungen des Jugendhilfesystems in einem pädagogischen Arbeitsbereich aufzuzeigen.

3.1 Stichprobe

Der gesamte Bereich der Fremdunterbringung in den neuen Bundesländern befand sich zum Erhebungszeitpunkt in einem radikalen Umstrukturierungsprozeß, weshalb es uns nicht sinnvoll erschien, Indikatoren für eine Quotenziehung der Stichprobe zu entwickeln und damit so zu tun, als hätten wir eine repräsentative Auswahl an Kinder- und Jugendheimen in den neuen Bundesländern. Wir entschieden uns dafür, aus den Adreßlisten der Landesjugendämter, der Wohlfahrtsverbände und des Verbands privater Kinderheime eine Anzahl von Kinder- und Jugendheimen herauszugreifen und an diese im Frühsommer 1993 unseren Fragebogen zu verschicken. 153 Kinder- und Jugendheime haben darauf geantwortet. Die Verteilung auf die Bundesländer ist in Grafik 3.1 dargestellt.

Grafik 3.1
Heimstichprobe

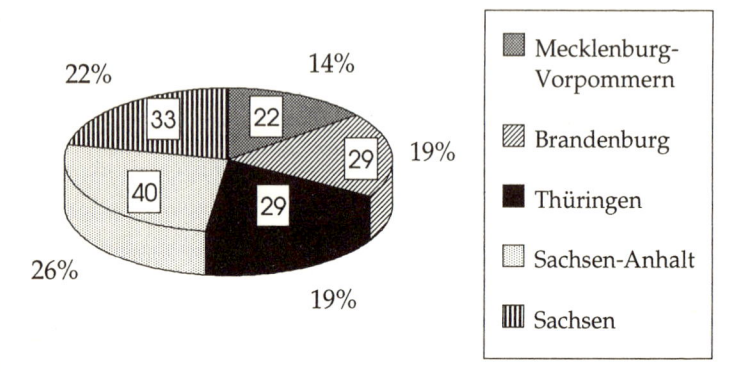

Segment	Wert	Land
22	14%	Mecklenburg-Vorpommern
29	19%	Brandenburg
29	19%	Thüringen
40	26%	Sachsen-Anhalt
33	22%	Sachsen

Die Hälfte der Heime unserer Stichprobe befindet sich in freier Trägerschaft. 93% der an unserer Untersuchung beteiligten Heime bestanden bereits zu DDR-Zeiten, 3% sind Säuglingsheime, 8% Kleinkinderheime, 45% Schulkinderheime, 7% Jugendwerkhöfe und 17% Sonderheime. Die verbleibenden 13% nehmen Kinder verschiedener Altersgruppen auf, hauptsächlich jedoch Säuglinge und Kleinkinder.

3.2 Träger der Kinder- und Jugendheime

Wie sich bereits aus der Beschreibung der Stichprobe erkennen läßt, befindet sich die Hälfte der Kinder- und Jugendheime in freier Trägerschaft. Da diese Einrichtungen zu DDR-Zeiten fast ausschließlich in staatlicher Hand (zentrale Krippenverwaltung, Abteilung Volksbildung, Rat des Bezirks) waren, belegen diese Zahlen eindrucksvoll den sich vollziehenden Wandel, auch wenn der Anteil der öffentlichen Träger, verglichen mit der Situation in Westdeutschland, noch extrem hoch erscheint. Nach den von Galuske und Rauschenbach vorgelegten Zahlen befanden sich zum 31.12.1990 lediglich 14% der Kinder- und Jugendheime in den alten Bundesländern in der Hand öffentlicher Träger (vgl. Galuske/Rauschenbach 1994, S. 161).

Die freien Träger lassen sich in gemeinnützige Vereine, in Wohlfahrtsverbände und in private, d.h. kommerziell orientierte, meist als GmbH organisierte Träger unterscheiden. Mit einem Anteil von 70% an den Heimen in freier Trägerschaft haben die Wohlfahrtsverbände eine herausgehobene Position unter den freien Trägern (vgl. Grafik 3.2). Die Arbeiterwohlfahrt ist in unserer Stichprobe am stärksten vertreten.

Grafik 3.2
Träger der Kinder- und Jugendheime

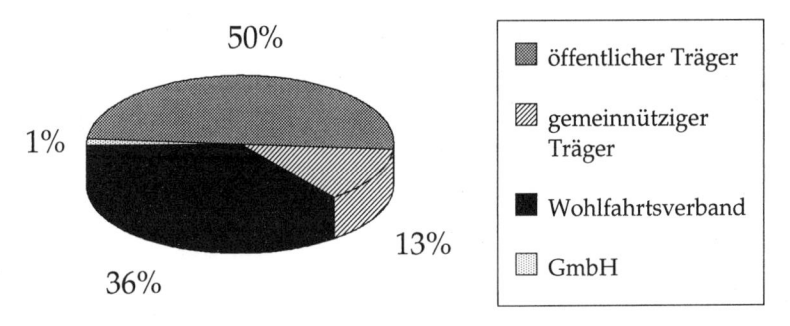

- 50% öffentlicher Träger
- 1% gemeinnütziger Träger
- 36% Wohlfahrtsverband
- 13% GmbH

3.3 Personal in den Heimen

Anzahl der MitarbeiterInnen

Eine der wesentlichen, wenn nicht sogar die wesentlichste Grundlage für eine gute Arbeit in den Kinder- und Jugendheimen ist eine ausreichende Ausstattung mit gut qualifiziertem Personal. Wir haben deshalb in unserem Fragebogen getrennt nach der Anzahl des pädagogischen Fachpersonals, dem Verwaltungspersonal und dem hauswirtschaftlichen Personal gefragt. Des weiteren untersuchten wir, wie sich die organisatorischen Veränderungen seit der Wende auf den Personalbestand ausgewirkt haben.

In den Heimen, die unseren Fragebogen beantwortet haben, arbeiten 1850 pädagogische Fachkräfte, davon sind ca 79% Frauen. Legt man die von Galuske und Rauschenbach erwähnten Zahlen zum Stichtag 31.12.1991 zugrunde, so befinden sich in unserer Stichprobe 27% aller pädagogischen MitarbeiterInnen der Kinder- und Jugendheime in den neuen Bundesländern. Der Anteil der weiblichen Mitarbeiterinnen entspricht in etwa dem dort angegebenen Anteil von 78% (Galuske/Rauschenbach 1994, S. 161). In unserer Stichprobe befinden sich kleine Heime, die mit nur einer pädagogischen Fachkraft auskommen, und große, die mit bis zu 46 pädagogischen Fachkräften arbeiten. Diese Zahlen gewinnen erst an Bedeutung, wenn man sie in Beziehung zu der Zahl der zu betreuenden Kinder und Jugendlichen setzt. Wir haben herausgefunden, daß der Personalschlüssel in 149 der 153 Kinder- und Jugendheime nicht den Empfehlungen entspricht, die die Forschungsgruppe Dr. Günther im Rahmen eines Forschungsprojektes zur „Bereitstellung eines fachgerechten Leistungsangebotes durch Einrichtungen der Jugendhilfe. Konsequenzen für die Personalausstattung"[14] (Günther 1993) erarbeitet hat. Diese Empfehlungen gehen davon aus, daß es einen Mindest-Personalbedarf von 4,25 Vollfachkräften pro Gruppe mit sechs Kindern gibt (ebd. S. 5). Diese Gruppengröße wurde empirisch als effektiv ermittelt, sowohl bezüglich der pädagogischen Arbeit als auch der Kosten-Nutzen-Rechnung. Rechnet man diese Kennzahl um, so ergibt sich ein Personalschlüssel von 1,4 Kindern pro pädagogischer Fachkraft. In der Hälfte der von uns untersuchten Kinder- und Jugendheime muß eine pädagogische Fachkraft mehr als 2,6 Kinder oder Jugendliche betreuen. Im Durchschnitt sind es sogar 2,9. Der von uns errechnete Durchschnittswert ist damit ungefähr doppelt so hoch, wie ihn Galuske und Rauschenbach angeben. Dieser gravierende Unterschied läßt sich hauptsächlich dadurch erklären, daß wir in unsere Berechnungen ausschließlich das pädagogische Personal einbezogen haben, während Galuske und Rauschenbach mit allen in den Kinder- und Jugendheimen Beschäftigten gerechnet haben, also auch mit Verwaltungs- und Küchenpersonal (vgl. Galuske/Rauschenbach 1994, S. 160). An diesen Zahlen wird deutlich, daß, unabhängig von der Qualifikation des Personals, auf die wir später noch eingehen werden, dringend eine quantitativ bessere Ausstattung mit PädagogInnen erforderlich ist.

Obwohl – wie eben aufgezeigt – die personelle Situation bei den Fachkräften als unzureichend bezeichnet werden muß, sind seit der Wende in einem Drittel der Kinder- und Jugendheime Stellen für pädagogische Fachkräfte abgebaut worden. Dieser Stellenabbau steht in Zusammenhang mit der Verringerung der Zahl der Kinder und Jugendlichen, die im Heim leben (Korrelation von 0.73). In Anbetracht des unzureichenden Personalschlüssels muß festgestellt werden, daß die Chance, durch eine Verkleinerung der Belegungszahlen die notwendige Verbesserung des Personalschlüssels zu erreichen, ungenutzt blieb. Lediglich bei einem Fünftel der Heime fand ein Stellenzuwachs statt.

---

[14] Durchgeführt im Auftrag des Diakonischen Werks der evangelischen Kirche in Württemberg, des Caritasverbands der Erzdiözese Rottenburg-Stuttgart, des Paritätischen Wohlfahrtsverbands, Landesverband Baden-Württemberg, sowie ihrer Fachverbände und Mitgliedseinrichtungen.

In fast allen Bereichen der Jugendhilfe in den neuen Bundesländern wäre die Erfüllung der gesetzlichen Aufgaben ohne ABM-Kräfte nicht möglich. So arbeiten zum Beispiel bei den Jugendämtern durchschnittlich 14 % aller Angestellten mit ABM-Verträgen (siehe Kapitel 2.1), bei den Erziehungsberatungsstellen sind es sogar 27 % (Menne 1993). Die Situation in den Kinder- und Jugendheimen unterscheidet sich hier deutlich von der in anderen Aufgabenfeldern der Jugendhilfe, nur 60 der 1850 pädagogischen Fachkräfte arbeiten auf ABM-Basis. Erklären läßt sich diese im Vergleich geringe Zahl durch die institutionelle Kontinuität der Einrichtungen. Überall dort, wo in der Jugendhilfe neue Einrichtungen und Institutionen aufgebaut wurden, geschah dies vorwiegend mit Stellen, die von den Arbeitsämtern bezuschußt oder bezahlt werden (vgl. Kap. 2 und 4).

Die in den letzten drei Jahren stattgefundenen konzeptionellen Neuorientierungen im Bereich der Fremdunterbringung in den neuen Bundesländern führten zweifelsohne zu einer erheblichen Veränderung der Anforderungen, die an die PädagogInnen gestellt werden. Uns hat interessiert, ob die Träger der Kinder-und Jugendheime die Umsetzung der neuen Konzepte durch eine hohe Zahl von Neueinstellungen von Erziehungspersonal erleichtern wollten. 23 % aller pädagogischen MitarbeiterInnen wurden nach dem 3.10.1990 eingestellt und 46 % arbeiten seit über zehn Jahren in der Heimerziehung. An diesen Zahlen läßt sich zeigen, daß es neben einer institutionellen Kontinuität auch eine personelle Kontinuität in der Heimerziehung gibt. Dies ist einer der Gründe dafür, warum die Personalsituation in den neuen Bundesländern „aus westlicher Sicht einer Dequalifizierung gleichkommt – zumindest in formaler Hinsicht und mit Blick auf ihren Status" (Galuske/Rauschenbach 1994, S. 160). Daher kann man vermuten, daß auf eine intensive Fort- und Weiterbildung der MitarbeiterInnen Wert gelegt wird, um den in den Konzeptionen formulierten Ansprüchen gerecht zu werden.

Im Bereich des hauswirtschaftlichen Personals und der Verwaltungsangestellten findet ein Stellenabbau statt. In 86 % der Heime, die vor der Wende bestanden, wurden Planstellen im hauswirtschaftlichen Bereich und in 59 % der Fälle wurde im Verwaltungsbereich gekürzt.

Aus- und Fortbildung

Der bereits zu DDR-Zeiten beschriebene Mangel an geeigneten und qualifizierten MitarbeiterInnen (vgl. Hildebrand 1993, S. 9f.)

ist durch die oben angesprochenen konzeptionellen Veränderungen, durch die auch die Qualifikationsanforderungen an das Personal in der Heimerziehung einen deutlichen Wandel erlebt haben, eher verstärkt worden. Die Ausbildungen in den Systemen der Jugendhilfe in Ost- und Westdeutschland unterschieden sich wesentlich voneinander. Für alle in der Jugendhilfe Tätigen in den neuen Bundesländern besteht ein großer Aus- und Fortbildungsdruck. In diesem Zusammenhang sei nur auf die komplizierten Regelungen zur Anerkennung der DDR-Berufsabschlüsse hingewiesen (vgl. Müller 1993, siehe auch Kapitel 2).

Da nun aber gerade die Ausbildung und Professionalität der MitarbeiterInnen in den Heimen von besonderer Bedeutung für die Qualität der Arbeit ist, haben wir eine Reihe von Fragen gestellt, die sich mit dem Thema Fortbildung befassen.

Fast ein Drittel (30%) der Heime hatte 1992 kein Geld für die Fortbildung seiner MitarbeiterInnen. 1993 hat sich die Situation leicht verbessert, aber immer noch mußte ein Fünftel der Einrichtungen ohne Geld für Fortbildungsmaßnahmen auskommen. Diejenigen Heime, die einen Etat für Fortbildung hatten, konnten 1992 durchschnittlich 143,- DM pro MitarbeiterIn ausgeben, und 1993 hat sich der Betrag um 35,- DM auf 178,- DM erhöht. Es ist zu betonen, daß es zwischen den einzelnen Einrichtungen große Unterschiede gibt. In einem Heim stehen 9,- DM pro MitarbeiterIn im Jahr 1993 für Fortbildungsmaßnahmen zur Verfügung und in einem anderen 1050,- DM. In der Tendenz läßt sich sagen, daß freie Träger etwas mehr Geld in die Fortbildung ihrer MitarbeiterInnen investieren, auch wenn die Unterschiede zu den öffentlichen Trägern nicht signifikant sind. Deutlichere Unterschiede gibt es dagegen zwischen den Bundesländern (siehe Grafik 3.3). In Brandenburg beträgt der Anteil der Heime, die kein Geld für Fortbildung haben, 52% und in Thüringen 6%. Wie der folgenden Grafik entnommen werden kann, haben die Kinder- und Jugendheime in Sachsen den größten Etat für die Fortbildung pro MitarbeiterIn.

Im Zusammenhang mit der Finanzierung von Fortbildungsmaßnahmen darf nicht unerwähnt bleiben, daß ein Teil der Kosten von den MitarbeiterInnen selbst und ein anderer Teil aus verschiedenen anderen Haushalten (z.B. zentral vom Wohlfahrtsverband, Übernahme durch Landratsamt etc.) bezahlt wird. Die bereits bei den Jugendämtern beschriebenen Finanzierungsschwierigkeiten von Fortbildungsmaßnahmen finden sich bei den Heimen wieder (vgl. Kap. 2.1). Obwohl die finanzielle Ausstattung für diesen Bereich als mangelhaft zu bezeichnen ist, haben zahlreiche Personen an Fortbildungen teilgenommen.

Grafik 3.3

Fortbildungsetat pro MitarbeiterIn (in DM)

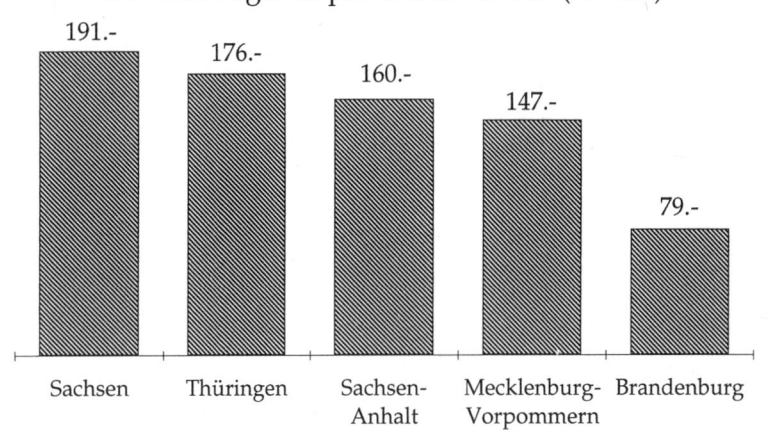

Sachsen	Thüringen	Sachsen-Anhalt	Mecklenburg-Vorpommern	Brandenburg
191.-	176.-	160.-	147.-	79.-

Aus 111 Kinder- und Jugendheimen (entspricht 73 %) nehmen 516 Mitarbeiter und Mitarbeiterinnen an einer Anpassungsqualifizierung teil bzw. haben bereits an einer solchen teilgenommen. Aus einem Drittel der Heime können sich jeweils höchstens zwei MitarbeiterInnen auf diese Art und Weise weiterqualifizieren, und in 12 % der Heime nutzen mehr als zehn MitarbeiterInnen diese Möglichkeit. Trotz der schwierigen finanziellen Rahmenbedingungen nimmt also fast ein Drittel der pädagogischen MitarbeiterInnen an Anpassungsqualifizierungen teil, womit ihr Anteil deutlich höher als in den Jugendämtern ist (17 %).

Ein weiterer Unterschied zu den anderen Bereichen der Jugendhilfe besteht darin, daß ABM-Kräfte an der Fortbildung überproportional stark beteiligt werden, 45 der 60 MitarbeiterInnen, die sich in einer AB-Maßnahme befinden, qualifizieren sich weiter.

Es hat uns nicht nur interessiert, wie viele Erzieherinnen und Erzieher an Fortbildungen teilgenommen haben, sondern wir wollten darüber hinaus eine Einschätzung der bisher durchgeführten Fortbildungsmaßnahmen erhalten. Dazu wurden acht Statements formuliert (es sind die gleichen wie im Jugendamtsfragebogen), deren Aussage auf einer vierstufigen Skala bewertet werden sollte.

Mit dem Verlauf der bisherigen Fortbildungen sind ungefähr ein Drittel der HeimleiterInnen unzufrieden, 45 % bestätigen einen größeren Bedarf an finanziellen Mitteln für Fortbildungsmaßnahmen. Die oben angedeutete schwierige berufsbiographische Lage für die HeimerzieherInnen äußert sich auch in einer hohen Fortbildungsbereitschaft, 63 % der befragten HeimleiterInnen sind mit der Motivation ihrer MitarbeiterInnen zur Fortbildung zufrieden bzw.

höchst zufrieden. Die angebotenen Weiterqualifizierungsmöglichkeiten werden von zwei Drittel als geeignet und qualitativ gut eingeschätzt. Interessant bei diesen zwei Fragen ist, daß jeweils 4 % ihre völlige Unzufriedenheit zum Ausdruck bringen. HeimleiterInnen von Heimen in öffentlicher Trägerschaft sind in dieser Gruppe überproportional häufig vertreten, was im Umkehrschluß ein Hinweis darauf sein könnte, daß die verbandsinternen Fortbildungen ein hohes Ansehen genießen. 77 % der HeimleiterInnen plädieren dafür, daß Weiterbildungen mit Abschlüssen enden, die eine anerkannte Weiter- oder Zusatzqualifikation für die MitarbeiterInnen darstellen. Knapp die Hälfte der HeimleiterInnen wünscht sich bessere Freistellungsmöglichkeiten, 91 % plädieren für berufsbegleitende Fort- und Weiterbildungen.

Günther schreibt in seinen Empfehlungen für die Mitarbeiterqualifikation, daß es anzustreben sei, im Bereich der „Hilfen zur Erziehung" (KJHG § 27) grundsätzlich nur FachhochschulabsolventInnen zu beschäftigen. An den Fachhochschulen sei ein Ausbildungsschwerpunkt „Hilfen zur Erziehung" einzurichten, um „Umfang, Kostenumfang und Bedeutung der Hilfe zur Erziehung" gerecht werden zu können (Günther 1993, S. 10). Nimmt man diese Empfehlungen zum Maßstab, so muß festgehalten werden, daß die zahlreichen Anstrengungen zur Mitarbeiterqualifikation bei weitem nicht ausreichen, um eine Betreuungsqualität in den Kinder- und Jugendheimen zu sichern, die den Ansprüchen einer modernen Jugendhilfe genügt.

Supervision

Einer der wesentlichen Faktoren für qualitativ hochwertige soziale Arbeit ist eine fachlich gute Betreuung der MitarbeiterInnen. „Dieser Beruf bedarf einer gründlichen Ausbildung, einer kontinuierlichen Weiterbildung und einer begleitenden Supervision" (Rückert 1987, S. 5). Es gibt niemanden mehr in der öffentlichen Diskussion, der die Notwendigkeit einer von einer externen Fachkraft durchgeführten Supervision ernsthaft bestreitet (vgl. z.B. Appenheimer 1992); ohne sie wird ein „Burn-out" der MitarbeiterInnen nicht zu verhindern sein.

Die Realität in den Heimen in den neuen Bundesländern unterscheidet sich davon deutlich: In 89 % der Heime nehmen die Erzieher und Erzieherinnen nicht an Supervisionen teil, in nur 8 % der Heime werden die Supervisionen von externen SupervisorInnen durchgeführt, und in 3 % der Fälle geschieht dies durch hausinterne

MitarbeiterInnen. Diese Zahlen zeigen, wie weit die pädagogische Praxis von den fachlichen Standards entfernt ist, wenn man bedenkt, daß bereits 1971 die Wiener Heim-Enquete die Forderung aufstellte, daß jeder Erzieherin und jedem Erzieher sowie allen HeimleiterInnen Supervision zur Verfügung stehen sollte (Doblhofer/Seiser 1987); 1987 wurde diese Forderung dann tatsächlich in allen Heimen Wiens verwirklicht (vgl. Rückert 1987, S. 2).

Zusammenfassend ist an dieser Stelle festzuhalten, daß die Ausstattung mit Personal sowie dessen Möglichkeiten zur Aus- und Weiterqualifikation als insgesamt unzureichend bezeichnet werden müssen. Dieses Ergebnis der Datenanalyse wird durch die Antworten auf die offene Frage[15] durch die HeimleiterInnen noch bekräftigt. 57 % all derer, die auf diese Frage antworteten, haben neben anderen die nur schwer zu lösenden Probleme im Personalbereich zur Sprache gebracht. Kein anderes Problem wird derart häufig angesprochen (vgl. Tabelle 3.8). Stellvertretend für die vielen schriftlichen Äußerungen zu diesem Thema seien zwei hier zitiert:

„Der Personalschlüssel im pädagogischen Bereich (1:3) ist sehr hoch, so daß wir Schwierigkeiten beim Erziehereinsatz haben."

„Wichtig wäre eine intensive psychologische Anleitung bzw. Begleitung der Mitarbeiter zum Fachpersonal (z. B. Supervision)."

Heimleitung

Etwas mehr als die Hälfte der Heime (55 %) wird von Frauen geleitet. Gemessen an ihrem Anteil bei dem pädagogischen Fachpersonal (79 %) sind sie damit unterrepräsentiert. Die Altersgruppen von 30 bis 39, von 40 bis 50 Jahren sowie älter als 50 Jahre sind ungefähr gleich stark vertreten (29 %, 33 %, 28 %), 6 % der HeimleiterInnen sind unter 30 Jahren. Im Bereich der Kinder- und Jugendheime kann man nicht von einer Verwestlichung der Heimleitung sprechen, da nur 4 % der HeimleiterInnen angeben, eine Ausbildung in der alten Bundesrepublik absolviert zu haben.

Der überwiegende Teil hat eine Fachschulausbildung in der DDR gemacht, so daß sich nach den uns vorliegenden Daten nur wenige mit einer fachfremden berufsbiographischen Entwicklung in leitender Position befinden (vgl. Tabelle 3.1).

---

[15] Wortlaut der offenen Frage: Diese Stelle soll Ihnen Gelegenheit geben, die größten Probleme Ihrer Arbeit darzustellen, Bemerkungen zu den Entwicklungen im Heimbereich seit der Wende zu machen und all das zu nennen, was Ihnen wichtig erscheint und wir vergessen haben zu fragen.

Tabelle 3.1

Berufsausbildung der HeimleiterInnen	
HeimerzieherIn	42,4 %
Diplom- / Reha-PädagogIn	25,8 %
LehrerIn	15,2 %
KrippenerzieherIn	8,3 %
Sozial-ArbeiterIn / -PädagogIn	4,5 %
Diplom-ErzieherIn	2,3 %
sonstige	1,6 %
Fehlende Angaben: 21	

3.4 Zur Finanzlage der Kinder- und Jugendheime

Haupteinnahmequellen

Wie in unserem Bericht an verschiedenen Stellen deutlich wird, stellen Förderungen nach dem AFG die oder doch zumindest eine der bedeutsamsten Finanzquellen für den Aufbau der Jugendhilfe in den neuen Bundesländern dar. Wie ist die Situation nun bei den Heimen, deren institutionelle und personelle Kontinuität bereits aufgezeigt werden konnte?

Wir haben die HeimleiterInnen gebeten, ihre Geldquellen aufzuzählen und zu gewichten. Bei der Auszählung der Ergebnisse haben wir dann über alle Heime hinweg eine Rangfolge erstellt.

Tabelle 3.2

Rangfolge der Finanzquellen der Kinder- und Jugendheime			
	Rang 1	Rang 2	Rang 3
Pflegesätze	107	4	0
Zuschüsse von Kommune / Landkreis	6	34	9
sonstiges	2	11	16
Sonderprogramme des Bundes	0	13	3
Landesjugendpläne	0	8	9
Verbandszuschüsse	0	5	2

Nicht weiter überraschend stehen die Einnahmen durch die Pflegesätze mit weitem Abstand auf Platz eins (vgl. Tabelle 3.2), an zweiter Stelle kommen Zuschüsse der Gebietskörperschaften, an dritter Stelle sind sonstige Einnahmen zu finden. Hinter sonstigen Einnahmen verbergen sich u.a. Spenden, Essensgeldeinnahmen, Mieteinnahmen usw. Wie an dieser Aufstellung deutlich wird, werden Mittel nach dem AFG kaum beansprucht.

Die Entwicklung der Tagessätze von 1991 bis 1993

Das Aushandeln der Pflegesätze zwischen den örtlichen Jugendämtern und den Trägern der Kinder- und Jugendheime ist ein schwieriges Geschäft, bei dem finanzielle Interessen gegen pädagogische Konzepte abgewogen werden. Es ist festzustellen, daß die Kinder- und Jugendheime in den neuen Bundesländern trotz erheblicher Kostensteigerungen noch immer vergleichsweise preiswert sind.

Nach den uns vorliegenden Daten mußten 1991 zwischen 41,- DM und 142,- DM pro Tag und Kind bezahlt werden. Zwei Jahre später war der Tagessatz in 90 % der Heime gestiegen, wobei sich die prozentuale Steigerung zwischen 1 % und 130 % bewegte. Bemerkenswert ist die Tatsache, daß in vier Heimen (3 %) unserer Stichprobe die Tagessätze gesunken und in acht (7 %) gleichgeblieben sind. 1993 mußten die Kostenträger zwischen 55,- DM und 187,- DM für einen Tagessatz ausgeben. Diese großen Unterschiede lassen sich nicht durch die Größe der Heime, die Anzahl des Personals oder das Alter und den Zustand des Gebäudes erklären. Die Unterschiede zwischen den durchschnittlichen Tagessätzen in den einzelnen Bundesländern sind nicht so groß, daß diese extremen Schwankungen bundeslandspezifisch erklärt werden könnten (vgl. Tabelle 3.3).

Drei Viertel der Heime geben als den wichtigsten Grund für diese Kostensteigerung die gestiegenen Lohnkosten an, wobei wir bei dieser Frage allerdings eine hohe Antwortverweigerung von 42 % verzeichnen. Die große Bedeutung der Personalkosten wird nochmals bei der Zusammensetzung des Tagessatzes deutlich. Ungefähr 74 % des Tagessatzes werden für die Personalkosten aufgewendet.

In der offenen Frage haben 47 % der HeimleiterInnen, die auf diese Frage antworteten, eine unzureichende finanzielle Ausstattung bemängelt (vgl. Tabelle 3.8, S. 121). Die Gründe für diese hohe Unzufriedenheit sind vielfältig und reichen von mangelnden Investitionsmitteln über eine eingeschränkte Entscheidungsautonomie

Tabelle 3.3

Tagessätze 1993 (in DM)		
	Mittelwert	Standard-abweichung
Mecklenburg-Vorpommern	131	17
Thüringen	127	18
Brandenburg	125	31
Sachsen-Anhalt	115	17
Sachsen	113	15

bei Heimen öffentlicher Träger bis hin zu niedrigen Pflegesätzen, deren Berechnung sich nicht an der Realität orientiere.

Regionale Unterschiede äußern sich dahingehend, daß in der einen Region, trotz des nach den Angaben der HeimleiterIn nachgewiesenen Bedarfs, die Mittel für eine Ausweitung und Ausdifferenzierung des Angebots nicht bewilligt werden, während in einer anderen Region Heime vom wirtschaftlichen Bankrott bedroht sind, da die Belegungsquoten zu gering oder die Zahl der vom Jugendamt genehmigten Plätze zu niedrig sind, um das Heim wirtschaftlich führen zu können. Ein weiterer Aspekt wird immer wieder beklagt: Seit der Wiedervereinigung ist die Wirtschaftlichkeit wichtiger geworden als die pädagogische Begründbarkeit von Entscheidungen. Es bleibt kritisch anzumerken, daß nicht anzunehmen ist, daß zu DDR-Zeiten die Entscheidungen ausschließlich aus pädagogisch-psychologischen Gründen gefällt worden sind. So kann wohl eher von einem Austausch der den Begründungen zugrundeliegenden Ideologien gesprochen werden und weniger von einem in der erwähnten Kritik beklagten Verlust von Fachlichkeit zugunsten der Wirtschaftlichkeit. Dies ändert aber nichts an dem prinzipiellen Konflikt dieser zwei Begründungszusammenhänge.

3.5 Woher, wohin?

Die moderne Jugendhilfe soll, folgt man den im Achten Jugendbericht formulierten und dem KJHG zugrunde gelegten Ansprüchen, ein breitgefächertes System von unterschiedlichsten Hilfs- und Förderangeboten bereitstellen. Die Familie oder auch der Jugendliche soll die Möglichkeit haben, jederzeit die benötigte Hilfe zu erhalten, ohne dabei gleich in den Sog von institutionellen Logiken zu geraten. Heime stellen in diesem System oft die letzte „Karrierestufe" dar. Wir wollten für 1992 wissen, wo die Kinder und Jugendlichen lebten, bevor sie in eines der befragten Heime aufgenommen wurden und wohin sie entlassen wurden.

In den von uns befragten Heimen wurden im Jahr 1992 2255 Kinder und Jugendliche aufgenommen. Drei Viertel von ihnen haben vorher bei ihren Familien gewohnt, was aber nicht bedeutet, daß sie keine Erfahrungen mit der Jugendhilfe hatten. 15% der Kinder und Jugendlichen lebten bereits vorher in einem anderen Heim. 2,5% der Kinder und Jugendlichen waren vorher in einer Justizvollzugsanstalt oder einer psychiatrischen Einrichtung.

Im gleichen Zeitraum wurden 1830 Kinder und Jugendliche aus diesen Heimen entlassen, so daß insgesamt die Zahl der fremduntergebrachten Kinder und Jugendlichen in den von uns befragten Heimen gestiegen ist. Dies entspricht einem bundesweit zu beobachtenden Trend (vgl. Süddeutsche Zeitung vom 26.1.1993), der im Gegensatz zu der rückläufigen Zahl der Heimunterbringungen in den letzten Jahrzehnten steht (vgl. Minz 1991, S. 148; Blandow 1988). Bürger, Lehning und Seidenstücker konnten in Thüringen für den Zeitraum vom 31.12.1991 bis zum 31.12.1992 eine um 10% gestiegene Nachfrage nach Hilfen zur Erziehung außerhalb des eigenen Elternhauses feststellen, die in erster Linie durch den Ausbau der Vollzeitpflege aufgefangen wurde. Obwohl sich nach ihren Angaben die absolute Zahl der Heimunterbringungen in dem Beobachtungszeitraum nur minimal (um 25) erhöht hat, ist aufgrund der demographischen Entwicklungen eine relative Zunahme von Heimunterbringungen in Thüringen zu verzeichnen (vgl. Bürger/Lehning/Seidenstücker 1994, S. 53–55).

70% der Kinder und Jugendlichen, die aus Heimen entlassen wurden, sind zu ihrer Familie zurückgekehrt, 10% haben eine eigene Wohnung bezogen, 8% sind in ein anderes Heim verlegt worden und für 6% konnte eine Pflegefamilie gefunden werden. In der Bilanz haben mehr Kinder und Jugendliche sowohl aus der Kinder- und Jugendpsychiatrie als auch aus den Justizvollzugsanstalten in die Heime gewechselt als von Heimen in diese Institutionen (vgl. Tabelle 3.4).

Bei der Frage, wo die Kinder und Jugendlichen lebten, bevor sie ins Heim eingewiesen wurden bzw. wo sie nach ihrer Entlassung aus dem Heim lebten, wurde nicht nach Altersgruppen unterschieden. Es ist also davon auszugehen, daß bei den Jugendlichen die Verbindung von Strafvollzug, Psychiatrie und Jugendhilfe deutlich stärker ist, als in den Gesamtangaben zum Ausdruck kommt.

Tabelle 3.4

	Aufnahmen	Prozent	Entlassungen	Prozent
	Aufnahmen in Heime von			
	Entlassungen aus Heimen zu ...			
Eltern	1664	75,4 %	1271	69,5 %
Pflegefamilie	25	1,1 %	117	6,4 %
eigene Wohnung	0	0,0 %	188	10,3 %
Wohngemeinschaft	2	0,1 %	42	2,3 %
anderes Heim	328	14,8 %	150	8,2 %
geschlossenes Heim	6	0,3 %	4	0,2 %
Justizvollzugsanstalt	36	1,6 %	21	1,1 %
Psychiatrie	22	1,0 %	6	0,3 %
sonstiges	125	5,7 %	31	1,7 %
insgesamt	2208	54,7 %	1830	45,3 %

Wir fragten auch danach, welche Kinder und Jugendlichen von der Aufnahme prinzipiell ausgeschlossen werden. 67 % aller Heime geben körperliche Behinderungen als Ausschlußkriterium an, meistens in Kombination mit geistiger und seelischer Behinderung, die am zweithäufigsten genannt wird. Auch suchtkranke Kinder und Jugendliche haben Schwierigkeiten, einen Heimplatz zu finden, in 49 % der Heime, die uns auf diese Frage geantwortet haben, werden sie nicht aufgenommen.

3.6 Wie die Kinder und Jugendlichen in den Heimen leben

Essen, Raumsituation und Ausbildung

Entscheidenden Einfluß auf die Entwicklung der Kinder und Jugendlichen hat die alltagspädagogische Ausgestaltung der Lebensbedingungen im Heim. Dazu gehören die Einteilung der Kinder und Jugendlichen in Gruppen, die Wohnsituation, die Entscheidung, in welchem Maß die Kinder und Jugendlichen in alltägliche Lebenszusammenhänge, wie zum Beispiel Essen einkaufen und zubereiten, eingebunden sind. Nach den uns vorliegenden Daten werden in der Hälfte der Heime die (warmen) Mahlzeiten zentral zubereitet und dann auch meistens in Speisesälen gegessen.

Im Unterschied zu den pädagogischen Grundausrichtungen in DDR-Zeiten, die eine Erziehung im und zum Kollektiv in den Vordergrund stellten, die eine Ausrichtung an den individuellen Bedürfnissen verboten, gehört es zu den Standards einer modernen Jugendhilfe, den einzelnen in seiner Individualität zu stützen und zu stärken.

„Kinder brauchen eigene Zimmer, je nach Entwicklungsalter zwar nicht notwendigerweise Einzelzimmer – diese sollten aber spätestens mit der Pubertät als Möglichkeit angeboten werden –, aber intime Wohn-Schlaf-Bereiche. Privatheit wird gesehen im Dienste des Individuums, der Aufrechterhaltung seines personalen Lebens und seiner Identität. Privatheit ist Voraussetzung für viele kognitive und intellektuelle Prozesse." (Colla 1981, S. 57/58)

Einen kleinen Hinweis darauf, wie sehr diese grundsätzlich andere pädagogische Herangehensweise bereits in der Praxis umgesetzt wurde, gibt die Anzahl der ZimmermitbewohnerInnen. Unsere Daten zeigen, daß Jugendlichen eine größere Privatsphäre als Kindern oder Säuglingen zugestanden wird. Es gibt eine klare Verschiebung von der Unterbringung in Drei- bis Vier- bzw. Fünf- bis Zehn-Bett-Zimmern bei den Säuglingen über die Zwei- bis Vier-Bett-Zimmer bei Kindern bis hin zu Ein- und Zwei-Bettzimmern bei den Jugendlichen (siehe Tabelle 3.5).

Tabelle 3.5

Zimmerbelegung (Anzahl der Heime)			
Alter	0 bis 3	4 bis 13	ab 14
5 bis 10 Bettzimmer	26	18	4
3 bis 4 Bettzimmer	33	88	57
2 Bettzimmer	20	94	106
1 Bettzimmer	6	48	104

Im Achten Jugendbericht wird konstatiert, daß sich im Bereich der Fremdunterbringung in den letzen Jahren einige gravierende Veränderungen ergeben haben. So wurden „in der institutionellen Fremdunterbringung Formen entwickelt, die den lebensweltlich geprägten Erfahrungen der Heranwachsenden nahe sind; Einrichtungen werden dezentralisiert und regionalisiert" (Achter Jugendbericht, S. 148). In diesem Zusammenhang ist zum einem interessant, inwieweit eine Ausdifferenzierung in Wohngruppen stattgefunden hat, und zum anderen, wie stark die Einbindung in bestehende regionale Jugendhilfeinstitutionen ist. In nur 10 % der Heime gibt es keine Gruppenaufteilung, in fast 80 % der Heime, die eine Gruppenaufteilung haben, sind diese in getrennten Wohneinheiten untergebracht, und in 88 % der Heime mit Wohngruppen gibt es koedukative Wohngruppen. Die überwiegende Mehrzahl (92 %) der Heime verfügt nicht über eine eigene Schule, auch finden in 90 % der Heime keine heiminternen Ausbildungen statt. Es kann also davon ausgegangen werden, daß die Kinder und Jugendlichen die Möglichkeit haben, in einem für sie zentralen Lebensbereich soziale Kontakte außerhalb des Heimes zu knüpfen.

Die Ausdifferenzierung von Wohngruppen ist ein weiterer Hinweis auf die Umsetzung der im Achten Jugendbericht angesprochenen gravierenden Veränderungen. Ein Fünftel der befragten Kinder- und Jugendheime hatte im Sommer 1993 Außenwohngruppen, bei 10 % sind sie in Planung.

Möglichkeiten der Freizeitgestaltung für Kinder und Jugendliche im Heim

Ein wichtiges Indiz für die Lebensqualität der Kinder und Jugendlichen in den Heimen sind die zur Verfügung stehenden Freizeitmöglichkeiten. Wir haben deshalb die HeimleiterInnen nach den Angeboten im Heim gefragt. Nimmt man an, daß sich die Freizeitinteressen der HeimbewohnerInnen seit der Untersuchung von Katharina Lange (1992) nicht wesentlich geändert haben, so müßten Discoveranstaltungen und die Möglichkeiten zum Musikhören an erster Stelle stehen. Tatsächlich stehen Discoveranstaltungen jedoch an dritter Stelle der Freizeitaktivitäten innerhalb der Heime. In etwas mehr als der Hälfte der Heime werden Disco- und Tanzabende veranstaltet. In der folgenden Tabelle 3.6 sind die Aktivitäten nach ihrer Häufigkeit geordnet aufgelistet. Auffällig erscheint uns die gute Ausstattung mit Bibliotheken und die schlechte mit Kickertischen. Hinter der Kategorie „sonstiges" verbergen sich Jugendcafé, besondere Sportarten wie Reiten und Schwimmen, Musik(-zirkel), Hauswirtschaft, Kirchenkreis etc.

Wir haben die HeimleiterInnen gefragt, mit welchen anderen Einrichtungen bei der Gestaltung des Freizeitangebotes für die Kinder und Jugendlichen zusammengearbeitet wird. 72 % arbeiten

Tabelle 3.6

Freizeitmöglichkeiten in Heimen	
Tischtennis	85,2 %
Bibliotheken	80,5 %
Disco	55,7 %
sonstiges	52,3 %
Sportgruppen	48,3 %
Fitnessraum	47,7 %
Werkgruppen (z.B. Töpfern)	43,6 %
Billard	34,2 %
Video- / Filmwerkstatt	18,8 %
Kicker	16,1 %
Theatergruppe	13,4 %

bei der Freizeitgestaltung regelmäßig mit anderen Institutionen oder Verbänden zusammen. Dabei sind Sportverbände bevorzugte Partner (34 % der Nennungen), knapp danach folgen sonstige (33 %), dann andere Heime (21 %) und an letzter Stelle stehen die Jugendverbände mit 12 %. Unter der Kategorie sonstige sind Freizeitzentren, die evangelische Familienhilfe, Behindertenverbände, Sponsorenringe, Jugendherbergen, kirchliche Gruppen und Musikschulen zusammengefaßt. Bei den besonderen Aktivitäten und Veranstaltungen, die mit anderen zusammen geplant und durchgeführt wurden, stehen an erster Stelle Feste und Discoabende (30 %) und an zweiter Stelle Ferienaktionen. Dabei handelt es sich entweder um gemeinsame Fahrten oder aber um Ferienaufenthalte in Partnerheimen (28 %). Sportfeste werden ebenfalls relativ häufig durchgeführt (25 %). Des weiteren werden Bastelgruppen, Projektgruppen sowie die Teilnahme am örtlichen Weihnachtsmarkt genannt.

Kontakte zur Familie

Um den in § 34 KJHG formulierten Perspektiven der Heimerziehung (Rückkehr in die Familie, Erziehung in einer anderen Familie oder eine auf längere Zeit angelegte Lebensform) gerecht werden zu können, ist es wichtig, daß alle Kinder und Jugendlichen die

Möglichkeit haben, den Kontakt zu den Eltern aufrechtzuerhalten. Wir fragten deshalb getrennt für Kleinkinder (bis drei Jahre), Kinder (bis 13 Jahre) und Jugendliche, ob sie Kontakt zu den Eltern haben. Beim Vergleich der Zahlen wird deutlich, daß mit steigendem Alter auch der Kontakt zu den Eltern seltener wird, obwohl insgesamt die Mehrheit der Kinder und Jugendlichen die Beziehung zu den Eltern oder einem Elternteil aufrechterhält. In einem Viertel (24%) der Heime, die Kleinkinder betreuen, gibt es Kinder, bei denen der Kontakt von bzw. zu den Eltern abgebrochen ist. Bei knapp der Hälfte dieser Heime betrifft es nicht mehr als 10% der Kinder. Bei den Heimen, in denen Vier- bis 13jährige Kinder leben, stellt sich die Situation anders dar: Nur in etwas mehr als einem Viertel dieser Heime (27%) haben alle Kinder noch Kontakt zu ihren Eltern. Bei durchschnittlich 18% der Kinder besteht keine Eltern-Kind-Beziehung mehr. In 4% der Heime hat keines der Vier- bis 13jährigen Kinder noch Kontakt zu den Eltern. Bei den Jugendlichen stellt sich die Situation folgendermaßen dar: Im Mittel haben 20% der Jugendlichen in einem Heim keinerlei Kontakt mehr zu ihren Eltern. Allerdings gibt es in rund einem Viertel der Heime (24%) mit Jugendlichen keinen einzigen Jugendlichen, auf den das zutrifft.

3.7 Problembereiche

Einschätzung verschiedener Probleme durch die Heimleitung

Eines der Ergebnisse des u.a. im Achten Jugendbericht beschriebenen Modernisierungs- und Veränderungsprozesses in den Konzeptionen der Heimerziehung ist die Anerkennung der Tatsache, daß eine erfolgreiche Förderung der Kinder und Jugendlichen ohne Einbezug der Eltern nur schwer zu leisten ist (vgl. Grauert 1985; Schröder 1992, S. 525; Junge 1992, S. 6). Erst eine bewußte Auseinandersetzung mit den Konflikten zwischen den Kindern/Jugendlichen und ihren Eltern erlaubt es, den Weg freizumachen für eine Entwicklung hin zu einer integrierten Persönlichkeit. Wir baten deshalb die Heimleitung, folgendes Statement zu bewerten:

„Elternarbeit ist zu wenig möglich, da wir keine Zeit dafür haben."

Nur 3% der HeimleiterInnen stimmten dieser Aussage uneingeschränkt zu, und 10% konnten sich teilweise in diesem Statement wiederfinden. Diese doch relativ geringe Zustimmung überrascht, wenn man an die oben dargestellte schlechte Personalausstattung und den doch teilweise nicht unerheblichen Anteil von Kindern und Jugendlichen denkt, die keinen Kontakt mehr zu ihren Eltern haben. Man könnte hinter dieser scheinbaren Zufriedenheit mit den Möglichkeiten zur Elternarbeit auch den noch nicht vollzogenen Wandel in den subjektiven Zuständigkeitszuschreibungen vermuten. Die Aussage

„Die Mütter und Väter der Kinder und Jugendlichen können nicht in die Arbeit einbezogen werden, da sie zu weit weg wohnen."

wird dagegen von 8 % uneingeschränkt unterstützt und von 29 % mit Einschränkungen bestätigt. Betrachtet man die Ergebnisse zu diesen zwei Statements, so entsteht der Eindruck, daß die Elternarbeit in den Heimen noch weiter ausgebaut werden muß. Um diesen Ausbau bewerkstelligen zu können, sind mehrere wesentliche Voraussetzungen zu schaffen. Erstens muß geklärt werden, wer die Elternarbeit durchführen soll. In einer Studie hat die Planungsgruppe PETRA herausgefunden, daß dann eine qualitativ gute Elternarbeit geleistet wird, wenn sie gemeinsam von gruppenübergreifenden MitarbeiterInnen und ErzieherInnen durchgeführt wird (Planungsgruppe PETRA 1987, S. 467). Zweitens muß die Finanzierung dieser zusätzlichen Arbeit gesichert sein, wozu der prinzipielle Einbezug der zusätzlichen Kosten in die Pflegesatzvereinbarung unerläßlich ist. Diese nominale Verteuerung der Unterbringungskosten wird durch die zu erwartenden Ersparnisse bei den Langzeit-Folgekosten relativiert (vgl. Conen 1990, S. 145f). Drittens muß eine ausreichende Qualifikation der MitarbeiterInnen gewährleistet sein.

Wir haben drei Aussagen vorformuliert, durch deren Bewertung wir Erkenntnisse über die Situation der MitarbeiterInnen erwartet haben. Die Heimleiter und Heimleiterinnen sollten folgende Aussagen auf einer vierstufigen Skala bewerten:

„Die Weiterbeschäftigung von MitarbeiterInnen ist nicht gesichert."

„Die ErzieherInnen sind stark überlastet."

„Das pädagogische Personal des Heimes ist unterqualifiziert."

Die erste Aussage wird von 15 % uneingeschränkt bestätigt, und weitere 15 % können mit Einschränkungen zustimmen. Die Überlastung der ErzieherInnen wird von 6 % voll und ganz bestätigt und von weiteren 35 % als zumindest teilweise vorhanden eingestuft. Die dritte von uns formulierte Behauptung über das Personal stößt auf die größte Ablehnung, nur eine einzige HeimleiterIn stimmt dieser Aussage uneingeschränkt zu. 13 % bewerten diese

Aussage mit „teilweise richtig" und 46% lehnen sie als völlig falsch ab. Zusammenfassend läßt sich also feststellen, daß, obwohl die Fortbildung einen hohen Stellenwert einnimmt (vgl. Kapitel 2), eher Probleme der Überlastung (ein Problem, das bestimmt nicht unabhängig von der Qualifikation der ErzieherInnen gesehen werden kann) sowie der Arbeitsplatzunsicherheit im Mittelpunkt des Interesses stehen.

Auch wollten wir wissen, welchen Stellenwert die äußeren Rahmenbedingungen haben, und baten darum, folgende Statements zu bewerten:

„Finanzielle Probleme haben einen hohen Stellenwert."

„Die Trägerschaft des Heimes ist noch nicht endgültig gesichert."

Bei fast der Hälfte (49%) der befragten Heime haben die finanziellen Probleme einen hohen Stellenwert, weitere 22% stimmen dieser Aussage mit Einschränkungen zu. Die Trägerschaft der Heime ist inzwischen, nach Einschätzungen der HeimleiterInnen, relativ gesichert. 15% stimmten unserer Formulierung, die Trägerschaft sei noch nicht gesichert, uneingeschränkt zu.

Probleme in der Arbeit mit Jugendlichen

Neben den vielfältigen strukturellen und organisatorischen Problemen gibt es natürlich eine Reihe von Schwierigkeiten, die entstehen, wenn das Verhalten der Jugendlichen den im jeweiligen Heim geltenden Normen widerspricht. Wir forderten die HeimleiterInnen auf, eine Liste mit zwölf Verhaltensauffälligkeiten nach der Häufigkeit ihres Auftretens im Heim zu sortieren. In Tabelle 3.7 ist das Ergebnis dargestellt.

Die in der Kategorie „sonstiges" aufgeführten Probleme sind in der Tabelle 3.7 nicht berücksichtigt, da die Häufigkeit der einzelnen Nennungen sehr gering war. Hier wurden von den HeimleiterInnen die Konfliktbereiche Rechtsradikalismus (fünfmal), Autodiebstahl (viermal) und sexueller Mißbrauch (dreimal) am häufigsten hinzugefügt.

Die Bedeutung einzelner Verhaltensauffälligkeiten für den Alltag in manchen Heimen wird an den Antworten auf die offene Frage deutlich (vgl. Tabelle 3.8). Immerhin nutzen 10% aller HeimleiterInnen, die sich die Mühe machten, auf die offene Frage zu antworten, die Gelegenheit, um die Schwierigkeiten im Umgang mit den Kindern und Jugendlichen zu beschreiben. Auch hier stehen

Tabelle 3.7

Rangfolge der Probleme im Umgang mit Jugendlichen, gewichtet nach ihrer Bedeutung für die tägliche Arbeit
1. Schulbummelei / Schulverweigerung
2. Kleinere Straftaten (z.B. Ladendiebstahl)
3. Sachbeschädigungen
4. Prügelei unter Jugendlichen
5. Entweichungen / Ausreißen
6. Erpressung und Bedrohung anderer Jugendlicher und Kinder
7. Alkoholmißbrauch
8. Gewaltdrohung und Angriffe gegen Lehrer
9. Ärger mit den Nachbarn
10. Schwangerschaften
11. Selbstmorddrohungen / -versuche
12. Drogenmißbrauch

Schulverweigerungen im Vordergrund, wobei die HeimleiterInnen den Wandel des Schulsystems, der ihrer Ansicht nach soziale Beziehungen zerstöre (vgl. Kapitel 5.2.1, Nehring 1994), für dieses Problem mitverantwortlich machen.

Wie reagieren ErzieherInnen auf ein Entweichen der Jugendlichen?

Wir haben die Situation, daß Kinder oder Jugendliche aus dem Heim entweichen, als ein typisches Beispiel für den Konflikt zwischen der Institution Heim und dem einzelnen Kind oder Jugendlichen ausgewählt. Das Entweichen kann als Fluchtreaktion auf die für das Kind oder den Jugendlichen subjektiv unerträglich gewordenen Lebensbedingungen gewertet werden. Wolffersdorff und Sprau-Kuhlen kommen in der von ihnen durchgeführten Untersuchung zur geschlossenen Unterbringung zu dem Ergebnis, daß Entweichen aber auch als Zeichen der Selbstbehauptung verstanden werden kann, als Versuch, soziale Probleme am Entstehungsort zu klären (vgl. Wolffersdorff/Sprau-Kuhlen 1990, S. 310f.).

Das Entweichen eines Jugendlichen wird von den Erzieherinnen und Erziehern oft als persönliches Versagen und massiven Vertrauensmißbrauch der Jugendlichen erlebt. Auf der institutionellen Ebene wird dieses Verhalten Jugendlicher leicht als ein Versagen pädagogischer Konzepte gewertet, als Begründung für einen weniger offenen und stärker kontrollierenden Ansatz herangezogen. Unsere Frage lautete deshalb:

„Welche Konsequenzen hat ein Entweichen aus dem Heim?"

Als mögliche Antworten hatten wir

a) intensive Gespräche mit dem/der Betroffenen,
b) Ausgangsbeschränkungen,
c) Taschengeldbeschränkungen,
d) Rauchverbot,
e) Strafarbeiten,
f) Einsperren in einen Raum

sowie die Möglichkeit, etwas anderes zu notieren, vorgegeben.

Die Reihenfolge dieser Liste spiegelt auch schon fast die Häufigkeitsverteilung wider, nur das Rauchverbot rutscht nach unten auf den letzten Platz. Es wird zwar nur in zwei Heimen mit Einsperren auf die Fluchtversuche der Kinder und Jugendlichen reagiert, was von diesen jedoch als häufigste Konsequenz auf Entweichen angeführt wird. Diese Art von Reaktionen wurden bereits in den 70er Jahren „‚als unverhältnismäßige Eingriffe in das Persönlichkeitsrecht' bloßgestellt" (Colla 1981, S. 77). Wolffersdorff und Sprau-Kuhlen bewerten den Einschluß Jugendlicher als pädagogische Kapitulation (1990, S. 322), die ihre Ursachen in der Überforderung und Hilflosigkeit einzelner ErzieherInnen hat und in der Strategie, Konflikte zu individualisieren, um das Gesamtsystem nicht zu erschüttern. Die AutorInnen kommen zu dem Schluß, daß es für die pädagogische Praxis von deutlich größerem Nutzen ist, die Isolierräume in sämtlichen Heimen (offenen wie geschlossenen) abzuschaffen,

„als mit widersprüchlichen oder fadenscheinigen Argumenten weiterhin nach fachlichen Rechtfertigungen für eine solche Praxis zu suchen". (Wolffersdorff/Sprau-Kuhlen 1990, S. 331)

Besondere Probleme

Wir haben, wie bereits mehrfach erwähnt, allen HeimleiterInnen am Ende des Fragebogens die Möglichkeit gelassen, ihre Einschätzungen und Problembeschreibungen in eigenen Worten zu formulieren (genauer Fragetext siehe Fußnote S. 107). Wie aus Tabelle

3.8 ersichtlich wird, haben etwas mehr als ein Viertel der HeimleiterInnen den Platz genutzt, um unter anderem die positiven Veränderungen seit der Wende zu beschreiben. Besonders positiv hervorgehoben wird die Hinwendung zu pädagogischen Konzepten, die das Individuum in den Mittelpunkt stellen und die Orientierung auf das Kollektiv abgelöst haben. Eine andere häufig genannte Verbesserung ist die Ausdifferenzierung und Dezentralisierung der Angebote.

Tabelle 3.8

Offene Fragen Heime		
Thema — Anteil der Heime	die sich geäußert haben	bezogen auf alle Heime
Positive Veränderung seit der Wende	28 %	13 %
Probleme im Personalbereich (zu wenig Personal, Qualifikation, Umstellung auf neue pädagogische Konzepte, Arbeitsplatzunsicherheit, schlechte Bezahlung)	57 %	26 %
Unzureichende finanzielle Ausstattung	47 %	22 %
Schwierige Zusammenarbeit mit Behörden und anderen Institutionen	31 %	14 %
Probleme mit Neuprofilierung und Strukturwandel	28 %	13 %
Schwieriger gewordene Lebensbedingung (Jugendarbeitslosigkeit, Wohnungsprobleme etc.)	24 %	11 %
Schlechte Bedingungen	18 %	9 %
Probleme Jugendlicher (Kriminalität, Schulbummelei etc.)	10 %	5 %
Allgemeine Zukunftspläne (z.B. bauliche Umgestaltung)	11 %	5 %
Sonstiges	28 %	13 %

Genausooft haben die HeimleiterInnen aber auch Probleme, die durch die notwendige Neuprofilierung und den noch immer zu vollziehenden Strukturwandel entstehen, genannt.

„Nach der Wende fühlten wir uns allein gelassen."

Obwohl wir im Fragebogen nicht auf die Zusammenarbeit mit Behörden und Einrichtungen der Jugendhilfe eingegangen sind, haben ein knappes Drittel der HeimleiterInnen, die sich zur offenen Frage äußerten, die Kooperation als schwierig und konfliktträchtig beschrieben. Stellvertretend für viele sei hier die Aussage einer Heimleiterin wiedergegeben:

„Es muß auch eingeschätzt werden, daß die Zusammenarbeit mit einigen Jugendämtern nicht der gewünschten Form entspricht. Einige Jugendfürsorger kennen ihre Heimkinder gar nicht und halten auch keinen Kontakt zu ihnen."

Als geradezu typisch für die Situation der Jugendhilfe in den östlichen Bundesländern kann die Klage über schlechte räumliche Bedingungen bezeichnet werden. Sowohl die Jugendämter als auch die freien Träger haben oft unter sehr schlechten räumlichen Bedingungen zu leiden (vgl. Gawlik/Seckinger 1993). Das gilt, wie unsere Befragung zeigt, auch für die Kinder- und Jugendheime in den neuen Bundesländern.

„Unser größtes Problem ist der bauliche Zustand des Kinderheimes."

Bemängelt werden vor allem die schlechte bauliche Substanz, die unzureichende Ausstattung mit Sanitäranlagen, die nicht vorhandenen Möglichkeiten, autonome Gruppenbereiche einzuführen, sowie die schleppende Bewilligung von Geldern für die Durchführung von Renovierungsarbeiten.

3.8 Modernisierung in der Heimerziehung?

Faßt man die eben dargestellten Ergebnisse unter den Aspekten einer Modernisierung der Heimerziehung zusammen, so ergibt sich folgendes Bild: Die Kinder- und Jugendheime in den östlichen Bundesländern gehören zu den wenigen Einrichtungen in der Jugendhilfe, bei denen eine fast als rasant zu bezeichnende Übergabe von öffentlicher in freie Trägerschaft zu verzeichnen ist. Noch weitere 15% der HeimleiterInnen gehen davon aus, daß das Heim in absehbarer Zeit einen Trägerwechsel erleben wird. Damit wird zumindest ansatzweise die Realisierung des in § 5 KJHG festgeschriebenen Wunsch- und Wahlrechts ermöglicht.

Eine ausreichend gute Ausstattung mit Personal ist eine der Grundvoraussetzungen für die Umsetzung moderner Konzepte. Der Betreuungsschlüssel in fast allen befragten Heimen ist so schlecht, daß den besonderen Anforderungen (Fort-, Weiterbildung, Desorientierung auf seiten der Kinder und Jugendlichen etc.) nicht Rechnung getragen werden kann. Auch die Chance, den Kapazitätsabbau zu einer Verbesserung des Betreuungsschlüssels zu nutzen, indem keine oder nur wenige pädagogische MitarbeiterInnen entlassen werden, wurde ungenutzt gelassen (vgl. Kap. 3.3). Der geringe Anteil an ABM-Kräften und damit an MitarbeiterInnen mit befristeten Arbeitsverträgen ist dagegen positiv zu bewerten wie auch die hohe Quote an MitarbeiterInnen, die Anpassungsqualifikationen und Fortbildungen absolvieren, so daß gute Chancen bestehen, daß aktuelle fachliche Standards Eingang in den pädagogischen Alltag der Heime finden. Diese positive Entwicklung bricht sich wieder an den finanziellen Rahmenbedingungen. Die Kinder- und Jugendheime haben einen zu kleinen Etat für Fort- und Weiterbildung, und es bleibt abzuwarten, wie lange die MitarbeiterInnen noch dazu bereit sind, einen Teil der Fortbildungskosten aus eigener Tasche zu bezahlen. Supervision ist, obwohl sie allgemein in der Fachdiskussion als unbedingt notwendig für die Erhaltung und Weiterentwicklung des fachlichen Standards angesehen wird, in den Heimen in den neuen Bundesländern nur selten zu finden.

Der Trend, mehr Kinder und Jugendliche in die Heime aufzunehmen als sie aus ihnen zu entlassen (obwohl seit der Wiedervereinigung die Zahl der Geburten in den östlichen Bundesländern deutlich zurückging), spricht, zumindest für den Bereich der Fremdunterbringung gegen eine zu optimistische Einschätzung der Jugendhilfeentwicklung in den neuen Bundesländern.

Einige unserer Daten sprechen dafür, daß es innerhalb einzelner Heime Ansätze zur Modernisierung gibt. So leben die meisten Jugendlichen in Ein-Bett- oder Zwei-Bett-Zimmern, eine Ausdifferenzierung in Wohngruppen und Außenwohngruppen scheint inzwischen fast selbstverständlich zu sein. Andererseits aber sind die Heime – betrachtet man beispielsweise die Elternarbeit oder die Zusammenarbeit mit dem Jugendamt – noch weit von den Kennzeichen moderner Heimerziehung entfernt.

4 Freie Träger in den neuen Bundesländern

Mit der Übernahme des Kinder- und Jugendhilfegesetzes und dem damit verbundenen „Export" bundesdeutscher Strukturen wurde es für die Verantwortlichen in der Jugendhilfe notwendig, freie Träger in den neuen Bundesländern aufzubauen. Dieser Aufbauprozeß wurde und wird durch zahlreiche Förderprogramme auf Bundes- und Länderebene unterstützt und ist bis zum jetzigen Zeitpunkt nicht abgeschlossen. Es ist zu erwarten, daß die spezielle Entwicklungssituation in den neuen Bundesländern einen tiefgehenden Einblick in die Funktionsweisen, Entwicklungsbedingungen und Ausbreitungsstrategien freier Träger ermöglicht.

In den alten Bundesländern hat die Entwicklung der freien Trägerlandschaft zu einer hervorragenden Position der Wohlfahrtsverbände geführt. Die flächendeckenden Angebote der Verbände in den alten Bundesländern sichern einen hohen Versorgungsgrad sozialer Leistungen. Rund eine Million hauptamtliche Mitarbeiterinnen und Mitarbeiter sind bei den Verbänden beschäftigt (vgl. Hein 1993). Das Image der Verbände in der Bevölkerung ist nach einer Umfrage der Infas-Sozialforschung widersprüchlich. Die Mehrzahl der Bundesbürger im Osten wie im Westen hält sie für „sozial, sympathisch und leistungsfähig", allerdings auch für „unwirtschaftlich, bürokratisch und veraltet" (vgl. ebd.). Die Differenzierung von Lebenslagen und die Pluralisierung von Lebensstilen führen zu einer steigenden Bedeutung der Organisationen, die in der Lage sind, flexibel auf Bedürfnisse der Nutzer einzugehen. In den alten Bundesländern hat sich eine relative Organisationsvielfalt an freien Trägern unterschiedlicher Ziele und mit unterschiedlichem Einfluß entwickelt. Die Palette reicht von großen, relativ fest strukturierten Verbänden bis hin zu Formen gesellschaftlicher Selbstorganisation und alternativen Projekten.

Ein theoretisches Konzept, das geeignet ist, diese heterogenen Typen von freien Trägern zu integrieren und auch gering formalisierte Initiativen und Selbstorganisationen einzubeziehen, ist der „welfare-mix". Dieser Forschungsperspektive folgend, wird der Bereich zwischen den drei Polen Markt, Staat und Selbstversorgung als intermediärer Bereich bezeichnet, in dem sich Organisationen entwickeln, bewegen und verändern. Der „welfare-mix"-Ansatz verzichtet auf eine feste Abgrenzung der Organisationen zu diesen drei Bereichen und zielt auf die Übergänge und Spannungsfelder zwischen den Bereichen. Damit wird auch die Tatsache berücksichtigt, daß Organisationen verschiedene Prozesse durchlaufen, d.h. sich von einem bestimmten Ausgangspunkt sowohl in Richtung Markt, Staat oder Selbstversorgungsgemeinschaft entwickeln können.

Um die Nützlichkeit dieses Ansatzes für die vorliegende Arbeit zu verdeutlichen, ist es notwendig, die drei Pole informelle Selbstversorgung, Staat und Markt genauer zu beschreiben.

Mit informeller Selbstversorgung ist in ursprünglichen Fassungen dieses Ansatzes die in keiner Weise institutionalisierte familiäre und nachbarschaftliche Hilfe gemeint. Diese Definition entspricht nicht mehr der gesellschaftlichen Realität, da im Zuge der Individualisierungsprozesse, der Auflösung tradierter sozialer Bindungen und der sich daraus entwickelnden Chancen und Zwänge der „kollektiven Selbstorganisation" (Keupp 1992) die Beschränkung informeller Selbsthilfe auf familiäre und nachbarschaftliche Hilfe unangemessen wurde. Wir schlagen daher vor, soziale Unterstützungsleistung dann der informellen Selbsthilfe zuzurechnen, wenn sie innerhalb des „privaten" Netzwerkes geleistet wird.

Die staatliche Verpflichtung, sich für eine soziale Grundversorgung aller in Deutschland lebender Menschen zu kümmern und eine Grundversorgung mit sozialen Dienstleistungen zu garantieren, ist im Grundgesetz verankert. Die darin enthaltene Versuchung, die gesamte soziale Versorgung dem staatlichen Dirigismus zu überlassen, bricht sich an der Verpflichtung zur Subsidiarität.

Der dritte Pol, auf den im „welfare-mix"-Konzept eingegangen wird, ist der Markt. Damit ist die streng betriebswirtschaftlich organisierte Form sozialer Dienstleistung gemeint, wie sie in der Bundesrepublik hauptsächlich im Bereich der ambulanten und stationären Pflege und Gesundheitsfürsorge praktiziert wird.

An den Entwicklungen in den letzten Jahren ist deutlich geworden, daß die stärkere Einbeziehung des informellen Sektors sich in dem Spannungsfeld von Kolonialisierung und Ausbeutung der HelferInnen und einer „Entwicklungspolitik" (Evers 1992), die mit einer Statusverbesserung und der Eröffnung neuer Opitionen für die HelferInnen verbunden ist, bewegt. In den neuen Bundesländern hat sich dieser Konflikt durch die besonders schwierige Arbeitsmarktsituation und die Art der Finanzierung freier Träger zugespitzt.

Aus dem veränderten Zusammenspiel der unterschiedlichen Gruppen von Anbietern sozialer Dienstleistungen ist es notwendig geworden, die Rolle des Staates neu zu definieren. Nach Ansicht von Evers, aber auch von Dane und Wahser (1991) hat sich der Staat vom Anbieter zum Regulator und Moderator der Szenerie sozialer Dienstleistungsanbieter zu verändern. Er hat die Aufgabe,

Qualitätsstandards zu entwickeln oder deren Entwicklung anzuregen und eine Einhaltung dieser Standards zu garantieren. In der Zusammenarbeit freier und öffentlicher Träger ist diese Entwicklung in Ostdeutschland nicht erkennbar. Ein extremes Beispiel ist die nicht unübliche Praxis, daß der öffentliche Träger einen freien Träger, sprich Verein, gründet, um auf diese Weise sowohl in den Genuß der freien Trägern vorbehaltenen Fördermittel zu kommen als auch seinen Einfluß zu sichern.

Ein weiteres zentrales Problem ergibt sich durch die Verschiebungen in dem bundesrepublikanischen Wohlfahrtssystem. Der von Evers behauptete Trend des Einbaus des informellen Sektors als integraler Bestandteil des Wohlfahrtssystems verlangt auch eine Veränderung in den Köpfen der Menschen. Die Staatsbediensteten und Politiker müssen ihre „Fürsorgementalität und paternalistische Schutzorientierung" aufgeben, und die Bürger müssen lernen, sich aus ihrer Versorgungsmentalität zu lösen und Verantwortung für sich zu übernehmen (Evers 1992, S. 5).

Die theoretische Perspektive, die das „welfare-mix"-Konzept anbietet, heißt also: Die soziale (Grund-)Versorgung ist heute gekennzeichnet durch ein Nebeneinander von unterschiedlichen, aber theoretisch gleichwertigen Organisations- und Motivationsprinzipien (z.B. Bürokratismus, Rentabilität, Einheit von Nutzer und Anbieter, gesetzlicher Auftrag, Profitstreben, Altruismus und/oder Solidarität). In Anerkennung dieser Tatsache kommt es zu einer anderen Akzentuierung der staatlichen Aufgabe. Der öffentliche Träger muß stärker auf eine Förderung von Strukturen abzielen, die den Nutzern sozialer Leistungen ein wirkliches Wahl- und Selbstbestimmungsrecht in bezug auf die Hilfeform ermöglichen. Dies bedeutet wiederum, „daß alle Subjekte dieses Modells an seiner Realisierung mit ähnlicher Intensität arbeiten, also gleichrangig mitziehen müssen" (Gaiser/Schefold/Vetter 1991, S. 16), denn die staatliche Förderung der unterschiedlichen Formen selbstbestimmter Hilfeleistungen ist ohne die aktive Beteiligung der einzelnen Individuen sowie Gruppen, Vereine und Verbände nicht denkbar. Eine von oben verordnete Selbsthilfe entspricht zwar vielleicht den Vorstellungen konservativer Haushaltspolitiker, verfehlt aber im Kern die gesellschaftspolitisch notwendige Entwicklung.

Einige Kennzeichen für den Pol der informellen Selbstversorgungsgemeinschaften sind ein geringer Grad der Hierarchisierung innerhalb der Organisation, ein Gruppenhandeln, das vorwiegend den Mitgliederinteressen entspricht (Binnenorientierung) sowie ein geringer Grad der Professionalisierung der Mitglieder. Darüber hinaus sind ein hoher Anteil nichtbezahlter Eigenarbeit der

Mitglieder und geringe Eigenmittel typisch für informelle Selbstversorgungsgemeinschaften. Eine Folge davon ist wiederum, daß diese Gruppe überwiegend auf die Nutzung von Mieträumen angewiesen ist. Außerdem ist die geringe bzw. gar nicht vorhandene Einbindung in überregionale Strukturen (Spitzenverbände bzw. Dachverbände) typisch für informelle Selbstversorgungsgemeinschaften.

Marktnähe ist in diesem Modell charakterisiert durch die Ausrichtung auf Gewinnerzielung. Die Entscheidung darüber, welche soziale Arbeit geleistet wird, wird auf der Basis von Kosten-Nutzen-Abwägungen sowie von Angebot und Nachfrage gefällt. Die MitarbeiterInnen werden nach einem leistungsorientierten Entlohnungssystem bezahlt.

Strukturmerkmale, die für eine Zuordnung zu dem staatlichen Pol sprechen, sind ein hoher Verwaltungsaufwand mit daraus folgenden Bürokratisierungstendenzen, die wiederum einen hohen Grad an Hierarchisierung zur Folge haben. Entscheidungen werden zentral gefällt. Ein wesentliches Kennzeichen ist die hohe Kontinuität staatlicher Anbieter, die ein flächendeckendes Leistungsangebot zu sichern haben. Die MitarbeiterInnen werden nach einem tariflich festgelegten Entlohnungssystem bezahlt, das relativ leistungsunabhängig ist. Unsicherheiten hinsichtlich der räumlichen Ausstattung sind eher selten.

In den folgenden Teilabschnitten dieses Kapitels über freie Träger in den neuen Bundesländern werden wir immer wieder auf das Modell des welfare-mix rekurieren und versuchen, damit die beobachtbaren Entwicklungen auch theoretisch klarer zu fassen.

Die Gruppe der von uns befragten freien Träger umfaßt Jugendinitiativen und Jugendverbände im Bereich der Jugendsozial- und Jugendarbeit sowie Wohlfahrtsverbände, die Tätigkeiten und Angebote im gesamten Jugendhilfebereich übernommen haben. Das Spektrum reicht von kleinen, selbstorganisierten örtlichen Jugendinitiativen, die weder einem der Jugend- oder Wohlfahrtsverbände angehörten noch bisher formell nach dem KJHG als freie Träger anerkannt sind, bis zu den Ortsverbänden der großen Wohlfahrtsverbände.

Um die jeweiligen Organisationsstrukturen und besonderen Schwierigkeiten beim Aufbau erfassen zu können, befragten wir die freien Initiativen, die einem Jugendverband angehörigen Gruppen sowie die im Bereich der Jugendhilfe tätigen Wohlfahrtsverbände mit unterschiedlichen, in einigen Teilen modifizierten Fragebögen.

Folgende Tätigkeitsschwerpunkte der freien Träger wurden von den Jugendämtern in unserer Totalerhebung angegeben: Jugendarbeit mit 95 %, Tageseinrichtungen und Tagespflege mit 82 % als zweithäufigste Nennung sowie Jugendsozialarbeit mit 62 % an dritter Stelle. Dabei wurden freie Träger in der Jugendarbeit auch von nahezu allen Jugendämtern gefördert. Die Art der Förderung freier Träger bestand hauptsächlich in Sachkostenzuschüssen, fachlicher Beratung sowie Materialbereitstellung. Von den in ausgewählten Kreisen und kreisfreien Städten befragten Jugendämtern geben 40 % an, regelmäßig Personalkosten von einem oder mehreren freien Trägern zu übernehmen. Fast ebenso viele Jugendämter stellen freien Trägern Räume zur Verfügung. Etwas häufiger kommt es vor, daß freien Trägern Räume für einmalige Aktionen überlassen werden. Eine regelmäßige Förderung in mehreren Bereichen geben nur 11 % der Jugendämter an. Dies geschieht dann sowohl mit Zuschüssen zu Sach- und Personalkosten als auch mit Bereitstellung von Räumen, Material und fachlicher Beratung.

4.1 Jugendinitiativen

Im Bereich der Jugendarbeit bezeichnet der Gesetzgeber in § 11 Abs. 2 KJHG „Gruppen und Initiativen der Jugend" als Träger von offener Jugendarbeit und gemeinwesenorientierter Angebote. In § 4 Abs. 3 KJHG werden „verschiedene Formen der Selbsthilfe" genannt, die vom öffentlichen Träger zu fördern sind. Projekte und Initiativen Jugendlicher, weit entfernt vom gut organisierten Handeln der Wohlfahrtsverbände, haben nach dem KJHG ihre Bedeutung in der Jugendarbeit und verdienen Unterstützung (vgl. Münder 1991). Das KJHG berücksichtigt damit eine Entwicklung, die seit den siebziger Jahren zum vermehrten Entstehen von selbstorganisierten Gruppen, zunächst im Gesundheits- und psychosozialen Bereich, geführt hat. Selbsthilfegruppen und alternative Projekte treten mit Wohlfahrtsverbänden in Konkurrenz um öffentliche Gelder und demonstrieren, daß sie oftmals besser geeignet sind, die Bedürfnisse der Hilfesuchenden zu befriedigen. Angesichts knapper Kassen ist der Selbsthilfegedanke als Entlastungsstrategie auch in der politischen Diskussion durchaus konsensfähig geworden. Allerdings können und wollen selbstorganisierte Projekte und Jugendinitiativen die unzureichende Effizienz staatlicher Sozialpolitik nicht kompensieren, sondern die Erwartungen gehen eher in Richtung auf Veränderung der sozialen Arbeit.

Obwohl die ehemalige DDR ein Potential zur Selbsthilfe bietet, gibt es gerade im Bereich der Jugendhilfe Faktoren, die diese Entwicklung erschweren. Dazu gehört, daß die normativen Grundlagen der Jugendhilfe in der DDR auf einem klaren Lebensentwurf basierten:

In der „sozialistischen Lebensweise" waren Ziel und Form der Lebensführung vorgegeben. Weder kulturelle Konflikte noch Konflikte um Lebenschancen wurden als solche akzeptiert, keine der Mertonschen Anomieformen – Innovation, Rebellion, Rückzug – schienen legitim zu sein. Abweichung wurde so als Defizit definiert und erklärt; die These der prinzipiellen Interessenidentität von Subjekt und Gesellschaft setzte mithin ein hohes Niveau sozialer Integrationserwartungen und nahm gleichsam das „Soziale" aus den Phänomenen. Die Negierung bzw. autoritäre Reglementierung der für Industriegesellschaften typischen Konflikte zwischen sozialen Gruppen um Werte, Lebenschancen, Anteile an der öffentlichen Wohlfahrt u. a. hat ein Defizit an akzeptierten Lösungen und Austragungsformen bewirkt.
(DJI, Entwicklungsbedingungen und -perspektiven der Jugendhilfe der früheren DDR, Herbst 1990, S. 19)

Die im folgenden dargestellten Ergebnisse beziehen sich auf die Teilgruppe der Initiativen der Jugendarbeit und Jugendsozialarbeit. Unter Jugendinitiativen definieren wir eingetragene Vereine, die nicht von öffentlichen Trägern oder Wohlfahrts- und Jugendverbänden initiiert wurden, was aber nicht ausschließt, daß sich Jugendinitiativen dem DPWV angeschlossen haben. Die den Ergebnissen zugrunde liegenden Daten basieren nicht auf einer repräsentativen Auswahl von Initiativen, wodurch eine Generalisierung der Ergebnisse nicht möglich ist.

Die im Rahmen dieser Studie befragten 44 Jugendinitiativen unterhalten Jugendklubs, bieten Jugendfreizeitangebote an – wie z. B. Theater- und Kleinkunstprojekte, Kinderfeste, Wochenendfahrten, Tanz- und Sportveranstaltungen – und engagieren sich darüber hinaus in Bereichen der Jugendsozialarbeit mit betreuten Wohngruppen für Jugendliche, sozialen Trainingskursen, Streetwork und Beratungsstellen.

Eine Aussage darüber, ob sich selbstorganisierte Initiativen in den neuen Bundesländern auf bestimmte Arbeitsfelder konzentrieren, z. B. auf offene Jugend- und Jugendkulturarbeit, kann hier wegen der mangelnden Repräsentativität der Daten nicht gemacht werden.

Mehr als die Hälfte der von uns befragten Jugendinitiativen wurde von Jugendlichen und jungen Erwachsenen selbst initiiert. Lediglich ein knappes Drittel war von Fachleuten der Jugendarbeit ins Leben gerufen worden; hier wurde versucht, Jugendliche als ehrenamtliche MitarbeiterInnen in die Arbeit des Vereins einzubeziehen. Die restlichen Träger waren ausschließlich von Jugendlichen in

Zusammenarbeit mit Fachleuten gegründet worden. Es handelt sich hier folglich um zwei Varianten selbstorganisierter Initiativen – zum einen um die von Jugendlichen selbst initiierten Gruppen und zum anderen um Gruppen vom Typ der „selbstorganisierten Fremdhilfe" (Damm 1993a, S. 27). Nach Damm ist Jugendarbeit in den meisten Fällen eine „Mischung aus Selbsthilfe Erwachsener im jeweils eigenen Organisationsinteresse, Hilfe zur Selbsthilfe und Selbstorganisation Jugendlicher" (vgl. ebd.). Auf diesem Wege sind neue Träger der Jugendhilfe entstanden, die eine relativ heterogene Gruppe bilden und im folgenden unter dem Begriff Jugendinitiativen zusammengefaßt werden. Nimmt man nun eine Einordnung dieser Initiativen in das Modell des „welfare-mix" anhand der oben dargestellten Strukturmerkmale vor (geringer Grad an Hierarchisierung, Anbieter und Nutzer sind oftmals identisch, Binnenorientierung), so wird deutlich, daß sie nahe dem Pol „informelle Selbsthilfegruppe" einzuordnen sind.

Diese von uns befragten Träger waren alle als eingetragene Vereine organisiert. Ein Teil der neugegründeten Vereine gab an, aus Strukturen entstanden zu sein, die es schon vor 1990 gab. In der Mehrzahl waren dies Jugendklubs der FDJ, aber auch verschiedene Initiativgruppen oder Einrichtungen, die den Sozialabteilungen der Betriebe zugehörig waren und jetzt von den Jugendlichen und jungen Erwachsenen in eigener Regie geführt werden.

In den alten Bundesländern erheben selbstorganisierte Vereine den Anspruch, flexibler und adressatennäher als traditionelle Verbände zu sein. Die Arbeit in selbstorganisierten Vereinen soll Jugendliche zum Einfordern ihrer Interessen gegenüber Bürokratie und Öffentlichkeit befähigen und damit auch die Entwicklung von Fähigkeiten, Strategien und Ressourcen fördern, die notwendig sind, um aktiv und gezielt individuelle und gemeinschaftliche Ziele zu erreichen. Das Gefühl der Machtlosigkeit und der subjektiv empfundene Verlust von Kontrolle über wesentliche Bereiche des individuellen und sozialen Lebens kann überwunden werden (vgl. Keupp 1990).

Fraglich ist, ob diese Programmatik in den neuen Bundesländern eingelöst werden kann. Mangelnde Infrastruktur und Vernetzung sowie unzureichende Kenntnisse im Behördendickicht bergen die Gefahr der Überlastung und des Scheiterns dieser Initiativen. Wie sich diese Trägerform im Spannungsfeld von Markt und Staat entwickelt und ob sie die an sie gestellten Erwartungen erfüllt, kann im Rahmen dieses Projektes nicht beantwortet werden und bedarf weiterer Forschungsarbeit.

In den neuen Bundesländern sind viele gut funktionierende Einrichtungen und Strukturen zusammengebrochen. Für die Mehrzahl der Jugendlichen bedeutet der Wegfall von Strukturen eine zusätzliche Belastung zu der ohnehin massiven Orientierungslosigkeit (vgl. Oesterreich 1993; Mehler/Winterhager-Schmidt 1993; Keupp 1993). Die Vereine tragen dazu bei, daß ein Teil der Freizeitmöglichkeiten erhalten bleibt, z. B. werden ehemalige FDJ-Jugendklubs von den Jugendlichen in eigener Regie geführt. Allerdings gibt es dabei oft auch massive Probleme. Räume, die Jugendliche vorher als Jugendklub mietfrei nutzen konnten, werden jetzt z. T. kommerziell genutzt oder stehen wegen ungeklärter Eigentumsverhältnisse leer. Die Freizeitmöglichkeiten für Jugendliche sind seit der Wende meist eingeschränkter als zuvor. Einige Beispiele aus den Antworten auf die offene Frage nach Problemen zeigen dies:

„Das von uns genutzte Gebäude wurde an eine Westberliner Fima verkauft und soll abgerissen werden. Ein Ausweichobjekt für das einzige Jugendfreizeitzentrum der Stadt ist bisher nicht vorhanden. Das für die Jugendwohngemeinschaft genutzte Gebäude kann durch ungeklärte Eigentumsverhältnisse nicht erweitert werden."

„Der Jugendklub ist Bauarbeiterbude und wird abgerissen werden. Wir haben keine Aussicht auf etwas Neues."

„Eine besondere Belastung ist der andauernde Schwebezustand der Bereitstellung von Räumen für stadtteilbezogene Jugendarbeit. Trotz langjährigem Mietvertrag (20 Jahre) wird aus Kostengründen immer wieder versucht, unseren Verein in andere Objekte in anderen Stadtteilen umzusetzen."

Profis in Jugendinitiativen

Die von uns befragten Vereine und Initiativen der Jugendarbeit und Jugendsozialarbeit arbeiten im wesentlichen mit einem sehr geringen Anteil an Fachkräften. Bei etwas mehr als der Hälfte der Vereine betrug die Anzahl der Fachkräfte nicht mehr als fünf Personen. 21 % der befragten Vereine beschäftigen keine angestellten Fachkräfte. Dies ist auf den anfangs erwähnten Anteil von selbstinitiierten Jugendgruppen zurückzuführen, von denen etwas mehr als ein Drittel ausschließlich von engagierten, nicht bezahlten ehrenamtlich Tätigen getragen wird.

Diese selbstorganisierten Initiativen haben sich auch wesentlich seltener einem Dachverband angeschlossen und beinhalten damit ein weiteres Strukturmerkmal, das sie entsprechend dem Konzept des welfare-mix noch näher an den Pol der informellen Selbstversorgungsgemeinschaften rückt. Insgesamt geben knapp 40 % der befragten Jugendinitiativen an, Mitglied in einem Wohlfahrtsverband zu sein, wobei es sich ausschließlich um den DPWV handelt.

Etwas mehr als ein Drittel der befragten freien Träger arbeitet ausschließlich mit MitarbeiterInnen auf ungesicherten ABM-Stellen.

Der Aufbau dieser Gruppe der freien Träger ist in wesentlichem Maße durch die Bundesanstalt für Arbeit gefördert worden. Für das Gelingen von Jugendarbeit und Jugendsozialarbeit ist eine Kontinuität in der Personalplanung von freien Trägern erforderlich, die mit dieser Form der Förderung nicht gewährleistet ist. Soziale Dienste der Jugendhilfe können nicht auf der Basis von zeitlich befristeten ABM-Stellen aufgebaut werden. Hier setzt auch die massive Kritik der Befragten an:

„Größtes Problem ist die Umstrukturierung vom reinen ABM-Projekt in neue Beschäftigungsformen für hauptamtliche Mitarbeiter."

„Jugendarbeit mit ABM finanzieren ist absolut keine Lösung, schon gar nicht über § 249h AFG."

Beklagt wird vielfach auch, daß es nicht möglich ist, über AB-Maßnahmen qualifiziertes Personal zu bekommen.

Bis auf wenige Ausnahmen engagierten sich in jedem der von uns befragten Vereine ehrenamtliche MitarbeiterInnen, wobei die Zahl der ehrenamtlich Tätigen in den meisten Fällen die Zahl der bezahlten Arbeitskräfte überstieg (vgl. Grafik 4.1). Besonderes Gewicht erhält dieses Untersuchungsergebnis angesichts der rückläufigen Zahlen Ehrenamtlicher in Wohlfahrtsverbänden (vgl. Prognos AG 1984). Die Möglichkeit der Einbindung Ehrenamtlicher in die Ar-

Grafik 4.1

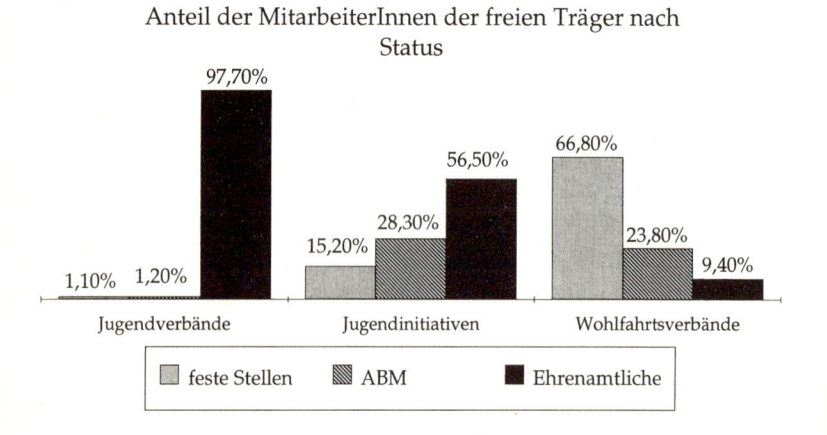

Anteil der MitarbeiterInnen der freien Träger nach Status

- Jugendverbände: feste Stellen 1,10%, ABM 1,20%, Ehrenamtliche 97,70%
- Jugendinitiativen: feste Stellen 15,20%, ABM 28,30%, Ehrenamtliche 56,50%
- Wohlfahrtsverbände: feste Stellen 66,80%, ABM 23,80%, Ehrenamtliche 9,40%

beit der Wohlfahrtsverbände ist ein wesentliches Argument für die Leistungsfähigkeit der Verbände gewesen.

Dieser Aspekt der Verbandsarbeit trifft heute in den meisten Fällen nur noch mit erheblichen Einschränkungen zu. Grund dafür sind u.a. auch die Professionalisierung und Bürokratisierung der sozialen Arbeit der Verbände. Die geringe Zahl an ehrenamtlichen MitarbeiterInnen in Verbänden läßt sich auch durch unsere Befragung der Wohlfahrtsverbände nachweisen.

Finanzen

Einen wesentlichen Einfluß auf die Arbeit der selbstorganisierten Gruppen hat die Form der finanziellen Förderung. Fast alle Vereine, die an unserer Untersuchung teilgenommen haben, werden vom Jugendamt finanziell gefördert. Der weitaus größte Teil der Vereine hat mehr als einen Geldgeber, wobei die Hälfte bis zu vier Geldquellen angeben. Der Rest finanziert sich aus bis zu acht Quellen. Knapp die Hälfte der befragten Organisationen werden durch Sonderprogramme des Bundes, d.h. fast immer durch das AFT 1-Programm, gefördert. Als bedeutsamer Finanzgeber wird von vielen Vereinen die Bundesanstalt für Arbeit angesehen. Daran wird deutlich, wie abhängig die Organisationen von der Verlängerung der AB-Maßnahmen sind. Dieses Ergebnis stimmt mit einer Befragung von 58 hessischen Initiativen im Rahmen eines Modellversuchs überein und zeigt, daß die erhebliche Abhängigkeit der Initiativen von den Mitteln des Arbeitsförderungsgesetzes nicht allein ein Problem der neuen Bundesländer ist (vgl. Damm 1993). Die Mehrzahl der Vereine bekommt Spenden und erhebt Mitgliedsbeiträge, doch in der Summe sind diese Finanzquellen natürlich längst nicht mit denen etablierter Verbände zu vergleichen, insgesamt machen sie den kleinsten Teil der Finanzen aus. Mehr als ein Viertel der Organisationen bezieht Geld von Stiftungen, ein sehr geringer Anteil erhält Gelder des Europäischen Sozialfonds. Knapp die Hälfte der Träger gibt an, vom jeweiligen Bundesland finanziell gefördert zu werden. Außer den 21 % der Jugendinitiativen, die ausschließlich aus ehrenamtlichen Mitgliedern bestehen, ist diese Trägergruppe im wesentlichen von öffentlichen Geldern abhängig, wobei die Finanzierung zum größten Teil über Projektgelder erfolgt. Die Abhängigkeit von öffentlichen Finanzierungen hat für die Arbeit dieser Jugendinitiativen Auswirkungen, da sie dadurch gezwungen sind, sich an Verwaltungsvorschriften zu halten, die nicht den Bedürfnissen wenig formalisierter Organisationen angepaßt sind. Es ist deshalb davon auszugehen, daß diese Organisationen Prozesse durchleben, die sie, ausgehend von den Kategorien des welfare-mix, etwas von dem Pol der informellen Selbstversorgungsgruppe abrücken und dem Pol Staat annähern lassen.

Für kleinere, nach dem KJHG nicht anerkannte freie Träger, ist die finanzielle Situation sehr schlecht. Fördermittel werden meist mit einer erheblichen zeitlichen Verzögerung bewilligt, und es vergeht noch einmal sehr viel Zeit – so kritisieren die befragten Träger –, bis das Geld tatsächlich zur Verfügung steht. Es ist durchaus üblich, daß Pflegesätze und Zuschüsse, oft auch die ABM-Gehälter, erst nach einem Vierteljahr an den Träger gezahlt werden. So werden den freien Trägern Vorfinanzierungen aufgebürdet, die erhebliche existenzielle Unsicherheiten bewirken, was sich letztendlich auch auf die Arbeit auswirken muß.

Eine Initiative hat einige typische Kritikpunkte folgendermaßen zusammengefaßt:

– „Dankenswerte Förderprogramme vergrößern den Dschungel an Formularen und berühren die reale Wirklichkeit nur peripher;
– totale Abhängigkeit von Beschlüssen öffentlicher Träger und damit verbunden:
  1. keine jahresübergreifende Finanzierung möglich,
  2. eigenerwirtschaftete Mittel sind Bestandteil von Jahreshaushalten und mindern den Förderbedarf. Es ist nicht möglich, Eigenvermögen über Rückstellungen aufzubauen,
  3. keine Kontinuität im Mittelzufluß:
     a. Restmittel öffentlicher Haushalte fließen im Dezember zu und sind per 31.12. abzurechnen,
     b. Mittel des Jahreshaushalts fließen nicht vor Mai,
     c. Vorschüsse aus öffentlichen Kassen (sind) unmöglich und damit jeweils eine Verschuldung (des Trägers) von Januar bis Mai;
– ungenügende Förderprogramme für Infrastruktur und Personal;
– gefördert werden nur Projekte als Highlights, nicht aber eine alltägliche Arbeitskontinuität;
– ‚aus Erfahrung gut' heißt die langfristige Bindung von Personal und keine ‚Basis' ABM;
– zunehmende Tendenz zu sozialdiskriminierender und unsozialer ‚Selbstzensur' freier Träger bei Personalbindung wegen Zuschußprogrammen, z. B. § 249h AFG."

Die Handhabung der Förderprogramme macht eine kontinuierliche und langfristig geplante Jugendhilfe freier Träger unmöglich. Um sinnvoll arbeiten zu können, so die Ergebnisse der Befragung, wird eine „Basisförderung" in Form einer pauschalen Zuwendung als notwendig erachtet (vgl. auch Empfehlung des Achten Jugendberichts). Den Vereinen, die zu einem wesentlichen Teil aus ehrenamtlichen MitarbeiterInnen bestehen, fehlen Erfahrungen und

Kenntnisse, um sich in dem „Förderdschungel" zurechtzufinden. Auch die zu starre Zweckbindung der Mittel und die Prioritätensetzung nach ad-hoc-Themen (z.B. Gewalt) werden kritisiert. So ist es vielfach nicht möglich, dringend erforderliche investive Maßnahmen zu ergreifen. Die Art, wie die Förderstrukturen zur Zeit gehandhabt werden, ist nicht geeignet, selbstorganisierte Formen der Jugendarbeit und Jugendsozialarbeit, wie sie in §§ 4, 11 KJHG angesprochen sind, zu fördern. Generell scheint bei den Befragten die Wahrnehmung vorzuherrschen, daß die Finanzierung und Förderung zu stark an institutionellen Strukturen fixiert sei und Hilfe zur Selbsthilfe im Bereich der Förderung als letztrangig eingestuft und entsprechend ausgestattet werde. Die Motivation der Jugendlichen, sich in Vereinen zu engagieren, nimmt in dem Maße ab, in dem ihnen bürokratische Hindernisse in den Weg gelegt werden. Diese Kritik ist auch dahingehend zu verstehen, daß sich die staatliche Seite noch nicht auf die neue Rolle im Gefüge des Wohlfahrtssystems eingelassen hat. Noch werden an die Förderung der Jugendhilfe „von unten" formale Ansprüche gestellt, die die Initiativen zu Strukturänderungen zwingen, die ihre positiven Elemente wie Bürgernähe, Partizipation und Flexibilität gefährden.

Interessenvertretung, Kooperation und Vernetzung

Nach Backhaus-Maul und Olk wird die Effektivität und Effizienz von sozialen Trägern wesentlich davon beeinflußt, ob und in welchem Ausmaß es den Organisationen gelingt, sich an Vernetzungs- und Kooperationszusammenhängen zu beteiligen (vgl. Backhaus-Maul/Olk 1992). Für freie Träger sind institutionelle Formen wie die Beteiligung im Jugendhilfeausschuß und in Arbeitsgemeinschaften gemäß § 78 KJHG sowie informelle Zusammenschlüsse und Kontakte zu Interorganisationsnetzwerken (vgl. ebd.) entscheidend.

In den Bestimmungen des KJHG zur Zusammensetzung des Jugendhilfeausschusses wurde bewußt ein weiter Begriff von freien Trägern gewählt, um auch kleinere, lokale Initiativen, die nicht zum klassischen Trägerspektrum gehören, einzubeziehen (vgl. Münder 1991). Die von uns befragten Jugendinitiativen sind zu 68 % nicht im Jugendhilfeausschuß vertreten. Gründe dafür können mangelndes Engagement der Jugendinitiativen oder ein Ausgrenzen derselben durch die übrigen Träger der Jugendhilfe sein.

Die Zusammenarbeit mit dem Jugendamt außerhalb des Jugendhilfeausschusses wird insgesamt von etwas mehr als einem Drittel der Befragten als zufriedenstellend beurteilt. Viele Gruppen geben an, in einzelnen Bereichen überhaupt nicht mit dem Jugendamt zusammenzuarbeiten. Besonders negativ aus unserer Sicht ist die mangelnde Zusammenarbeit mit dem Jugendamt bei der Abstimmung geplanter Maßnahmen (11 % keine, 32 % unzureichende Zusammenarbeit) und der Ausarbeitung von Konzepten (45 % keine, 30 % unzureichende Zusammenarbeit). Zu diesem Ergebnis paßt auch, daß nur ein Viertel der von uns befragten Initiativen an einer Arbeitsgemeinschaft gemäß § 78 KJHG teilnimmt. In diesen Arbeitsgemeinschaften sollen anerkannte bzw. geförderte freie Träger und öffentliche Träger vertreten sein. Ein Ziel dieser Arbeitsgemeinschaften ist die Abstimmung und Ergänzung geplanter Maßnahmen. Die geringe Zahl der Träger, die in Arbeitsgemeinschaften vertreten sind, läßt vermuten, daß die Zusammenarbeit zwischen den von uns befragten Gruppen der Jugendhilfeträger noch nicht institutionalisiert ist und sich auf Kontakte beschränkt, die vermutlich stark personengebunden sind. Das mag an der geringen Präsenz dieser Arbeitsgruppen liegen, deren Einrichtung der öffentliche Träger der Jugendhilfe lediglich „anzustreben" hat (vgl. Münning 1992), und auch an der mangelnden Verpflichtung freier Träger, sich an einer Arbeitsgemeinschaft zu beteiligen.

Auf den ersten Blick erstaunt, daß die von uns befragten Vereine mit anderen freien Trägern häufig zusammenarbeiten. 77 % der Vereine schienen Konkurrenzen nicht zu fürchten und arbeiteten auf örtlicher Ebene in unterschiedlichen Zusammenhängen mit anderen freien Trägern zusammen. Häufigster Bereich der Zusammenarbeit ist die gemeinsame Fortbildung von MitarbeiterInnen, aber man stimmte sich auch bezüglich des Auftretens in der Öffentlichkeit und im Jugendhilfeausschuß ab. Da es sich hier aber nicht um eine institutionalisierte Form der Zusammenarbeit handelt und auch nicht die Häufigkeit bzw. Bedeutung dieser Zusammenarbeit erfaßt wurde, ist die Aussage weniger erstaunlich bzw. kennzeichnet in einer Situation des Aufbaus eine erste Phase der Zusammenarbeit.

Netzwerke sind in den neuen Bundesländern kaum vorhanden. Die einzigen Kontaktstellen, die von den Jugendinitiativen genutzt werden können, sind die im Rahmen des Programms zum Aufbau freier Träger durch zentralen Beschluß gegründeten Kontaktstellen. Etwas mehr als ein Viertel der befragten Jugendinitiativen hat sich schon mal an eine AFT-Kontaktstelle gewandt.

Die Vernetzungen innerhalb der Träger der Jugendhilfe, aber auch Vernetzungen oder Kooperationen (z.B. in Arbeitsgemeinschaften) mit anderen Institutionen und die daraus resultierenden möglicherweise unterschiedlichen Konzepte und Muster der Problembewältigung oder der Organisationen sind ein Thema der Jugendhilfeforschung, das in Zukunft zu untersuchen ist. In diesem Zusammenhang wird es von großem Interesse sein zu analysieren, inwieweit Handlungsstrategien eine marktwirtschaftliche Orientierung erfahren und wie sich dies auf die Qualität der sozialen Arbeit auswirkt. In der Situation des Aufbaus neuer Organisationen muß Jugendhilfeforschung die Frage stellen, welchen Einfluß die Steuerungspolitik der Fördermaßnahmen des Bundes und der Kommunen auf die Existenz und die Inhalte der Arbeit freier Träger hat.

Nach unseren Ergebnissen läßt sich ein Teil der Jugendinitiativen im Dreieck von Markt, Staat und informellen Selbstversorgungsgemeinschaften eher letzteren zuordnen. Hier werden wichtige soziale Aufgaben erfüllt, die aber den öffentlichen Träger nicht davon entbinden, eine Grundversorgung sicherzustellen. Ein anderer Teil ist durch seine fast hundertprozentige Abhängigkeit von staatlichen Finanzmitteln zwischen den Polen „informelle Selbstversorgungsgemeinschaft" und „Staat" einzuordnen, mit einer deutlichen Tendenz hin zum Staat. Es scheint, als ob es eine Art Dynamik gäbe, die dazu führt, daß Jugendinitiativen sich vom Pol informeller Selbstversorgungsgemeinschaft in Richtung Staat entwickeln.

„Keine Verbesserung in Sicht – wir kämpfen weiter"

Die Jugendinitiativen sollten zusammenfassend in einer offenen Frage nochmals zu den wichtigsten und drängendsten Problemen

Tabelle 4.1

Probleme in der Arbeit der Jugendinitiativen	
-schlechte Finanzausstattung (keine kontinuierliche Förderung, zu starre Zweckbindung der Fördermittel, Verschuldung der Träger wegen nachträglicher Zahlung bewilligter Mittel)	95 %
-Kritik an ABM	46 %
-keine Unterstützung von der Gemeinde	28 %
-fehlende Räume bzw. schlechter baulicher Zustand der Räume	26 %
-Fehlen von qualifiziertem Fachpersonal	18 %
-mangelnde Akzeptanz und Unterstützung durch das Jugendamt	13 %
-Verschlechterung der sozialen Lage von Kindern und Jugendlichen	13 %
-Belastung durch Verwaltungsarbeiten	8 %

ihrer Arbeit Stellung nehmen. Die Antworten sind in Tabelle 4.1 dargestellt.

4.2 Jugendverbände

Die Jugendverbände gelten im Westen Deutschlands als wesentlicher Bestandteil der freien Jugendhilfe mit Schwerpunkt in der Jugendarbeit. Die Arbeit und Mitarbeit im Jugendverband soll den Jugendlichen die Möglichkeit zur Mitbestimmung geben und sie zu sozialem Engagement und zur sozialen Verantwortung führen. Die besonderen Möglichkeiten der Jugendverbandsarbeit liegen in den letzten Jahren verstärkt auf der regionalen Ebene, auf der die MitarbeiterInnen nach wie vor engagiert und kreativ arbeiten (vgl. Gängler/Winter 1991). Dabei müssen sich Jugendverbände, wie alle anderen Organisationen der Jugendhilfe auch, den neuen gesellschaftlichen Gegebenheiten anpassen. Insbesondere bei der Beschäftigung mit Problemen Jugendlicher (z.B. Arbeitslosigkeit und Orientierungslosigkeit) und der Freizeitgestaltung sollte der regionalen Orientierung der Arbeit eine besondere Bedeutung zugemessen werden.

Die Probleme, die im Zusammenhang mit Jugendverbänden immer wieder diskutiert werden, beziehen sich auf die Finanzierungsweise, den Mitarbeiterstatus und die Bürokratisierung der Verbände.

Jugendverbände haben in den alten Bundesländern den Status von anerkannten Trägern der freien Jugendhilfe, werden dem Subsidiaritätsprinzip entsprechend staatlich gefördert und erhalten nach § 12 KJHG in ihrem Ziel, jungen Menschen die Möglichkeit der Interessensvertretung ihrer eigenen Angelegenheiten zu geben, nochmals besondere Beachtung. Durch die Förderprinzipien nach KJHG und den Länderausführungen ergeben sich allerdings zahlreiche Probleme in der praktischen Umsetzung. So ist die öffentliche Finanzierung nur eine mögliche Förderung, deren Höhe von der jeweiligen Haushaltslage der örtlichen Zuwendungsgeber abhängt und keine kontinuierliche Fortschreibung bestimmter Leistungen an die Jugendverbände garantiert, obwohl im Gesetz darauf hingewiesen wird, daß die Arbeit der Jugendverbände auf Dauer ausgerichtet ist (§ 12 KJHG, Abs. 2). Des weiteren werden viele Mittel nur dann gewährt, wenn der Verband in der Lage ist, einen Eigenmittelanteil zu tragen – was für kleine, finanzschwache Verbände fast unmöglich ist (vgl. Damm 1990). Diese Förderung durch die Kommunen ist allerdings nicht die einzige Finanzierungsquelle der Jugendverbände. Hinzu kommen in der Regel Zuwendungen aus den Erwachsenenverbänden, Mittel aus Sonderprogrammen des Bundes und der Länder, Mitgliederbeiträge und Spenden.

Die Konsumhaltung der Jugendlichen und das daraus entstehende zunehmende Desinteresse an Jugendverbandsarbeit wurde für die achtziger Jahre im Westen verstärkt thematisiert (vgl. Hanusch 1991; Spengler 1991). Dabei lassen statistische Erhebungen über Mitgliedszahlen in Jugendverbänden nicht unbedingt auf einen Rückgang der Mitglieder schließen. Dies wird einerseits auf die Unzulänglichkeiten des Datenmaterials und andererseits auf eine überspitzte und dramatisierende Darstellung des angeblichen Mitgliederschwunds in Jugendverbänden zurückgeführt (vgl. Rauschenbach 1991). Nach neuesten Forschungsergebnissen sind im Westen etwa 37 % der Jugendlichen zwischen 14 und 27 Jahren in Jugendverbänden (incl. Sportverbänden) organisiert – 43 % der Jungen und 31 % der Mädchen (IPOS 1993, S. 54ff). Die Jugendlichen erscheinen gegenüber früher weniger engagiert, so daß es zunehmend schwieriger wird, Ehrenamtliche für die kontinuierliche Arbeit im Verband zu finden. Die Jugendverbände haben insofern auf diese Situation reagiert, als sie in ihrem Grundsatzpapier im Oktober 1993 konstatieren, daß temporäre gegenüber langfristigen Mitgliedschaften zunehmend an Bedeutung gewinnen (Grundsatzpapier des Deutschen Bundesjugendrings 1993). Gleichzeitig zum abnehmenden Engagement werden die Anforderungen an aktive Mitarbeit in der Jugendverbandsarbeit immer höher (vgl. Kressing 1993). Die Bürokratisierung der Finanzierung und der Organisation im Gesamtverband, die undifferenzierten Arbeitsanforderungen und die mangelnde Anerkennung erschweren die Arbeit und machen sie für Ehrenamtliche zunehmend unattraktiv. Hinzu kommen Aufgaben der Verbandsführung und Gremienvertretung, die bestimmte Kenntnisse voraussetzen und ebenfalls für viele Ehrenamtliche uninteressant sind (Müller 1991). Rauschenbach prognostiziert für die Zukunft daher die Auseinandersetzung der Jugendverbände mit der Frage, ob ehrenamtliche MitarbeiterInnen nicht immer häufiger durch professionelle hauptamtliche MitarbeiterInnen ersetzt werden sollten (Rauschenbach 1991). Gängler hält es sogar für unmöglich, daß Jugendverbände den Anforderungen der Zukunft ohne hauptamtliche MitarbeiterInnen gewachsen sind (Gängler 1994). Ehrenamtliche Arbeit ist allerdings auch heute noch die wichtigste Stütze der Jugendarbeit in Verbänden und wird innerhalb dieser auch als „Grundvoraussetzung der pädagogischen und politischen Tätigkeit" gesehen (Nörber 1993, S. 189).

Im Gegensatz zur Vielfalt der Jugendverbände in den alten Bundesländern gab es in der ehemaligen DDR neben kirchlichen Jugendverbänden, die sich 1971 in der Arbeitsgemeinschaft christlicher Jugend in der DDR (ACJD) zusammenschlossen, um Koordinierungs- und Anregungsfunktionen zu übernehmen (vgl. Gerstenberger/Zinßler 1990, S. 7ff), nur die FDJ – eine Art Monopolverband. In der FDJ waren fast alle Jugendliche mehr oder weniger stark organisiert, d.h. etwa 96% der SchülerInnen und Lehrlinge (vgl. Zilch 1991). Die Jugendarbeit in der ehemaligen DDR wurde damit überwiegend von der FDJ getragen, die in allen Bereichen (Schule, Betrieb, Hochschule, Freizeit) präsent war. Im Mittelpunkt der Tätigkeit der FDJ, die aus der antifaschistischen Jugendbewegung hervorging, stand die Persönlichkeitsentwicklung ihrer Mitglieder, die eine „unerschütterliche sozialistische Klassenposition erwerben und auch vertreten" sollten (Giessmann 1990, S. 93). Die Abhängigkeit der FDJ von der SED wurde in den Statuten ausdrücklich dargelegt:

„Die Freie Deutsche Jugend arbeitet unter Führung der Sozialistischen Einheitspartei Deutschlands und betrachtet sich als deren aktiver Helfer und Kampfreserve. Grundlage für ihre gesamte Tätigkeit sind das Programm und die Beschlüsse der SED." (Brenner 1990, S. 385)

Die FDJ grenzte sich lange Jahre von den Jugendverbänden der Bundesrepublik ab, bis es 1978 zu einem „Gemeinsamen Kommuniqué zwischen dem Zentralrat der FDJ und dem Vorstand des DBJR" kam, das regelmäßige Treffen, Seminare und multilaterale Treffen nach sich zog (Krahulec 1991).

Nach der Wende verlor die FDJ erheblich an Mitgliedern. Sie trennte sich von der SED und bezeichnete sich als parteiunabhängig. 1990 fiel die Mitgliederzahl der FDJ innerhalb eines halben Jahres von 2,3 Mio. auf 20000 (Brenner 1990, S. 385). Die Jugendclubs der FDJ wurden weitgehend geschlossen und die Jugendlichen vielfach ohne Alternativen sich selbst überlassen. Eine neue Jugendarbeit und Jugendverbandsarbeit mußte aufgebaut werden. Durch die Einführung des KJHG in den neuen Bundesländern änderten sich auch die rechtlichen Voraussetzungen für eine neue, pluralistische Jugendarbeitslandschaft. Es wurde prognostiziert, daß den Jugendverbänden in den neuen Bundesländern neben den bekannten Problemen aus dem Westen auch noch die Verdrossenheit der Jugendlichen droht, sich einem Verband anzuschließen, was durch die „Zwangsmitgliedschaft" in der FDJ erklärt wird (vgl. Brenner 1990).

Die Frage, inwieweit sich Jugendverbände gebildet haben oder sich aus dem Westen kommende im Osten etablieren konnten und welche Probleme beim Aufbau eines solchen Verbands vor Ort zu bewältigen waren und sind, sollte unsere Befragung der Jugendverbände in den neuen Bundesländern erhellen. Die Befragung der Jugendverbände ist, u. a. aufgrund des schwierigen Zugangs zu Adressen und der mangelnden Bereitschaft der Verbände, an der Befragung teilzunehmen, nicht repräsentativ. Aber sie gibt exemplarisch – für recht unterschiedliche Typen von Jugendverbänden – einen Einblick in die Probleme der Arbeit vor Ort.

Jugendverbände in den neuen Bundesländern

Die Jugendverbände wurden von uns auf der Basis der Ortsgruppen befragt. Wenn im folgenden von Jugendverbänden die Rede ist, beziehen sich die Angaben auf die jeweiligen Ortsgruppen.

Der Rücklauf der Befragung war sehr gering. Von ca. 150 angeschriebenen Ortsgruppen in den neuen Bundesländern beantworteten 36 unseren Fragebogen. Die Verteilung dieser Jugendverbände auf die Bundesländer ist der Grafik 4.2 zu entnehmen.

Grafik 4.2

Jugendverbände nach Bundesland (Anzahl)

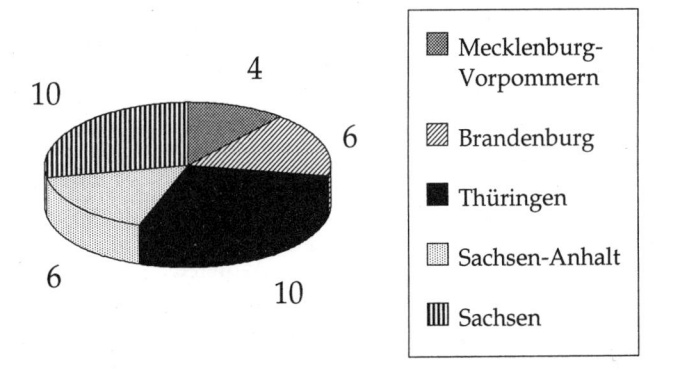

- Mecklenburg-Vorpommern: 4
- Brandenburg: 6
- Thüringen: 10
- Sachsen-Anhalt: 6
- Sachsen: 10

Die Jugendverbände, die unseren Fragebogen beantwortet haben, kann man sieben verschiedenen Typen zuordnen (vgl. Grafik 4.3). Diese Verteilung zeigt, daß sich bereits sehr unterschiedliche Typen von Jugendverbänden gebildet haben. Stark vertreten sind dabei konfessionelle Gruppen, und zwar sowohl evangelische wie auch katholische. Unter der Gruppe der sonstigen ist eine Dorfjugend, ein Ortsverband der Esperanto-Jugend sowie ein Verband subsumiert, der keiner anderen Gruppe zuzuordnen ist.

Grafik 4.3
Typ des Jugendverbandes (Anzahl)

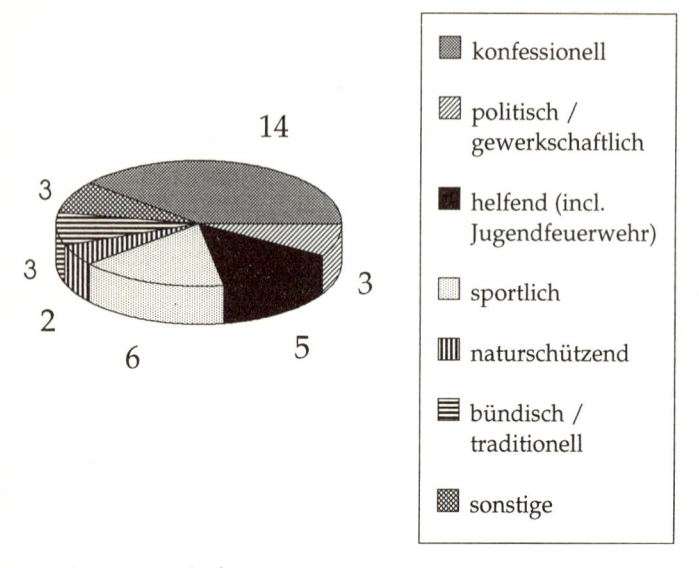

- konfessionell
- politisch / gewerkschaftlich
- helfend (incl. Jugendfeuerwehr)
- sportlich
- naturschützend
- bündisch / traditionell
- sonstige

14, 3, 3, 2, 6, 5, 3

Die meisten befragten Ortsgruppen der Jugendverbände wurden 1990 gegründet. Insgesamt gab es über 82 % der befragten Verbände spätestens im Dezember 1991. Zwei Ortsgruppen geben als Gründungszeit 1993 an. Knapp die Hälfte der Ortsgruppen ist aus einer schon zu DDR-Zeiten bestehenden Gruppe hervorgegangen. Die Hälfte derjenigen, die eine Vorläuferorganisation in der ehemaligen DDR hatten, kommen aus dem kirchlichen Umfeld. Drei Ortsgruppen haben sich aus der FDJ heraus gegründet. Ein helfender Jugendverband nennt als Vorläuferorganisation eine ehemalige Arbeitsgruppe.

Die Mitgliederzahlen der Ortsgruppen streuen von vier bis über 19 000, wobei die Verbände mit den meisten Mitgliedern Sportjugendverbände sind. Die Hälfte der Verbände zählt weniger als 30, drei Viertel weniger als 100 Mitglieder. Laut IPOS-Studie sind im Osten momentan nur 19 % der Jugendlichen (24 % der männlichen und 14 % der weiblichen) Mitglied in einer Jugendorganisation. Aufgrund unserer Erfahrungen vor Ort und der Datenlage, die wir aus unseren Befragungen erhalten haben, müssen wir davon ausgehen, daß diese Zahlen zum jetzigen Zeitpunkt nicht mit den Mitgliederzahlen im Westen verglichen werden können. Während im Westen eine differenzierte, etablierte Jugendverbandslandschaft besteht, befinden sich die Jugendverbände im Osten noch im Aufbau. In vielen Orten sind sie noch gar nicht präsent, so daß eine Mitgliedschaft interessierter Jugendlicher faktisch gar nicht möglich ist. Ein weiterer Grund ist darin zu sehen, daß die Jugendverbandsgruppen häufig ähnlich wie Selbsthilfegruppen arbeiten, sich von ihrem Selbstverständnis nicht unbedingt dem Dachverband zugehörig fühlen und es den Jugendlichen somit leichter fällt, sich zu engagieren und die Freizeit in dem Verband zu verbringen, ohne sich dadurch langfristig in Form einer Mitgliedschaft zu binden. Die Aussagen der befragten Ortsgruppen hinsichtlich der Bereitschaft von Jugendlichen, Mitglied in einem Verband zu werden, sind sehr unterschiedlich. Es wird sowohl darüber geklagt, daß wenig Interesse bei Jugendlichen bestünde, als auch darüber, daß aufgrund der mangelnden Platz- und Personalkapazitäten gar nicht alle interessierten Kinder und Jugendlichen aufgenommen werden könnten.

Tabelle 4.2

Mitgliederzahl der Jugendverbände				
Typ des Jugendverbandes	bis 20	21 bis 50	51 bis 100	über 100
konfessionell	5 36 %	6 43 %	1 7 %	2 14 %
helfend	1 20 %	3 60 %	0 0 %	1 20 %
sportlich	0 0 %	2 33 %	0 0 %	4 67 %
andere	2 18 %	5 46 %	2 18 %	2 18 %
insgesamt	*8* 22 %	*16* 45 %	*3* 8 %	*9* 25 %
Fehlende Angaben: 23				

Tabelle 4.2 zeigt nochmals deutlich, daß die von der Mitgliederzahl her größten Gruppen Sportjugendverbände sind. Da kirchliche Gruppen in der ehemaligen DDR durch die geringere konfessionelle Bindung der Bevölkerung keine so große Tradition haben wie im Westen, sind die relativ niedrigen Mitgliederzahlen dieser Gruppen nicht überraschend.

Für viele Ortsgruppen sind die Räumlichkeiten ein großes Problem (vgl. Gawlik/Seckinger 1993). So gab es beispielsweise eine Ortsgruppe, die trotz zahlreicher Bemühungen noch immer keine Räume hatte:

- „Kein hauptamtlicher Mitarbeiter,
- keine Räumlichkeiten, trotz unzähliger Anläufe (Wohnungsbaugesellschaft, Jugendamt, Jugendring, Oberbürgermeister usw.),
- kein Telefonanschluß.
- Wie ist unter solchen Bedingungen eine gute Jugendarbeit möglich???"

Entweder müssen Räume Dritter in Anspruch genommen werden, oder die Räumlichkeiten befinden sich in baufälligen Gebäuden und sind mangelhaft ausgestattet.

„Keine Mittel für investive Baumaßnahmen über das Projekt: unbedingt notwendig beim Bauzustand des genutzten Gebäudes."

Einige Ortsgruppen befürchten, für ehemals kostenlose Räume in Zukunft Miete zahlen zu müssen, was sie in ihrer Existenz durchaus gefährden kann. Dazu ein Verband:

„Finanzausstattung: minimal, jedoch ausreichend, solange Geschäftsstelle mietfrei bleibt, sonst aus."

Eines der Strukturmerkmale, das eine hohe Affinität zum Pol informeller Selbstversorgungsgemeinschaften hat, nämlich geringe Eigenmittel, wird hiermit von Ortsgruppen einiger Jugendverbände erfüllt.

Aktive in den Jugendverbänden

63% der Ortsgruppen haben keine festen MitarbeiterInnen. Bei den anderen 27% werden mehr als die Hälfte der Fachkräfte über ABM-Mittel finanziert.

Anhand Tabelle 4.3 wird deutlich, welchen außerordentlich hohen Stellenwert ehrenamtliche Arbeit in den Jugendverbänden hat. Die Anzahl der ehrenamtlichen MitarbeiterInnen streut von einem bis zu 150 MitarbeiterInnen pro Ortsgruppe. Die Anzahl der Ehrenamtlichen steht in einem engen Zusammenhang zur Anzahl der Mitglieder. Die ehrenamtlichen MitarbeiterInnen werden von den MitarbeiterInnen, die unsere Fragebögen beantwortet haben, oft als überfordert bezeichnet, insbesondere, wenn es darum geht, den „Förderantragswust" und die damit verbundene Geldvergabe zu bewältigen. Dazu ein Verband:

„Die Antrags- und Abrechnungsformalitäten der verschiedenen Zuwendungsgeber sind zu unübersichtlich, zu umfangreich und zu sehr mit ‚Beamtendeutsch' durchsetzt, so daß es den meist ehrenamtlichen Mitarbeitern schwerfällt, diese Anträge überhaupt zu formulieren."

Zudem sind sie oft durch Umschulungen und berufliche Umorientierung doppelt belastet. Die ehrenamtlichen MitarbeiterInnen werden in den Ortsgruppen in allen Arbeitsbereichen[16] eingesetzt, was angesichts der geringen Zahl von Hauptamtlichen nicht anders zu erwarten ist. Hiermit ist ein weiteres Strukturmerkmal (geringe Professionalität) erfüllt, das die unterste Ebene der Jugendverbände im Modell des welfare-mix in die Nähe der informellen Selbstversorgungsgemeinschaft rücken läßt.

Obwohl viele Freizeitmöglichkeiten nach der Wende für die Jugendlichen weggebrochen und Räume, in denen Jugendliche sich ungestört treffen können, Mangelware geworden sind, gibt es Probleme für die Jugendverbände, Jugendliche zur ehrenamtlichen Mitarbeit zu bewegen. Die MitarbeiterInnen kritisieren die Konsumhaltung vieler Jugendlicher, die im Verband zwar unterhalten werden wollen und zu den Veranstaltungen kommen, aber nicht bereit sind, Aufgaben zu übernehmen. Dies läßt sich beispielsweise

Tabelle 4.3

Typ	Status	Ehrenamt	Fachkräfte ohne ABM	Fachkräfte ABM
Mitarbeiterzahl in Jugendverbänden				
konfessionell		220	4	0
	ø	15,70	0,30	0,00
helfend		29	2	0
	ø	7,30	0,50	0,00
sportlich		479	3	16
	ø	95,80	0,50	2,70
andere		63	2	4
	ø	5,70	0,20	0,40
insgesamt		791	11	20
Zeilen-%		*96* %	*1* %	*3* %

---

[16] Aufgabenbereiche, die im Fragebogen genannt worden waren: Fach- und Dienstaufsicht, Haushaltsplanung, Beratung von Kindern und Jugendlichen, Aufgaben der Verwaltung, technisch-organisatorische Aufgaben, Jugendarbeit, Jugendsozialarbeit.

durch die Belastung der Jugendlichen durch Alltagsprobleme, höhere Anforderungen in der Schule und eine allgemeine Orientierungslosigkeit, die durch die Wende und den Umbruch von Normen und Werten entstanden ist, erklären. An diesem Punkt unterscheiden sie sich deutlich von den informellen Selbstversorgungsgemeinschaften, die sich durch eine Identität von Anbieter und Nutzer auszeichnen.

Ehrenamtliche MitarbeiterInnen sind für die Verbände in den neuen Bundesländern momentan die einzige Stütze, die eine Jugendverbandsarbeit gewährleisten kann, da feste Stellen kaum zu realisieren sind. Eine Professionalisierungsdebatte in den Jugendverbänden, wie sie im Westen gerade stattfindet (vgl. Rauschenbach 1991; Kressing 1993), ist für den Osten in absehbarer Zeit wohl ohne Bedeutung, da eine Finanzierung von Fachkräften eher utopisch erscheint. Im Vergleich zu anderen freien Trägern wird deutlich (vgl. Grafik 4.1, Kap. 4.1), daß die Ortsgruppen der Jugendverbände fast vollständig durch ehrenamtliche Tätigkeit (ca. 98%) getragen werden. Dies hat den Nachteil, daß eine kontinuierliche Jugendarbeit nur schwer realisierbar ist, da viele Ehrenamtliche nach einiger Zeit entnervt aufgeben, da sie sich überlastet fühlen und zur eigentlichen Jugendarbeit wegen zahlreicher bürokratischer und verwaltungstechnischer Aufgaben kaum kommen. Dazu äußert sich ein Jugendverband folgendermaßen:

„Die Arbeit mit Papier wie Verwaltung, organisatorische Vorbereitung von Maßnahmen, Antragsverfahren, Abrechnung und Nachweis sowie Statistik erfordert allerdings Selbstüberwindung und manchmal Selbstverleugnung – im Ernstfall ein dickes Fell."

Auf der anderen Seite bietet gerade diese Situation den Jugendlichen die Möglichkeit zu einer relativ hohen Mitbestimmung und Einflußnahme. Eine Mitarbeiterin eines Jugendverbands kritisiert allerdings auch die Art und Weise, wie mit Ehrenamtlichen in der Öffentlichkeit umgegangen wird:

„Ehrenamtliche Jugendverbandsarbeit wird auch dort, wo sie ihre Grenzen noch nicht erreicht hat, nicht ausreichend als die billigste und effektivste Methode der Jugendarbeit gewürdigt, sondern trotz höherer Interessentenzahlen als Kapazitäten gleich totgesagt und entsprechend behandelt."

Daß wieder ein Zulauf an interessierten Jugendlichen zu Jugendverbänden stattfindet, bestätigen auch neuere Zahlen (vgl. Neue Zeit, 2.2.1994, S. 8).

Finanzen

Die Finanzierungsproblematik der Jugendverbände schlägt sich auch deutlich in den Ergebnissen nieder. Für 1992 geben zwei Ortsgruppen an, keine Mittel für Jugendarbeit zu haben, 1993 sind dies vier. Die Höhe des Haushalts der Ortsgruppen streut von 1800 bis 750000 DM, wobei knapp die Hälfte der Ortsgruppen mit weniger als 10000 DM für Jugendarbeit auskommen muß. Für Jugendsozialarbeit hatten nur drei Ortsgruppen einen eigenen Etat, der im Höchstfall 15000 DM betrug.

Als häufigste Geldgeber werden die Sonderprogramme des Bundes (hier fast ausschließlich AFT 1), kommunale Zuschüsse, Beiträge von Mitgliedern und Spenden genannt. 64% der Ortsgruppen werden über Sonderprogramme des Bundes finanziert, wovon die Hälfte angibt, daß diese Einnahmequelle für sie auch die wichtigste ist. Die Sonderprogramme werden allerdings kritisch gesehen, die Finanzierung durch den Bund im allgemeinen als zu unflexibel kritisiert (vgl. Herms 1992). Obwohl Sonderprogramme zwar zunächst einen vorläufigen Aufbau des Verbandes ermöglichen, können sie aber dennoch keine kontinuierliche Jugendarbeit gewährleisten. So stellen Jugendverbandsgruppen fest:

„Die derzeit schlechte finanzielle Lage läßt viele Fragen offen, was die Zukunft unseres Verbandes angeht."

„Unser Projekt (ist) hinsichtlich Personal- und Sachkosten bis Ende 1994 gesichert. Möglichkeiten nach 1994 nicht in Sicht – eine Farce!"

„Wir leben nur von freiwilligen Spenden innerhalb unserer Gemeinde bzw. Gruppe. Alle versuchten Förderanträge, einschließlich AFT-Programm, wurden abgelehnt!"

Gerade wegen der Schließung vieler Jugendclubs nach der Wende ist es notwendig, neue Treffpunkte für Jugendliche zu etablieren, die nur dann ein fester Anlaufpunkt werden können, wenn sie langfristig finanziert werden und ihre Existenz nicht nach wenigen Monaten schon wieder bedroht ist. Ein weiterer Kritikpunkt an Sonderprogrammen ist die Themengebundenheit der Mittelvergabe. Jugendverbände sind, ähnlich wie Jugendinitiativen, gezwungen, Anträge für die Bereiche der Jugendarbeit zu stellen, für die es vom Bund in Form von Sonderprogrammen gerade Geld gibt, während Projekte und Arbeitsschwerpunkte, deren Bedarf vor Ort unbestritten ist, finanziell nicht gefördert werden. Pointiert formuliert: die Jugendarbeit muß sich bei einer solchen Förderpolitik an den Sonderprogrammen und nicht an den Notwendigkeiten vor Ort orientieren. Da dies unmöglich im Interesse der Geldgeber von Bund und Ländern liegen kann, ist die Forderung nach einem Überdenken und Neuorganisieren der Förderpolitik zwar nicht neu, aber immer noch dringend und aktuell. Die föderale Ordnung der Bundesrepublik ermöglicht es der Bundesregierung nicht, sich an einer langfristigen Basisförderung freier Träger vor Ort zu beteiligen.

Des weiteren werden immer wieder bürokratische Hemmschwellen kritisiert, die die Arbeit der MitarbeiterInnen der Jugendverbände unnötig erschweren:

„Leider wurde ein Antrag überhaupt nicht bearbeitet, so daß wir nicht einmal einen ablehnenden Bescheid bekommen haben."

„Die Verwaltung/Ämter fordern Sachen ein, die ehrenamtlich teilweise nicht mehr zu erfüllen sind, verstoßen aber selbst ständig gegen Vorschriften, Gesetze und Abmachungen. Eine Planbarkeit der Arbeit ist nicht gegeben."

„Kritisierend wäre zu sagen, daß Antragsfristen mancher Zuschußstellen zu sehr ausgedehnt werden und so oft nur schwer einzuholen sind. Ich persönlich fände es schade, wenn sinnvolle Jugendbeschäftigung an solchen bürokratischen Hemmschwellen scheitern sollte."

„Die Amtsgänge gestalten sich zum Horrortrip."

Ein weiterer wichtiger Geldgeber für Jugendverbände ist das Arbeitsamt, da zwei Drittel der wenigen hauptamtlichen MitarbeiterInnen auf ABM-Basis angestellt sind und somit vom Arbeitsamt bezahlt werden.

Immerhin fast 60 % der Jugendverbände nehmen Mitgliedsbeiträge, wobei diese allerdings in der Gesamtfinanzierung eine untergeordnete Rolle spielen. Die Finanzierung der Ortsgruppen wurde bei gut einem Drittel von vier verschiedenen Geldgebern bestritten. Nur eine Ortsgruppe gibt an, ausschließlich von einem Geldgeber abhängig zu sein. Unsere Daten bestätigen damit, daß auch für den Osten eine Mischfinanzierung der Jugendverbände, wie sie Damm (1990) für den Westen als üblich beschreibt, gilt.

Insgesamt wird bei der Mittelvergabe die enge Anbindung der Gelder an bestimmte Haushaltsposten von den MitarbeiterInnen der Jugendverbände kritisiert. Insbesondere bei Ferienlagern lassen sich die einzelnen Posten, z.B. wegen der Unabsehbarkeit der Teilnehmerzahl, nach Angaben der Jugendverbände schlecht abschätzen, so daß manchmal bereits bewilligte Gelder zurückgegeben werden müssen, obwohl sie an anderer Stelle dringend gebraucht werden. Die MitarbeiterInnen der Jugendverbände erachten deshalb eine geringere Anbindung der Mittel an einzelne Haushaltsposten als notwendig. Ihrer Meinung nach ließe sich damit nicht nur die Kreativität in der Arbeit steigern, sondern es würde für die MitarbeiterInnen auch ein gewisses Maß an Freiheit und Flexibilität bedeuten.

Die Schwierigkeit – und bei reiner Projektfinanzierung sogar die Unmöglichkeit –, Mittel für investive Maßnahmen zu bekommen, wird insbesondere hinsichtlich der teilweise katastrophalen baulichen Zustände der genutzten Räume kritisiert.

Die Unübersichtlichkeit der Fördereinrichtungen und -richtlinien wird von vielen Verbänden beklagt. Hier spielt bei den Ortsgruppen die Zusammenarbeit mit dem örtlichen Jugendamt eine große Rolle. 84 % der Verbände kooperieren bei der Erstellung von Finanzierungsanträgen mit dem Jugendamt, wobei von diesen knapp ein Viertel mit der Zusammenarbeit unzufrieden ist. Als häufigste Quelle für Informationen über Finanzierung werden das Jugendamt (von drei Viertel aller Verbände) und der Dachverband (von 63 %) genannt. Eine ebenfalls wichtige Rolle im Informationsaustausch haben andere freie Träger. Über die Hälfte der Ortsverbände bezieht Informationen von anderen Jugendverbänden bzw. anderen freien Trägern. Eine Zusammenarbeit bei der Beantragung von Geldern wird dagegen fast nie genannt. Ein reger Austausch unter den Jugendverbänden über Finanzierungsmöglichkeiten, der die einzelnen Verbände von ausführlicher Einarbeitung in den „Finanzierungsdschungel" entlastet und dennoch eine Übersicht über die vorhandenen Finanzquellen gewährleistet, wäre zwar zu wünschen, wird aber in der Praxis nicht immer problemlos sein. Einige Jugendverbände stehen vor Ort oft auch in Konkurrenz zueinander. Das Austauschen von „Finanzierungs-Geheimtips" kann bewirken, daß „Konkurrenz-Projekte" genehmigt werden, die eigenen dagegen nicht. Außerdem versiegen schnell die Gelder, wenn ein „Geheimtip" erst zum Allgemeingut geworden ist.

Kooperation

Das Jugendamt wird, auch unabhängig von den Finanzierungsanträgen, von den meisten Ortsgruppen als Kooperationspartner in verschiedenen Arbeitsbereichen[17] genannt. Die Beurteilung der Zu-

---

[17] Die Arbeitsbereiche sind: Aufstellung von Finanzierungsanträgen, Ausarbeitung von Konzeptionspapieren, Jugendhilfeausschuß, Organisation von Fortbildung, Öffentlichkeitsarbeit, Abstimmung geplanter Maßnahmen.

sammenarbeit ist dagegen unterschiedlich. 18 Verbände sind in allen Arbeitsbereichen, in denen kooperiert wird, mit der Zusammenarbeit mit dem Jugendamt zufrieden, acht Ortsgruppen sind teilweise zufrieden, und nur zwei Ortsgruppen äußern sich vollkommen negativ über die Kooperation. Dabei handelt es sich um zwei konfessionelle Verbände. Der Ämtergang wird teilweise auch als „Horrortrip" empfunden, was sich hauptsächlich auf lange Wartezeiten und ein Hin-und-her-geschickt-Werden zurückführen läßt. Fast 60 % der Ortsgruppen stimmen ihre Maßnahmen mit dem Jugendamt ab, wobei hier der überwiegende Teil mit der Zusammenarbeit zufrieden ist. Bei der Organisation von Fortbildung für freie Träger spielt das Jugendamt nur für knapp die Hälfte eine Rolle, wobei von diesen nochmals die Hälfte unzufrieden ist. Eine Ortsgruppe der Jugendfeuerwehr und eine Naturschutzgruppe geben an, daß es in keinem Bereich eine Zusammenarbeit mit dem Jugendamt gibt. In Einzelfällen wird auch mit dem Schulamt und anderen kommunalen Stellen zusammengearbeitet. Schulen werden als Kooperationspartner nicht genannt, obwohl Schefold Jugendverbände als Teil des Bildungssystems begreift und ihre Stärke darin sieht, „Lernprozesse auch in politisch wirksame Handlungen" umsetzen zu können – im Gegensatz zu anderen Institutionen des Bildungssystems (Schefold 1991, S. 160). Dabei könnten Jugendverbände seiner Meinung nach

„von der Unzulänglichkeit des Schulwesens profitieren, sofern sie ihre Chancen nutzen, Kindern und Jugendlichen personennahe, selbstbestimmbare, aufregende Aktivitäten und Erlebnisse zu bieten". (Schefold 1991, S. 157)

Fast ein Viertel der Ortsgruppen arbeitet mit keinem anderen Jugendverband zusammen[18] und etwa genauso viele kooperieren dagegen in mindestens vier Bereichen mit anderen Jugendverbänden. Dabei sind die häufigsten gemeinsamen Aktivitäten bei Projekten und Aktionen auszumachen. Hier kooperiert über die Hälfte der Jugendverbände mit anderen. Drei Viertel der Jugendverbände hat Kontakte zu Verbänden in Westdeutschland, wobei sich die Kontakte am häufigsten auf gemeinsame Aktionen beziehen. Jugendaustausch findet nur bei einem Drittel der Verbände statt.

---

[18] Der Zusammenschluß verschiedener Gruppen im Kreisjugendring war nicht Gegenstand der Untersuchung. Aus unseren Erfahrungen vor Ort ist jedoch anzumerken, daß die Kreisjugendringe zum Erhebungszeitpunkt oftmals noch nicht arbeitsfähig waren.

Anerkennung als freier Träger

Drei Viertel der Ortsgruppen sind als freier Träger anerkannt. Von den neun Gruppen, die noch nicht als freier Träger der Jugendhilfe anerkannt sind, haben sechs vor, die Anerkennung zu beantragen bzw. haben sie bereits beantragt. Wie man in Tabelle 4.4 erkennen kann, gibt es deutliche Unterschiede zwischen den einzelnen Typen der Jugendverbände und ihrer Anerkennung als freier Träger.

Tabelle 4.4

Anerkennung als freier Träger		
	nein	**ja**
konfessionell	2 14 %	12 86 %
helfend	1 20 %	4 80 %
sportlich	0 0 %	6 100 %
andere	6 60 %	4 40 %
insgesamt	9 26 %	26 74 %
Fehlende Angaben: 1		

Von den kirchlichen Gruppen sind 86 % als freie Träger anerkannt, was allerdings nicht automatisch zu einer Mitgliedschaft im Jugendhilfeausschuß führt. Nicht einmal ein Drittel der konfessionellen Verbände sind in diesem Gremium vertreten.

Knapp ein Drittel aller Ortsgruppen ist im Jugendhilfeausschuß vertreten (siehe Tabelle 4.5). Ein Viertel der Ortsverbände gibt an, an der Jugendhilfeplanung vor Ort beteiligt zu sein. In der Regel findet diese Beteiligung im Rahmen der Mitarbeit im Jugendhilfeausschuß statt.

Tabelle 4.5

Mitgliedschaft im Jugendhilfeausschuß nach Typ des Jugendverbandes		
	nein	ja
konfessionell	10 71 %	4 29 %
helfend	2 40 %	3 60 %
sportlich	3 50 %	3 50 %
andere	9 82 %	2 18 %
insgesamt	24 67 %	12 33 %
Fehlende Angaben: 1		

Arbeitsschwerpunkte

Die Schwerpunkte in der Jugendarbeit sind Ferienlager und Freizeiten, die von der Hälfte der Verbände genannt werden. Einen großen Raum haben auch Sportangebote, Gruppenstunden und verschiedene Veranstaltungen in Jugendklubs. Auch die Weiterbildung der GruppenleiterInnen spielt eine wichtige Rolle. Vereinzelt werden Tierpflege und -schutz, Umweltschutz und Stadtverschönerung als Aktivitäten genannt. In der Jugendsozialarbeit bieten einige Ortsverbände Beratungen (z.B. bei Alkoholproblemen) an. Von konfessionellen Verbänden werden Seelsorgeangebote genannt, und ein Verband bemüht sich um die Integration Behinderter.

Die dringendsten Probleme nach Ansicht der Jugendverbände

In unserem Fragebogen haben wir den MitarbeiterInnen der Jugendverbände die Möglichkeit gegeben, sich im Rahmen von offenen Fragen zu den wichtigsten Problemen ihrer Arbeit zu äußern, wobei diese Fragen von den MitarbeiterInnen sehr ausführlich beantwortet wurden (vgl. Tabelle 4.6). Die finanzielle Ausstattung der Verbände, die Personalsituation sowie die Räume und deren Ausstattung sind demnach die zentralen Probleme.

Tabelle 4.6

Anzahl der Nennungen	Problembereiche
	Probleme in der Arbeit der Jugendverbände
21	Finanzierung von Projekten, Aktionen
13	Personalsituation, ABM-Kräfte
13	Räumlichkeiten, Ausstattung
7	Umgang der Behörden mit Anträgen, Bürokratie
4	Zeitprobleme der ehrenamtlichen Mitarbeiter
3	zu wenig Ehrenamtliche
3	mangelnde politische Unterstützung vor Ort
3	keine investiven Maßnahmen / Rücklagen möglich
2	mangelnde Kooperation mit dem öffentlichen Träger
2	Benachteiligung bestimmter Gruppen bei der Geldvergabe

Versucht man, die Jugendverbände in das Modell des welfaremix einzuordnen, so zeigt sich, daß sowohl zwischen den verschiedenen Verbänden als auch den verschiedenen Organisationsebenen unterschieden werden muß. So sind auf der Ebene der Ortsgruppen einige Strukturmerkmale, die dem Pol der informellen Selbsthilfegemeinschaft nahe stehen, kennzeichnend (geringe Professionalisierung, wenig Eigenmittel, weitreichende Partizipationsmöglichkeiten für die Jugendlichen, schlechte Raumausstattung). Der gesellschaftspolitische Auftrag und das ideologische Selbstverständnis der Verbände kann zu einer Entfremdung von den Interessen der Jugendlichen führen, Verbandspolitik ist dann wichtiger als die Bedürfnisse der Jugendlichen. Die Organisierung als überregionaler Verband führt zu einem erhöhten Aufwand an Verwaltungsarbeit. Eine Hierarchisierung unterschiedlicher Funktionen zur Durchsetzung von Verbandsinteressen und zur einheitlichen Außendarstellung scheinen unvermeidbare Folgen dieser Organisationsform zu sein. Daher sind Verbände eher in der Mitte von Staat und informeller Selbstversorgungsgemeinschaft anzuordnen, mit einer ausgeprägten Tendenz, sich in Richtung Staat zu entwickeln. Inwieweit

Jugendverbände sich den Marktprinzipien annähern oder annähern müssen, können wir mit unserer explorativ angelegten Studie nicht beantworten. Nachfolgenden Forschungsprojekten bleibt es vorbehalten, Antworten auf die spannende Frage zu finden, welche Folgen die vermuteten Veränderungstendenzen auf die praktische Arbeit mit Jugendlichen und Kindern haben werden und wie sie sich auf die Akzeptanz von Jugendverbänden auswirken werden.

4.3 Wohlfahrtsverbände

In Deutschland gibt es sechs Spitzenverbände der freien Wohlfahrtspflege: das Deutsche Rote Kreuz, die Arbeiterwohlfahrt, die Diakonie, die Caritas, der Paritätische Wohlfahrtsverband sowie die Zentrale Wohlfahrtsstelle der Juden in Deutschland, wobei ein Teil dieser Verbände bis ins letzte Jahrhundert zurückgeht und die restlichen in den zwanziger Jahren entstanden. Die nach dem Ersten Weltkrieg zunehmenden Anforderungen an die sozialen Leistungen des Staates, zwangen den Staat alle „relevanten gesellschaftlichen Kräfte und Gruppen in die staatliche Politik" einzubeziehen (Heinze/Olk 1984, S. 1269).

Die Wohlfahrtsverbände konnten sich in dieser Zeit als fester Bestandteil der Sozialdienstleistungsorganisationen etablieren und tragen seither den Großteil der Wohlfahrtspflege. Seit 1924 sind die Spitzenverbände der freien Wohlfahrtspflege in einer gemeinsamen Arbeitsgemeinschaft miteinander verbunden (Bundesarbeitsgemeinschaft der Freien Wohlfahrtspflege 1985, S. 15). Nach dem Zweiten Weltkrieg hat sich die Verflechtung zwischen der staatlichen und der freien Wohlfahrtspflege weiter verstärkt. Die Verbände stehen mit den staatlichen Stellen der Wohlfahrtspflege in einem neokorporatistischen Verhältnis (vgl. Heinze/Olk 1984). Die Verbände nehmen Einfluß auf die Sozialgesetzgebung und übernehmen Aufgaben in allen Bereichen der Wohlfahrtspflege, die von staatlicher Seite alleine kaum zu bewältigen wären (vgl. ebd.).

Die verschiedenen Wohlfahrtsverbände sind in der Regel in allen Bereichen der Wohlfahrtspflege tätig, haben aber durchaus unterschiedliche Schwerpunkte, insbesondere was ihr Engagement in der Jugendhilfe angeht. So hat die freie Wohlfahrtspflege in den alten Bundesländern Einrichtungen und Dienste aufgebaut, die im Bereich der Jugendhilfe aus „Angeboten für Kinder und Jugendliche durch Bildung, pflegerische und sozialpädagogische Dienste (Heime für Mutter und Kind, Kinderkrippen, Kindertagesstätten, Kindergärten und -horte, Kinderheime, Erziehungsheime, Jugendwohnheime), Erziehungsberatung und Erholungsmaßnahmen" bestehen; im Bereich offener Jugendarbeit und Jugendsozialarbeit ist die freie Wohlfahrtspflege dagegen seltener vertreten (vgl. Spiegelhalter 1990, S. 8). Nach einer Statistik der Diakonie arbeiten in Ostdeutschland von 3656 hauptamtlichen MitarbeiterInnen in der Jugendhilfe zwölf in der Jugendarbeit und 18 in der Jugendsozialarbeit (Schmitt 1993). Nach Angaben der Caritas im Frühjahr 1994 sind 1,5 % der Hauptamtlichen im Bereich Jugendhilfe in den neuen Bundesländern in der Jugendarbeit und 1,6 % in der Jugendsozialarbeit tätig. Eine Ausnahme stellt der Paritätische Wohlfahrtsverband dar, der in den neuen Bundesländern rund 350 Mitgliedsorganisationen mit insgesamt über 1000 Einrichtungen und Diensten unter seinem Dach vereint. Knapp 30 % der Einrichtungen und Dienste bieten offene Jugendarbeit an, 13 % haben Projekte zur Jugendsozialarbeit (vgl. Struck 1993).

Durch die Ausweitung der Übertragung sozialstaatlicher Verpflichtungen auf die Wohlfahrtsverbände und der Notwendigkeit einer kontinuierlichen, flächendeckenden Leistungserstellung sind die Wohlfahrtsverbände immer stärker von staatlicher Kostenübernahme abhängig geworden und geraten immer stärker unter staatliche Kontrolle. Um sich Mitspracherecht und ausreichend finanzielle Unterstützung von staatlicher Seite sichern zu können, sind die Wohlfahrtsverbände darauf angewiesen, sich der Sozialbürokratie des Staates anzupassen. Inzwischen verfügen alle Verbände im Westen über einen aufwendigen Verwaltungsapparat. Sie haben sich zu Wohlfahrtskonzernen entwickelt (vgl. Oppl 1992) und zählen zu den größten Arbeitgebern Deutschlands.

Hinsichtlich ihrer Ausweitung zu Konzernen mit bürokratischen Strukturen werden Wohlfahrtsverbände zunehmend kritisiert. Es wird ihnen vorgeworfen, durch eine zu starke Verrechtlichung und Bürokratisierung sei auch „die inhaltliche Flexibilität gesunken", der große Apparat sei unfähig, auf die „veränderten Bedarfslagen und Marktgegebenheiten" der Gesellschaft zu reagieren (Oppl 1992, S. 154). In den letzten Jahren werden die Verbände außerdem zunehmend der Veruntreuung von Geldern und der Mißwirtschaft beschuldigt (vgl. Oppl 1992). Diese Skandale tragen dazu bei, daß Wohlfahrtsverbände ihren guten Ruf in der Bevölkerung einbüßen und damit auch die Spendenbereitschaft, die eine wichtige Einnahmequelle für die Verbände darstellt, geringer wird. Dabei handelt es sich nicht nur um einmalige Spenden, sondern auch um den Kauf von Wohlfahrtsbriefmarken und Lotterielosen sowie um Fördermitgliedschaften. Nach dem Ergebnis einer repräsentativen Umfrage geben 24 % der „Nichtspender als Grund für ihre Zurückhaltung Vorbehalte gegen die Art der Spendenverwendung an. Ihnen ist entweder der benötigte Verwaltungsaufwand zu hoch, sie befürchten eine nicht sachgemäße Verwendung der Gelder oder sie spenden lieber direkt an Betroffene" (Bundesarbeitsgemeinschaft der Freien Wohlfahrtspflege 1993, S. 10).

Die Förderpolitik des Staates trägt zum Teil dazu bei, daß die Wirtschaftlichkeit der Verbände eingeschränkt bleibt. Zum einen können wichtige Aufgaben der Verbände (Planungskosten etc.) nicht abgerechnet werden, weil es dafür keine Haushaltstitel gibt, zum anderen finanzieren sich die Verbände, ähnlich wie Jugendverbände und Initiativen, aus zahlreichen verschiedenen Quellen, so daß die Haushalte schnell unübersichtlich werden können. Zusätzlich wird durch die Mittelbindung an bestimmte Haushaltstitel bei der Vergabe staatlicher Gelder den Verbänden jeder Spielraum genommen, sinnvoll zu haushalten.

Die Wohlfahrtsverbände zeigen also, die Perspektive des „welfare-mix" wieder aufgreifend, eindeutig eine große Nähe zu den Strukturmerkmalen des Pols „Staat".

Bei aller Kritik gegenüber den Wohlfahrtsverbänden, ihrer Politik und ihrer Haushaltung sowie ihren Strukturen sollte man allerdings nicht vergessen, daß sie einen wesentlichen Beitrag zum sozialen Wohlfahrtssystem leisten.

Wohlfahrtsverbände in den neuen Bundesländern

In der ehemaligen DDR gab es kein vergleichbares System freier Wohlfahrtspflege. Die Wohlfahrtspflege wurde hier fast ausschließlich vom Staat finanziert und von der Volkssolidarität repräsentiert (Gutschick 1992). In sehr begrenztem Umfang konnten die kirchlichen Verbände sowie das Deutsche Rote Kreuz aktiv sein; der Anteil dieser Verbände an der Wohlfahrtspflege betrug in der ehemaligen DDR weniger als 10 % (Gutschick 1992, S. 9). Arbeiterwohlfahrt und der Deutsche Paritätische Wohlfahrtsverband waren verboten.

Nach der Wende und der Inkraftsetzung des KJHG wurde auch hier der „Markt der Wohlfahrtspflege" offen für alle Verbände, die sofort versuchten, ihre „Claims" auch im Osten der Republik abzustecken bzw. auszuweiten. Dabei hatten Caritas, Diakonie und Deutsches Rotes Kreuz durch ihre Vorläuferorganisationen in der ehemaligen DDR bei der Etablierung Vorteile gegenüber den anderen Wohlfahrtsverbänden. AWO und DPWV standen in den neuen Bundesländern vor dem völligen Neuaufbau. Der Paritätische

Wohlfahrtsverband wurde um die Volkssolidarität verstärkt, die mit allen ihren Landesverbänden dem DPWV beitrat. Einige der Wohlfahrtsverbände, die in den alten Bundesländern in der Jugendhilfe in der Regel wenig aktiv sind, weiteten ihre Arbeitsbereiche auch auf dieses Feld, insbesondere der offenen Jugendarbeit, aus (vgl. Lotze/Spörl/Sprau-Kuhlen 1993).

Die Befragung der fünf großen Wohlfahrtsverbände[19] erfolgte auf der untersten Organisationsebene der Orts- und Kreisgruppen. Der folgenden Auswertung liegen 22 vollständig ausgefüllte Fragebögen zugrunde. Die interne Organisation der einzelnen Verbände auf Orts- bzw. Kreisgruppenebene unterscheidet sich im Moment noch erheblich, so daß eine Vergleichbarkeit der durch die schriftliche Befragung erhaltenen Daten nur bedingt möglich ist. So gab es beispielsweise in einigen Regionen noch keine klare Aufgabenteilung zwischen Orts-, Kreis- und Bezirksverbänden. Die Adressen wurden uns von den jeweiligen Landesverbänden zur Verfügung gestellt. Viele Wohlfahrtsverbände arbeiteten nicht bzw. noch nicht oder bisher nur wenig im Bereich der Jugendhilfe. Mehr als die Hälfte der von uns befragten Wohlfahrtsverbände, die im Bereich der Jugendhilfe tätig sind, gab an, aus einer Vorläuferorganisation in der DDR entstanden zu sein, was auch auf das Diakonische Werk und die Caritas sowie das Deutsche Rote Kreuz und den Paritätischen Wohlfahrtsverband (Volkssolidarität) zutrifft. Von dieser Gruppe hatte etwas mehr als die Hälfte vor 1989 mit Kindern und Jugendlichen gearbeitet.

Personal

Etwas mehr als die Hälfte der befragten Wohlfahrtsverbände hat ein bis zwei MitarbeiterInnen, die im Bereich Jugendhilfe vollzeitbeschäftigt sind. Sechs Verbände haben mehr als zehn MitarbeiterInnen. Bei drei Verbänden sind die MitarbeiterInnen ausschließlich halbtags in diesem Bereich tätig. Etwa 10 % der VollzeitmitarbeiterInnen sind auf ABM-Basis beschäftigt. Honorarkräfte und MitarbeiterInnen, die stundenweise beschäftigt sind, gibt es kaum. Knapp 40 % der von uns befragten Wohlfahrtsverbände beschäftigten im Bereich Jugendhilfe technisches Personal und/oder Personal für Verwaltungsarbeiten. Fast ein Viertel der Vollzeitkräfte, die im Bereich Jugendhilfe tätig sind, sind technisches

---

[19] Diakonisches Werk, Caritas, Arbeiterwohlfahrt, Rotes Kreuz und Paritätischer Wohlfahrtsverband.

Personal oder ausschließlich mit Verwaltungsaufgaben beschäftigt. Die von uns untersuchten Jugendverbände und Jugendinitiativen haben in den meisten Fällen kein Personal, das ausschließlich für organisatorische bzw. Verwaltungsaufgaben eingestellt ist. Bei den von uns befragten Wohlfahrtsverbänden läßt sich schon der Trend zu Bürokratisierung und Aufblähung eines Verwaltungsapparates ablesen, womit sich eine Entwicklung abzeichnet, die zu ähnlichen Ergebnissen wie in den alten Bundesländern führen kann.

Wir haben die Wohlfahrtsverbände gefragt, in welchen Feldern der Jugendhilfe sie Maßnahmen und Projekte durchführen bzw. Einrichtungen betreiben. Dabei wurde deutlich, daß die Arbeitsschwerpunkte in den Bereichen der Kindertagesbetreuung, der offenen Jugendarbeit, der Erziehungsberatung (in Mecklenburg-Vorpommern Jugendhilfestationen) und der Jugendsozialarbeit liegen. Diese Angaben werden allerdings relativiert, wenn man die Anzahl der Fachkräfte, die in den einzelnen Arbeitsbereichen[20] zur Verfügung stehen, betrachtet. Der überwiegende Anteil des Personals im Bereich Jugendhilfe wird für die Tagespflege und die Tagesbetreuung eingesetzt, wobei sechs der befragten Orts-/Kreisverbände angeben, mehr als 50 Fachkräfte in diesem Bereich zu beschäftigen. Für die Jugendarbeit und Jugendsozialarbeit sind bei jedem der Wohlfahrtsverbände weniger als zehn Fachkräfte tätig.

Ein wesentliches Merkmal für die Qualität der Arbeit der Wohlfahrtsverbände ist die Einbindung von ehrenamtlichen Kräften. Die Notwendigkeit des Einsatzes professioneller HelferInnen hat die ehrenamtlichen MitarbeiterInnen häufig in unattraktive Arbeitsbereiche abgedrängt, was unter anderem dazu geführt hat, daß die Anzahl der Ehrenamtlichen in den traditionellen Verbänden der alten Bundesländer schon seit längerem rückläufig ist (vgl. Prognos AG 1984). In den neuen Bundesländer haben die Wohlfahrtsverbände, wenn auch zum Teil aus anderen Gründen, ähnliche Probleme, Menschen für die ehrenamtliche Arbeit zu gewinnen.

Die Hälfte der befragten Wohlfahrtsverbände hat keine ehrenamtlichen MitarbeiterInnen in ihrer örtlichen Organisation im Bereich der Jugendhilfe, wobei vier der Befragten keine Angaben zu dieser Frage machten. Diese Zahl kann ein Indiz für den gravierenden Rückzug von Ehrenamtlichen aus der Jugendhilfearbeit nach der Wende darstellen, wobei allerdings beachtet werden muß, daß außer den Verbänden auch andere Organisationen Ehrenamtliche rekrutieren. In der DDR waren ehrenamtliche MitarbeiterInnen bis

---

[20] Jugendarbeit, Jugendsozialarbeit, Förderung der Erziehung in der Familie, Kindertagesstätten und Tagespflege, Hilfen zur Erziehung/für junge Volljährige

zu 20mal häufiger als hauptamtliche MitarbeiterInnen in der Jugendhilfe vertreten (vgl. Tümmler 1992; Hoffmann 1981). Ein Grund für diesen Rückgang an Ehrenamtlichen kann der Wegfall von Regelungen sein, die ehrenamtlichen MitarbeiterInnen u. a. Freistellungen von beruflicher Arbeit ermöglichten. Entscheidend ist sicher auch, daß eine allgemeine gesellschaftspolitische Verpflichtung des Bürgers zum Ehrenamt in der Form, wie es sie in der ehemaligen DDR gab, nicht mehr existiert. Die Neurekrutierung von Ehrenamtlichen ist für die kirchlichen Verbände vermutlich aufgrund der geringen konfessionellen Bindung in den neuen Bundesländern schwierig. Aber nicht nur die konfessionelle Bindung ist für die Entscheidung zur ehrenamtlichen Mitarbeit in einer Wohlfahrtsorganisation relevant. Wesentliche Motivationen dafür sind eine flexible Zeiteinteilung, persönliche Anerkennung, eine materielle Aufwandsentschädigung, eine Anleitung durch Profis und eine erträgliche körperliche wie psychische Belastung, so daß ein Ausbrennen der Ehrenamtlichen verhindert werden kann (vgl. Sachverständigenkommission Achter Jugendbericht 1990, S. 13).

Ein wichtiger Beitrag der Arbeit der freien Wohlfahrtspflege ist die Qualifizierung der Fachkräfte, die im sozialen Bereich von keiner anderen Organisation freier Träger in diesem Ausmaß geleistet werden kann. Alle Spitzenverbände verfügen über zahlreiche Bildungseinrichtungen bis hin zu Fachhochschulen, die eine große Anzahl von BildungsreferentInnen beschäftigen, deren Aufgabe die Weiterqualifizierung der Angestellten des eigenen Verbandes ist. Bei etwas mehr als einem Drittel der von uns befragten Verbände nehmen MitarbeiterInnen an einer Fortbildung zur Anerkennung ihres beruflichen Abschlusses teil, wobei diese Fortbildung zu einem großen Teil aus Mitteln des Verbandes finanziert wird.

Finanzen

Als häufigste Finanzierungsquellen wurden von den Wohlfahrtsverbänden kommunale Zuschüsse (78%), Landeszuschüsse (61%), Spenden (60%) sowie die Bundesanstalt für Arbeit (50%) genannt. An erster Stelle bei der Gewichtung der Finanzierungsquellen nach ihrem Anteil am Budget der Wohlfahrtsverbände standen ebenfalls kommunale Zuschüsse; für 38% war dies die wichtigste Einnahmequelle. Im Vergleich zu den Jugendverbänden (64%) und den Jugendinitiativen (knapp die Hälfte) gaben nur 30% der Verbände Sonderprogramme des Bundes als eine genutzte Finanzierungsquelle an, wobei hier das AFT-Programm am häufigsten genannt wurde. Die auch von den Wohlfahrtsverbänden geäußerten kritischen Punkte der kurz- und mittelfristigen Sonderprogramme des Bundes, wie die geringe Planungssicherheit oder finanzielle Überbrückungsprobleme, betreffen sie somit in geringerem Ausmaß als die Jugendverbände und die Jugendinitiativen.

Mehr als die Hälfte der befragten Wohlfahrtsverbände gibt an, zwischen vier und sechs verschiedene Möglichkeiten der Finanzierung zu nutzen. Ein Viertel der Verbände hat lediglich drei verschiedene Geldgeber. Im Vergleich dazu sind die Finanzierungsquellen der Wohlfahrtsverbände in den alten Bundesländern wesentlich zahlreicher. Nach Spiegelhalter gibt es allein 13 Quellen der Eigenmittel (vgl. Spiegelhalter 1990). Insgesamt haben die Wohlfahrtsverbände eine wesentlich breitere, fundiertere und damit sicherere Finanzierungsgrundlage als die beiden anderen von uns untersuchten Gruppen, was im wesentlichen sowohl in der Konzentration auf finanziell lukrative Arbeitsbereiche als auch an dem bereits beschriebenen Unterschied hinsichtlich der Ausstattung mit Verwaltungspersonal liegt. Die Verbände sind in der Lage, Personal, das über ausreichend betriebswirtschaftliches und juristisches Wissen verfügt, ausschließlich für Finanzierungsfragen des Verbandes einzusetzten, was wiederum dazu führt, daß diese bedeutend besser neue Gelder aquirieren können, pointiert gesagt: Wer hat, dem wird gegeben.

Zusammenarbeit

Wir fragten die Orts- bzw. Kreisgruppen der Wohlfahrtsverbände nach ihrer Zusammenarbeit[21] mit dem örtlichen Jugendamt und ihrer Zufriedenheit damit. Die Zusammenarbeit ist, wie zu erwarten war, bei der Abstimmung geplanter Jugendhilfemaßnahmen am häufigsten. Mit Ausnahme einer Organisation arbeiten in diesem Bereich alle Wohlfahrtsverbände mit dem öffentlichen Träger zusammen; die Hälfte bezeichnet diese Zusammenarbeit allerdings als nicht zufriedenstellend. 70% der von uns befragten Wohlfahrtsverbände kooperieren bei der Jugendhilfeplanung mit dem Jugendamt, 20% davon sind mit dieser Zusammenarbeit nicht zufrieden, wobei die Zusammenarbeit im Jugendhilfeausschuß am häufigsten negativ bewertet wird; 40% sind hier unzufrieden. Im Vergleich zu

---

[21] Die Arbeitsbereiche, nach denen von uns gefragt wurde, umfaßten die Aufstellung von Finanzierungsanträgen und Konzeptpapieren, Fortbildung, Abstimmung geplanter Maßnahmen, Jugendhilfeplanung sowie die Kooperation im Jugendhilfeausschuß.

den anderen freien Trägern der Jugendhilfe äußern sich die Gruppen der Wohlfahrtsverbände weit unzufriedener über ihre Zusammenarbeit mit dem öffentlichen Träger. Anhaltspunkte für diese relativ hohe Unzufriedenheit gaben die teilweise sehr ausführlichen Stellungnahmen der Befragten zum Jugendhilfeaufbau in den neuen Bundesländern. Hauptkritikpunkt ist die Strategie der öffentlichen Jugendhilfe, Aufgaben an sich zu binden:

„Statt (der) Übergabe von Jugendeinrichtungen an freie Träger gründen die großen Städte eigene GmbH's und gehen damit in Konkurrenz zu anerkannten freien Trägern."

„Was die öffentliche Verwaltung hat, dient heute als Daseinsberechtigung (Stellenpläne!)."

„(ein) Festhalten der Verwaltung an Aufgaben und Angst vor Arbeitsplatzverlust, wenn (ein) freier Träger Bereiche beantragt und ausführt."

„Die Bildung neuer freier Träger wird nicht ausreichend unterstützt. Die öffentliche Jugendhilfe stabilisiert sich zu Lasten der freien Träger."

Fast alle Wohlfahrtsverbände arbeiten auf lokaler Ebene mit anderen freien Trägern zusammen. Neben der Zusammenarbeit im Jugendhilfeausschuß, in dem knapp die Hälfte der befragten Wohlfahrtsverbände stimmberechtigt vertreten ist, und der Kooperation in einzelnen Fachgremien oder Ausschüssen bestehen die meisten Kontakte zu anderen freien Trägern bei der Jugendhilfeplanung und der Abstimmung für Verhandlungen mit dem öffentlichen Träger. Die Zusammenarbeit in der örtlichen Jugendhilfearbeit mit anderen freien Trägern beschränkt sich fast ausschließlich auf andere Wohlfahrtsverbände und kirchliche Gruppen. Die von Deimer (1991) beschriebenen positiven Effekte einer verstärkten Kooperation und Vernetzung verschiedener Trägerformen sozialer Unterstützung bleiben somit ungenutzt. Es stellt sich die Frage, ob hier nicht eine Chance, neue Modelle einer kooperativen und gleichberechtigten Zusammenarbeit zu entwickeln, verschenkt wird.

In Arbeitsgemeinschaften freier und öffentlicher Träger gemäß § 78 KJHG sind die Hälfte der von uns befragten Verbände vertreten.

„Es fehlt an kompetenten Mitarbeitern" – Kritische Stimmen aus den Wohlfahrtsverbänden

Anhand der Ergebnisse einer offenen Frage zu dem Stand des Aufbaus der Jugendhilfe in den neuen Ländern läßt sich neben dem oben bereits dargestellten gespannten Verhältnis zum öffentlichen Träger der Jugendhilfe eine heftige Kritik an den bestehenden Finanzierungsstrukturen feststellen. Im Originalton eines Verbandsvertreters liest sich das zum Beispiel so:

„Es fließt zuviel Geld in alte Strukturen." Oder „Im Moment weiß da auch keiner, was an Zuschüssen bewilligt werden kann; die Mittel für die freie Jugendarbeit und für den investiven Bereich müssen aufgestockt werden."

Die Beschreibung des Mangels an ausreichend gut qualifiziertem Fachpersonal ist ein anderer, häufig genannter Kritikpunkt.

„Fehlendes Fachpersonal und massiver Einsatz von ABM wirken sich negativ auf einen qualifizierten Aufbau der Jugendhilfe aus, auf die Möglichkeit kontinuierlicher Arbeit."

„Es werden dringend fachlich qualifizierte Sozialarbeiter und Sozialpädagogen gebraucht."

„… es fehlt an kompetenten Mitarbeitern, … die Eingruppierung nach Vb entspricht nicht der geforderten Qualifizierung und Aufgabenstellung und ist damit völlig unzureichend."

Die von uns befragten Wohlfahrtsverbände sind in der jetzigen Aufbauphase durchaus noch kritisch gegenüber Strukturen, die in den alten Bundesländern schon als selbstverständlich und unverzichtbar erscheinen. So wird Kritik an dem hohen Verwaltungsaufwand in der Jugendhilfe geübt, der die inhaltliche Arbeit mit den Kindern und Jugendlichen erschwert und sogar stellenweise verhindert. Es wird gefordert, daß weniger Personalkapazität in Verwaltungsarbeit fließt; die Belastung mit Verwaltungsaufgaben wird sowohl als Problem für die eigene als auch für die Arbeit der Jugendämter gesehen.

Zusammenfassend ließe sich aus den Aussagen der Verbandsvertreter folgendes Bild zum Aufbau der Jugendhilfe und ihrer Strukturen in den neuen Bundesländern zeichnen:

Die aktuelle Stimmung ist zum einen durch „viel Unsicherheit" und zum anderen durch eine von Konkurrenz bestimmte Haltung geprägt. Diese Konkurrenz existiert sowohl zwischen den öffentlichen Trägern und den Spitzenverbänden als auch zwischen großen und „kleinen" freien Trägern.

„Große etablierte freie Träger werden kleinen innovativen Initiativen vorgezogen. Den Kampf um Marktanteile haben die Träger gewonnen mit den größten Verwaltungskosten und Verwaltungspersonal. Die soziale Landschaft ist schon ziemlich zubetoniert."

„Fachkonzepte verschwinden in den Schubladen. Wer nicht über die Parteien lanciert und nur auf gute Arbeit setzt, gerät ins Abseits."

Anhand der aufgezeigten Strukturmerkmale wird deutlich, daß die MitarbeiterInnen auf lokaler Ebene in den Wohlfahrtsverbänden in den neuen Bundesländern, ähnlich den Jugendverbänden, stärker die typischen Kennzeichen informeller Selbstversorgungsgemeinschaften (große Nähe zur Nachfrageseite, unbürokratisch sein wollen) betonen, während die Verbandsstruktur und die Interessen in den Verbandszentralen eher eine Entwicklung hin zu den staatlichen Strukturmerkmalen fördern. Die Wohlfahrtsverbände befinden sich in einer erheblichen finanziellen Abhängigkeit vom Staat, in den neuen Bundesländern vermutlich noch extremer als in den alten. Gleichzeitig zeichnen sich Bürokratisierungstendenzen ab, die sich an der Höhe der Verwaltungskosten und an der Anzahl des Verwaltungspersonals zeigen lassen. Wohlfahrtsverbänden gelingt es nach den uns vorliegenden Daten wesentlich seltener als Jugendinitiativen und Jugendverbänden, Ehrenamtliche in ihre Arbeit einzubinden. Die Arbeit in den Verbänden wird von bezahlten bzw. angestellten Fachkräften getragen. Die satzungsgemäß festgelegten Ziele des Verbandes sind nicht notwendigerweise mit der Arbeitsmotivation der MitarbeiterInnen identisch, so daß sich ein wesentlicher Unterschied zwischen den definierten Zielen der Verbandsarbeit und der tatsächlichen Arbeit im regionalen Kontext ergeben kann. Strukturelemente, die auf eine zunehmende Marktorientierung der Verbände verweisen, lassen sich mit unserer Untersuchung nicht aufzeigen. In weiteren Untersuchungsschritten wäre zu klären, ob es zu einer verstärkten Marktöffnung der Verbände kommt und wie sich diese Entwicklung auf die Angebote und die Trägerlandschaft der Jugendhilfe auswirkt.

4.4 Zusammenfassung: Freie Träger

Nach unseren Ergebnissen gibt es im Bereich der Jugendhilfe in den neuen Bundesländern lediglich einen begrenzten Trägerpluralismus. Die Voraussetzungen für das Entstehen einer vielfältigen Jugendhilfelandschaft sind häufig nicht vorhanden. Nutzer von Einrichtungen und Maßnahmen der Jugendhilfe sind weit entfernt von der Möglichkeit, ein Wahlrecht ausüben zu können. Die Einführung des Subsidiaritätsprinzips hat in den neuen Bundesländern bislang nicht zu einer Stärkung von kleinen, selbstorganisierten Trägerformen geführt. Es zeichnet sich eher die Entwicklung ab, daß mit dem Auslaufen von Sonderprogrammen, Anschubfinanzierungen und AB-Maßnahmen die Zahl der Trägerorganisationen auf wenige Verbände mit faktischer Monopolstellung reduziert wird.

Für den Aufbau einer Jugendhilfe-Infrastruktur spielen Kommunikationsprozesse neben der Ausstattung mit Finanzen, Personal und Räumlichkeiten eine zentrale Rolle. Unsere Studie hat gezeigt, daß diese Kommunikationsprozesse bislang nur sehr spärlich vorhanden und noch lange nicht institutionell verankert sind. Jugendämter arbeiten mit anderen Institutionen und Organisationen überwiegend einzelfallbezogen zusammen. Arbeitsgemeinschaften von freien und öffentlichen Trägern sind die Ausnahme.

Erste Erfahrungen mit der Institutionalisierung von Vernetzungs-, Fortbildungs- und Finanzierungsberatungsstellen wurden von cash coop im Rahmen eines Modellversuchs in Thüringen unter wissenschaftlicher Begleitung durch das DJI gemacht. Die Ergebnisse dieses Projekts machen deutlich, daß eine landesweite Vernetzung nur mit professionellen, hauptamtlich beschäftigten Mitarbeitern möglich ist, deren Arbeit langfristig gesichert ist. Die Erfahrungen in Thüringen zeigen, daß ein wesentlicher Bedarf an Finanzierungsberatung, aber auch an Beratungen im Bereich der Kostenkontrolle und Kostensenkung besteht. Fortbildung ist für örtliche Initiativen oft nur im Verbund realisierbar (vgl. Damm 1993).

Aus unseren Ergebnissen lassen sich Unterschiede bei der Beteiligung Ehrenamtlicher in den verschiedenen Typen freier Träger aufzeigen. In den Jugendverbänden dominieren auf der Ortsgruppenebene Ehrenamtliche deutlich. Bei den Wohlfahrtsverbänden dagegen ist die Zahl der Ehrenamtlichen eher gering, im Vergleich zu DDR-Verhältnissen als niedrig einzuschätzen. Diese Zahlen sind aber insofern nur schwer miteinander zu vergleichen, als ein Ehrenamt in einem Verband der freien Wohlfahrtspflege etwas völlig anderes ist als die unentgeltliche Betätigung in einem Jugendverband oder gar die Partizipation in einer Jugendinitiative.

Es ist weiterhin festzustellen, daß der Grad der Vernetzung zwischen den freien Trägern untereinander und mit den Trägern der öffentlichen Jugendhilfe als eher gering einzustufen ist. So ist ein Großteil der Initiativen und Jugendverbände nicht im Jugendhilfeausschuß vertreten, der nach Ansicht von Prölß und Wagner „die zentrale Instanz, die jugendpolitische Plattform auf kommunaler Ebene darstellt" (Prölß/Wagner 1990, S. 30). Auch die Möglichkeit, sich über Arbeitsgemeinschaften (nach § 78 KJHG) an der Entwicklung der Jugendhilfe vor Ort aktiv zu beteiligen, wird oder kann nur von der Hälfte der Wohlfahrtsverbände wahrgenommen werden. Um plurale Strukturen zu etablieren, wäre eine stärkere Nutzung dieser Instrumente (Jugendhilfeausschuß und Arbeitsgemeinschaften) dringend erforderlich. Ein Grund dafür, daß Initiativen und Jugendverbände in diesen Gremien so schwach vertreten sind, liegt sicher in den geringen personellen Ressourcen dieser Träger, aber auch in der mangelnden Bereitschaft, sich in diesen Gremien mit Verbändefunktionären und Parteipolitikern auseinanderzusetzten, wenn die Einflußmöglichkeiten auf deren Beschlüsse als gering eingeschätzt werden. Unsere Gespräche in verschiedenen Regionen der neuen Bundesländer haben gezeigt, daß viele MitarbeiterInnen örtlicher Jugendinitiativen, die diese Erfahrungen einmal gemacht haben, es für sinnvoller und dringender halten, ihre Arbeitskraft im Umgang mit Kindern und Jugendlichen einzusetzen.

Unabhängig von der Organisationsform freier Träger wird deutlich, daß die seit der Wende geltenden Finanzierungsbedingungen für freie Träger nicht geeignet sind, einen dauerhaften Aufbau der Jugendhilfe zu ermöglichen. Die Förderkriterien der Bundesanstalt für Arbeit nehmen keine Rücksicht auf die inhaltlichen Belange der Jugendhilfe, sondern sind ausschließlich an Arbeitsmarktkriterien orientiert.

„ABM belastet zudem die Träger- und Initiativenlandschaft durch den Wechsel von qualifizierten Mitarbeiterinnen/Mitarbeitern und den damit verbundenen Drehtüreffekt. Die Projektideen müssen nach AFG immer zusätzliche Arbeiten sein, verlangen also jede Menge Begründungsakrobatik. Tatsächlich aber erfüllen die Projekte meist die zukünftigen Regelaufgaben in der Jugendhilfe nach dem KJHG." (Wünsche 1992, S. 11)

Abgesehen von der Tatsache, daß eine personenbezogene Förderung nach dem AFG kein Instrument zum Aufbau von Jugendhilfestrukturen darstellt, kann es auch nicht im Sinne des BMFSFJ sein, daß die Bundesanstalt für Arbeit zum wichtigsten Finanzier der Jugendhilfe geworden ist und damit indirekt Konzepte und Entwicklungen der Jugendhilfe wesentlich mitbestimmt.

Sonderprogramme des Bundes lösen bestenfalls so etwas wie eine Initialzündung für bestimmte Arbeitsbereiche aus, können aber unter den gegebenen föderalen Strukturen nicht dauerhaft zur Finanzierung der Jugendhilfe beitragen (vgl. Wünsche 1992). Deshalb steht die Bundesregierung zusammen mit den Vertretern der Bundesländer und den Gebietskörperschaften in der Verantwortung, Wege in die Regelfinanzierung, an der sich die Bundesregierung aus rechtlichen Gründen nicht direkt finanziell beteiligen kann, für eine Vielzahl von freien Trägern, deren Gründung dank AFT oder

AgAG erfolgte, zu finden, um so langfristig das bisher Erreichte mitabzusichern. Nach den Angaben der amtlichen Statistik kam bis Ende 1991 den freien Trägern der Jugendhilfe in den neuen Bundesländern nur eine geringe Bedeutung zu (vgl. Deininger 1993), was unsere Daten im wesentlichen auch für den Zeitraum unserer Erhebung bestätigen.

Wie die Trägerlandschaft sich in den neuen Bundesländern entwickeln wird, hängt von mehreren Faktoren ab. Entscheidend sind zunächst die Möglichkeiten und Barrieren, auf dem Markt für soziale Dienste Leistungen anzubieten. Die Chancen der einzelnen Träger hängen zudem von der Finanzierungsart ihrer Angebote und von der Nachfrage nach diesen Leistungen ab. Selbstorganisierte Gruppen wie Jugendinitiativen haben, wie gezeigt werden konnte, die schlechtesten Ausgangsbedingungen. Seit der mit dem KJHG vollzogenen Trennung von Anerkennung und Förderung der freien Träger ist zwar eine der wesentlichen Markteintrittsbarrieren aufgehoben worden, trotzdem behindern jedoch andere, nicht zuletzt förderpolitische Strukturen ein Entstehen und Bestehen von Jugendinitiativen (vgl. Kap. 4.1).

Die Förderung freier Träger müßte sich nach unseren Vorstellungen an folgenden Punkten orientieren, sollte die im KJHG angestrebte Pluralität von Jugendhilfeanbietern Realität werden:

1. Unabhängige Finanzberatungs- und -informationsstellen sind ausreichend zu fördern; unsere Ergebnisse zeigen, daß eine effiziente Arbeitsweise kleiner freier Träger behindert wird, wenn die ehrenamtlichen MitarbeiterInnen hauptsächlich mit Problemen der Finanzierung der Projekte beschäftigt sind.
2. Die verwaltungstechnischen und bürokratischen Verfahren sind den Bedürfnissen von Initiativen und alternativen Projekten anzunähern. Eine Möglichkeit, das Entstehen und Überleben von Initiativen und alternativen Projekten zu fördern, besteht u.a. darin, Fördermittel nicht erst am Ende einer Projektphase zu überweisen, sondern dafür zu sorgen, daß die Mittel bereits bei Beginn der Maßnahmen verfügbar sind. Von Jugendlichen oder jungen Erwachsenen gegründete Vereine können nicht auf finanzielle Ressourcen zurückgreifen und sind in den seltensten Fällen in der Lage, mehrere tausend Mark vorzufinanzieren.
3. Die durch ABM bedingten häufigen Personalwechsel sind überaus negativ zu bewerten. In Projekten muß bereits qualifiziertes Personal ersetzt werden, und Kompetenzen, die im Projekt erworben wurden, gehen verloren. Dies bedeutet eine starke Beeinträchtigung der Effizienz freier Träger. Die Teilnahme von ABM-Kräften an Fortbildungsmaßnahmen wird in den meisten

Fällen ausgeschlossen. Um die erreichten Standards nicht zu gefährden, müssen die Projekte in eine Regelfinanzierung überführt werden.
4. Ein wesentliches Problem im Bereich der Finanzierung der Arbeit freier Träger ist die mangelnde zweckflexible Bereitstellung von Mitteln, die auch in den Forschungsergebnissen der wissenschaftlichen Begleitung des Bundesjugendplanmodells kritisiert wird (vgl. Felber 1992). Aus diesem Grund sind gemäß den Forderungen des Fünften und Achten Jugendberichts Modelle der Fondfinanzierung bundesweit zu verwirklichen.

Darüber hinaus gilt für die gesamte Jugendhilfe:
5. Dringend erforderlich ist der Auf- und Ausbau der berufsbegleitenden Ausbildung, die zu einem tarif- und arbeitsrechtlich anerkannten Berufsabschluß führt. Ansonsten besteht die Gefahr, daß die Qualifikationen projektbezogen bleiben und daher auf dem externen Arbeitsmarkt nicht zu verwenden sind. Eine entsprechende Qualifizierung ist innerhalb der Laufzeit einer ABM allerdings nicht zu bewältigen.
6. Jugendhilfe braucht ausgebildete Fachkräfte: die Arbeit als Streetworker beispielsweise gilt als „keineswegs ungefährlich, aber schlecht bezahlt" (vgl. Felber 1992, S. 25). Mit einer Eingruppierung nach Vb BAT-Ost oder schlechter sind trotz hoher Arbeitslosigkeit keine qualifizierten Mitarbeiter für diesen Bereich zu finden. Die gesellschaftliche Bedeutung sozialer Arbeit muß sich auch in der finanziellen Bewertung der erbrachten Leistungen ausdrücken.

Die finanzielle und personelle Ausstattung der Jugendhilfe und die Anstrengungen, die auf politischer Ebene in diesem Bereich unternommen werden, können mit der Aussage des Vertreters eines Wohlfahrtsverbandes umschrieben werden, der bemerkt:

„Der Jugendhilfeaufbau ist politisch und faktisch nicht genügend im Blick."

Zieht man den „welfare-mix"-Ansatz als Grundlage für eine Bewertung des bisherigen Aufbaus freier Träger heran, so sind folgende Aspekte zu betonen:

Es hat sich gezeigt, daß auf der Ebene von Ortsgruppen bei allen untersuchten Trägerformen eine mehr oder weniger große Nähe zum Pol der informellen Selbstversorgungsgemeinschaft erkennbar ist. Festmachen läßt sich dies jeweils an den geringen Eigenmitteln, einer wenig ausgeprägten internen Bürokratisierung, einer zum Teil sehr geringen Professionalisierung und einer relativ großen Nähe zu den Nutzern der sozialen Unterstützung. Die lokalen Organisationen der Jugendverbände und besonders der Wohlfahrtsverbände befinden sich damit in Widerspruch zu den für die Dachverbände typischen Strukturmerkmalen und den politischen Interessen. Es bleibt abzuwarten, welche Effekte die Auflösung dieses potentiellen Konflikts auf die weitere Entwicklung der Trägerlandschaft haben wird.

Der Gesichtspunkt, der im „welfare-mix"-Modell eine besondere Betonung erfährt, ist der Wandel der Staatsrolle vom Anbieter zum Moderator und Regulator. Es stellt sich die Frage, inwieweit der öffentliche Träger dieser in den neuen Bundesländern sicherlich sehr neuen Rolle gerecht wird. Nimmt man die von fast allen befragten freien Trägern geäußerte Kritik am öffentlichen Träger, die gar nicht oder nur im geringen Ausmaß vorhandene Zusammenarbeit und Kooperation zwischen den verschiedenen Trägern, die aus vielen Gründen verständliche geringe Bereitschaft, Jugendhilfeplanung aktiv voranzutreiben, so wird deutlich, daß in der konkreten Ausgestaltung der Moderatoren- und Regulatorenrolle noch große Entwicklungspotentiale für den öffentlichen Träger liegen.

5 Jugendstudie

Grundlegend für unsere Jugendstudie ist das Konzept der Lebenslagen, wie es Böhnisch (1982) beschreibt. Lebenslagen werden als „soziale Balancen" verstanden, in deren Vordergrund die alltägliche Lebensbewältigung steht. Sie spiegeln die Brüche zwischen den Personen und ihren Funktionen im gesellschaftlichen Kontext wider. Die staatliche Sozialpolitik versucht, durch die Beeinflussung von Lebenslagen die Gesellschaft zu stabilisieren, z. B. durch neue Gesetzgebungen, materielle Unterstützungen, Angebote neuer Lebensformen. Die Gefahren einer solchen Steuerungsstrategie des Staates sind u. a. sozialpolitische Abhängigkeitsverhältnisse und die Schaffung unterschiedlicher Sozialgruppen innerhalb der Gesellschaft (z. B. Empfänger von Sozialleistungen und Nicht-Empfänger von Sozialleistungen).

Nach Böhnisch haben die Jugendlichen drei Statuspassagen zu bewältigen:

- „der *biographische Status* Jugend als Ablösung von der Herkunftsfamilie: verbunden damit sind Entwicklungsaufgaben wie personale Identitätsbildung und Sinnsuche;
- der *sozialökonomische Status* Jugend im Mechanismus von Separation und Integration: daraus leiten sich die Organisationsformen des Lernens und der sozialen Kontrolle ab;
- der *sozialstaatliche Problemstatus* von Jugend: Jugend als besondere gesellschaftliche ‚Risikogruppe' in der sozialstaatlichen Integrationspolitik." (Böhnisch 1982, S. 88, Hervorhebungen im Original)

Dabei wird die Alltagsbewältigung von Jugendlichen durch die Bewältigung der Brüche und Widersprüche, die durch die unterschiedlichen Anforderungen der Statuskomponenten entstehen, geprägt. Gerade in der Jugendphase können die Diskrepanzen zwischen den unterschiedlichen Statuskomponenten zu Konflikten des Jugendlichen mit der Gesellschaft und ihren Institutionen führen. Die Entfaltung der Persönlichkeit des Jugendlichen und seine Identitätsfindung, beispielsweise im Austesten von Verhaltensnormen subkultureller Gruppen, können dabei in deutlichem Gegensatz zu den Anforderungen der Verhaltensnormen in Ausbildung und Beruf stehen. Der Staat wiederum versucht diese Konfrontationen mit verschiedenen Strategien sozialer Kontrolle und sozialstaatlicher Leistungen zu regulieren – *ein* Instrument des Staates hierzu ist die Jugendhilfe.

Wesentlich für Böhnisch ist weiterhin die Erkenntnis,

„daß sich Lebenslagen nicht nur aus sozialen und ökonomischen Lebensbereichen zusammensetzen (Einkommen, Bildung, Gesundheit, Wohnen, Partizipation etc.), sondern vor allem auch nach historischen Gesetzmäßigkeiten entwickeln. Erst wenn man diese historische ‚Grundstruktur' der Lebenslage kennt, kann man Aussagen darüber machen, wie die sozialen und ökonomischen Komponenten zur Geltung kommen – und welche Chancen der Interessensentfaltung sich aus der Lebenslage heraus ergeben." (Böhnisch 1982, S. 80)

Gerade der letzte Aspekt ist im Zusammenhang unserer Untersuchung von besonderer Bedeutung.

Seit der Wiedervereinigung haben sich die gesellschaftlichen, wirtschaftlichen und politischen Verhältnisse in den neuen Bundesländern grundlegend verändert. Für Jugendliche und junge Erwachsene bedeutet dies ein erhebliches Maß an Anpassungsleistungen, die zu erbringen sind, um die gesellschaftlichen Veränderungen unbeschadet zu überstehen, insbesondere da sich „die negativen bzw. belastenden Entwicklungen in den Lebenssituationen von Jugendlichen und jungen Menschen unübersehbar beschleunigen" (Otto 1993, S. 2). Betroffen sind dabei sowohl berufliche und schulische Laufbahnen wie auch Möglichkeiten des politischen Engagements und der Freizeitgestaltung.

„Im Hinblick auf die Problembelastungen junger Menschen und ihrer Familien läßt sich als ein zentrales Ergebnis festhalten, daß insbesondere strukturelle Probleme – Arbeitslosigkeit spielt eine entscheidende Rolle –, die im Zusammenhang mit dem gesellschaftlichen Umbruch zu sehen sind, als persönlich belastend für die eigene Lebensgestaltung empfunden werden." (Otto/Prüß u. a. 1994)

Die Probleme, die sich aus den gesellschaftlichen Veränderungen ergeben, erhöhen auch den Bedarf an Hilfe bei den Jugendlichen. Soziale Netzwerke, also die Familie, die Freunde und Kollegen, sind dabei nicht immer in der Lage, Hilfe zu gewähren, da sie selbst oft vor ähnlichen Problemen stehen. Zudem können private soziale Netzwerke zwar emotionale Hilfe leisten, sie sind jedoch nicht in der Lage, strukturelle Probleme zu lösen. Gefordert ist demnach verstärkt professionelle Hilfe: Jugendhilfe, Sozialhilfe, Arbeitshilfe, Beschäftigungsprogramme etc. Insbesondere in den spezifischen Dimensionen der jugendlichen Lebenslagen, die zu Konflikten zwischen jugendgemäßem Leben und gesellschaftlichen Anforderungen führen können, finden sich zahlreiche Anknüpfungspunkte für die Jugendhilfe, um die negativen Auswirkungen, die die gesellschaftlichen Veränderungen für viele Jugendliche haben werden, aufzufangen. Allerdings ist das System der sozialen Unterstützung, das nun den BürgerInnen in den neuen Ländern zur Verfügung steht, nicht aus den historischen Entwicklungen ihres Staates entstanden, sondern wurde aus einer Gesellschaftsform übertragen, die in vieler Hinsicht andere historische Grundlagen hat. Verkürzt könnte man sagen: Die Jugendlichen in den neuen Bundesländern wuchsen in Lebenslagen auf, die durch die Werte und Normen eines sozialistischen Staates geprägt waren, und wurden praktisch über Nacht mit einem System sozialer Unterstützung konfrontiert, das auf einer gänzlich anderen historischen Grundlage entstanden ist und dementsprechend auf andere Lebenslagen von Jugendlichen zielt. Folgt man den Ausführungen Böhnischs, so sind Zweifel darüber angebracht, inwieweit ein solches Jugendhilfesystem, das die Aufgabe hat, die Chancen der Jugendlichen in der Gesellschaft zu verbessern, ohne entsprechenden Bezug zur historischen Entwicklung die erwünschte Wirkung erzielen kann.

Insgesamt muß die Situation der Jugendlichen in den letzten Jahren im Osten Deutschlands als krisenhaft und problembelastet beschrieben werden. Otto beschreibt bestimmte Gruppen von ostdeutschen Jugendlichen provokant als „vergessene Vereinigungsverlierer" (Otto 1993) und kritisiert zu Recht, daß Jugendliche nur „dann eine zweifelhafte publizistische Aufmerksamkeit erlangen, wenn sie im Kontext von Aggression und Gewalt erwähnenswert sind" (ebd., S. 2). Diese Einschätzung teilt auch Kühnel (1993). Um eine realistische Vorstellung der Lebensbedingungen von Jugendlichen zu bekommen, dürfen nicht nur Extremgruppen im Blickpunkt der Forschung stehen, sondern es müssen auch Kenntnisse über „Normaljugendliche" gewonnen werden, insbesondere, da es gerade im modernen Verständnis der Jugendhilfe nicht nur darum geht, sogenannten „Problemjugendlichen" zu helfen, sondern die Chancen aller Jugendlichen zu optimieren. Letzteres ist für die Jugendhilfe in den neuen Bundesländern vordringlichste Aufgabe, denn ob Jugendliche den gesellschaftlichen Umbau als einen Zuwachs an Chancen und Möglichkeiten sehen, liegt daran, welche persönlichen Verbesserungen sich für sie ergeben. Wenn Jugendliche durch mangelnde Hilfen und Unterstützungen und weitgehende Nichtbeachtung ihrer Probleme durch die politisch Verantwortlichen überwiegend die Nachteile der deutschen Vereinigung (Arbeitslosigkeit, Werteverlust, zu wenig Geld in einer Konsumwelt) zu spüren bekommen, werden sie sich schwertun, „optimistisch" die Zukunft anzugehen. Im Unterschied zu anderen Jugendstudien, die den Jugendlichen eine optimistische Grundeinstellung attestieren (Shell-Studie 1992, IPOS 1993), haben wir differenziert die Zukunftserwartungen hinsichtlich konkreter Situationen und keine allgemeinen Statements beurteilen lassen. So wird deutlich, daß bei der Abfrage konkreter Situationen, die Zukunftserwartungen der Jugendlichen negativer ausfallen (vgl. Kap 5. 3).

Die schulischen und beruflichen Karrieren von Jugendlichen waren in der ehemaligen DDR weitgehend risikoarm, allerdings stark reglementiert. Das Schulsystem ging von einem Erziehungsauftrag der Schule aus, der LehrerInnen und SchülerInnen gleichermaßen auf den Schulerfolg verpflichtete (vgl. Raab/Rademacker 1994). Die Fürsorge der LehrerInnen endete nicht nach der Aushändigung des Abschlußzeugnisses, sondern die LehrerInnen halfen ihren SchülerInnen auch bei der Suche nach einer Lehrstelle und waren gleichzeitig Ansprechpartner für private Probleme. Wie immer man dies auch beurteilen mag, so stand jedoch fest, daß die Jugendlichen bei dem Übergang von der Schule zur Ausbildung nicht allein gelassen wurden. Nach der Übernahme des westdeutschen Schulsystems machten die SchülerInnen in den neuen Bundesländern verstärkt die Erfahrungen von Konkurrenzkampf; schlechte Noten brachten viele Jugendliche in Schwierigkeiten (vgl. Gawlik/Krafft/Seckinger 1994). Gleichzeitig endete die Zuteilung von Ausbildungs- bzw. Arbeitsplätzen, so daß sich die SchülerInnen nach ihrer Schullaufbahn nicht nur veränderten Verhältnissen auf dem Arbeitsmarkt gegenüber sehen, sondern diesen neuen Erfahrungen und Problemen auch allein gegenüberstehen. Schulsozialarbeit, die in dieser Phase der Neuorientierung SchülerInnen Hilfestellung geben kann und dringend notwendig ist, damit die Jugendlichen die für sie neuen Erfahrungen und Anforderungen von Konkurrenzkampf und eigenverantwortlicher Entscheidung bewältigen können, gibt es fast nirgends (vgl. Kapitel 2.2), obwohl sie sehr wohl einen Beitrag dazu leisten könnte, den Umbruch des Schulsystems nicht nur als negative Erfahrung, sondern auch als Möglichkeit für neue Chancen zu verstehen.

Die Berufswahl der Jugendlichen wurde zu DDR-Zeiten staatlich mitbestimmt; arbeitslose Jugendliche gab es so gut wie gar nicht. Nach der Wende und dem wirtschaftlichen Niedergang in weiten Teilen der neuen Bundesländer mangelt es an Ausbildungsplätzen. Viele Betriebe mußten schließen, wurden abgewickelt. Zahlreiche Ausbildungen, die zu Zeiten der DDR einen Arbeitsplatz garantierten, sind mit der Wiedervereinigung quasi über Nacht wertlos geworden. Die betroffenen Jugendlichen müssen neue Ausbildungen beginnen oder umschulen. Die in der DDR üblichen Informations- und Beratungsangebote über berufliche Ausbildungen in Schulen entfielen ebenfalls mit Übernahme des westlichen Systems. Jugendliche waren nach Schulabschluß bei der Lehrstellen- oder Arbeitssuche erstmals weitgehend auf sich gestellt. Besonders Jugendliche in strukturschwachen Regionen sind extrem benachteiligt. Die Arbeitslosenquote stieg regional bis über 25 % an (Amtliche Nachrichten der Bundesanstalt für Arbeit 1992), wovon auch Jugendliche betroffen waren und sind. Felber stellt fest, daß auch 1993 noch mindestens 10 % der Jugendlichen dieses Ausbildungsjahrgangs ohne betriebliche Lehrstelle geblieben sind (Felber 1993, S. 178f.). Projekte zur außerbetrieblichen Ausbildung sollen die Jugendlichen, die keine betrieblichen Ausbildungsplätze bekommen können, auffangen. Die Projekte sind meist den Arbeitsämtern unterstellt, und es findet in der Regel keine Zusammenarbeit mit den Jugendämtern statt, in deren Aufgabenbereich Jugendberufshilfe fällt (vgl. Kapitel 2.2), obwohl dies im Interesse der betroffenen Jugendlichen dringend erforderlich wäre.

Auch im Freizeitbereich änderte sich die Situation schlagartig für die ostdeutschen Jugendlichen. Die FDJ, die fast alle Freizeitangebote für Jugendliche getragen hatte und der über drei Viertel der ostdeutschen Jugendlichen angehörten, verlor ihre Vormachtstellung. Politisch zu eng an das ehemalige DDR-Regime gebunden, wurden zunächst viele der Jugendklubs und Pionierhäuser der FDJ geschlossen. Die Mitgliederzahl der FDJ reduzierte sich innerhalb eines halben Jahres um etwa die Hälfte (Brenner 1993, S. 384). Die Jugendlichen hatten viele ihrer Treffpunkte und Freizeitangebote verloren. Die Kirchen, die vor der Wende lediglich eine Nischenstellung innehatten und einen Schutzraum für subkulturelle Gruppen (z. B. Punks) boten, konnten diese Lücke nicht kurzfristig schließen. Die neuen Angebote, die sich nach der Wende im Osten etablierten, kamen zunächst überwiegend von kommerziellen Anbietern (Videoshops, Discotheken, Spielhallen etc.). Diese übten zwar einen großen Reiz auf die Jugendlichen aus, waren aber für viele aus finanziellen Gründen nicht nutzbar (IPOS 1993, S. 42). Erst langsam etablieren sich freie Träger, die Jugendzentren öffnen und sich in der Jugendarbeit und Jugendsozialarbeit engagieren. Dabei ist es regional sehr unterschiedlich, inwieweit freie Träger unterstützt werden. Gerade in der Jugendarbeit, einer klassischen Domäne freier Träger, fällt es vielen JugendamtsleiterInnen schwer, Aufgaben und Einrichtungen an freie Träger abzugeben (vgl. Kapitel 4). Doch gerade freie Träger, insbesondere selbstorganisierte Initiativen von Jugendlichen, könnten der Jugendarbeit in den neuen Bundesländern neue Impulse geben. Zum einen können sich die in selbstorganisierten Initiativen engagierten Jugendlichen als von den gesellschaftlichen Veränderungen selbst Betroffene am besten in die Situation ihrer Altersgenossen einfühlen, zum anderen könnten selbstgetragene Projekte Jugendlichen nach dem weitgehenden Verlust von Orientierungen neue Selbstbestätigung und Motivation verleihen. Dies zu fördern, wäre in der gegenwärtigen Lage eine wichtige Aufgabe der Jugendhilfe in den neuen Bundesländern.

Die Jugendhilfe in der ehemaligen DDR war noch stärker als in den alten Ländern repressiv geprägt, und die zahlreichen ehrenamtlich Tätigen in der Jugendhilfe der DDR hatten teilweise weitreichende Kompetenzen, in das Leben von Kindern und Jugendlichen einzugreifen. Die Übertragung des westdeutschen Jugendhilfesystems und die Einführung des KJHG in den neuen Ländern sollen auch hier verstärkt den Dienstleistungsgedanken und die lebensweltnahe Gestaltung von Jugendhilfeangeboten vorantreiben. Dabei ist im Moment fraglich, ob Jugendliche in den neuen Ländern Jugendhilfe auch in der intendierten Weise, als Hilfe- und Dienstleistungsinstanz, wahrnehmen, oder ob sie weitgehend als Instanz für Kontrolle und Bevormundung gesehen wird. Für die Chancen der Jugendhilfe, Jugendliche zur Mitarbeit und zur Inanspruchnahme zu bewegen, ist ihr Image bei den Jugendlichen von entscheidender Bedeutung und darf im Rahmen einer jugendhilfezentrierten Jugendstudie nicht außer acht gelassen werden – insbesondere dann nicht, wenn durch die zahlreichen problematischen Lebensverhältnisse, die sich für die Jugendlichen durch den Beitritt der DDR zur Bundesrepublik ergeben haben, mit einem massiven Bedarf an Hilfe und Unterstützung gerechnet werden kann.

5.1 Aufbau und Methode der Jugenduntersuchung

Damit die Verantwortlichen in der Jugendhilfe den Bedarf an Jugendhilfeeinrichtungen und -angeboten einschätzen können, müssen u.a. auch Daten über die Lebensverhältnisse und Problemlagen Jugendlicher zur Verfügung stehen. Dabei sind die Kenntnisse über die Lebensbedingungen junger Menschen nicht nur zur Strukturentwicklung relevant, sondern sie sollten auch maßgeblich die inhaltliche Arbeit der Jugendhilfe bestimmen (vgl. Otto/Prüß u.a. 1994). Allerdings darf es nicht nur darum gehen, Einstellungen und Wertevorstellungen von Jugendlichen und Einschätzungen über ihre eigene und die gesellschaftliche Situation im Osten abzufragen (IPOS 1993; Shell-Studie 1993), da es bekanntermaßen oftmals eine deutliche Diskrepanz zwischen erfragten bzw. angegebenen Einstellungen und dem beobachtbaren Verhalten gibt. Wenn sich Jugendhilfe jedoch mit ihren Diensten und Angeboten auf die Lebenssituation Jugendlicher und deren Bedürfnisse einstellen soll, müssen die tatsächlichen Lebensbedingungen und Probleme in den

Blick kommen. Es muß darum gehen, die konkreten Probleme von Jugendlichen in unterschiedlichen Lebenszusammenhängen, ihre Möglichkeiten zur Problembewältigung und ihre sozialen Ressourcen zu erforschen. Es müssen gesicherte Daten darüber vorhanden sein, ob Jugendliche Einrichtungen und Angebote der Jugendhilfe kennen, ob sie diese als Hilfe-Instanz wahrnehmen oder eher als Form sozialer Kontrolle empfinden und in welchen Situationen sie bereit sind, diese in Anspruch zu nehmen. Nach Münchmeier ist es notwendig, zu fragen,

„mit Hilfe welcher Ressourcen die Menschen ihre Probleme zu lösen versuchen und welche infrastrukturelle Gelegenheitsstruktur sie dazu brauchen." (Münchmeier 1993, S. 17)

Dabei geht es im Rahmen einer solchen Befragung nicht um die biographischen Studien einzelner Individuen, sondern um die Rekonstruktion bestimmter Lebenslagen einer Altersgruppe (z.B. in Schule, Ausbildung). Mit der von uns im Sommer 1993 durchgeführten repräsentativen Jugendbefragung in den neuen Bundesländern haben wir versucht, uns einer solchen jugendhilferelevanten Jugendforschung zu nähern. Um gesicherte Daten über die Lebensverhältnisse Jugendlicher einer bestimmten Altersgruppe zu erhalten und die Veränderung in den Lebensverhältnissen dokumentieren zu können, wird geplant, die Jugendbefragung zu wiederholen, wobei die Altersgruppe konstant gehalten wird.

Im Mittelpunkt unserer Untersuchung standen neben den persönlichen und familiären Problemen der Jugendlichen die Probleme, die durch Schule, Ausbildung oder Arbeitslosigkeit entstehen können. Gleichzeitig wurden die Ressourcen sozialer Netzwerke und professioneller Hilfeleistungen, die Jugendliche bei Problemen in Anspruch genommen haben, erfragt. Entscheidend waren dabei die tatsächlich geleisteten Hilfestellungen. Nicht erfragt haben wir Vorstellungen der Jugendlichen, wer ihnen bei bestimmten Problemen helfen könnte bzw. an wen sie sich bei Schwierigkeiten wenden würden. Dieses im Rahmen der Studie erhobene Hilfesuchverhalten der Jugendlichen hat für die Jugendhilfe große Bedeutung.

Ein weiterer Schwerpunkt der Befragung war das Freizeitverhalten, wobei auch hier interessierte, mit wem die Jugendlichen den einzelnen Aktivitäten nachgehen. Des weiteren wurden die Einstellung zur Jugendhilfe und zum Jugendamt und die Kenntnis bestimmter Jugendhilfeeinrichtungen erfragt.

Dementsprechend wurde ein mehrteiliger Fragebogen konstruiert:

Der allgemeine Teil, der von allen Jugendlichen zu beantworten ist, befaßt sich mit dem Freizeitverhalten, der Zuordnung zu Subkulturen, der Problembelastung Jugendlicher und ihrer AnsprechpartnerInnen, den Wohnverhältnissen, den Wendefolgen, dem Bekanntheitsgrad von Jugendhilfeangeboten sowie dem Image von Jugendhilfe und Jugendamt.

In fünf Sonderteilen wird auf die spezifische Situation von Schülern, Auszubildenden, erwerbstätigen Jugendlichen, arbeitslosen Jugendlichen sowie auf diejenigen der Jugendlichen, die sich in berufsvorbereitenden Maßnahmen befinden, eingegangen. Diese speziellen Teile des Fragebogens versuchen, die Belastungen in unterschiedlichen Lebenslagen zu erfassen und auch im Zusammenhang mit familiären und persönlichen Problemen zu analysieren. Die Ergebnisse machen deutlich, daß bei bestimmten Problemkonstellationen, auf die im Kap. 5.5 eingegangen wird, der Anteil Jugendlicher, die von ihrem sozialen Netzwerk keine Hilfestellung erhalten, relativ hoch ist. Auch hier lassen sich Hinweise für die Arbeit der Jugendhilfe (speziell Schulsozialarbeit, Jugendberufshilfe, Jugendarbeit bzw. Jugendsozialarbeit) finden.

Die Absicht, die hinter der Entwicklung des Fragebogens stand, läßt sich in wenigen Worten vielleicht wie folgt beschreiben:

Aus der Erfassung der Lebenslagen Jugendlicher sollten sich Anhaltspunkte für die notwendige Angebotsentwicklung der Jugendhilfe ableiten lassen.

Mit unserer Absicht ist natürlich die Aufgabe verbunden, *möglichst viel* über die Lebenslagen Jugendlicher zu erfahren. Wir mußten uns also auf eine Teilpopulation von Jugendlichen beschränken, da, wie hinlänglich bekannt ist, sich die Lebenssituation von 14jährigen nicht mit der von 21jährigen vergleichen läßt. Wir haben uns entschieden, die Stichprobe auf die 16- bis 19jährigen zu beschränken. Bei dieser Altersgruppe ist davon auszugehen, daß alle Befragten im Übergang von der Schule zur Ausbildung oder von der Ausbildung zum Beruf bzw. kurz davor stehen. Sie sind jung genug, um in den vollen „Genuß" der Jugendhilfe zu kommen, und alt genug, um etwas über die Wendefolgen aussagen zu können.

Des weiteren sind wir davon ausgegangen, daß sich in dieser Altersgruppe Jugendliche befinden, die bereits Partnerbeziehungen haben. Auf der anderen Seite spielt für sie aber auch die Clique noch eine große Rolle, die ja gerade für das Freizeitverhalten und das soziale Netzwerk Jugendlicher von zentraler Bedeutung ist.

Mit der Durchführung der Untersuchung wurde ein kommerzielles Forschungsinstitut aus Ost-Berlin beauftragt, das insgesamt 2419 Jugendliche befragte. Die Jugendlichen wurden repräsentativ auf Basis einer Adreßstichprobe für das gesamte Gebiet der neuen Bundesländer (ausschließlich Berlin-Ost) ermittelt. Die Basis der Adreßstichprobe ist eine Gemeindestichprobe im ADM-Design mit 391 sample points. 15 % der Interviews wurden nach Angabe des Meinungsforschungsinstituts schriftlich kontrolliert, woraufhin vier Interviews als „nicht geführt" deklariert und aus dem Datensatz entfernt wurden. Die Befragung erfolgte als face-to-face-Interview. Der Feldphase war ein Pretest mit 60 Interviews vorgeschaltet, der ebenfalls von dem beauftragten Meinungsforschungsinstitut durchgeführt wurde. Zur effektiveren Umsetzung der Erfahrungen aus dem Pretest wurden einige InterviewerInnen zu einer Gruppendiskussion geladen, deren Ergebnisse zur Verbesserung des Fragebogens beitrugen.

Im Rahmen einer Diplomarbeit (Horney 1994) wurden einzelne Skalen auf ihre Reliabilität hin überprüft. So erreicht die Itembatterie für die Gründe, die zur Lehrstellenwahl führten, einen Koeffizienten (Cronbachs alpha) von 0.66 und liefert damit durchaus brauchbare, wenn auch nicht perfekte Ergebnisse. Die Fragen zur subkulturellen Zuordnung erreichen einen alpha-Koeffizienten von 0.60. Die Autorin der Diplomarbeit führt diesen nicht übermäßig hohen Wert auf die „doch nicht alle Orientierungsbereiche der Jugendlichen" (Horney 1994, S. 82) erfassende Fragenbatterie zurück.

Des weiteren wurden die Skalen zur Bewertung des Jugendamtes (alpha = 0.84) einem Reliabilitätstest unterzogen (vgl. Tabelle 5.1).

Tabelle 5.1

Reliabilitätskoeffizienten für Itemgruppen der Jugendbefragung (Cronbachs alpha)	
Gründe für Lehrstellenwahl	0,66
subkulturelle Zuordnung	0,60
positives Bild vom Jugendamt	0,74
negatives Bild vom Jugendamt	0,84

In der Regel handelt es sich bei den durchgeführten Signifikanztests um die Bestimmung von Cramers V. Die statistische Auswertung erfolgte mit SPSS.

5.2 Die Jugendlichen der Untersuchung

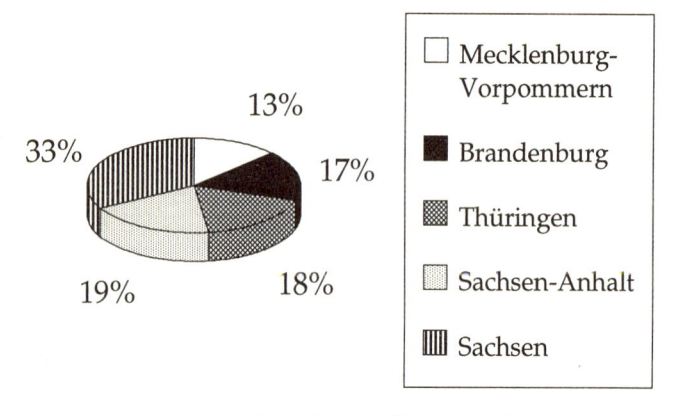

Bevor einzelne themenspezifische Auswertungen erfolgen, sollen die Jugendlichen unserer Stichprobe hinsichtlich zentraler Übersichtsmerkmale beschrieben werden.

Die Jugendlichen wurden, wie in Kapitel 5.1 ausführlich dargestellt, auf der Basis einer Adreßstichprobe ermittelt und im Rahmen von face-to-face-Interviews mit einem weitgehend standardisierten Fragebogen untersucht.

Es wurden 2419 Jugendliche in den neuen Bundesländern ausschließlich Berlins befragt, 52 % davon sind männlich. Die befragten Jugendlichen verteilen sich auf die einzelnen Bundesländer wie in Grafik 5.1 dargestellt.

Grafik 5.1

Die Jugendlichen der Untersuchung

- ☐ Mecklenburg-Vorpommern — 13%
- ■ Brandenburg — 17%
- ▨ Thüringen — 18%
- ▨ Sachsen-Anhalt — 19%
- ▥ Sachsen — 33%

49 % der untersuchten Jugendlichen sind Schüler, 38 % Auszubildende, 4 % erwerbstätig und 5 % geben an, arbeitslos zu sein.

Die Verteilung hinsichtlich der Altersgruppen der befragten Jugendlichen ist der Grafik 5.2 zu entnehmen.

Die Geburtsjahrgänge 1973 und 1977 sind in der Stichprobe enthalten, da die Befragung im Mai 1993 stattfand, so daß die im zweiten Halbjahr 1973 geborenen und die im ersten Halbjahr 1977 geborenen Jugendlichen noch in die vorgegebene Altersgruppe gehören.

94 % der Jugendlichen sind bis zu ihrem 16. Lebensjahr bei ihren Eltern aufgewachsen. 5 % der Jugendlichen geben an, nur bei einem Elternteil aufgewachsen zu sein. Sechs Jugendliche sind im Heim aufgewachsen, zehn weitere waren bis zu ihrem 16. Lebensjahr zumindest zeitweise in einem Heim untergebracht. 19 Jugendliche sind bei Verwandten oder in Pflegefamilien großgeworden.

Grafik 5.2
Geburtsjahrgänge der Jugendlichen

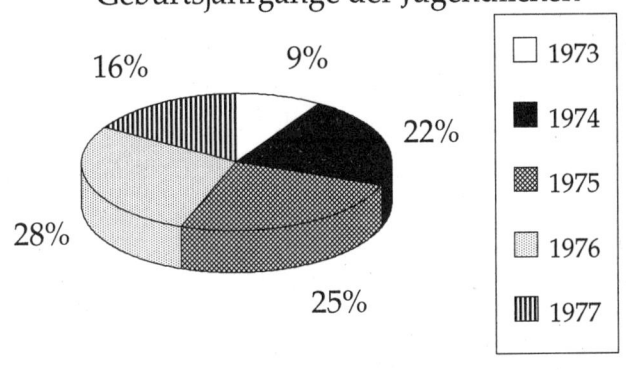

- ☐ 1973
- ■ 1974
- ▨ 1975
- ☐ 1976
- ▥ 1977

16%, 9%, 22%, 25%, 28%

Zum Zeitpunkt der Befragung haben 88 % der Jugendlichen bei ihren Eltern gewohnt, 7 % bei einem Elternteil. 52 Jugendliche gaben an, mit ihrem Partner zusammenzuleben, 25 leben allein, fünf in einer WG und zwei in einer betreuten WG. Des weiteren leben 29 der Jugendlichen bei Verwandten und 52, zumindest teilweise, in einem Wohnheim.

Die relativ meisten Jugendlichen unserer Stichprobe leben in Dörfern mit weniger als 2000 Einwohnern.

Tabelle 5.2

Jugendliche nach Wohnortgröße		
Wohnortgröße	Anzahl	Prozent
bis 2.000 Einwohner	620	26 %
2.001 bis 5.000 Einwohner	298	12 %
5.001 bis 10.000 Einwohner	205	8 %
10.001 bis 20.000 Einwohner	254	11 %
20.001 bis 50.000 Einwohner	389	16 %
50.001 bis 100.000 Einwohner	176	7 %
über 100.000	477	20 %

Über drei Viertel der befragten Jugendlichen gehören keiner Religionsgemeinschaft an, 19 % sind evangelisch, 4 % katholisch und vier der Jugendlichen gehören einer nicht-christlichen Religionsgemeinschaft an.

Nur vier der 2419 befragten Jugendlichen besitzen nicht die deutsche Staatsbürgerschaft, was einem Anteil von 0,2 % an der Gesamtstichprobe entspricht.

Ein Fünftel der Jugendlichen sind als Einzelkinder aufgewachsen.

12 % der Jugendlichen bekommen staatliche Unterstützung zum Lebensunterhalt (vgl. Tabelle 5.3). Frauen beziehen dabei signifikant häufiger Sozialhilfe als Männer (sig: < 5 %), 20 Jugendliche erhalten mehrere staatliche Zuwendungen. Am häufigsten werden die Jugendlichen durch Arbeitslosengeld unterstützt. In den Regierungsbezirken Gera, Rostock, Cottbus und Magdeburg ist der Anteil der Jugendlichen, die Arbeitslosengeld bekommen, am höchsten. In den Regierungsbezirken Erfurt, Suhl und Potsdam am geringsten.

Tabelle 5.3

Staatliche Unterstützung Jugendlicher		
Art der Unterstützung	**Anzahl**	**Prozent**
Arbeitslosengeld	91	31 %
Waisenrente	72	25 %
BAFÖG	60	20 %
Wohngeld	45	15 %
Sozialhilfe	21	7 %
Arbeitslosenhilfe	6	2 %
insgesamt	*295*	*100 %*

Ein Wendephänomen, das sich mit unserer Erhebung nachweisen läßt, sind diejenigen Jugendlichen, die ihre Lehre abgebrochen haben. Das Abbrechen einer Lehre war in der ehemaligen DDR unüblich. Lehrling, Betrieb und Eltern waren gleichermaßen darauf verpflichtet, dafür Sorge zu tragen, daß möglichst viele Jugendliche eine abgeschlossene Berufsausbildung bekamen. Dementsprechend gering war der Anteil der ungelernten Erwerbstätigen in der DDR (vgl. Kapitel 5.3.2). Von den Jugendlichen unserer Stichprobe haben 100 eine Lehre abgebrochen, wobei die Gründe dafür in erster Linie Ursachen sind, die es in der ehemaligen DDR nicht gab. Bei 47 Jugendlichen war der Abbruch der Lehre durch die Schließung des

Betriebs oder den Abbau von Stellen im Betrieb bedingt. Ein Drittel der Jugendlichen gibt an, daß sie keine Lust mehr zu dieser Lehre hatten bzw. feststellten, daß die Lehrstelle nicht ihren Vorstellungen entsprach. Dieser Grund wäre, aufgrund der weitgehenden Zuteilung von Lehrstellen zu DDR-Zeiten, nicht akzeptiert worden. Die Jugendlichen hatten eine Ausbildung den gesellschaftlichen Erfordernissen entsprechend zu absolvieren, wobei ihre persönlichen Interessen in den Hintergrund treten mußten. Überdurchschnittlich viele Jugendliche aus Mecklenburg-Vorpommern haben ihre Lehre abgebrochen, weil sie ihren Vorstellungen nicht entsprach (48 % im Vergleich zu 33 % der Gesamtzahl), in Sachsen-Anhalt mußten dagegen überdurchschnittlich viele Jugendliche die Lehre abbrechen, weil ihr Betrieb pleite ging oder Stellen abbaute (68 % gegenüber 47 % der Gesamtzahl).

Von den 100 Jugendlichen, die ihre Ausbildung abgebrochen haben, kommen überdurchschnittlich viele aus Mecklenburg-Vorpommern und überdurchschnittlich wenig aus Brandenburg. 56 der Lehrstellenabbrecher sind männlich.

An dieser Stelle soll der grobe Überblick über unsere Stichprobe beendet werden. In den folgenden Kapiteln werden die Auswertungen nach bestimmten Themen oder Gruppen vorgenommen.

5.3 Schule – Ausbildung – Beruf

Die DDR-Schule war für die Jugendlichen ein Ort, an dem Kontakte zu Gleichaltrigen im Mittelpunkt standen. Hier geknüpfte Beziehungen stellten ein über Jahre hinweg stabiles soziales Netz dar (vgl. Giessmann 1991). In den 80er Jahren wurde die Schule zunehmend als „lebensfremd" und „Kommandopädagogik" praktizierend kritisiert (vgl. Hoffmann 1991). Die Unterrichtsthemen richteten sich streng nach dem Lehrplan und ließen keinen Raum für Auseinandersetzungen und Diskussionen. Dazu kam eine Entwertung von Bildung, die sich in der Zensureninflation ausdrückt: 1970 hatten 22 % der AbiturientInnen „mit Auszeichnung" (sehr gut) bestanden, 1977 waren dies schon 29 %, 1979 stieg der Anteil auf 37 %, 1982 auf 43 % und 1988 sogar auf 48 % (vgl. ebd.).

Das Bildungssystem in der DDR wies deutliche Unterschiede zum System der BRD hinsichtlich der Art der Bildungsgänge und der Anzahl der AbsolventInnen der jeweiligen Bildungsgänge auf. Pflichtschule war die zehnklassige allgemeinbildende Polytechnische Oberschule (POS). 1989 verließen knapp 2 % der Schulabgänger die Schule vor Abschluß der 8. Klasse, 10 % gingen aus Klasse 8 ab, 77 % absolvierten die 10. Klasse der POS, und lediglich 11 % erlangten die Hochschulreife (vgl. Fischer 1992). Zur Oberschule wurden auch die allgemeinbildenden Sonderschulen mit Ausnahme der Hilfsschule gezählt. Auch sie führten zum Abschluß der 10. Klasse, die Hilfsschule dagegen nur zum Abschluß der 8. Klasse. Neben der POS gab es so etwas wie eine Eliteausbildung in allgemeinbildenden Schulen, dies waren die Spezialschulen, die den

„... besonderen Erfordernissen der Nachwuchsentwicklung für die Wirtschaft, die Wissenschaft, den Sport und die Kultur (dienen). Diese Spezialschulen nehmen nur Schüler mit hohen Leistungen und besonderen Begabungen auf." (Bildungsgesetz von 1963, zitiert nach Fischer 1992)

Die Hochschulreife konnte auf mehreren Wegen erreicht werden. Den häufigsten Weg stellte der Abschluß der Erweiterten Oberschule (EOS) dar. Eine weitere Möglichkeit war die Berufsausbildung mit Abitur, hier konnte sowohl der Facharbeiterabschluß wie auch die Hochschulreife erworben werden; 1985 konnte dieser Ausbildungsweg für 86 von insgesamt 238 Facharbeiterberufen gewählt werden (Fischer 1992). Daneben gab es noch Sonderreifeprüfungen, Direkt- und Abendstudium sowie Ingenieur- und Fachschulen, die in vollzeitlicher Berufsbildung für die Aufnahme eines Hochschulstudiums qualifizierten (vgl. ebd.).

Nach der Wende änderten sich sowohl das Schulsystem als auch die Lehrpläne und die Form des Unterrichts. Viele Veränderungen können nur in einem kontinuierlichen Prozeß entstehen und werden sicherlich noch einige Zeit brauchen, um zumindest in einer vorläufigen Form bestehen zu können. Wir haben mit unserer Befragung versucht, einen Teil der Veränderungen an der Schule von SchülerInnen bewerten zu lassen (vgl. Kapitel 5.3.1).

Die Zulassung zur erweiterten Oberschule und zum Studium setzte neben guten Noten auch die „Verbundenheit mit der Deutschen Demokratischen Republik" voraus, die „durch Haltung und gesellschaftliche Aktivität" bewiesen wurde, daneben waren auch die „Leistungen von Eltern beim Aufbau des Sozialismus" entscheidend (vgl. Fischer 1992).

„Die Gewährung der Bildungsrechte durch den Staat wurde folglich von weltanschaulichen Bekenntnissen und politischem Wohlverhalten abhängig gemacht und mit dem Verweis auf die ‚gesellschaftlichen Erfordernisse' und die ‚soziale Struktur der Bevölkerung' eingeschränkt." (Tiedtke 1991)

Diese Reglementierung kann als Grund für die im Vergleich zu den alten Bundesländern hohe Zahl „ungelernter" AbiturientInnen gelten. Eine Repräsentativstudie des Bundesinstituts für Berufsbildung

(Davids 1993) zur Situation von jungen Erwachsenen (20 bis 24 Jahre alt) ohne anerkannten Berufsabschluß stellte fest, daß 27% dieser Jugendlichen das Abitur haben.

Staatliche Lenkung war ein wesentliches Merkmal der Schul- und Berufsausbildung in der DDR. Neben aller negativen Problematik, auf die hier nicht weiter eingegangen werden soll, hatte diese Ausübung staatlicher Macht auch Teilaspekte, die positiv beurteilt werden können. So war z.B. der Übergang von der Schule in den Beruf auch für niedrige Bildungsabschlüsse gesichert. Nach Fischer (1992) stand Abgängern der 8. Klasse der Hilfsschule eine dreijährige (also um ein Jahr verlängerte) Facharbeiterausbildung in einer begrenzten Zahl von Berufen offen.

Der Übergang von der Schule in den Beruf ist unabhängig vom Bildungsabschluß für alle Jugendlichen wesentlich risikoreicher geworden; in unserer Befragung wird die eigene Arbeitslosigkeit von einem großen Teil der Schüler antizipiert. Um der Ausbildungsplatznot in den neuen Bundesländern zu begegnen, wurden 1993 10000 überbetriebliche Ausbildungsplätze geschaffen (vgl. Felber 1993, S. 178f.). Auch 1994 hat sich die Situation nicht verbessert, die Bundesanstalt für Arbeit spricht in ihrem Bericht über den Ausbildungsstellenmarkt in Ostdeutschland von einem „hohen Nachfrageüberschuß" und von „zu wenig Ausbildungsstellen in allen großen Berufsbereichen" (Bundesanstalt für Arbeit 1995, S. 29).

In unserer Befragung der JugendamtsleiterInnen gehen wir auch auf diese Problematik ein. Für die Mehrheit der JugendamtsleiterInnen stellt Jugendarbeitslosigkeit ein gravierendes Problem dar. Angesichts dieser Einschätzungen und der Statistik der Jugendarbeitslosigkeit in den neuen Bundesländern überrascht es, daß in nur 19 der 35 befragten Jugendamtsbezirke, nach Angaben des Jugendamtes, Projekte der Jugendberufshilfe existieren. Da diese Maßnahmen hauptsächlich über das Arbeitsamt finanziert werden, hat die Verwaltung der Jugendämter aber nicht zwangsläufig Kenntnis von diesen Maßnahmen. Kooperationen und Arbeitsgemeinschaften zwischen Jugendamt, Arbeitsamt und Schule, die sich langfristig und kontinuierlich mit dem Problem der Jugendarbeitslosigkeit auseinandersetzen, sind nach unseren Ergebnissen eher die Ausnahme (vgl. Kapitel 2.1).

Ein Abschnitt unserer Jugendbefragung befaßt sich mit den Problemen und Bewältigungsstrategien von jugendlichen Arbeitslosen.

Die Berufslenkung erfolgte in der DDR hauptsächlich durch die Lehrer. In der Schule lagen die Verzeichnisse der offenen Lehrstellen aus, die von den Betrieben gemeldet wurden. Die Allokationsmechanismen sind bürokratisch-verwaltender Natur und führten nicht selten zu Fehlallokationen. Den Weg zur Lehre beschreibt Hille (1977) folgendermaßen:

„Die Schüler erhalten die sogenannte Doppelkarte, die eine Bewerbungs- und eine Bestätigungskarte enthält, und können sich unter Vorlage der Bewerbungskarte selbständig bei den im Lehrstellenverzeichnis ausgewiesenen Betrieben um einen Ausbildungsplatz bewerben. Die Betriebe wiederum dürfen Schulabgänger nur in dem Rahmen einstellen, der durch den Plan für Neueinstellungen abgesteckt ist. Bei Annahme einer Bewerbung müssen sie die Bestätigungskarte mit einem entsprechenden Vermerk an das zuständige Amt senden. Auf diese Weise kontrollieren die Ämter jede Einstellung, die in ihrem Bereich zu Ausbildungszwecken erfolgt." (S. 30 f.)

Im Vordergrund standen dabei nicht Eignung, Fähigkeiten oder Vorlieben der Jugendlichen, sondern lediglich die Einhaltung der betrieblichen Pläne. Eine Transparenz über den Arbeitsmarkt gab es nicht, was zu der absurden Situation führte, daß

„bei allgemein starker Nachfrage nach Arbeitskräften im technischen Bereich entsprechende Berufswünsche Jugendlicher trotz vorhandener Eignung aufgrund der Bezirkspläne nicht berücksichtigt werden, sondern eine Umlenkung in einen anderen Wirtschaftsbereich erfolgt." (Hille, 1977, S. 42 f.)

Uns interessierte, wie die Jugendlichen mit den veränderten Bedingungen des Ausbildungsmarktes zurechtkommen, ob sie die Berufsberatung des Arbeitsamtes nutzen, wie sie das Arbeitsamt und seine MitarbeiterInnen bewerten und welche Strategien zur Ausbildungsplatzsuche angewandt werden. Die Situation der Auszubildenden in überbetrieblichen Einrichtungen wird in unserer Studie nicht gesondert behandelt, speziell eingegangen sind wir allerdings auf die TeilnehmerInnen von berufsvorbereitenden Maßnahmen.

5.3.1 SchülerInnen

Die SchülerInnen unserer Jugendstudie verteilen sich folgendermaßen auf die einzelnen Schultypen (siehe Grafik 5.3).

Da unsere Stichprobe auf Jugendliche zwischen 16 und 19 Jahren beschränkt ist, besuchen die meisten SchülerInnen ein Gymnasium.

Wir haben die SchülerInnen nach den Veränderungen an ihrer Schule gefragt, die nach bzw. im Zusammenhang mit der Wende erfolgt sind (siehe Tabelle 5.4). Für die überwiegende Mehrzahl (70 %) der SchülerInnen hat sich der Schulalltag entscheidend verändert.

Nach Ansicht von knapp der Hälfte der SchülerInnen sind die Lehrer jetzt lockerer, eine durchaus positiv zu wertende Verände-

Grafik 5.3

Anteile der SchülerInnen nach Schultyp

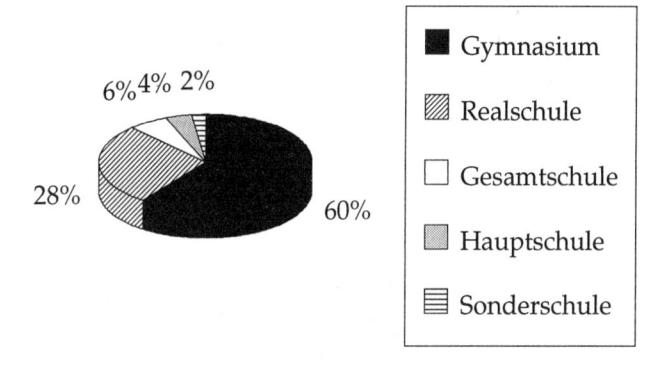

6% 4% 2%

28%

60%

- Gymnasium
- Realschule
- Gesamtschule
- Hauptschule
- Sonderschule

rung. Dieser Aussage stimmen die GymnasiastInnen und die SonderschülerInnen allerdings wesentlich seltener zu als die SchülerInnen der anderen Schulen. Einig sind sich die SchülerInnen in den neuen Bundesländern in der Beurteilung der eher negativen Veränderungen: rund 80 % der SchülerInnen finden, daß ihre Schule seit der Wende höhere Anforderungen an sie stellt. Dieser Ansicht sind vor allem die GymnasiastInnen, die in unserer Stichprobe die größte Gruppe bilden. Die Hälfte der befragten SchülerInnen empfindet die Schule seit der Wende insgesamt als belastender. Einzige Ausnahme sind die GesamtschülerInnen, von denen lediglich 38 % die-

Tabelle 5.4

"Was hat sich seit der Wende an Deiner Schule geändert? Sage mir zu jeder Antwort, ob sie auf Deine Schule zutrifft."				
Antwortposition	trifft voll und ganz zu	trifft eher zu	trifft eher nicht zu	trifft gar nicht zu
Lehrer sind jetzt lockerer	12 %	32 %	37 %	20 %
Die Schule ist jetzt belastender	23 %	28 %	32 %	17 %
Jetzt stellt die Schule höhere Anforderungen	40 %	38 %	16 %	5 %
Jetzt gibt es mehr Konkurrenz mit den Mitschülern	13 %	25 %	37 %	26 %
An der Schule hat sich kaum etwas geändert	7 %	22 %	42 %	29 %

ser Aussage zustimmen. Diese Ergebnisse stimmen mit einer Studie zum schulischen Belastungserleben bei 14- bis 16jährigen SchülerInnen in Nordrhein-Westfalen und Sachsen überein. Dort hatten bereits im ersten Jahr nach der Wende 81 % der SchülerInnen den Eindruck, daß die Anforderungen im Unterricht höher als im vergangenen Schuljahr waren (vgl. Pollmer/Hurrelmann 1992).

Diese Aussagen sind auch im Zusammenhang mit dem schulpädagogischen Konzept der ehemaligen DDR zu sehen. Dieses Konzept ging von einem Erziehungsauftrag der Schule aus, der LehrerInnen und SchülerInnen gemeinsam auf den Schulerfolg verpflichtete. In einer Umfrage an Schulen im Jahr 1990 wurde im Osten das eigene Bildungssystem von den LehrerInnen abgewertet, nur in den Dimensionen „Chancengleichheit" und „Lernen ohne Leistungsdruck" wurde es als dem westdeutschen Bildungssystem überlegen beurteilt (vgl. Behnken, u.a. 1991). Das Bewertungssystem in den Schulen der DDR wird aus westdeutscher Sicht als „potemkinscher Leistungsnachweis" beurteilt, d.h., die LehrerInnen waren es gewohnt, ein positives Bild der SchülerInnen zu vermitteln, um die eigene Leistungsfähigkeit zu dokumentieren (vgl. ebd.). Pollmer und Hurrelmann führen die höheren Anforderungen an die SchülerInnen auch auf die strengere Zensierung durch die LehrerInnen zurück (vgl. Pollmer/Hurrelmann 1992).

Die radikalen Veränderungen im Schul- und Ausbildungssystem und die massive Arbeitslosigkeit in den neuen Bundesländern haben zu einem vermehrten Ausleseprozeß in den Schulen geführt. Die Hälfte der von uns befragten HauptschülerInnen spürt einen stärkeren Konkurrenzkampf unter den MitschülerInnen. Die Gruppe der GesamtschülerInnen stimmt dem Urteil, daß es jetzt mehr Konkurrenz unter den MitschülerInnen gäbe, nur zu 30 % zu; bei den GymnasiastInnen und RealschülerInnen liegt die Zustimmung bei 39 % bzw. 36 %.

Zum Schulstreß gehören auch Probleme mit schlechten Noten. Die Schulleistungen haben in den alten Bundesländern eine wesentliche Bedeutung erlangt. Sie werden als ein Indikator gewertet, an dem die Stellung des Jugendlichen innerhalb der Gesellschaft in bezug auf seinen sozioökonomischen Status abzulesen ist. Dies ist um so mehr der Fall, je stärker das Schulsystem gegliedert ist und je mehr den diversen Schulabschlußmöglichkeiten formal festgeschriebene berufliche Laufbahnen folgen (vgl. Pollmer/Hurrelmann 1992). Probleme mit schlechten Noten haben insgesamt 38 % der SchülerInnen, wobei besonders die HauptschülerInnen (60 %) und die GesamtschülerInnen (50 %) betroffen sind. Knapp drei Prozent der SchülerInnen bekommen Nachhilfeunterricht.

Konfliktgeladene Situationen beim Umgang von SchülerInnen untereinander und von SchülerInnen und LehrerInnen sind eine weitere Belastung im schulischen Alltag. Besonders problematisch ist die Lage von SchülerInnen, bei denen zu den Belastungen des Schulalltags zusätzliche schulbedingte oder aus anderen Bezügen stammende Konflikte mit den Eltern kommen. Wie die einzelnen SchülerInnen mit diesem Streß umgehen, wie sie den Streß verarbeiten, hängt auch von ihrer Kompetenz und ihren individuellen Fähigkeiten ab. Eine wichtige Rolle bei der Bewältigung dieser Anforderungen spielen die sozialen Ressourcen der Jugendlichen. Dazu gehören sowohl die Beziehungen zu Erwachsenen wie auch die zu Gleichaltrigen. Wir haben daher bei unserer Analyse der Belastungen durch die Schule auch jeweils nach Personen gefragt, die in dieser Problemsituation geholfen haben.

Aufgrund der Schule haben knapp 30 % der SchülerInnen Auseinandersetzungen mit ihren Eltern. Dies betrifft besonders die Gruppe der von uns befragten Haupt- und GesamtschülerInnen, von denen knapp die Hälfte unter schulbedingtem Streß mit den Eltern leidet. Für 60 % der SchülerInnen, die schulbedingte Auseinandersetzungen mit den Eltern haben oder hatten, stellt dies ein Problem dar, das sie erheblich belastet oder belastet hat. Knapp die Hälfte hat, obwohl die Konflikte mit den Eltern sie durchaus massiv bedrückt haben, bei diesem Problem niemanden um Hilfe gebeten. Die übrigen SchülerInnen haben hauptsächlich in ihrem Freundeskreis Hilfe gefunden.

Konflikte mit LehrerInnen geben 38 % der SchülerInnen an, hier gibt es keine Unterschiede zwischen den einzelnen Schultypen.

Tabelle 5.5

	Schulprobleme			
Ärger mit: *insgesamt*	**Lehrern** *38 %*	**Eltern** *30 %*	**Noten** *38 %*	**Mitschüler** *27 %*
um Hilfe gebeten wurde:				
niemand	18 %	34 %	19 %	19 %
Mitschüler	28 %	8 %	22 %	13 %
Freunde	18 %	36 %	19 %	35 %
Eltern	49 %	12 %	50 %	32 %
Lehrer	19 %	6 %	19 %	12 %
Schulpsych. bzw. -päd.	1 %	0 %	1 %	0 %
Elternvertretung	1 %	1 %	0 %	0 %
Sonstige	3 %	7 %	4 %	3 %

Tabelle 5.5 zeigt die Probleme der SchülerInnen und welche Personen von ihnen in Konfliktfällen um Rat und Hilfe gebeten wurden.

Uns erscheint der Anteil der SchülerInnen, die niemanden um Hilfe bitten, erschreckend hoch. Ob diese SchülerInnen niemanden wissen, der ihnen helfen kann oder ob sie sich mit ihren Problemen niemandem anvertrauen können oder wollen, kann an dieser Stelle nicht geklärt werden. Bemerkenswert ist, daß SchulpsychologInnen oder SchulpädagogInnen in diesem Zusammenhang für die SchülerInnen keine Funktion haben. An den meisten Schulen in den neuen Bundesländern gibt es auch keine Einrichtungen der Schulsozialarbeit, wie unsere Untersuchung über Jugendhilfeeinrichtungen öffentlicher und freier Träger zeigt (vgl. Kapitel 2.2).

Knapp 4 % der von uns befragten SchülerInnen sind im Schulalltag relativ isoliert und haben keine Freunde unter den MitschülerInnen.

In den Schulen der ehemaligen DDR wurde ein Bezug zur Arbeitswelt durch polytechnischen Unterricht in Betrieben hergestellt. Der Übergang zu Ausbildung und Beruf war aufgrund der staatlichen Planung sicher und ohne Risiko (vgl. Raab/Rademacker 1994). Jetzt ist der Übergang von der Schule in die berufliche Ausbildung wesentlich unsicherer, risikoreicher und unübersichtlicher geworden. Fehlende Ausbildungs- und Berufsperspektiven bei gleichzeitiger massiver Orientierungslosigkeit verschlechtern die Lebenslage der Jugendlichen. Mehr als ein Drittel der SchülerInnen ist unsicher, was sie mit ihrem Schulabschluß später auf dem Arbeitsmarkt für Möglichkeiten haben. Für die HauptschülerInnen trifft dies sogar auf die Hälfte der Befragten zu.

Angst, nach der Schulzeit keine Lehrstelle bzw. keinen Arbeitsplatz zu finden, haben 43 % der befragten SchülerInnen – eine Angst, worunter besonders die HauptschülerInnen (61 %) und die SonderschülerInnen (74 %) leiden.

Wir wollten wissen, ob die Schule und vor allem das Gymnasium als Möglichkeit angesehen wird, die Zeit des akuten Ausbildungsplatzmangels in den neuen Bundesländern zu überbrücken. Dies ist nicht der Fall. Allerdings zeigt sich bei der Beantwortung dieser Frage, daß besonders Haupt- und SonderschülerInnen ihre eigene Arbeitslosigkeit vorwegnehmen. Für knapp ein Drittel dieser Gruppe hat die schulische Ausbildung keinen Wert auf dem Arbeitsmarkt, was sich auch symptomatisch auf Schulmüdigkeit auswirken kann.

Knapp 20 % der SchülerInnen wissen zum jetzigen Zeitpunkt noch nicht, welchen Job sie machen wollen oder können, wobei die RealschülerInnen allerdings fast alle (91 %) schon konkrete Vorstellungen haben. Bei den GymnasiastInnen und den HauptschülerInnen sind es etwas mehr als 20 % und bei den SonderschülerInnen fast 40 %, die weiter zur Schule gehen, weil sie noch keine konkreten Berufsvorstellungen haben. Das Lernen an der Schule halten die meisten der befragten SchülerInnen für sinnvoll, nur 13 % meinen, in der Schule nur Dinge zu lernen, die sie später nie wieder brauchen könnten.

Acht der SchülerInnen hatten zum Zeitpunkt der Befragung bereits eine Ausbildung angefangen, zwei hatten sie abgeschlossen, die anderen hatten die Ausbildung abgebrochen.

Von der Arbeitslosigkeit in die Schule gewechselt sind lediglich zwei SchülerInnen.

12 % der SchülerInnen können in ihrer Freizeit aus finanziellen Gründen häufig nicht mit ihren Freundinnen und Freunden mithalten und sind daher von vielen Unternehmungen ausgeschlossen. Dabei gibt es einen deutlichen, positiven Zusammenhang mit der Arbeitslosigkeit der Eltern (sig: < 1 %) und den Geldproblemen in der Familie (sig: < 1 %). Signifikant seltener (sig: < 1 %) haben GesamtschülerInnen und GymnasiastInnen das Problem, aus Geldmangel auf Freizeitaktionen mit FreundInnen verzichten zu müssen. Für mehr als die Hälfte der SchülerInnen haben die finanziellen Einschränkungen in der Freizeit eine belastende Wirkung; es „macht ihnen etwas aus", bei Aktivitäten mit FreundInnen nicht dabeisein zu können. Wesentlich mehr SchülerInnen (27 %) passiert es allerdings, daß sie aus Zeitgründen bei Unternehmungen der FreundInnen nicht dabeisein können, was jedoch signifikant häufiger auf die Gruppe der GymnasiastInnen zutrifft (sig: < 1 %). Wir haben nicht ausdrücklich nach den Gründen für diesen Zeitmangel gefragt, allerdings ergeben die Antworten zu der Frage nach den schulischen Belastungen: mehr als zwei Drittel von denen, die angeben, aus Zeitmangel Unternehmungen mit FreundInnen zu verpassen, lernen auch am Wochenende für die Schule, 22 % fühlen sich durch Hausaufgaben gestreßt, knapp 30 % haben Probleme mit schlechten Noten und genauso viele haben nachmittags Unterricht.

Weil die Eltern es verbieten, nehmen 11 % der SchülerInnen an den Unternehmungen der FreundInnen nicht teil. Die überwiegende Mehrheit der SchülerInnen fühlt sich durch diese Verbote stark eingeschränkt. Durch ein Verbot der Eltern von gemeinsamen Aktivitäten mit FreundInnen ausgeschlossen zu sein, belastet die SchülerInnen sehr viel öfter als die anderen untersuchten Gruppen von Jugendlichen. Von den elterlichen Verboten sind Schüler und Schülerinnen gleichermaßen betroffen, allerdings gibt es erwartungsgemäß altersspezifische Unterschiede: die Jüngeren bekommen den Umgang mit FreundInnen wesentlich häufiger verboten als die Älteren. Dort, wo wegen der Schule ohnehin schon schlechte Stimmung zu Hause herrscht, verbieten die Eltern signifikant häufiger gemeinsame Unternehmungen mit FreundInnen.

Die Wohnortnähe der Schule hat zum einen Bedeutung für die freie Zeit der SchülerInnen, zum anderen auch für die Einbindung der SchülerInnen in die Nachbarschaft. Über die räumliche Nähe können wir nur bedingt eine Aussage machen, da wir lediglich die für den Schulweg benötigte Zeit abgefragt haben. Die überwiegende Mehrheit der SchülerInnen braucht bis zu 30 Minuten, um zur Schule zu gelangen. Die Real- und GesamtschülerInnen sind in dieser Gruppe wesentlich häufiger vertreten als die anderen (sig: < 1%); GymnasiastInnen und SonderschülerInnen brauchen dagegen signifikant öfter 30 bis 60 Minuten bzw. bis zu zwei Stunden für den Schulweg.

Nach der Wende haben sich die Freizeitmöglichkeiten der Jugendlichen stark verändert. Wir vermuteten, daß die Freizeitangebote in ländlichen Gebieten eher abgenommen haben und in städtischen Regionen neue, kommerzielle Angebote entstanden sind, die aber unter Umständen von einigen Teilgruppen unserer Untersuchung aus Kostengründen nicht in Anspruch genommen werden können.

77% aller Befragten haben angegeben, daß es zu DDR-Zeiten in ihrem Wohnort einen Jugendklub gab. Nach der aktuellen Situation gefragt, können nur noch 48% die Frage nach einen Jugendklub in ihrem Wohnort bejahen.

Nach unseren Ergebnissen waren diese Freizeitmöglichkeiten zu DDR-Zeiten relativ gleichmäßig verteilt. Lediglich Jugendliche, die in Orten mit bis zu 2000 Einwohnern wohnen, geben erwartungsgemäß signifikant seltener an, daß es hier einen Jugendklub gab, genauso wie Jugendliche in Orten mit mehr als 100 000 Einwohnern (sig: < 1%).

Befragte aus Orten mit 50 000 bis 100 000 Einwohnern geben dagegen die Existenz eines Jugendklubs wesentlich häufiger an. Besonders groß ist der Rückgang der Jugendklubs in schwach besiedelten Regionen (5000 bis 10 000 Einwohner), signifikant seltener wurden diese Freizeitmöglichkeiten in größeren Orten geschlossen (20 000 bis über 100 000 Einwohner). Wir sind in unserer Interpretation der Daten davon ausgegangen, daß Jugendklubs eine Möglichkeit darstellen, kostenlose oder zumindest kostengünstige Freizeitangebote wahrzunehmen. Der Wegfall dieser Möglichkeit muß besonders in Regionen mit wenig alternativen Angeboten und in

Regionen mit einem hohen Arbeitslosenanteil negativ ins Gewicht fallen.

Wir haben die Jugendlichen gefragt, ob sie es schlecht finden, daß es in ihrem Wohnort keinen Jugendklub mehr gibt.

55 % aller Befragten bedauern den Wegfall dieser Freizeitmöglichkeit, einem Drittel der Jugendlichen ist dies egal, weil sie den Jugendklub früher sowieso nie genutzt haben, und 12 % der Befragten halten die neu entstandenen Angebote für einen ausreichenden Ersatz. Dabei haben weder die Arbeitslosigkeit der Eltern noch der Status des Befragten (Schüler, Berufstätiger, Auszubildender oder Arbeitsloser) einen Einfluß auf die Bewertung der Schließung des Jugendklubs. Entscheidend für die Bewertung ist lediglich die Größe des Wohnortes des Befragten. Jugendliche in kleinen Orten mit bis zu 5000 Einwohnern stimmen wesentlich häufiger zu, daß es schlecht ist, daß es diese Jugendklubs nicht mehr gibt.

Knapp die Hälfte der SchülerInnen stimmt der Aussage zu, daß es jetzt, bezogen auf die Freizeitaktivitäten, viele Angebote gibt, die sie sich finanziell nicht leisten können. Als positive Veränderung wird von der überwiegenden Mehrheit der SchülerInnen der Wegfall der „Zwangsmitgliedschaften" gewertet. Es ist den SchülerInnen jetzt eher möglich, über ihre Freizeit selbst zu bestimmen. 21 % wissen allerdings aufgrund des Wegfalls der Einrichtungen und Angebote für Jugendliche nicht mehr, was sie in ihrer Freizeit überhaupt machen können. Fast 60 % der befragten SchülerInnen bemängeln, daß es nach der Wende wesentlich weniger Treffpunkte für Jugendliche gibt. Zu diesem Ergebnis paßt auch, daß knapp 40 % es schade finden, daß es keine Zirkel mehr gibt (siehe dazu auch Kap. 5.4). Dies hat aber nicht zur Folge, daß Jugendliche von Gleichaltrigen isoliert sind oder zurückgezogen im Familienleben aufgehen. Nur 9 % der SchülerInnen geben an, daß sie jetzt weniger Leute kennenlernen als vor der Wende.

5.3.2 Jugendliche in der Ausbildung

In den alten Bundesländern gibt es seit 1970 ein bundesweit einheitliches System der dualen Ausbildung für Lehrlinge. Den Jugendlichen soll einerseits in der praktischen Teilnahme am Arbeitsprozeß eine Berufsbefähigung verschafft werden, auf der anderen Seite sollen sie durch die Ausbildung in der Berufsschule das „Lernen" lernen. Dies wird als der „entscheidende Vorteil dualer Ausbildung gegenüber anderen Formen beruflicher Ausbildung" gesehen (Berufsbildungsbericht 1990, S. 7). Dementsprechend sollen andere

Formen der Ausbildung, wie z.B. außerbetriebliche Ausbildungen, möglichst vermieden werden und nur im Notfall zur Anwendung kommen. In den neuen Bundesländern konnte allerdings nur durch die Schaffung außer- und überbetrieblicher Ausbildungsplätze die drohende massive Jugendarbeitslosigkeit wenigstens ansatzweise aufgefangen werden. Felber schreibt dazu:

„Für die neuen Bundesländer läuft in diesen Tagen ein Sonderprogramm zur Schaffung von 10000 überbetrieblichen Ausbildungsplätzen. Man darf daraus schließen, daß mindestens zehn Prozent des Ausbildungsjahrgangs in ihrer Region unterversorgt mit betrieblichen Ausbildungsplätzen bleiben, und das ist – allen lange gehandelten Zahlen zufolge – eher zu knapp kalkuliert." (Felber 1993, S. 178f.)

Durch die Wiedervereinigung wurden in den neuen Bundesländern westdeutsche Ausbildungsmaßstäbe und Berufsbilder verbindlich. Bestimmte Ausbildungsberufe, die es in der ehemaligen DDR gab, zum Beispiel die Ausbildung als Teilfacharbeiter, werden im wiedervereinten Deutschland nicht mehr anerkannt. Für viele Jugendliche bedeutet dies, daß sie eine Umschulung machen oder eine neue Lehre absolvieren müssen. Die Teilfacharbeiterausbildung wurde über Nacht wertlos:

„Die Teilfacharbeiter stehen tatsächlich vor dem Nichts, sie wurden in den entsprechenden Regelungen des Einigungsvertrages schlicht vergessen. Mit ihrer abgeschlossenen Teilausbildung bleibt ihnen die Anerkennung des Hauptschulabschlusses versagt, so daß Umschulungen oder gar Berufsausbildungen, die einen Hauptschulabschluß als Voraussetzung erforderlich machen, ihnen nicht zugänglich sind." (Felber/Gabriel 1993, S. 41)

Die Berufswahl der Jugendlichen ist im Prinzip frei, ein großer Teil der Jugendlichen wird allerdings durch strukturelle Faktoren oder Diskriminierungen vom Ausbildungsmarkt ausgegrenzt. Ein immer größerer Prozentsatz von Jugendlichen bleibt ohne Chance auf einen regulären Ausbildungsplatz in Deutschland, teilweise einfach deshalb, weil sie „im falschen Jahr die Schule verlassen haben" und in eine „kohortenspezifische" Benachteiligung am Arbeitsmarkt fallen (Braun/Lex/Schäfer/Zink 1993, S. 185). Besonders Jugendliche mit niedrigem Bildungsabschluß haben wenig Möglichkeiten auf dem Ausbildungsmarkt. Der Pflichtschulabschluß, formal die Eingangsvoraussetzung für die betriebliche Erstausbildung, ist nur noch für wenige Ausbildungen, wie z.B. die einfachen handwerklichen Berufe, die einfachen industriellen Fertigungsberufe und die weniger attraktiven kaufmännischen Berufe im Einzelhandel ausreichend (Raab/Rademacker 1992). Nach Raab kommt es zu einer „vertikalen Ausdifferenzierung des dualen Ausbildungsberufsgefüges" (vgl. Raab 1991). Diese Entwicklung ist auch in den neuen Bundesländern zu erwarten. Anzeichen dafür bieten zum Beispiel die von Laszlo (1993) veröffentlichten Ergebnisse des Bundesinstituts für Berufsbildung, die bei ostdeutschen SchülerInnen einen Trend zur Lehre verzeichnen. Von den RealschülerInnen äußerten 74 % (gegenüber 69 % in den alten Bundesländern) die Absicht, nach der Schule mit einer Lehre zu beginnen, bei den HauptschülerInnen waren es 61 % (67 % in den alten Bundesländern), und 30 % der AbiturientInnen (24 % in den alten Bundesländern) möchten nach der Schule eine Lehre beginnen. Knapp zwei Drittel der AbiturientInnen, die eine Lehre anstreben, möchten diese im kaufmännischen Bereich oder in der Verwaltung absolvieren. In den alten Bundesländern haben bereits 25 % der Auszubildenden in kaufmännischen und Dienstleistungsberufen in Industrie und Handel das Abitur. Dadurch „steigt das Niveau der Berufsschulklassen in vielen Ausbildungsberufen. Bank- und Industriekaufleuteklassen haben heute zuweilen das Niveau gymnasialer Abschlußklassen; Hauptschüler kommen da kaum mehr mit". (Raab 1991, S. 298)

Berücksichtigt man die Ausführungen von Laszlo (1993) zu den angestrebten Ausbildungsberufen der SchülerInnen, so läßt sich die von Raab aufgezeigte Entwicklung auch für die neuen Bundesländer prognostizieren.

Unsere Befragung der Auszubildenden[22] hat ergeben, daß Jugendliche mit Abitur im kaufmännischen und sozialen Ausbildungszweig sowie bei den BeamtenanwärterInnen überwiegen. Allerdings sind diese Unterschiede weniger ausgeprägt als die Ergebnisse der Untersuchung des Bundesinstituts für Berufsbildung. Dies liegt vermutlich daran, daß wir nicht den angestreben Ausbildungsberuf bei SchülerInnen, sondern die tatsächlich absolvierte Ausbildung abgefragt haben und unsere Ergebnisse sich damit auch auf eine andere Alterskohorte beziehen, bei der diese deutliche vertikale Ausdifferenzierung noch nicht stattgefunden hat.

Die Berufswahl von Jugendlichen in der ehemaligen DDR war auch ein Bereich, der staatlich gelenkt wurde. Jugendliche waren gehalten, eine Ausbildung entsprechend gesellschaftlicher Erfordernisse zu absolvieren, die sich natürlich nicht immer mit den Interessen der Jugendlichen deckten. Um die Berufswahl der Jugendlichen in eine bestimmte Richtung zu lancieren, wurden ihnen die Prinzipien der sozialistischen Arbeit bereits in der Schule beigebracht.

---

[22] Gemeint sind hier nicht nur die betrieblichen Ausbildungen im dualen System, sondern Ausbildungen im weitesten Sinn (auch Berufsfachschulen).

Durch eine breite Vorinformation über Ausbildungsmöglichkeiten in der Schule und gezielte Propaganda für bestimmte Arbeitsbereiche wurden die Berufswünsche der Jugendlichen schon früh in eine gesellschaftlich erwünschte Richtung gelenkt (vgl. Hille 1977, S. 26f.). Natürlich funktionierte dies nicht vollständig, so daß nur bei „ca. 70 % von Lehrabschlüssen bzw. Berufseinmündungen, ... eine zufriedenstellende Anpassung an die vorliegenden Stellenpläne erreicht" wurde (Hille 1977, S. 41).

Tabelle 5.6

	Schulabschluß und Ausbildungsbereich					
	keinen	Hauptschule	Realschule	Fachschule	Abitur	sonstigen
kaufmännisch, Verwaltung	0 0,0 %	12 6,4 %	165 87,7 %	1 0,5 %	10 5,3 %	0 0,0 %
gewerblich	1 0,2 %	69 15,4 %	371 82,8 %	0 0,0 %	4 0,9 %	2 0,4 %
haus-, landwirtschaftlich	0 0,0 %	20 41,7 %	27 56,3 %	0 0,0 %	1 2,1 %	0 0,0 %
Sozial-, Gesundheitsbereich	0 0,0 %	2 1,9 %	95 88,8 %	2 1,9 %	8 7,5 %	0 0,0 %
Beamtenanwärter	0 0,0 %	1 6,3 %	12 75,0 %	0 0,0 %	3 18,8 %	0 0,0 %
sonstige berufliche Ausbildung	0 0,0 %	11 9,3 %	98 83,1 %	3 2,5 %	3 2,5 %	2 1,7 %
insgesamt	*1* *0,1 %*	*115* *12,5 %*	*768* *83,2 %*	*6* *0,7 %*	*29* *3,1 %*	*4* *0,4 %*

Die von uns befragten Jugendlichen absolvieren ihre Ausbildung zu knapp drei Viertel in Betrieben; 17 % besuchen eine Berufsfachschule und 9 % lernen in der öffentlichen Verwaltung (siehe Tabelle 5.6).

Eine Benachteiligung von Frauen im Ausbildungssystem in der Form und in dem Ausmaß, wie sie die empirische Forschung für die alten Bundesländer nachgewiesen hat (vgl. Lex 1993), gab es zu DDR-Zeiten nicht (vgl. Nickel 1991). Allerdings gab es trotz hoher Erwerbsbeteiligung und gleichem beruflichem Qualifikationsniveau auch deutliche Ungleichheiten:

„Unabhängig vom Niveau beruflicher Qualifikation und von der sozialen Stellung der Frauen erfolgt die Arbeitsteilung in der Familie nach einem geschlechtstypischen Muster: Frauen obliegt zumeist das sozialbetreuerische, routinehafte, zeitlich und räumlich gebundene Handeln in der Familie; ... Männer sind trotz der Berufsarbeit fast aller Frauen meistens die Hauptverdiener, und bei aller materiellen Unabhängigkeit der werktätigen Frauen in der DDR sind Väter mehr noch als Mütter für den finanziellen Lebensunterhalt der Familien zuständig." (Nickel 1991)

Dies wird von der Autorin auch als ein Grund gesehen, warum der Anteil der Frauen in Angestelltenberufen im Dienstleistungs- bzw. Verwaltungsbereich oder im pädagogischen Bereich weitaus höher ist. Hier lassen sich nach Ansicht der Autorin Beruf und Familie noch am ehesten vereinbaren (vgl. ebd.).

Die Studien des Bundesinstituts für Berufsbildung (vgl. Laszlo 1993; Schweikert 1993) haben auch für die neuen Bundesländer eine Benachteiligung von Mädchen und jungen Frauen auf dem Ausbildungsmarkt festgestellt. Die Chancen, einen Ausbildungsplatz zu bekommen, sind für die weiblichen Bewerberinnen um rund ein Viertel niedriger als für die jungen Männer, obwohl die Frauen sich durchschnittlich öfter bewerben als die Männer.

Etwas mehr als ein Drittel der von uns befragten Jugendlichen zwischen 16 und 19 Jahren absolviert eine Lehre. Die meisten davon machen eine gewerbliche Ausbildung. Tabelle 5.7 zeigt die Verteilung auf die unterschiedlichen Ausbildungsbereiche nach dem Geschlecht der Jugendlichen.

Tabelle 5.7

Auszubildende		
	männlich	weiblich
Kaufmännisch	17 %	83 %
Gewerblich	86 %	14 %
Haus-/ Landwirtschaftlich	40 %	60 %
Sozialwesen	5 %	95 %
Gesundheitswesen	3 %	97 %
Beamtenlaufbahn	38 %	62 %
anderes	70 %	30 %
Signifikanz: <1%		

Der deutliche Unterschied in der Berufswahl bei Frauen und Männern wird somit auch durch unsere Ergebnisse belegt. Die Kategorie hauswirtschaftliche/landwirtschaftliche Ausbildung weist mit 40:60 noch ein relativ ausgewogenes Verhältnis nach Geschlechtern auf. Allerdings ist zu vermuten, daß Frauen eher im hauswirtschaftlichen und Männer eher im landwirtschaftlichen Bereich eine Ausbildung machen. Die Frauen sind im Sozial- und Gesundheitsbereich deutlich überrepräsentiert; der Anteil der Männer ist erwartungsgemäß im gewerblichen Bereich deutlich höher. In diesen beiden Ausbildungszweigen läßt sich die geschlechtsspezifische Struktur des Berufsbildungssystems besonders gut aufzeigen. Krüger (1991, S. 150) hat am Beispiel der Elektro- und der Sozialberufe deutlich gemacht, daß es „markante Unterschiede bezüglich der in der Zeit zu erreichenden Berufsqualifikationen, der Gliederung der Fachabschlüsse, der Hierarchisierung der Abschlüsse, des Tarifsystems und der monetären Investitionen während der Ausbildung" gibt. Ein Beispiel dieser Unterschiede:

„Während nach 6jähriger Ausbildung im Entwurf für Sozialberufe ein Abschluß erreichbar ist, der im Lohnniveau je nach Länderregelung bestenfalls auf Facharbeiterniveau liegt, verfügen Jugendliche im gewerblich-technischen System über dieses Niveau bereits nach 3 bzw. 3 1/2 Jahren Ausbildung." (Krüger 1991, S. 151)

37 % der befragten Jugendlichen befinden sich im ersten, 32 % im zweiten und 29 % im letzten Lehrjahr. Acht Jugendliche hatten zum Befragungszeitpunkt zwar schon einen Ausbildungsplatz, haben die Lehrstelle allerdings noch nicht angetreten. Diese Jugendlichen wurden nur bei bestimmten Fragen in die Auswertung einbezogen.

Ein duales Ausbildungssystem gab es in der ehemaligen DDR ebenfalls. Allerdings war die theoretische Ausbildung in der Berufsschule stark durch Fächer wie „Sozialistisches Recht" und „Staatsbürgerkunde" bestimmt. In einer Untersuchung bei 2000 Lehrlingen im Jahr 1980 wird festgestellt, daß diese von der theoretischen Ausbildung nicht allzuviel hielten.

„Allgemein eingeschätzt fällt hierbei die einseitige Orientierung der Lehrlinge auf die berufspraktische Ausbildung ins Auge. Sie wird weitestgehend durch die Lehrlinge ohne Abiturausbildung bestimmt. Das zeugt u. a. von gewissen Vorurteilen gegenüber der berufstheoretischen Ausbildung, insbesondere dann, wenn sie wenig betriebs- bzw. praxisbezogen ist, ..." (Friedrich 1980, S. 17)

Mit den Veränderungen des Bildungssystems entfielen auch die Beratung und Information über Ausbildungsmöglichkeiten in den Schulen. Zu DDR-Zeiten war es Aufgabe der Schule, durch Zugang zu Betrieben und Informationen über Berufs- und Ausbildungsmöglichkeiten den Jugendlichen auch Arbeitswelterfahrungen näherzubringen. Wie auch immer man die staatliche Lenkung bei der Berufswahl und die Rolle der Schule dabei beurteilt, so führte es doch letztendlich dazu, daß die Mehrheit der Jugendlichen insgesamt einen eher gradlinig verlaufenden Bildungsweg absolvierte. Die jetzige Unkalkulierbarkeit von Ausbildungschancen und Risiken hat zu einer vermehrten Orientierungslosigkeit und Unsicherheit geführt. Dies zeigt sich auch an den Ergebnissen unserer Befragung. Die SchülerInnen unserer Stichprobe haben zu 44 % Angst vor Arbeitslosigkeit, die bereits berufstätigen Jugendlichen befürchten zu 44 % ihren Arbeitsplatz zu verlieren, und die Auszubildenden glauben zu 31 %, daß sie nach der Lehre vom Betrieb nicht übernommen werden. Bei den Auszubildenden, die sich in einer außerbetrieblichen Ausbildung befinden, ist diese Zahl wesentlich höher und liegt bei 48 %. Deutliche Unterschiede findet man bezüglich der Auszubildenden zwischen den verschiedenen Berufsbereichen (sig: < 1 %). Insbesondere Jugendliche aus dem haus-/landwirtschaftlichen oder sozialen Bereich (jeweils 43 %) haben die Befürchtung, nach der Ausbildung arbeitslos zu werden. Am wenigsten ängstigen sich dagegen Jugendliche, die eine Ausbildung als BeamtInnen (19 %) oder im gesundheitlichen Bereich (20 %) absolvieren.

Wir wollten wissen, von wem die Jugendlichen bei ihrer Suche nach einem Ausbildungsplatz Hilfestellung bekommen haben und ob sie Probleme in der Ausbildung haben.

Als Ergebnis läßt sich festhalten, daß die Hauptquellen für Informationen und Unterstützung Jugendlicher bei der Suche nach einem Ausbildungsplatz aus dem privaten Bereich kommen. 43 % der Jugendlichen haben eine Lehrstelle mit Unterstützung ihrer Eltern bekommen; Verwandte und Bekannte geben 12 % der Jugendlichen als Personen an, die sie bei der Suche nach einem Ausbildungsplatz unterstützt haben. Lediglich 22 % der Jugendlichen ließen sich vom Arbeitsamt beraten oder vermitteln. Bei den Jugendlichen, die im haus- und landwirtschaftlichen Bereich lernen, sind dies 40 %, gegenüber nur 5 % derjenigen, die einen Sozialberuf erlernen. 17 % der Jugendlichen geben an, niemand hätte ihnen bei der Suche bzw. bei der Entscheidung für eine schulische Ausbildung oder Lehrstelle geholfen.

Diejenigen Jugendlichen, die über Erfahrungen mit dem Arbeitsamt verfügen, ließen wir das Arbeitsamt bzw. die Berufsberatung bewerten (vgl. Tabelle 5.8).

Die Jugendlichen beurteilen das Arbeitsamt insgesamt sehr positiv, was insbesondere die MitarbeiterInnen und die erhaltenen In-

Tabelle 5.8

Image des Arbeitsamtes bei Auszubildenden		
	trifft (eher) zu	trifft (eher) nicht zu
freundlich	83 %	17 %
informativ	80 %	20 %
gute Beratung	79 %	21 %
klärend	77 %	23 %
fähig	74 %	26 %
hat geholfen	58 %	42 %
unbürokratisch	56 %	44 %
kurze Wartezeit	52 %	48 %

formationen betrifft. Nur jeweils etwas weniger als die Hälfte der Jugendlichen sind mit den Wartezeiten einverstanden und bewerten die Arbeitsweise der Arbeitsämter als unbürokratisch. 42 % geben an, daß ihnen das Arbeitsamt nicht helfen konnte. Die Beurteilung ist dabei nicht abhängig davon, welche Ausbildung Jugendliche machen und welches Geschlecht sie haben.

Für 70 % der befragten Jugendlichen entspricht ihre jetzige Ausbildung ihrem Berufswunsch. Von denjenigen, die ihren Berufswunsch nicht verwirklichen konnten, geben 60 % an, überhaupt keine Wahlmöglichkeit bei ihrer Entscheidung gehabt zu haben. Der Anteil der Jugendlichen, die ihren Berufswunsch verwirklichen konnten, ist bei denjenigen mit einer Ausbildung im sozialen Bereich mit 95 % am höchsten, bei denjenigen im haus-/landwirtschaftlichen Bereich mit 58 % am niedrigsten. Jugendliche, die mit ihrer jetzigen Ausbildung ihren Berufswunsch nicht verwirklichen können, bezeichnen zu knapp zwei Dritteln die jetzige Lösung als Ersatz. Nur 36 % sehen ihre Ausbildung als Überbrückung.

Welche Faktoren bei der Berufswahl der Jugendlichen eine Rolle spielten, testeten wir anhand von vorgegebenen Statements, die bewertet werden sollten. Die Ergebnisse sind in Tabelle 5.9 zusammengestellt.

Berufliches Weiterkommen, gute Verdienstmöglichkeiten und Arbeitsplatzsicherheit sind für die Jugendlichen die wichtigsten Faktoren bei der Wahl ihrer Ausbildung. 70 % der Jugendlichen legen viel Wert auf ihre Freizeit, die sie durch ihre Ausbildung nicht eingeschränkt sehen wollen. In einer Untersuchung des ZIJ von

Tabelle 5.9

Faktor	(eher) wichtig	(eher) unwichtig
Auszubildende: einige Einschätzungen zur Berufswahl		
– Ich will beruflich weiterkommen	94 %	6 %
– Mein Arbeitsplatz soll sicher vor Arbeitslosigkeit sein	92 %	8 %
– Ich will später mal viel Geld verdienen	89 %	11 %
– Ich will schon in der Ausbildung Geld verdienen	81 %	19 %
– Ich will eigenständig und kreativ arbeiten	78 %	22 %
– Mein Beruf soll mein Privatleben und meine Freizeit nicht beeinträchtigen	70 %	30 %
– Mein Ausbildungsplatz soll in der näheren Umgebung sein	67 %	33 %
– Ich will keine Schmutzarbeit machen	45 %	55 %

1989 stellt auch Ulrich fest, daß für 62 % der befragten Lehrlinge das Leben erst mit der Freizeit beginnt (Ulrich 1989, S. 16).

Auch 1984 waren die Verdienstmöglichkeiten für Lehrlinge in der DDR ein großer Ansporn zur Arbeit, sozialistische Werte wie „Lehrlingskollektiv" und „Plan erfüllen" dagegen weniger (vgl. Bertram 1984, S. 79).

Hinsichtlich der Beurteilung der unterschiedlichen Statements ergeben sich Differenzen. So legen Jugendliche, die eine Ausbildung im Sozialbereich absolvieren, am wenigsten Wert auf gute Verdienstmöglichkeiten. Nur zwei Drittel wünschen sich dies – im Vergleich zu 81 % im Durchschnitt. Für sie ist das höchste Ziel, kreativ und eigenständig arbeiten zu können (97 %). Eigenständigkeit und Kreativität sind bei BeamtenanwärterInnen am unwichtigsten. Nur knapp zwei Drittel legen darauf Wert. Wichtig dagegen finden sie berufliches Weiterkommen (100 %) und eine Ausbildung, die ihre Freizeit nicht beeinträchtigt (81 %). Die Ablehnung von Schmutzarbeit ist bei dieser Gruppe Jugendlicher (56 %) sowie bei Jugendlichen mit einer kaufmännischen Lehre (69 %) am höchsten, bei Auszubildenden im gewerblichen (33 %) und im haus-/landwirtschaftlichen Bereich (31 %) am geringsten.

Unterschiedliche Einstellungen zwischen den Geschlechtern gibt es bezüglich des Statements, später einmal viel Geld verdienen zu wollen. Während 92 % der Männer dieser Aussage zustimmen, liegt der Anteil der Frauen nur bei 86%. Frauen möchten dagegen eher einen Arbeitsplatz, auf dem sie keine Schmutzarbeit erledigen müssen. 55% stimmen diesem Statement zu, gegenüber 37% der Männer.

Für ein Drittel der Auszubildenden waren alle angeführten Entscheidungsgründe irrelevant, weil sie überhaupt keine Wahlmöglichkeiten hatten. Fast die Hälfte (47%) der HauptschülerInnen und damit überproportional viele, geben an, keine Wahl gehabt zu haben. Besonders betroffen sind die Jugendlichen in Mecklenburg-Vorpommern und in Brandenburg. Jugendliche, die keine Wahlmöglichkeit bei ihrer Entscheidung für eine Ausbildung hatten, haben deutlich mehr Probleme mit ihren AusbilderInnen bzw. mit den Berufs- oder FachschullehrerInnen (15%) als die übrigen Auszubildenden (8%). Sie befürchten signifikant häufiger (sig: < 1%), aufgrund schlechter Leistungen nach der Lehre nicht übernommen zu werden. Dazu kommt, daß sie deutlich seltener (53%) als die übrigen Auszubildenden (70%) das Gefühl haben, in ihrer Ausbildung etwas Sinnvolles zu tun. Diese Zusammenhänge sprechen für die Vermutung von Felber, daß

„Berufswechsel im Anschluß an die Ausbildung damit – soweit dann möglich – vorprogrammiert (sind). Da solche Berufswechsel in der Regel mit Umschulungsaufwand und Dequalifizierungstendenzen verbunden sind, geht die Knappheit der Lehrstellen für ostdeutsche Jugendliche mit einer länger andauernden Benachteiligung gegenüber Gleichaltrigen in den Altbundesländern einher." (1992, S. 3)

Angst, daß sie nach der Lehre aufgrund schlechter Leistungen nicht übernommen werden, bekunden insgesamt 11% der Auszubildenden, wobei sich hier Unterschiede (sig: < 5%) zwischen den verschiedenen Ausbildungsbereichen zeigen. Am häufigsten (18%) befürchten Jugendliche, die eine Ausbildung machen, die unter „Sonstiges" fällt, nach der Lehre arbeitslos zu sein. Wir vermuten, daß sich viele Jugendliche, die eine außerbetriebliche Ausbildung machen, dieser Kategorie zugeordnet haben. Nur geringe Befürchtungen haben dagegen Jugendliche, die im sozialen (3%), im Gesundheitsbereich (5%) lernen oder eine Beamtenlaufbahn anstreben (2%).

Diejenigen Jugendlichen, die Angst haben, daß ihre schlechten Leistungen dazu führen, daß sie nicht übernommen werden, glauben auch, daß sie aufgrund der schlechten Wirtschaftslage keinen Arbeitsplatz finden. Darüber hinaus müssen sie sich auch signifikant (sig: < 1%) häufiger von den Eltern Vorwürfe über ihre angeblich unzureichenden Leistungen anhören.

Etwa ein Viertel der Jugendlichen fühlt sich von seinen Eltern unter Druck gesetzt, weil es in der Ausbildung mehr leisten soll. Davon sind vor allem junge Männer (30 %) betroffen. Bei den Frauen hingegen geben dies nur 18 % an (sig: < 1 %). Am meisten Druck von den Eltern bekommen Jugendliche in unserer Kategorie „sonstige Lehrstelle" (36 %) sowie Jugendliche mit einer haus-/landwirtschaftlichen Ausbildung (32 %). Jugendliche in einer sozialen (13 %) oder gesundheitlichen (14 %) Ausbildung, bei denen es sich fast ausschließlich um Frauen handelt, bekommen am seltensten Beanstandungen von den Eltern. Dem Statement „Ich brauche zuviel Zeit für die Berufs-/Fachschule" wird von insgesamt 22 % der Jugendlichen zugestimmt.

Wir fragten die Jugendlichen, was sich für sie verändert hat, seit sie eine Ausbildung machen. Drei Viertel geben an, daß sie jetzt weniger Freizeit haben. Von den Jugendlichen mit geplanter Beamtenlaufbahn sind dies sogar 89 %, obwohl sie am stärksten Wert darauf legen, daß die Ausbildung ihre Freizeit nicht beeinträchtigt. Jugendliche, die im haus-/landwirtschaftlichen Bereich lernen, geben nur zu 54 % an, weniger Freizeit zu haben.

Hinsichtlich der Frage, ob sich der Freundeskreis verändert hat, zeigt sich ein signifikanter Unterschied (sig: < 1 %) zwischen Männern und Frauen. Männer geben zu 47 % an, daß sich der Freundeskreis verändert hat, Frauen zu 57 %. Dies könnte möglicherweise daran liegen, daß Frauen eher auch private Kontakte zu ArbeitskollegInnen knüpfen als Männer.

Der überwiegende Teil der Jugendlichen – rund 80 % – gibt an, jetzt mehr Geld als vorher zu haben. Große Unterschiede gibt es hinsichtlich der Belastung der Jugendlichen durch ihre Ausbildung. Mehr Frauen fühlen sich (61 %) abends öfter erschöpft als Männer (47 %). Dies kann als ein Indiz für die mehrfache Belastung der Frauen angesehen werden, die zusätzlich zur Berufsarbeit auch noch für die Hausarbeit und das „Familienklima" (vgl. Nickel 1991) zuständig sind bzw. zuständig gemacht werden, auch wenn sie noch im Haushalt der Eltern leben (vgl. Behnken u. a. 1991). Jugendliche mit einer Ausbildung im Gesundheitsbereich (67 %) oder auf einem Amt fühlen sich signifikant öfter kaputt (63 %) als Jugendliche, die im gewerblichen Bereich (50 %) lernen.

33 der 925 Jugendlichen geben an, vor ihrer jetzigen Ausbildung mindestens einmal arbeitslos gewesen zu sein. 21 haben bereits eine andere Lehre abgeschlossen, 37 eine Lehre abgebrochen. Tabelle 5.10 zeigt die Gründe für den Abbruch der Lehre. Unter die Kategorie „nicht das Richtige" fallen Bemerkungen wie „konnte kein Blut sehen", die von einem Jugendlichen gemacht wurde.

Tabelle 5.10

Gründe für den Ausbildungsabbruch	
"Betrieb ging Pleite"	13
"nicht das Richtige"	13
"innerbetriebliche Probleme"	6
"Krankheit"	2
"Lehrstelle zu weit entfernt"	1
"Mutterschaft"	1
Fehlende Angaben: 1	

5.3.3 Erwerbstätige Jugendliche

Die Erwerbstätigkeit Jugendlicher wird in der Literatur hauptsächlich unter folgenden Gesichtspunkten behandelt: Zugang zum Arbeitsmarkt, subjektive Bedeutung von Erwerbsarbeit für Jugendliche, Entwicklung und Struktur jugendlicher Erwerbsarbeit sowie berufsbiographische Risiken von Ungelernten.

Die Bundesanstalt für Arbeit schreibt in ihrem Arbeitsmarktbericht vom Mai 1993, daß junge Arbeitnehmer (unter 25 Jahre) weiterhin ein erhöhtes Risiko haben, arbeitslos zu werden (vgl. ANBA 1994b, S. 113). Mit Ergebnissen aus der Jugendforschung läßt sich belegen, daß alle Brüche und jegliches Versagen beim Überschreiten der ersten und/oder zweiten Schwelle nicht

„als leicht korrigierbarer Betriebsunfall in der individuellen Erwerbsbiographie betrachtet werden können", sondern „als frühzeitiger Ausdruck von Segmentation begriffen werden müssen". (Baethge 1989, S. 474)

Bei den Ungelernten werden die Segmentierungs- und Marginalisierungsprozesse besonders deutlich: das Risiko arbeitslos zu werden, ist für sie am höchsten (vgl. ANBA 1994b, S. 122), ihre Integration in den Arbeitsmarkt mangelhaft. Ihre Arbeitsverhältnisse sind besonders oft durch Kurzarbeit, Leiharbeit oder zeitliche Befristung gekennzeichnet (vgl. Davids 1993, S. 14). Der Anteil der Jugendlichen ohne Berufsabschluß bei den 20- bis 24jährigen liegt in den neuen Bundesländern mit rund 9 % noch deutlich unter dem in den alten Bundesländern (14 %) (vgl. Kloas 1992, S. 223). Es ist allerdings festzustellen:

„Der in der DDR relativ niedrige Anteil von Jugendlichen ohne anerkannte Berufsausbildung hat sich durch den Beitritt zur Bundesrepublik Deutschland stark erhöht, und es ist zu befürchten, daß er noch weiter steigen wird." (Davids 1993, S. 13)

Wir konzentrieren uns in dem Fragebogen mit einigen wenigen Fragen auf die Themenbereiche „Veränderungen in der Lebensführung seit Beginn der Erwerbstätigkeit", „Arbeitsbelastung" und „Arbeitsplatzsicherheit", „Verhältnis zu den KollegInnen" sowie „Wünsche, die berufliche Situation zu verändern". Mit besonderer Aufmerksamkeit wird die Situation von ungelernten Erwerbstätigen betrachtet.

Ausgehend von der traditionellen Vorstellung des Übergangs von Schule zu Beruf, die durch die Stationen Schule, Berufsausbildung, Erwerbstätigkeit gekennzeichnet ist, dürften sich in der Altersgruppe der 16- bis 19jährigen Jugendlichen nur wenige befinden, die bereits erwerbstätig sind. Der Anteil der sozialversicherungspflichtig beschäftigten Jugendlichen zwischen 16 und 19 Jahren an allen sozialversicherungspflichtig Beschäftigten beträgt im Bundesgebiet West 3,8 % (vgl. ANBA 1994, S. 395), für das Bundesgebiet Ost liegen keine entsprechende Zahlen vor. 72 % dieser erwerbstätigen Jugendlichen im Bundesgebiet West sind 18 oder 19 Jahre alt, was fast exakt der Altersverteilung in unserer Stichprobe für Ostdeutschland (71 %) entspricht. Der Anteil der 18- und 19jährigen ist somit mehr als doppelt so groß wie in der Gesamtstichprobe.

Knapp vier Prozent der Jugendlichen in unserer Stichprobe – das sind 92 Jugendliche – sind bereits erwerbstätig (vgl. Tabelle 5.11). Der in Tabelle 5.11 erweckte Eindruck, daß Frauen sich weniger stark auf ein Berufsfeld konzentrieren, kommt zu einem großen Teil durch die differenzierte Abfrage verschiedener Dienstleistungsberufe zustande, in denen Frauen überproportional stark vertreten sind (vgl. Damm-Rüger 1993, S. 3). Die verschiedenen von jungen Männern bevorzugten Berufsgruppen werden dagegen alle in der Kategorie „gewerblich" erfaßt.

Fast 100 % der erwerbstätigen Jugendlichen sind abhängig beschäftigt, bei den Männern ist der Anteil an Arbeitern mit 81 % deutlich höher als bei den Frauen mit 32 %. Von ihnen sind 68 % Angestellte. In unserer Stichprobe befindet sich ein Mann, der angibt, sich selbständig gemacht zu haben. Die Einordnung in die vorgegebenen Arbeitsbereiche und Statusgruppen haben die Ju-

Tabelle 5.11

	Erwerbstätige Jugendliche			
	männlich		weiblich	
gewerblich	44	65 %	10	40 %
öffentlicher Dienst	10	15 %	4	16 %
andere Bereiche	9	13 %	1	4 %
haus-, landwirtschaftlich	2	3 %	1	4 %
Sozial-, Gesundheitsbereich	1	2 %	2	8 %
kaufmännisch, Verwaltung	1	2 %	7	28 %
insgesamt	67	73 %	25	27 %

gendlichen selbst vorgenommen, eine Einordnung in die Kategorie „Teilfacharbeiter" war den Jugendlichen nicht möglich.

9 % der erwerbstätigen Jugendlichen arbeiten als Teilzeitkräfte. Auf Teilzeit-Arbeitsplätzen befinden sich überwiegend Frauen, ein Viertel der Frauen arbeitet Teilzeit, wohingegen der Anteil bei den Männern nur 3 % beträgt (sig: < 1 %). Damit ist der Anteil der teilzeitarbeitenden Frauen zwar etwas niedriger als der Durchschnitt für die Altbundesländer (vgl. Bertram/Bayer/Bauereiß 1993, S. 204), aber es zeigt sich, daß bereits bei den 16- bis 19jährigen die traditionellen Erwerbsmuster von Frauen und Männern erkennbar werden. Das vorherrschende Erklärungsmuster, daß für Frauen

„wegen ihren familiären Verpflichtungen und der geschlechtsspezifischen Rollenverteilung eine Vollzeitarbeit nicht möglich ist" (Bertram, Bayer, Bauereiß 1993, S. 204),

ist für diese Gruppe wohl kaum anzuwenden, da die wenigsten 16- bis 19jährigen sich um die Betreuung der eigenen Kinder zu kümmern haben. Der hohe Anteil an teilzeitbeschäftigten Frauen spiegelt wohl eher die Benachteiligungen der Frauen auf dem Arbeitsmarkt wider.

Im Vergleich zu den Jugendlichen, die sich in einer Ausbildung befinden, sind unter den erwerbstätigen Jugendlichen, ebenso wie bei den arbeitslosen Jugendlichen, überproportional viele, die entweder keinen Schulabschluß oder einen Hauptschulabschluß haben (vgl. Grafik 5.4). Der verhältnismäßig geringe Anteil an Jugendlichen mit Hochschulreife, die erwerbstätig sind (vgl. Davids 1993), ist auf die Altersverteilung in unserer Stichprobe zurückzuführen.

Grafik 5.4

Höchster bisher erreichter Schulabschluß der befragten erwerbstätigen Jugendlichen

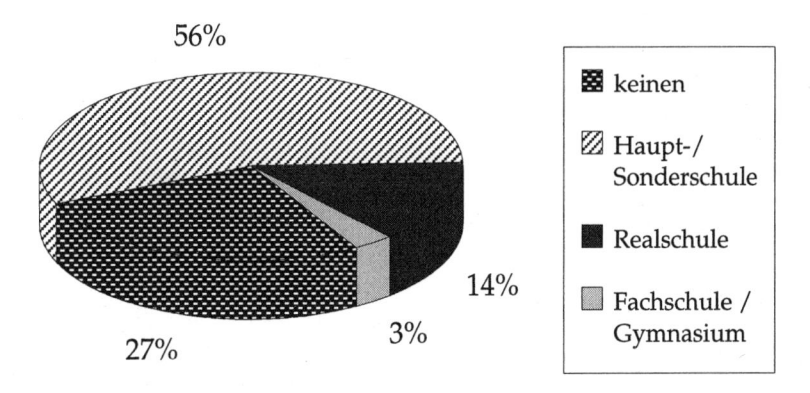

- 56% Haupt-/Sonderschule
- 27% Realschule
- 3% Fachschule / Gymnasium
- 14% keinen

Über ein Drittel (36 %) der erwerbstätigen Jugendlichen sind bereits mindestens einmal arbeitslos gewesen, bei den Lehrlingen gilt das für 4 %. Sieben Jugendliche haben vor ihrer Berufstätigkeit eine Lehre angefangen und wieder abgebrochen, vier von ihnen, weil der Betrieb geschlossen wurde. 36 % haben keine abgeschlossene Ausbildung. Diese Zahlen zeigen, daß die für die alten Bundesländer beschriebenen Segmentations- und Marginalisierungsprozesse auch in den neuen Bundesländern zu beobachten sind.

Wir wollten von den Jugendlichen wissen, was sich für sie verändert hat, seit sie berufstätig sind. Dazu haben die Jugendlichen verschiedene Statements mit den Kategorien „trifft voll zu", „trifft eher zu", „trifft eher nicht zu" und „trifft gar nicht zu" bewertet.

Über drei Viertel der Jugendlichen geben an, daß ihre Freizeit jetzt eingeschränkter ist (vgl. Kapitel 5.4).

Fast drei Viertel der Jugendlichen geben an, daß sie seit ihrer Erwerbstätigkeit zum ersten Mal das Gefühl haben, etwas Sinnvolles zu tun. Dieses Ergebnis spricht ebenso wie die Zahlen von Baethge u.a. (Baethge/Hantsche/Pelull/Voskamp 1988, S. 187ff.) gegen die von manchen den Jugendlichen unterstellte hedonistische, der Arbeit abgewandte Lebenskonzeption, die Ursache für die Arbeitsscheue Jugendlicher sei (vgl. z.B. Noelle-Neumann/Strümpel 1984, S. 207ff./S. 232ff.). Von den erwerbstätigen jungen Frauen haben 44 % eine Anstellung in ihrem Wunschberuf erreicht, bei den jungen Männer trifft dies auf 52 % zu. Bei den Frauen gibt es einen signifikanten Zusammenhang (sig: < 5 %) zwischen dem Gefühl, etwas Sinnvolles zu tun, und der Vorstellung, eine Beschäftigung in ihrem Wunschberuf erreicht zu haben. Bei den jungen Männern weisen die Zahlen ebenfalls in diese Richtung, ohne aber zu einem statistisch signifikanten Ergebnis zu führen. Dieser ausgeprägtere Zusammenhang und die Tatsache, daß junge Frauen auf dem Arbeitsmarkt deutlich benachteiligt sind, erklären vielleicht, warum weniger Frauen (63 %) als Männer (78 %) zu der Antwort neigen, mit Aufnahme der Erwerbstätigkeit erstmals etwas Sinnvolles zu tun. In Anbetracht der Ergebnisse einer qualitativen Studie mit HauptschülerInnen aus der 7. Klasse muß dieser Zusammenhang sehr vorsichtig interpretiert werden. Heinz und Krüger stellten fest, daß sich die Jugendlichen bereits in diesem Alter von ihren Wunschberufen verabschieden,

„die auf eigenen Interessen und Neigungen basieren, zugunsten des realistischen Austaxierens dessen, was ihnen möglich ist im Verhältnis zu dem, was sie bei sich an Fähigkeiten vermuten." (Krüger 1991, S. 151)

Dieses Ergebnis und die Tatsache, daß Jugendliche – wie Längsschnittstudien zeigen – dazu tendieren ihre ausgeübte Berufstätigkeit im nachhinein als schon „immer gewollte" darzustellen (vgl. Krüger 1991, S. 155), legen es nahe, die hohe Zustimmung zu dem Item „Diese Arbeit ist genau das, was ich immer machen wollte" als Resultat eines psychischen Anpassungsprozesses zur Verminderung kognitiver Dissonanzen (Festinger 1978) zu verstehen.

Eine positive Veränderung für 95 % der erwerbstätigen Jugendlichen ist, jetzt mehr Geld zur Verfügung zu haben. Allerdings arbeiten 23 % auch noch zusätzlich zu ihrer regulären Arbeit, um ihr Einkommen aufzubessern.

Bei 26 % der Jugendlichen hat sich durch die Aufnahme der Erwerbstätigkeit der Freundeskreis teilweise und bei 12 % völlig verändert.

Wir haben versucht, mit einer Reihe verschiedener Items herauszufinden, inwieweit die Erwerbstätigkeit für die Jugendlichen eine besondere Belastung darstellt. 61 % empfinden ihre Arbeit als körperlich anstrengend und 29 % als psychisch belastend. Auch in diesen Zahlen spiegeln sich die klassischen geschlechtsspezifischen Unterschiede wider: Körperliche Anstrengung wird im besonderen von Männern und psychische Belastung von Frauen artikuliert (siehe Grafik 5.5).

Es besteht jeweils ein signifikanter Zusammenhang (sig: < 1 %) zwischen körperlich bzw. psychisch anstrengender Arbeit und abendlicher Erschöpfung. 58 % sind nach ihrer Arbeit am Abend kaputt, bei den Frauen sind es mit 72 % deutlich mehr als bei den Männern mit 52 %. Es gibt keinen signifikanten Zusammenhang

Grafik 5.5

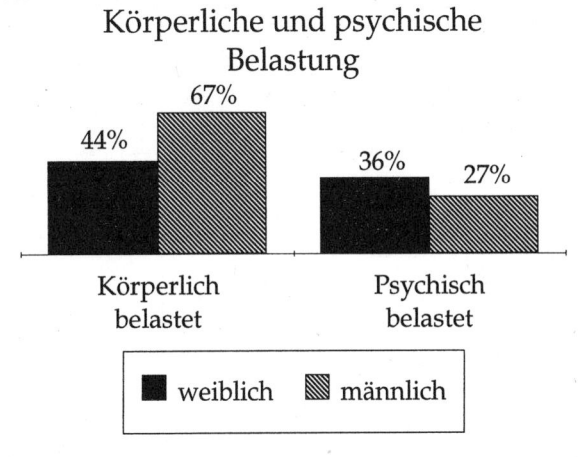

Körperliche und psychische Belastung

	Körperlich belastet	Psychisch belastet
weiblich	44%	36%
männlich	67%	27%

zwischen abendlicher Erschöpfung und der Wochenarbeitszeit (Vollzeit – Teilzeit). Eine mögliche Erklärung für die ungleiche Belastung von Männern und Frauen ist in der Unterschiedlichkeit der Anforderungen zu finden. Bei körperlicher Anstrengung ist eine Regeneration in relativ kurzer Zeit am Abend nach der Arbeit leichter vorstellbar als bei einer starken psychischen Belastung (vgl. z. B. burn-out-syndrom). Die Erwerbssituation von Frauen bringt es mit sich, daß sie in einem sehr viel stärkeren Maße als Männer psychischen Belastungen ausgesetzt sind – man denke nur an die Arbeit in Krankenhäusern oder in der Arbeitsverwaltung, die zum Großteil von Frauen geleistet wird. Eine weitere denkbare Erklärung könnte die Angst vor dem Verlust des Arbeitsplatzes sein, von der besonders Frauen betroffen sind. Aber auch das unterschiedliche Antwortverhalten von Frauen und Männern mag einen Teil der Unterschiede erklären. Es ist denkbar, daß die jungen Männer eine geringere Bereitschaft zeigen, ihre Erschöpfung zuzugeben als Frauen, da dies ihren Männlichkeitsidealen widerspricht.

Die bereits bei den SchülerInnen in großem Ausmaß feststellbare Angst vor Arbeitslosigkeit (vgl. Kapitel 5.2.1) zeigt sich auch bei den Erwerbstätigen. 44 % der Jugendlichen haben Angst, ihren Job zu verlieren. Dabei ist diese Angst bei den Frauen, von denen 60 % befürchten, arbeitslos zu werden, besonders ausgeprägt. Dieser hohe Prozentsatz läßt sich als subjektive Verarbeitung der überproportional hohen Frauenarbeitslosigkeit in den neuen Ländern seit der Wende interpretieren. Die Angst vor Arbeitslosigkeit ist weitgehend unabhängig vom Schulabschluß der Jugendlichen (vgl. Kapitel 5.2.1); einzig die Jugendlichen mit Hochschulreife befürchten nicht, ihren Job zu verlieren. Haben die Jugendlichen das Gefühl, daß ihre beruflichen Leistungen anerkannt werden, so haben sie weitaus seltener Angst um ihren Arbeitsplatz (sig: < 1 %).

Tabelle 5.12

	Gründe für den Wunsch, den Arbeitsplatz zu wechseln	
Statement	Zustimmung insgesamt	Jobsuchende
Meine Leistungen werden anerkannt	89 %	79 %
Die Arbeit ist genau das, was ich immer machen wollte	50 %	14 %
Ich würde zwar gerne die Arbeitsstelle wechseln, aber bei der momentanen Arbeitsmarktsituation ist das schwierig	46 %	71 %
Ich habe Angst, meinen Job zu verlieren	44 %	57 %
Die Arbeitsbedingungen sind schlecht (Lärm, viel Dreck, Hitze etc.)	42 %	50 %

Wir haben auf zweierlei Art und Weise abgefragt, wie sehr die Jugendlichen das Bedürfnis haben, ihre Arbeitsstelle zu wechseln. Erstens mußten sie ihre Übereinstimmung mit dem Statement „Ich würde zwar gerne die Arbeitsstelle wechseln, aber bei der momentanen Arbeitsmarktsituation ist das sehr schwierig" kundtun und zweitens auf die Frage, ob sie sich gerade einen anderen Job suchen, mit ja oder nein antworten. Über ein Viertel der erwerbstätigen Jugendlichen stimmt dem Statement uneingeschränkt und weitere 19 % mit leichten Einschränkungen zu. Der Wunsch, den Arbeitsplatz zu wechseln, ist von verschiedenen Faktoren abhängig (siehe Tabelle 5.12), wobei einer der wichtigsten Gründe die antizipierte Arbeitslosigkeit (sig: < 1 %) ist. Ein weiterer wichtiger Grund ist eine hohe Belastung durch Lärm, Schmutz und/oder Hitze (sig: < 1 %). Mit einem Anteil von 32 % ist die Gruppe der Jugendlichen, die sich durch ihre Arbeit psychisch belastet (z.B. durch Streß und Termindruck) fühlen, unter denen, die ihren Arbeitsplatz wechseln wollen, etwas stärker vertreten als die Gruppe der übrigen erwerbstätigen Jugendlichen, wohingegen körperliche Anstrengung den Wunsch, den Arbeitsplatz zu wechseln, nicht zu bestärken scheint.

Viele der Jugendlichen halten diesen Wunsch aber angesichts der momentanen Arbeitsmarktsituation für schwer realisierbar. Nur 15 % der erwerbstätigen Jugendlichen befinden sich aktuell auf Jobsuche. Es sind besonders die ungelernten Erwerbstätigen, die sich verstärkt um einen neuen Arbeitsplatz bemühen.

Der überwiegende Teil der Jugendlichen versteht sich sowohl mit seinen Vorgesetzten als auch mit den KollegInnen gut. Es gibt nur einen Jugendlichen, der angibt, sich sowohl mit den KollegInnen als auch mit den Vorgesetzten nicht zu verstehen. Dabei ist der gute Kontakt zu den KollegInnen nicht von deren Alter abhängig, denn Jugendliche, bei denen viele Gleichaltrige im Betrieb arbeiten, geben nicht häufiger an, sich gut mit ihren KollegInnen zu verstehen. Als wesentliche Faktoren für ein gutes Verhältnis zu den Vorgesetzten haben sich die nicht vorhandene Angst, arbeitslos zu werden (sig: < 5 %), und die Anerkennung der Leistungen des Jugendlichen (sig: < 1 %) herauskristallisiert. Auch für das Verhältnis zu den KollegInnen sind die Anerkennung der erbrachten Leistungen (sig: < 1 %) und das Gefühl, nicht von Arbeitslosigkeit bedroht zu sein (sig: < 5 %), entscheidend.

Entgegen den in den Ergebnissen aktueller Forschung (vgl. Kloas 1992, Davids 1993) begründeten Erwartungen können wir in vielen Bereichen keine systematischen Unterschiede zwischen den erwerbstätigen Jugendlichen mit und ohne Berufsausbildung feststellen. Weder war die Anzahl der Jugendlichen ohne Berufsausbildung, die vor ihrer jetzigen Erwerbstätigkeit arbeitslos war, größer, noch fühlen sie sich durch ihre Arbeit stärker körperlich oder psychisch belastet als diejenigen mit einer Berufsausbildung. Sie arbeiten nicht öfter als die anderen erwerbstätigen Jugendlichen in einem Zweit- oder Drittjob, und lediglich eine Minderheit von etwas mehr als 10 % der Jugendlichen ohne Berufsausbildung gibt an, an Unternehmungen von Freunden aus Geldmangel nicht teilnehmen zu können. Mit ihren KollegInnen und Vorgesetzten verstehen sie sich genausogut wie die Jugendlichen, die eine Berufsausbildung haben.

Fragen nach den objektiven Benachteiligungen von ungelernten Jugendlichen, wie zum Beispiel kurze Laufzeiten der Arbeitsverträge, Leiharbeitsverhältnisse und anderes mehr wurden in der Erhebung nicht gestellt. Ein anderer Grund für die relativ geringen Unterschiede zwischen gelernten und ungelernten Jugendlichen liegt in der Altersstruktur der Stichprobe. Bei den 16- bis 19jährigen kommen die mit der Benachteiligung auf dem Arbeitsmarkt verbundenen Probleme noch nicht so stark zum Tragen. Bei den Jugendlichen, die 1973 geboren sind, beträgt der Anteil an Ungelernten 8 % und bei den 1975 geborenen 4 %.

Auffällig ist allerdings die hohe Arbeitslosigkeit unter den ungelernten Jugendlichen. Von den 95 Jugendlichen ohne Ausbildung in unserer Stichprobe (entspricht 4 % der Gesamtstichprobe) sind 65 % arbeitslos. Angesichts der beschriebenen kumulativen Effekte eines mißglückten Einstiegs in die Erwerbs- und Berufstätigkeit zeigen diese Zahlen einmal mehr, wie wichtig die Arbeit der Jugendberufshilfe ist.

5.3.4 Jugendliche im Berufsvorbereitungsjahr

Ziel des Berufsvorbereitungsjahres ist es, die TeilnehmerInnen in die Lage zu versetzen, „sich für eine Ausbildung in einem anerkannten Ausbildungsberuf zu entscheiden, dort einen Ausbildungsplatz zu finden und diesen auch erfolgreich abschließen zu können" (vgl. Schäfer 1993, S. 76). Diese Maßnahme beinhaltet eine Kombination aus verschultem theoretischen Unterricht und fachpraktischer Ausbildung; oft kann im Rahmen des Berufsvorbereitungsjahres auch der Hauptschulabschluß nachgeholt werden.

Von den Jugendlichen unserer Stichprobe, die dem Arbeitsmarkt zur Verfügung stehen, absolvieren 1,4 % ein Berufsvorbereitungsjahr. Nach der Statistik der Bundesanstalt für Arbeit werden 2 % der bei den Ost-Arbeitsämtern gemeldeten Bewerber für Berufsausbildungsstellen in ein Berufsgrundschuljahr oder ein berufsvorbereitendes Jahr vermittelt (vgl. Amtliche Nachrichten der Bundesanstalt für Arbeit 1993). Fast 60 % der von uns befragten Jugendlichen hatten sich vorher erfolglos um einen Ausbildungsplatz bemüht. 30 % hatten bereits eine Ausbildung angefangen, diese aber abgebrochen.

Der Anteil der Jugendlichen, die einen Realschulabschluß haben, liegt in unserer Befragung bei 32 % und ist damit im Vergleich zu Zahlen aus den alten Bundesländern relativ hoch (vgl. Lex 1993). Im Vergleich zu den alten Bundesländern ist der Anteil der TeilnehmerInnen ohne Schulabschluß in den neuen Bundesländern eher niedrig (vgl. ebd.).

Es gibt Anzeichen dafür, daß es in den neuen Bundesländern die Tendenz gibt, Maßnahmen der Arbeitsförderung auch auf normale Jugendliche auszudehnen. In einem Bericht des Forschungsprojekts Wissenschaftliche Begleitung des Bundesjugendplan-Modellprogramms „Arbeitsweltbezogene Jugendsozialarbeit" heißt es daher:

„Gerade die defizitäre Lage am Ausbildungs- und Arbeitsmarkt in Ostdeutschland verstärkt mit hoher Wahrscheinlichkeit die Tendenz, daß Jugendliche mit schon entwickelter sozialer Kompetenz, zum Teil auch mit individuellen Ausgangsbedingungen, die ihnen in den Altbundesländern einen problemlosen Ausbildungs- und Berufsstart garantiert hätten, in die quantitativ für alle Berechtigten noch nicht ausreichenden Angebote der Jugendberufshilfe gelangen" (vgl. Felber, 1992, S. 17)

Die Mehrheit der Jugendlichen wurde vom Arbeitsamt in diese Maßnahme vermittelt. Die Dienstleistungen des Arbeitsamtes werden von den Jugendlichen weitgehend positiv beurteilt. Bis auf wenige Ausnahmen beurteilen alle Jugendlichen die MitarbeiterInnen des Arbeitsamtes als freundlich und halten die Beratung für informativ. Lediglich 13 % der Jugendlichen finden die Informationen des Arbeitsamtes eher verwirrend als klärend. Mehr als zwei Drittel loben die unbürokratische Arbeitsweise und meinen, vom Arbeitsamt Hilfestellung erhalten zu haben. Etwas mehr als die Hälfte der Jugendlichen kritisiert dagegen die langen Wartezeiten im Arbeitsamt und die zu langsame Bearbeitung von Anträgen.

Das Berufsvorbereitungsjahr hat auch die Aufgabe, denjenigen Jugendlichen, die in der allgemeinbildenden Schule gescheitert sind, neue Lernmöglichkeiten und einen erfolgreichen Schulabschluß zu ermöglichen. In den alten Bundesländern wird dies allerdings in den seltensten Fällen von den TeilnehmerInnen erreicht, Gründe dafür werden in der mangelnden pädagogischen Betreuung und der unangemessenen Form des Unterrichtsangebots sowie den Lehrmethoden gesehen (vgl. Schäfer 1993). In unserer Befragung streben 24 % der TeilnehmerInnen des Berufsvorbereitungsjahres einen qualifizierten Hauptschulabschluß an; die übrigen erhalten lediglich eine Teilnahmebescheinigung. Die Kritik der Jugendlichen an dem Berufsvorbereitungsjahr in den alten Bundesländern bezieht sich hauptsächlich auf den Teil des theoretischen Lernens.

„Der Unterricht unterschied sich, wenn überhaupt, nur unwesentlich von dem der allgemeinbildenden Schule, und dies erschwerte den schulmüden Teilnehmern zusätzlich, erfolgreich bestehen zu können. Alternativen zum verschulten Lernen wurden nicht angeboten. Die schulischen Erfahrungen und Mißerfolgserlebnisse der Teilnehmer, die den Maßnahmeträgern ja bekannt waren, führten nicht zu einer Veränderung des Lernangebots. Die Chance, durch eine Nachqualifizierung die Voraussetzungen für eine erfolgreiche Ausbildungsplatzsuche zu verbessern, wurde so vertan" (Schäfer 1993, S. 80).

Die Anforderungen im schulischen Bereich des Berufsvorbereitungsjahres sind auch für die Jugendlichen unserer Befragung ein Problem. 41 % haben Schwierigkeiten mit schlechten Noten und fühlen sich belastet. Unterstützung haben die meisten bei ihren Eltern oder Geschwistern gesucht. Ein Jugendlicher hat einen Mitschüler um Hilfe gefragt. Beratungsstellen oder andere professionelle Helfer werden in diesem Zusammenhang nicht genannt. Beratungsangebote für Jugendliche, die sich im Berufsvorbereitungsjahr befinden, können präventive Arbeit leisten, Abbruchgründen entgegenwirken und „so Demotivation und individuelle Leiderfahrungen verringern" (vgl. Borhau/Krah 1994). Die Ergebnisse von Schäfer (1993) und Borhau/Krah (1994) zeigen, daß es große Defizite in der konzeptionellen Anlage, aber auch in der Organisation des Berufsvorbereitungsjahres gibt. Die Beratung und pädagogische Betreuung der Jugendlichen ist unzureichend, aber auch die Ausstattung mit Werkräumen, Geräten und Material ist oftmals eher dürftig (vgl. ebd.).

Wesentlich leichter als das schulische Lernen fällt den Jugendlichen das Arbeiten im praktischen Bereich, wo lediglich zwei Jugendliche Probleme mit schlechten Beurteilungen haben.

Für die Jugendlichen hat sich mit der Teilnahme am Berufsvorbereitungsjahr einiges in ihrem Lebenszusammenhang geändert. Ein positiver Effekt ist die Stärkung des Selbstwertgefühls, knapp 60 % der Jugendlichen haben erstmalig das Gefühl, „etwas Sinnvolles zu tun". Damit einher geht die Entwicklung von Zielvorstellungen, fast 80 % der TeilnehmerInnen haben eine neue Berufsperspektive bekommen. Die Maßnahme des Berufsvorbereitungsjahres kann also auch zur Berufsfindung beitragen, die gerade den Jugendlichen in den neuen Bundesländern angesichts der massiven Veränderungen im Ausbildungs- und Berufsbildungssystem erschwert wird. Die Teilnahme am Berufsvorbereitungsjahr wird mit Ausnahme von einem Jugendlichen von allen positiv beurteilt, die Jugendlichen meinen, während dieser Zeit durchaus etwas für eine spätere Ausbildung gelernt zu haben. Die Chancen auf einen Ausbildungsplatz werden allerdings eher negativ eingeschätzt. Ein Grund dafür ist nach Ansicht der Jugendlichen die mangelnde Anerkennung ihrer Leistungen im Berufsvorbereitungsjahr auf dem ersten Arbeitsmarkt. 35 % glauben, daß ihre Teilnahme an dieser Maßnahme auf dem ersten Arbeitsmarkt nur bedingt Wert hat. Knapp die Hälfte der Jugendlichen sieht wegen der allgemein schlechten wirtschaftlichen Lage nur geringe Chancen auf dem Arbeitsmarkt. Lediglich 24 % meinen, wegen schlechter Leistungen geringe Chancen auf einen Ausbildungsplatz zu haben.

Die Teilnahme am Berufsvorbereitungsjahr hat auch Auswirkungen auf die Freizeitmöglichkeiten und die sozialen Netzwerke der Jugendlichen. Die materiellen Ressourcen werden verbessert, etwas mehr als die Hälfte der Jugendlichen gibt an, durch die Maßnahme mehr Geld zur Verfügung zu haben. Mit Ausnahme von vier Jugendlichen erhalten alle eine „Ausbildungsvergütung", deren Höhe zwischen 100 DM und 400 DM liegt. Drei Jugendliche bekommen mehr als 400 DM, und einer bekommt weniger als 100 DM. Angesichts dieser Summen wundert es nicht, wenn knapp 30 % der Jugendlichen angeben, aus Geldmangel bei den Unternehmungen ihrer Freunde nicht mitmachen zu können. Knapp zwei Drittel der Jugendlichen geben an, jetzt über viel weniger Freizeit zu verfügen als vor der Teilnahme am Berufsvorbereitungsjahr. Ein Grund dafür ist sicherlich u. a. die Entfernung zur Ausbildungsstätte bzw.

die ungünstige Verkehrsanbindung. Knapp ein Drittel der Jugendlichen braucht ein bis zwei Stunden (einer sogar mehr als zwei Stunden) für die Fahrt zu ihrem Ausbildungsort.

In diesem Zusammenhang ist auch die Aussage von 24 % der Jugendlichen zu sehen, die jetzt weniger Zeit für ihre Freunde haben und bei Unternehmungen der Freunde oft nicht mitmachen können. Für knapp die Hälfte der Jugendlichen hat sich der Freundeskreis neu zusammengesetzt, sie sind „jetzt mit ganz anderen Leuten zusammen". Vergleicht man die Jugendlichen im Berufsvorbereitungsjahr mit den übrigen Jugendlichen unserer Stichprobe, so läßt sich ein wesentlicher Unterschied hinsichtlich der Freundschaftsnetze feststellen. Die TeilnehmerInnen des Berufsvorbereitungsjahres sind wesentlich isolierter als die übrigen Jugendlichen. Sie unternehmen durchschnittlich 42 % aller Freizeitaktivitäten allein. Von den anderen Jugendlichen werden nur durchschnittlich 33 % aller Unternehmungen allein gemacht. Nur knapp 3 % der Aktivitäten werden von den Jugendlichen im Berufsvorbereitungsjahr mit einer Freundin bzw. einem Freund unternommen, wohingegen bei den übrigen Jugendlichen dies auf 10 % der Freizeitunternehmungen zutrifft.

Die subjektive Belastung der Jugendlichen ist relativ hoch, knapp die Hälfte stimmt dem Statement „Wenn ich jetzt abends nach Hause komme, bin ich total kaputt" zu. Auch die familiären Belastungen der Jugendlichen im Berufsvorbereitungsjahr sind wesentlich größer als in der Gesamtstichprobe. In knapp 30 % (Gesamtstichprobe 20 %) der Familien gibt es finanzielle Probleme, in 71 % (Gesamtstichprobe 48 %) ist ein Familienmitglied innerhalb der letzten zwei Jahre arbeitslos gewesen (oder ist es noch), und 35 % der Jugendlichen (Gesamtstichprobe 13 %) hatten schon einmal Ärger mit der Polizei. Letzteres kann aber auf keinen Fall als Tendenz zur Jugendkriminalität gewertet werden, da wir nicht wissen, aus welchem Anlaß der Kontakt mit der Polizei stattfand.

5.3.5 Arbeitslose Jugendliche

In der Literatur zur Jugendarbeitslosigkeit werden verschiedene Entwicklungen auf dem Arbeitsmarkt aufgezeigt, die den Berufseintritt von Jugendlichen erschweren (vgl. Christie 1989). Allgemein wird in den alten Bundesländern die Bildungsexpansion und damit die Entwertung einfacher Bildungsabschlüsse als eine Hürde angesehen, die den Zugang von Jugendlichen auf den Arbeitsmarkt erschwert. Die Zugangsvoraussetzungen für handwerkliche und industrielle Ausbildungsberufe sind gestiegen. Die Zahl der Berufe, die mit einem Hauptschulabschluß erlernt werden können, ist stark eingeschränkt, was besonders für junge Frauen gilt (vgl. Höfer/Straus 1993).

In den neuen Bundesländern ist die Situation deutlich anders gewichtet. Nach der Wende kam es in großem Umfang zu Betriebsstillegungen, Entlassungen wegen Rationalisierungen und damit auch zur Vernichtung sogenannter Einfacharbeitsplätze. Das Ausbildungssystem hat sich mit der Einführung des dualen Systems und der Neustrukturierung des Berufsbildungssystems grundsätzlich geändert.

Berufsabschlüsse und damit auch Ausbildungswege der DDR sind nach der Wende weggefallen; so wird z.B. die Ausbildung zum Teilfacharbeiter nicht mehr als Beruf anerkannt. Die zu DDR-Zeiten als Teilfacharbeiter ausgebildeten Jugendlichen werden heute vom Arbeitsamt als Arbeitslose ohne Schul- bzw. Ausbildungsabschluß geführt (vgl. Felber/Gabriel 1993). Die Neugliederung des Schulsystems führt zu einer Abwertung der zu DDR-Zeiten erzielten Schulabschlüsse und hat bereits zu einer Bildungsexpansion geführt. Nach den Ergebnissen einer Studie von Behnken u.a. (1991) wird Bildung im Osten stärker als im Westen als lohnende Investition in die eigene Zukunft gesehen. Die Bildungsambitionen der SchülerInnen liegen nach Angabe von Behnken etwa doppelt so hoch wie die zum Befragungszeitpunkt realen Bildungsmöglichkeiten. Dies wird von Behnken (vgl. ebd.) als „Tendenz, den ökonomischen Minderbesitz durch erhöhte Bildungsanstrengungen zu kompensieren", gewertet.

Die Ausbildungssituation im Osten wurde zum Erhebungszeitpunkt unserer Untersuchung entscheidend durch eine massive staatliche Intervenierung geprägt. Etwa ein Drittel der Ausbildungen in Ostdeutschland wurden 1991 außerbetrieblich begonnen. Trotzdem lag die Angebots-Nachfrage-Relation bei durchschnittlich 105 Angeboten für 100 Jugendliche; zum Vergleich: in den alten Bundesländern kamen auf 121 Lehrstellen 100 BewerberInnen (Felber 1992).

Die geschlechtsspezifische Diskriminierung von Frauen im System der Berufsausbildung ist oft empirisch belegt worden. Trotz vergleichbarer oder sogar höherer schulischer Qualifikationen finden junge Frauen deutlich schwerer Zugang zum Ausbildungs- bzw. Arbeitsmarkt (vgl. Lex 1993). Auch in unserer Befragung haben die arbeitslosen jungen Frauen signifikant häufiger einen Realschulabschluß bzw. sind signifikant seltener ohne Schulabschluß als die jungen Männer (vgl. Tabelle 5.13).

Daß diese Unterschiede bei der Gruppe der AbiturientInnen

Tabelle 5.13

Schulabschlüsse				
	weiblich		männlich	
10.Klasse POS/Realschulabschluß	32	58,2 %	17	30,9 %
8.Klasse POS/Hauptschulabschluß	14	25,5 %	29	52,7 %
Fachschulabschluß	7	12,7 %	2	3,6 %
EOS/Abitur	1	1,8 %	2	3,6 %
keinen Abschluß	1	1,8 %	4	7,3 %
sonstigen Abschluß	0	0,0 %	1	1,8 %
insgesamt	55	50 %	55	50 %
Signifikanz: <1%				

nicht deutlich werden, liegt vermutlich an der Altersgruppe unserer Stichprobe. Untersuchungen in den alten Bundesländern haben ergeben, daß Frauen der Zugang zur betrieblichen Erstausbildung, die als solche am stärksten von allen Ausbildungswegen in den Arbeitsmarkt integriert ist, verwehrt bleibt. Frauen dominieren dagegen im zweiten und dritten Bereich des Berufsbildungssystems, den vollzeitschulischen Ausbildungsgängen, die keine Berufsausbildung beinhalten, und den Schulberufsausbildungen, wie am Beispiel einer Bremer Längsschnittstudie gezeigt werden kann: 30 % der weiblichen Hauptschulabsolventinnen des Jahrgangs 79/80 und 36 % der Realschülerinnen gelang der Übergang ins duale System. Den restlichen jungen Frauen blieb der Weg ins vollzeitschulische Berufsbildungssystem. Rund 59 % dieser Gruppe besuchten einjährige und zweijährige Vollzeitschulen ohne Berufsabschluß, rund 22 % besuchten Berufsfachschulen mit berufsqualifizierendem Abschluß, der Rest war zum Erhebungszeitpunkt nicht zuzuordnen. Nach Abschluß der nicht berufsqualifizierenden Ausbildung mißlang quasi im zweiten Versuch wiederum 60 % der gewünschte Übergang in eine Lehrstelle (Krüger 1991). Nach Ergebnissen einer Studie des Bundesinstituts für Berufsbildung (vgl. Alex 1993, Schweikert 1993) ist die Situation am Ausbildungsmarkt für junge Frauen wesentlich ungünstiger, die Chance auf eine Berufsausbildungsstelle liegt für sie im Durchschnitt um ein Viertel niedriger als für die männlichen Bewerber, wobei die jungen Frauen sich wesentlich öfter bewerben (durchschnittlich bei acht Betrieben) als die männliche Konkurrenz (durchschnittlich bei fünf Betrieben).

Auch die amtliche Statistik von 1993 zeigt, daß in den neuen Bundesländern hauptsächlich Frauen von Arbeitslosigkeit betroffen sind. Nach den amtlichen Nachrichten und Presseinformationen der Bundesanstalt für Arbeit betrug die Arbeitslosenquote der Männer im zweiten Halbjahr 1993 11,2 % in den neuen Bundesländern, die Arbeitslosenquote der Frauen ist wesentlich höher und liegt bei 21,5 % (vgl. Beschäftigungsobservatorium Ostdeutschland 1994).

Die eigene Arbeitslosigkeit ist eine Befürchtung, die generell von einer großen Zahl Jugendlicher, unabhängig von ihrem Bildungsabschluß oder Beschäftigungsstatus, geteilt wird. Die von uns befragten SchülerInnen haben zu 44 % Angst vor Arbeitslosigkeit, die bereits berufstätigen Jugendlichen befürchten zu 44 %, ihren Arbeitsplatz zu verlieren, und die Auszubildenden glauben zu 31 %, daß sie nach der Lehre vom Betrieb nicht übernommen werden. Bei den Auszubildenden, die sich in einer außerbetrieblichen Ausbildung befinden, ist diese Zahl wesentlich höher und liegt bei 48 %.

Die Arbeitslosenquote unserer Stichprobe liegt bei 9 %, wobei junge Frauen und Männer dabei gleichstark vertreten sind. Der Anteil der arbeitslosen Jugendlichen ist erwartungsgemäß positiv verknüpft mit dem Alter der Befragten. Von den Jugendlichen des Jahrgangs 73 unserer Stichprobe sind wesentlich mehr, nämlich 13,4 %, ohne Erwerbstätigkeit (siehe Grafik 5.6).

Grafik 5.6

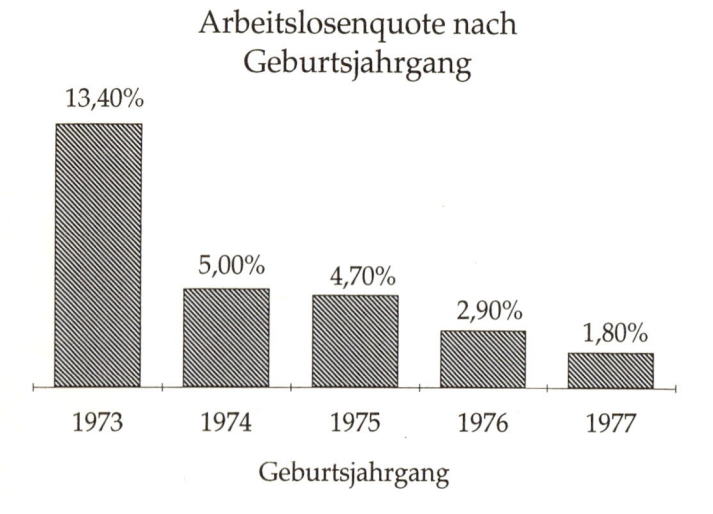

Arbeitslosenquote nach Geburtsjahrgang

Geburtsjahrgang	Arbeitslosenquote
1973	13,40%
1974	5,00%
1975	4,70%
1976	2,90%
1977	1,80%

Die amtliche Statistik, die sich auf die Altersgruppe der unter 25jährigen bezieht, kommt zu einer Quote von 12 %, wobei hier wiederum zu bedenken ist, daß nur die Jugendlichen gezählt werden, die sich beim Arbeitsamt gemeldet haben. Jugendliche, die gegenüber dem Arbeitsamt keine finanziellen Ansprüche geltend machen können, haben häufig auch keine Motivation, sich arbeitssuchend zu melden, und sind in der amtlichen Statistik nicht berücksichtigt. Auch werden diejenigen Jugendlichen nicht als Arbeitslose gezählt, die zwar beim Arbeitsamt arbeitssuchend gemeldet sind, sich aber in einer der Maßnahmen zur Arbeitsförderung befinden.

In unserer Untersuchung schwankt die Quote der arbeitslosen Jugendlichen in den Bundesländern zwischen 7,2 % und 12 %. In Mecklenburg-Vorpommern sind 12 % der befragten Jugendlichen arbeitslos, in Brandenburg sind es 7,2 %, in Thüringen 8 %, in Sachsen-Anhalt 7,4 % und in Sachsen 10,4 %.

Mehr als drei Viertel der Jugendlichen haben vor ihrer jetzigen Arbeitslosigkeit schon mal gearbeitet, wobei wir nicht nach der Dauer dieser Erwerbstätigkeit gefragt haben. Die meisten Jugendlichen waren im gewerblichen Bereich oder in kaufmännischen Berufen bzw. in Verwaltungsberufen tätig. 45 % hatten den Status eines Arbeiters, 26 % waren Angestellte, und 14 % haben als Schüler gejobbt. Die übrigen Jugendlichen können nicht zugeordnet werden.

Mehr als die Hälfte der Arbeitslosen hat keine abgeschlossene Berufsausbildung. 36 % der Jugendlichen hatten eine Ausbildung begonnen, diese aber vor dem Abschluß abgebrochen. Die Gründe für diesen Abbruch waren in der Hauptsache der Konkurs des Ausbildungsbetriebs, gesundheitliche Gründe oder die Erkenntnis, daß der Ausbildungsberuf doch nicht den eigenen Wunschvorstellungen entsprach. 76 % der Arbeitslosen sind seit weniger als einem Jahr arbeitslos, bei den restlichen Jugendlichen reicht die Zeitspanne von einem bis zu drei Jahren Arbeitslosigkeit. Die Mobilitätsbereitschaft der Arbeitslosen ist hoch, mehr als zwei Drittel wären bereit, für eine Arbeit auch an einen anderen Ort zu ziehen. Ein Teil der Jugendlichen (42 %) nimmt ab und zu Gelegenheitsjobs an. Lediglich 7 % geben an, eine Fortbildung oder Umschulung zu absolvieren.

Höfer und Straus (1993) kommen in ihrer Untersuchung zu dem Ergebnis, daß die individuellen Folgen der Arbeitslosigkeit je nach Alter, Familienstand, Beruf, Ausbildung, regionaler Arbeitsmarktlage und den sozialen und materiellen Ressourcen variieren:

„Fühlen sich die Jugendlichen von den ‚Übergangsanforderungen' überlastet oder stehen ihnen hilflos gegenüber, so wird ihre Lebenssituation zu einer ‚Dauerbelastung', die zu immer problematischer werdenden Verarbeitungsformen führen kann. Dabei entscheiden die personalen und sozialen

Ressourcen, die dem/der Jugendlichen zur Verfügung stehen, über die ‚Wirksamkeit' der Risikofaktoren, also darüber, ob die Jugendlichen auf diese Belastung mit physischen, psychischen Problemen oder sozial auffälligem Verhalten reagieren oder ob sie den Übergang irgendwie bewältigen." (Höfer/Straus 1993, S. 27).

Mit unserer Studie können wir diese Zusammenhänge nur zum Teil analysieren, was zum einen in der Anlage der Untersuchung begründet ist. Wir strebten keine Studie über Jugendarbeitslosigkeit an, sondern wollten eine Jugendstudie durchführen, die alle Jugendlichen im Alter von 16 bis 19 Jahren einbezieht. Daraus ergibt sich, daß der Umfang des Fragebogenteils zu den arbeitslosen Jugendlichen notwendigerweise nur wenige, jugendhilferelevante Fragestellungen erfaßt. Zum anderen gilt auch für unsere Untersuchung, was Vondrach (1989, S. 708f.) für standardisierte Befragungen zur Jugendarbeitslosigkeit kritisch festgestellt hat:

„(1.) der frühe Zeitpunkt der meisten Erhebungen bereits kurz nach Eintritt der Massenarbeitslosigkeit, als sich manche Phänomene der Strukturierung der Jugendarbeitslosigkeit noch nicht herausgebildet hatten; (2.) die Einschränkung auf Jugendliche unter 20 Jahren, während sich die Problematik der Jugendarbeitslosigkeit auf anschließende Jahrgänge ausdehnt und verlagert; (3.) das Unterlassen von Längsschnittuntersuchungen, das zur Überinterpretation einmaliger Situationsaufnahmen führt; (4.) die mangelnde Tiefe der Erhebungsweisen, mit denen die Relevanzstruktur der Betroffenen kaum erreicht und neue Erkenntnisse aus dem Feld heraus anstelle der Vorannahmen der Forscher kaum gewonnen werden können; (5.) die nicht ermöglichte Wahrnehmung und Interpretation von Einzelfällen als Voraussetzung zur Erfassung typischer unterschiedlicher Betroffenheits- und Reaktionsformen."

Trotz dieser methodischen Einschränkungen haben wir versucht, mit einigen Statements die Veränderungen zu erfragen, die sich für die Jugendlichen durch die Arbeitslosigkeit ergeben haben. Für die überwiegende Mehrheit hat Arbeitslosigkeit zunächst finanzielle Auswirkungen; die Ausgaben müssen eingeschränkt werden. 8,3 % der Jugendlichen haben aufgrund der Arbeitslosigkeit Schulden gemacht.

Knapp die Hälfte der Jugendlichen weiß nicht, was sie mit der zusätzlichen freien Zeit anfangen sollen, darunter besonders diejenigen, die seit mehr als einem Jahr arbeitslos sind. Lediglich 20 % finden es ausgesprochen positiv, aufgrund der Arbeitslosigkeit mehr Zeit zur Verfügung zu haben. Die zwischenmenschlichen Kontakte haben sich bei vielen Jugendlichen verringert, 30 % fühlen sich isoliert, wobei dies auch hier wieder verstärkt auf diejenigen zutrifft, die seit mehr als einem Jahr arbeitslos sind. Letztere sind auch wesentlich häufiger davon überzeugt, daß der Freundeskreis sie seit ihrer Arbeitslosigkeit nicht mehr akzeptiert. 41 % fühlen sich ohne Arbeit überflüssig. 17 % müssen sich in ihrer „miesen" Situation auch noch die Vorwürfe der Eltern anhören. Fast ein Drittel der Jugendlichen hat keine Hoffnung, in nächster Zukunft einen Arbeitsplatz zu bekommen. Zwei Drittel der Jugendlichen sind der Ansicht, daß es in der augenblicklichen wirtschaftlichen Lage keine Schande ist, arbeitslos zu sein. Sie sind der Ansicht, daß der Grund für ihre Arbeitslosigkeit die derzeitige schlechte wirtschaftliche Situation mit Ausbildungs- und Arbeitsplatzmangel sei. Ein kleiner Teil (14 %) macht aber auch die „falsche" Wahl der Ausbildung für seine Arbeitslosigkeit verantwortlich.

Ein Drittel der Jugendlichen beurteilt die durch die Arbeitslosigkeit veränderten Lebensbedingungen ausschließlich negativ. In der Familie dieser Jugendlichen gibt es das Problem der Arbeitslosigkeit genauso häufig wie bei den übrigen arbeitslosen Jugendlichen, aber bei ihnen kommt es wesentlich häufiger vor, daß aufgrund der Arbeitslosigkeit der Alkoholkonsum der Familienmitglieder steigt. Auch haben gerade diese Familien besonders oft finanzielle Probleme.

Die arbeitslosen Jugendlichen, die an der Lehrstellenknappheit gescheitert sind, also noch keine Ausbildung abgeschlossen haben, sind besonders negativ eingestellt. Sie teilen die Zuversicht der anderen Jugendlichen, bald einen Job zu finden, wesentlich seltener und bekommen signifikant häufiger Vorwürfe der Eltern zu hören. Sie sind öfter der Ansicht, daß sie aufgrund der Arbeitslosigkeit von den FreundInnen nicht mehr anerkannt werden und fühlen sich signifikant häufiger isoliert als die übrigen arbeitslosen Jugendlichen. Diese Gruppe der Jugendlichen macht ihre Arbeitslosigkeit wesentlich seltener von der wirtschaftlichen Lage abhängig, sondern primär von ihrer mangelnden Ausbildung.

Wir haben alle Jugendlichen danach gefragt, wie sich ihre Freizeitaktivitäten nach der Wende verändert haben. Die arbeitslosen Jugendlichen bilden hinsichtlich dieser Frage eine eigene Gruppe, die eine deutlich negativere Einstellung zu den Veränderungen hat. Sie wissen wesentlich häufiger nichts mit ihrer Freizeit anzufangen (35 %), 73 % geben an, daß sie sich die neuen kommerziellen Freizeitangebote nicht leisten können (zum Vergleich: von den SchülerInnen betrifft dies 42 %). Ein Viertel der Arbeitslosen lernt seit der Wende weniger Leute kennen; in diesen Zusammenhang paßt auch, daß knapp 60 % meinen, daß es jetzt weniger Treffpunkte für Jugendliche gibt. Ein Drittel der arbeitslosen Jugendlichen findet es schade, daß es jetzt keine Zirkel mehr gibt.

Die arbeitslosen Jugendlichen unterscheiden sich hinsichtlich ihres Freizeitverhaltens deutlich von den übrigen Jugendlichen unserer Stichprobe. Arbeitslose Jugendliche unternehmen deutlich weniger in ihrer Freizeit. Am auffälligsten ist der Unterschied bei den Freizeitveranstaltungen, für die relativ viel Geld ausgegeben werden muß, diese werden von den arbeitslosen Jugendlichen wesentlich seltener unternommen. Hier gibt es Parallelen zu einer Studie mit erwachsenen Arbeitslosen der neuen Bundesländer von Toni Hahn (1992, S. 204), nach der 88 % der Befragten aussagen, daß sie an ihrer wunschgemäßen Freizeitnutzung durch ihre finanzielle Situation gehindert werden. Aber auch Beschäftigungen, die eher gemeinsam mit anderen Jugendlichen unternommen werden, oder Aktivitäten, die eine Teilnahme an Organisationen voraussetzen, sind bei den arbeitslosen Jugendlichen wesentlich seltener vertreten als in der Gesamtstichprobe. Wesentlich häufiger beschäftigen sich die Arbeitslosen mit Dingen, die sie zu Haus und meist allein machen können, so z.B. „lesen oder Musik hören", „Videos und TV sehen", „zu Hause klönen oder herumhängen". Aber auch hier ist die Anzahl der Aktivitäten deutlich geringer als beim Gesamtdurchschnitt.

Als Folge der Arbeitslosigkeit kommt es zu einer allgemeinen Reduktion der Außenkontakte. Die arbeitslosen Jugendlichen unternehmen die meisten Aktivitäten allein (im Durchschnitt 35 % aller Unternehmungen). Für die übrigen Jugendlichen unserer Befragung spielt dagegen die Clique eine große Rolle. 4,6 % der arbeitslosen Jugendlichen geben an, nie mit einer Clique unterwegs zu sein, von den übrigen Jugendlichen behaupten dies 2,6 %. Bei denjenigen Arbeitslosen, die etwas mit der Clique unternehmen, besteht diese Gruppe aus wesentlich weniger Personen. Freundschaften und Paarbeziehungen haben für die Freizeitaktivitäten der arbeitslosen Jugendlichen einen höheren Stellenwert als für die übrigen Jugendlichen, was ein Alterseffekt sein könnte. Wie oben erwähnt wurde, sind die arbeitslosen Jugendlichen unter den Älteren der Gesamtstichprobe zu finden (vgl. Tabelle 5.14).

Dagegen spricht aber, daß auch die berufstätigen Jugendlichen, die eine ähnliche Altersverteilung wie die arbeitslosen Jugendlichen aufweisen, sich hinsichtlich des Stellenwertes von Freundschaften für Freizeitunternehmungen von den arbeitslosen Jugendlichen deutlich unterscheiden. Unsere Studie kommt damit zu einem etwas anderen Ergebnis als eine Untersuchung erwachsener Arbeitsloser in den neuen Bundesländern (vgl. Ehrhardt 1992). Dort wird aufgezeigt, daß es bei den Arbeitslosen der neuen Bundesländer nicht zu dem aus der westdeutschen Arbeitslosenforschung bekannten Rückzug

Tabelle 5.14

Anteile der Aktivitäten, die mit bestimmten Personen unternommen werden				
	Arbeitslose	Berufstätige	Auszubildende	SchülerInnen
Allein	35 %	30 %	33 %	35 %
Clique	29 %	36 %	36 %	35 %
Freund/Freundin	28 %	23 %	23 %	19 %
Familie	6 %	6 %	6 %	8 %
Andere	3 %	4 %	3 %	3 %

aus den sozialen Netzen kommt. Zwar gehen die Kontakte zu ehemaligen Arbeitskollegen sehr schnell verloren, andere soziale Netze (FreundInnen, Bekannte, Nachbarschaft, weiterer Verwandtenkreis) bleiben nach Aussage jener Untersuchung jedoch erhalten.

Arbeitslosigkeit wird in der Literatur auch als ein Faktor gewertet, der die Ablösung vom Elternhaus erschwert (vgl. Christie 1989; Höfer/Straus 1993; Pelz/Münz 1990). Die mangelnden finanziellen Ressourcen der Jugendlichen und ihr geringer Kontakt zu Gleichaltrigen führt nach Ansicht dieser Autoren zu einer verstärkten finanziellen und emotionalen Abhängigkeit von den Eltern. Wir können feststellen, daß die arbeitslosen Jugendlichen sich insoweit von ihrem Elternhaus gelöst haben, als sie wesentlich seltener bei ihren Eltern wohnen als die übrigen Jugendlichen der gleichen Altersgruppe. 73 % der von uns befragten arbeitslosen Jugendlichen wohnen bei ihren Eltern, 12 % wohnen mit dem Partner zusammen und 4,5 % wohnen allein. Interessant ist, daß die arbeitslosen und die berufstätigen Jugendlichen wesentlich unzufriedener mit dem Zustand ihrer Wohnung sind. Auch geben sie häufiger als die übrigen Jugendlichen an, daß sie sich durch Ärger mit den übrigen WohnungsbewohnerInnen belastet fühlen. Knapp ein Drittel der Arbeitslosen möchte weiterhin so wohnen wie bisher, 28 % möchten lieber mit einem Partner zusammenziehen, 19 % würden lieber allein wohnen, der Rest möchte zu den Eltern oder Verwandten oder in eine Wohngemeinschaft ziehen.

Auch bei den von uns abgefragten Problemen zeigen sich deutliche Unterschiede zwischen den arbeitslosen Jugendlichen und der Gesamtstichprobe. 6,4 % der Arbeitslosen geben an, in den letzten zwei Jahren Alkohol- oder Drogenprobleme gehabt zu haben. Der Anteil ist damit knapp fünfmal so hoch wie in der Gesamtstichprobe. Wir können damit folgenden Zusammenhang bestätigen:

„Je belastender die Situation für die Jugendlichen wird, desto eher greifen sie zu nicht ‚berufsbezogenen' Bewältigungsstrategien, sondern zu ‚emotionsbezogenen' Strategien. ...sie nehmen Drogen oder Alkohol, oder sie versuchen, auf illegalem Weg zu Geld zu kommen, ..." (Höfer/Straus 1993, S. 59).

Obwohl die arbeitslosen Jugendlichen in unserer Untersuchung zwar deutlich häufiger (28 %) als der Gesamtdurchschnitt (13 %) angeben, Ärger mit der Polizei zu haben, können wir letzteren, oben erwähnten Zusammenhang durch unsere Studie nicht bestätigen, da wir die Gründe für den Polizeikontakt nicht kennen.

Die Beziehung der arbeitslosen Jugendlichen zu ihren Eltern ist wesentlich konfliktreicher als bei den übrigen Jugendlichen. Knapp 20 % der Arbeitslosen haben in den letzten zwei Jahren dauerhafte Auseinandersetzungen mit den Eltern gehabt, verglichen mit 7 % der Gesamtstichprobe, die dies betrifft. Daß das Familienklima hier wesentlich schlechter sein muß, zeigt auch der Umstand, daß die arbeitslosen Jugendlichen wesentlich öfter einmal oder mehrmals von zu Hause weggelaufen sind. Auffällig ist weiterhin, daß diese Jugendlichen auch wesentlich häufiger (4,5 %) angeben, daß es in den letzten zwei Jahren gewalttätige Auseinandersetzungen in ihrer Familie gab. Die Familien der arbeitslosen Jugendlichen sind deutlich häufiger vom sozialen Abstieg bedroht. In 84 % der Fälle ist ein weiteres Familienmitglied arbeitslos (zum Vergleich: bei der Gruppe der SchülerInnen betrifft dies 43 %). Finanzielle Probleme kommen dementsprechend bei den Familien der arbeitslosen Jugendlichen auch doppelt so häufig vor wie in der Gesamtstichprobe. Die finanziellen und emotionalen Unterstützungsleistungen, die von der Familie erwartet werden können, sind gering, und unsere Daten lassen vermuten, daß häufig die Eltern selbst von belastenden und sie überfordernden Lebenszusammenhängen betroffen sind. Zu ähnlichen Ergebnissen kommt ein Forschungsprojekt der Fachhochschule Kiel, das im Auftrag des Jugendamtes der Stadt Kiel durchgeführt wurde (vgl. Andresen/Böhm/Jutzi/Zastrow 1988). Die Autoren kommen zu dem Schluß, daß es im familialen Umfeld der Jugendlichen eine Anhäufung kritischer Lebensereignisse gibt.

„Arbeitslosigkeit der Eltern, Wohnungs- und/oder Arbeitsplatzwechsel, Tod, Scheidungen, Suizidfälle/-versuche, gesundheitliche Probleme der Eltern einschließlich Alkohol... erfordern Anpassungs- und Bewältigungsleistungen vom einzelnen Jugendlichen in einer Phase, wo er mit vielen anderen Entwicklungsanforderungen konfrontiert ist." (vgl. ebd. S. 151).

Angesichts der oben dargestellten radikalen Veränderungen des Ausbildungssystems und des Arbeitsmarktes wird es für die Jugendlichen immer schwieriger und undurchschaubarer, zu einem Ausbildungsplatz zu gelangen (vgl. Schweikert 1993). Zu Zeiten der ehemaligen DDR wurde das Berufswahlverhalten der Jugendlichen von den Lenkungsmaßnahmen der staatlichen Planerfüllung bestimmt.

Der Druck auf die Jugendlichen in dieser Umbruchsituation ist besonders hoch. Gerade Jugendliche mit einem niedrigen Schulabschluß haben nicht die Zeit und die Auswahl zwischen verschiedenen Berufsoptionen. Ihre Berufsentscheidungen sind oft irreversibel. Anders als bei Jugendlichen mit höherem Bildungsabschluß lassen sich die Entscheidungen nicht mehrfach ändern bzw. vergrößert sich dann das Risiko daraus entstehender negativer Karrieren (vgl. Höfer/Straus 1993). Berufsberatung in Kooperation mit der Schule, dem Jugendamt und der Arbeitsverwaltung, die unter Berücksichtigung regionaler Faktoren den Jugendlichen schon früh Möglichkeiten und Grenzen von Ausbildungswegen und Berufsbereichen aufzeigt und die über das zur Zeit praktizierte Angebot des Arbeitsamtes hinausgeht, stellt eine präventive Möglichkeit zur Vermeidung von Jugendarbeitslosigkeit dar.

Die überwiegende Mehrzahl der arbeitslosen Jugendlichen unserer Studie ist arbeitssuchend gemeldet, hat Kontakt zum Arbeitsamt und kann daher die Dienstleistung des Arbeitsamtes auf einer von uns vorgegebenen vierstufigen Skala einschätzen. Ein großer Teil dieser Jugendlichen ärgert sich über zu lange Wartezeiten (75 %), über die bürokratische Handhabung ihrer Anliegen (56 %) und über die langsame Bearbeitung der von ihnen gestellten Anträge (69 %). Die MitarbeiterInnen des Arbeitsamtes werden von 60 % der Jugendlichen als „freundlich" eingestuft. Weniger positiv hingegen beurteilen die Jugendlichen den Informationswert des Arbeitsamtes. Mehr als die Hälfte der Jugendlichen finden die Informationen der MitarbeiterInnen des Arbeitsamtes verwirrend, und 45 % fühlen sich durch das Arbeitsamt nicht ausreichend informiert. Knapp die Hälfte der Jugendlichen fühlt sich schlecht beraten. Dazu kommt, daß mehr als die Hälfte der Jugendlichen das Arbeitsamt generell als „unfähig" eingestuft hat. Lediglich ein Drittel der Arbeitslosen meint, daß sie in irgendeiner Form Hilfestellung vom Arbeitsamt bekamen.

Im Achten Jugendbericht werden Ausbildung, Beruf und Arbeit als

„unumstritten zentrale Lebens- und gesellschaftliche Erfahrungsbereiche, die sowohl soziale und persönliche Identität vermitteln als auch materielle Existenz sichern" (Achter Jugendbericht 1990, S. 123)

bezeichnet. Die Jugendhilfe wird damit stärker gefordert, ergänzend, in Zusammenarbeit oder alternativ zu beschäftigungspolitischen Maßnahmen der Bundesanstalt für Arbeit, Instrumente zu entwickeln, die allen Jugendlichen die Chance einer Ausbildung und beruflichen Qualifizierung ermöglicht.

Die Jugendhilfe hat in den alten Bundesländern innerhalb des letzten Jahrzehnts unterschiedliche und vielfältige Formen der Maßnahmen zur beruflichen Integration Jugendlicher entwickelt (vgl. Raab 1991). Das Ziel der Jugendberufshilfe ist,

„soziale Benachteiligungen und individuelle Beeinträchtigungen junger Menschen im Übergang von der Schule zur Berufsarbeit durch sozialpädagogische Hilfen und sozialpädagogisch begleitete Ausbildungs- und Beschäftigungsmaßnahmen auszugleichen." (Felber 1993, S. 179)

Strukturelle Mängel gibt es in diesem Handlungsfeld in den neuen Bundesländern vor allem in Form einer unzureichenden finanziellen Förderung. Dazu kommen Probleme einer mangelnden Kooperation zwischen Schule, Arbeitsamt und der Jugendhilfe (vgl. Kapitel 2.1).

Ausbildungs- und Beschäftigungsprojekte gibt es in den neuen Bundesländern in unterschiedlichen Trägerformen. Erfahrungen aus den alten Bundesländern haben gezeigt, daß gerade alternative Projekte und Initiativen, die den Jugendlichen in weiten Teilen Mitbestimmungs- und Beteiligungsrechte einräumen, besonders gute Möglichkeiten bieten, benachteiligten Jugendlichen zu mehr Kompetenz, individueller Selbstbestimmung und Selbstbehauptung zu verhelfen (vgl. Damm 1993). Aber auch für die übrigen Projekte der berufsbezogenen Jugendhilfe gilt, daß sie den Jugendlichen zum Teil weitgehende Verbesserungen in ihren Lebenszusammenhängen ermöglichen (vgl. Höfer/Straus 1993). Das soziale Lernen im Projekt stärkt die Handlungskompetenzen der Jugendlichen, unterstützt sie beim Aufbau eigener Netzwerke und erweitert ihre funktionalen und fachlichen Fähigkeiten. Neue soziale Beziehungen werden aufgebaut und damit soziale Ressourcen erschlossen, Jugendliche werden bei ihrer aktiven Problembewältigung instrumentell und emotional unterstützt. Auch die finanzielle Absicherung hat für die Jugendlichen, deren Familien ihnen oft nur begrenzt finanzielle Unterstützung geben können, einen großen Stellenwert. Diese positiven Effekte gehen über rein arbeitsmarktbezogene Kriterien weit hinaus. Aber auch bezogen auf den Arbeitsmarkt läßt sich nach einer Studie des Instituts für Praxisforschung und Projektberatung (vgl. Höfer/Straus 1993) feststellen, daß nach Abschluß der Maßnahme 62,2 % der Jugendlichen einen Arbeitsplatz erhalten konnten, 3 % in ein Ausbildungsverhältnis wechselten und 34,8 % in der Arbeitslosigkeit verblieben.

5.4 Freizeit von Jugendlichen

Eines der zentralen Themen in Jugendstudien ist das Freizeitverhalten von Jugendlichen. Was tun Jugendliche in ihrer Freizeit, wo liegen ihre Interessen, und mit wem verbringen sie ihre Freizeit?
 Freizeit stellt einen Freiraum dar, in dem Jugendliche all das tun können, was ihnen in der Schule, der Ausbildung und der Arbeit verboten ist, wo sie Neues testen oder einfach ausspannen können. Freizeit wird für Jugendliche immer wichtiger.

„Konsum- und Freizeitinteressen stellen heute die zentralsten Lebensinteressen der Jugendlichen dar, um die herum sie ihre anderen Lebensbereiche organisieren möchten." (Rathmayr 1988, S. 112)

Die Freizeitbeschäftigungen von Jugendlichen sind allerdings Restriktionen unterworfen, die sich z.B. durch ihre Ausbildung ergeben. Natürlich haben SchülerInnen mehr Freizeit als Lehrlinge, die in der Regel acht Stunden am Tag arbeiten. Dafür sind Lehrlinge oder erwerbstätige Jugendliche finanziell besser ausgestattet, so daß sie andere Angebote in Anspruch nehmen können. Gaiser stellt dazu fest:

„Dabei haben sie (die Jugendlichen) heute zwar einerseits mehr Freiräume des Konsums, der Freizeitgestaltung, des Urlaubs, sie werden weniger kontrolliert, und Sexualität ist zu einem öffentlich akzeptierten Bestandteil des Jugendlebens geworden. Gleichzeitig werden aber andererseits von den Institutionen hohe Leistungen gefordert, die relativierend gegenüber den individuellen Möglichkeiten und Wünschen wirken." (Gaiser 1994, S. 6)

Ein wichtiger Teil der Freizeit von Jugendlichen ist die gemeinsam mit Gleichaltrigen verbrachte Zeit (Wüstendörfer 1986, S. 83). Durch die sozialen Kontakte zu Gleichaltrigen werden Erfahrungen gesammelt, Verhaltensweisen erprobt, eigene Stile (in Kleidung, Sprache, Umgang) entwickelt und die Ablösung von den Eltern vorangetrieben. Aber auch der Bereich der sozialen Kontakte unter Jugendlichen wird zunehmend kommerzialisiert. Die sozialen Kontakte finden immer häufiger in Kneipen, Eisdielen, Spielhallen etc. statt, d.h. sie kosten Geld. Kollmann stellt dazu fest:

„Ausgaben für Lokalbesuche dominieren. Durch diese Ausgaben wird die von den Jugendlichen gewünschte Kommunikativität hergestellt – drastisch ausgedrückt: Sozialleben ist wohl nur durch entsprechende Konsumausgaben möglich." (Kollmann 1988, S. 145)

Jugendliche sind ein bedeutender Marktfaktor. Die Kommerzialisierung der Freizeit findet insbesondere durch die Medien statt.

Fernsehen und Radio hören gehören neben dem Treffen von FreundInnen zu den beliebtesten Freizeitbeschäftigungen der Jugendlichen (vgl. Luger 1988). Nach den Ergebnissen einer Studie von 1990 besitzen 64 % der westdeutschen Jugendlichen einen eigenen Fernseher, und ca. 94 % haben einen Cassetten-Radiorecorder (Krüger 1991, S. 206).

Diese Medien dienen primär der Unterhaltung und Freizeitbeschäftigung, wecken aber durch Werbung, Videoclips etc. Bedürfnisse, die das Konsumverhalten der Jugendlichen beeinflussen. Durch die Etablierung von Musiksendern wie MTV oder VIVA wurde dieser Entwicklung weiter Vorschub geleistet. Die Industrie erweist sich dabei als überaus einfallsreich. Jugendstile werden immer stärker kommerzialisiert (vgl. Rathmayr 1988; Der Spiegel 14/1994). Punk und Rap, eigentlich Ausdruck massiver jugendlicher Gesellschaftskritik, wurden inzwischen vollkommen vermarktet (Mode, Musik, Dancefloor-Partys), damit gesellschaftsfähig gemacht und somit ihrer eigentlichen Bedeutung enthoben.

Der Besitz an Konsumgütern hat für Jugendliche auch Statuscharakter. In bestimmten Cliquen ist eine bestimmte Ausstattung an Konsumgütern notwendig, um die erwünschte Anerkennung innerhalb der Gruppe zu erhalten.

Die ehemalige DDR verstand sich als Lese- und Kulturland. Jugendarbeit, die einen Teil der Freizeit von Jugendlichen organisiert, war gleichzeitig immer auch Jugendkulturarbeit. Konsumorientierung wie in den westlichen, kapitalistischen Staaten war verpönt, politisches und soziales Engagement gefragt. Freizeit von Kindern und Jugendlichen war zu einem beträchtlichen Anteil staatlich organisiert und weitgehend kostenlos. Durch die (Zwangs-)Mitgliedschaft in der FDJ waren viele Jugendliche in Gruppen, Zirkeln und AGs aktiv. Es wäre demnach zu erwarten, daß sich die Jugendlichen im Osten in ihrem Freizeitverhalten von den West-Jugendlichen unterscheiden. Dennoch gaben auch im Osten die Jugendlichen in einer Umfrage Ende der 80er Jahre Musik hören, tanzen gehen, Sport treiben, sich mit Freunden treffen und fernsehen als ihre liebsten Freizeitbeschäftigungen an (vgl. Günther/Karig/Lindner 1991). Günther und ihre MitarbeiterInnen fanden heraus, daß sich die Umorientierung im Freizeitverhalten bei Jugendlichen, insbesondere im Hinblick auf den Konsum von Bildmedien, schon zu DDR-Zeiten abzeichnete und nicht erst nach der Wende begann (ebd.).

„Von vergleichsweise wenigen Jugendlichen favorisiert wurden hingegen eigene schöpferische Aktivitäten technischer und künstlerischer Art, der Besuch tradierter Kunsteinrichtungen (z.B. Theater und Galerien) oder die politische Bildung und Information in der Freizeit." (Günther u.a. 1991, S. 189)

Krüger kommt ebenfalls zu der Ansicht, daß die Unterschiede zwischen den Jugendlichen beider deutscher Staaten vor allem im materiellen Bereich, d. h. in der Ausstattung mit CD-Playern, Videogeräten und ähnlichem zu finden waren.

„Doch diese Differenzen in den Ressourcenlagen der Freizeit sagen nichts über unterschiedliche Freizeitinteressen und -bedürfnisse der Jugendlichen auf dem Gebiet der ehemaligen DDR aus. Die Ergebnisse zur Mediennutzung von Jugendlichen aus Ost und West bestätigen nachhaltig, daß beide der gleichen Mediengeneration angehören." (Krüger 1991, S. 218)

Freizeit von Jugendlichen, Konsum und Medien sind Begriffe, die demnach kaum noch getrennt behandelt werden können.

Am liebsten mit der Clique ... – Freizeitaktivitäten und Freizeitpartner

Im Rahmen unserer Studie haben wir uns sehr ausführlich mit dem Thema „Freizeit" befaßt. Wir wollten nicht nur wissen, was Jugendliche in ihrer Freizeit tun, sondern auch wie oft und „mit wem" sie es tun. Der Aspekt mit wem hat für uns besondere Bedeutung, da wir feststellen wollen, ob Jugendliche mit intensiven sozialen Kontakten zu Gleichaltrigen diese auch als soziale Ressourcen erleben, wenn sie Probleme haben, bei denen sie Hilfe brauchen oder über die sie mit jemandem reden wollen (vgl. Kapitel 5.5).

Um das Thema „Freizeit" in den Griff zu bekommen, haben wir zunächst eine Liste mit vielfältigen Freizeitaktivitäten daraufhin abgefragt, ob die Jugendlichen diese Dinge tun, zunächst unabhängig von der Häufigkeit. Tabelle 5.15 gibt einen Überblick über die Aktivitäten der Jugendlichen, in der Reihenfolge der häufigsten Nennungen.

Diese Angaben relativieren sich, wenn man betrachtet, wie oft die Jugendlichen den einzelnen Aktivitäten nachgehen. Bei der Berücksichtigung der Häufigkeiten zeigt sich, daß die Jugendlichen überwiegend Musik hören, zu Hause diskutieren, herumfahren und herumhängen. Eine repräsentative Befragung von Leipziger Jugendlichen kommt zu ähnlichen Ergebnissen. Hier wurden an erster Stelle „Musik hören" und „Fernsehen/Video gucken" sowie „Sport treiben" genannt (vgl. Karig 1994, S. 147). Hinsichtlich einiger Freizeitbeschäftigungen unterscheiden sich Frauen eindeutig von Männern. Die Frauen in unserer Stichprobe lesen signifikant häufiger als die Männer, kochen öfter, machen öfter Ausflüge, hängen aber auch

Tabelle 5.15

Aktivität	Durchschnitt in %		
	Frauen	Männer	insgesamt
Musik hören	96 %	96 %	96 %
Video, Fernseh gucken	89 %	90 %	89 %
Kneipe, Disco, Café	79 %	76 %	77 %
zu Hause klönen, diskutieren	77 %	70 %	73 %
Ausflüge machen	76 %	68 %	72 %
rumfahren (Fahrrad, Moped etc.)	66 %	77 %	72 %
Feten und Parties feiern	74 %	71 %	72 %
ins Kino gehen	67 %	61 %	64 %
lesen	74 %	51 %	62 %
rumhängen, nichts tun	62 %	60 %	61 %
Hobbies (basteln, heimwerken...)	46 %	68 %	57 %
Essen gehen	61 %	52 %	56 %
Spiele spielen	52 %	54 %	53 %
zu Hause kochen	64 %	40 %	52 %
Sport treiben (ohne Verein)	42 %	53 %	47 %
Theater, Ausstellungen	43 %	28 %	35 %
Zuschauen bei Sportveranstaltungen	25 %	40 %	33 %
Konzerte besuchen	35 %	30 %	32 %
ins Jugendzentrum gehen	22 %	26 %	24 %
Freizeit im Verein	19 %	34 %	27 %
in die Spielhalle gehen	16 %	25 %	21 %
Musik machen, in Band spielen	12 %	12 %	12 %
kirchliche Jugendgruppe	13 %	12 %	12 %
nicht-kirchliche Jugendgruppe	10 %	11 %	11 %
politisch, gewerkschaftlich aktiv	6 %	8 %	7 %

Freizeitaktivitäten von Frauen und Männern

häufiger herum. Die Männer dagegen gehen signifikant öfter in Spielhallen, zu Sportveranstaltungen, treiben selbst häufiger Sport, gehen öfter Hobbys nach und fahren mehr herum. Damit unterscheiden sich unsere Ergebnisse hinsichtlich dem Nachgehen von Hobbys ganz erheblich von denen von Nolteernsting/Lindner/Melzer (1992), die ein fast umgekehrtes Verhältnis zwischen den Geschlechtern ermittelt haben. In ihrer Untersuchung sind 34 % der Männer und 66 % der Frauen „Hobbyisten" (S. 118); wohingegen nach unseren Ergebnissen die männlichen „Hobbyisten" mit 61 % und die weiblichen mit 39 % vertreten sind. Diese erheblichen Unterschiede sind möglicherweise durch unterschiedliche Antwortvorgaben zu erklären. Während Nolteernsting und ihre MitarbeiterInnen Vorgaben bestimmter Hobbys machten (die leider in den veröffentlichten Ergebnissen nicht zu finden sind), fragten wir schlicht danach, ob die Jugendlichen überhaupt Hobbys nachgehen.

Am auffälligsten ist der Unterschied zwischen den Geschlechtern jedoch, wenn man berücksichtigt, mit wem die Freizeit verbracht wird. Männer unternehmen Aktivitäten deutlich häufiger im Rahmen einer Clique. Bei 16 der abgefragten Aktivitäten spielt die Clique die wichtigste Rolle, bei fünf weiteren wird sie an zweiter Stelle genannt. Die Eltern werden bei Aktivitäten wie „Spiele spielen", „fernsehen", „feiern" und „klönen" relativ häufig genannt. Partnerbeziehungen und beste Freunde spielen dagegen kaum eine Rolle. Bei Frauen ist dies sehr viel ausgeglichener. Für sie sind Cliquen zwar auch die wichtigste Bezugsgruppe, aber sie nennen wesentlich häufiger ihren Partner und ihre beste Freundin, mit denen sie Freizeit verbringen. Die Eltern spielen eine ähnliche Rolle wie bei den Männern; Geschwister werden von ihnen, im Unterschied zu den Männern, öfter erwähnt. Diese Unterschiede spiegeln sich auch in den Antworten auf die Frage nach ihrem Freundschaftsnetz wider. Zwei Drittel der Männer in unserer Befragung geben an, einen „besten" Freund zu haben. Demgegenüber haben 83 % der Frauen eine „beste" Freundin. Bei Partnerbeziehungen ist der Unterschied noch größer. So haben nur etwas mehr als ein Drittel der Männer feste Freundinnen, gegenüber fast zwei Drittel der Frauen, die feste Freunde haben. Damit erklärt sich die geringere Partnerzentrierung im Freizeitverhalten der Männer. Die Partnerzentrierung ist auch signifikant altersabhängig. Während von den ältesten Befragten 60 % einen festen Partner haben, sind dies bei den Jüngsten 41 %.

Vergleicht man das „Musikhören", das in der Regel alleine und am häufigsten praktiziert wird, und den Fernsehkonsum, der nach unseren Daten häufig in der Familie, also mit den Eltern (und teilweise mit Geschwistern), stattfindet, so bestätigen unsere Daten für ostdeutsche Jugendliche das, was Sander u.a. für Jugendliche in München herausfanden:

„Fernsehen spielt bei den Jugendlichen eine wichtige Rolle und wird täglich mitunter bis zu drei Stunden genutzt. Im Unterschied zum Musikhören, bei dem die befragten Jugendlichen innerhalb der Familie am liebsten alleine ‚für sich' sind, dient das Fernsehen und Anschauen von Videofilmen vor allem als ‚gemeinsame Beschäftigung der Familienmitglieder'. ... Dieses Ergebnis überrascht insofern, als in der Familienforschung allgemein von ‚segregiertem' und ‚separiertem Familienalltag' gesprochen wird und die Medien, insbesondere Fernsehen und Video, diesen Prozeß angeblich verstärken sollen." (Sander/Mayr-Kleffel/Barthelmes 1992, S. 80f.)

Insgesamt geben zwar 44 % unserer befragten Jugendlichen an, daß sie auch alleine Fernseh schauen, aber 33 % sehen mit den Eltern fern, 13 % mit den Geschwistern und der Clique. Da wir nicht danach gefragt haben, wie die Jugendlichen am liebsten, sondern mit wem sie in der Regel fernsehen, sind die Daten nicht direkt mit den Ergebnissen von Sander u. a. vergleichbar. Sie zeigen aber den deutlichen Trend auf, daß Fernsehen keineswegs als Tätigkeit gesehen wird, die man alleine tut – im Gegensatz zum Musikhören, wo andere kaum eine Rolle spielen.

Die Nutzung von Bibliotheken in der Freizeit ist stark geschlechtsabhängig (sig: < 1 %). Während die Hälfte der Frauen angeben, in Bibliotheken zu gehen, trifft dies nur auf knapp ein Drittel der Männer zu. Der hauptsächliche Grund dafür, keine Bibliothek zu nutzen, ist der, daß man nicht gerne liest (40 %), keine Zeit hat (30 %) oder Bücher bei Freunden ausleiht bzw. kauft (34 %). Besonders gering ist die Nutzerquote bei arbeitslosen und arbeitenden Jugendlichen (17 %/15 %), wobei letztere angeben, keine Zeit dafür zu haben. Am häufigsten (56 %) nutzen SchülerInnen Bibliotheken.

Jugendliche in Vereinen, Verbänden und Parteien

42 %, das sind 999 Jugendliche, sind in irgendeiner Form organisiert, wobei 53 % von ihnen in einem Sportverein und ein Fünftel in einer kirchlichen Gruppe sind. Die Teilnahme an regelmäßigen Gruppenstunden wird nur von 12 % der Jugendlichen angegeben, wobei diese Teilnahme allerdings auch bei ihnen nur sporadisch, d. h. durchschnittlich einmal im Monat, stattfindet. Die geringe Aktivität in kirchlichen Gruppen ist aufgrund der Bedeutung von Kirche in der ehemaligen DDR wenig verwunderlich. Nur etwa 23 % der Jugendlichen gehören überhaupt einer Religionsgemeinschaft an, 80 % von ihnen sind protestantisch. Der Organisationsgrad in kirchlichen Gruppen ist dabei in Sachsen doppelt so hoch wie in den anderen neuen Bundesländern.

11 % der Jugendlichen besuchen eine nicht-kirchliche Jugendgruppe. In Bürgerinitiativen und Umweltschutzorganisationen sind dagegen 4 % Mitglied, wobei der Prozentsatz in großen Kommunen höher als in kleinen ist (sig: < 5 %). In Parteien sind nur 0,5 % der Jugendlichen Mitglied. Dabei handelt es sich um elf Jugendliche, von denen drei in der rechten Szene aktive Skinheads sind, die wohl in rechtsextremen Parteien organisiert sein dürften. Der Organisationsgrad in Hilfsorganisationen ist in kleinen Kommunen signifikant höher als in großen Kommunen (sig: < 5 %), was vor allem an der Mitgliedschaft bei der Freiwilligen Feuerwehr in ländli-

chen Regionen liegen dürfte, die wir in unserer Auswertung zu den Hilfsorganisationen gezählt haben und der insbesondere junge Männer angehören, die hier fünfmal stärker vertreten sind als Frauen (sig: < 1 %). 6 % der Jugendlichen sind Mitglied in der Gewerkschaft, wobei der Anteil der Männer dreimal so hoch ist wie der der Frauen (sig: < 1 %). 183 Jugendliche sind in mehreren Vereinen und/oder Verbänden Mitglied. Die häufigsten Kombinationen sind Gewerkschaft und Sportverein (40), Sportverein und kirchliche Gruppe (23), Sportverein und Fan-Club (15) sowie Hilfsorganisation und Sportverein (15).

Treffpunkte von Jugendlichen

Die Problematik, daß soziale Kontakte unter Jugendlichen vielfach in Kneipen oder ähnlichen Einrichtungen stattfinden müssen, haben wir ebenfalls in unserem Fragebogen aufgegriffen. Wir fragten die Jugendlichen danach, ob es in ihrer näheren Umgebung Plätze gibt, an denen sie sich ungestört mit Gleichaltrigen treffen können, und wollten dann von ihnen wissen, welche Plätze das sind. Fast drei Viertel der Jugendlichen geben an, daß es solche Plätze gibt, wobei 60 % allerdings feststellen, daß sich die Zahl der Plätze im Vergleich zu der Zeit vor der Wende verringert hat. Insbesondere arbeitende Jugendliche (90 %) sind dieser Auffassung. Ihre extrem negative Sicht ist vermutlich auch dadurch geprägt, daß sie jetzt im Berufsleben stehen, was zu DDR-Zeiten noch nicht der Fall war, so daß sie weniger Zeit haben und dadurch auch bestimmte Möglichkeiten nicht wahrnehmen.

Nach bestimmten Treffpunkten befragt, nennen 56 % „bei FreundInnen" zu Hause, wobei dieser Treffpunkt bei Frauen (64 %) besonders beliebt ist. Sehr selten nennen dies arbeitende Jugendliche (39 %). Über ein Drittel der Jugendlichen gibt Plätze in der Stadt (Marktplätze, Straßen etc.) als Ort an, wo man sich ungestört treffen kann. Diese Treffpunkte bevorzugen besonders die Jüngeren.

Für etwa ein Fünftel der Jugendlichen sind Treffpunkte auch Steinbrüche, Kiesgruben etc., wobei es hier keine geschlechtsspezifischen Unterschiede gibt. Ein Viertel der Jugendlichen schließlich gibt Kneipen, Spielhallen und ähnliches als Treffpunkt an. Je älter die Jugendlichen sind, desto eher treffen sie sich an diesen Orten. Am seltensten geben SchülerInnen an, sich in Kneipen und Spielhallen zu treffen. Jugendzentren spielen für 18 % der Jugendlichen eine Rolle als ungestörter Treffpunkt.

Jugendklubs und Zirkel – typisch DDR?

Nach der Wende wurden in den neuen Bundesländern die Freizeitmöglichkeiten der Jugendlichen stark beschnitten. Die FDJ löste sich weitgehend auf, und ihre Mitgliederzahl verringerte sich innerhalb weniger Monate dramatisch (vgl. Kapitel 4.2). Alternativen zur FDJ gab es zunächst kaum. Lediglich die Gewerkschaft (FDGB), die Deutsch-Sowjetische Freundschaft (DSF) sowie die SED machten zusätzliche Angebote im Bereich der Zirkel und künstlerischen Kollektive (vgl. Tümmler 1994, S. 12). Mit dem Verlust der Großorganisation FDJ lösten sich auch die Zirkel und Arbeitsgruppen, die in Schulen in Verbindung mit der FDJ stattgefunden hatten, auf. Auch zahlreiche andere künstlerische Kollektive mußten ihre Arbeit einstellen, da ihnen nach der Wende die staatlichen Zuschüsse fehlten und es ihren Mitgliedern oftmals an Zeit mangelte (vgl. Tümmler 1994, S. 25). Zahlreiche Jugendklubs, die zuvor weitgehend der FDJ unterstanden hatten, wurden geschlossen, die Pionierhäuser machten ebenfalls zu. Räumlichkeiten, in denen sich Jugendliche ungestört treffen konnten, gingen somit in großem Umfang verloren. In zahlreichen Publikationen wird die Schließung dieser Räumlichkeiten bedauert, zumal es keine Ersatzangebote für Jugendliche gab. Erst langsam etablieren sich neue, weitgehend von freien Trägern initiierte Jugendzentren. Bei einer repräsentativen Befragung von Jugendlichen in den neuen Bundesländern waren über 60 % der Jugendlichen zwischen 14 und 20 Jahren mit dem örtlichen Angebot an Jugendzentren unzufrieden. Nur etwa 14 % gaben an, daß sie sich nicht für Jugendzentren interessierten (IPOS 1993, S. 48).

Für den Zeitpunkt vor der Wende geben 77 %, für den Erhebungszeitpunkt dagegen nur noch 48 % der Jugendlichen an, daß es einen Jugendklub in ihrer näheren Umgebung gab. Fast ein Drittel der Jugendlichen hat somit einen potentiellen Treffpunkt verloren. Allerdings ist es nicht so, daß alle Jugendlichen, die einen Jugendklub kennen, diesen auch nutzen. Nach unseren Ergebnissen gehen 28 % der Jugendlichen ins Jugendzentrum. Von denen, die nicht hingehen, geben 48 % an, daß es in ihrer Nähe kein Jugendzentrum gibt, und ein Viertel hat kein Interesse am Besuch eines Jugendzentrums. Insgesamt vermissen über 63 % der Jugendlichen ein Jugendzentrum (65 % der Frauen und 61 % der Männer). Damit deckt sich unser Ergebnis ziemlich genau mit den Angaben der IPOS-Studie (siehe oben).

Es ist also eindeutig, daß die Jugendlichen sich mehr Jugendzentren wünschen. Dabei geht es ihnen offensichtlich weniger um ausgefallene Dinge, die sie dort tun wollen, sondern vielmehr um die Räumlichkeiten, die es ermöglichen, sich mit Gleichaltrigen ungestört zu treffen. Bei der Frage, was sie gerne in einem Jugendzentrum tun würden, geben die meisten Jugendlichen dann auch an erster Stelle – unabhängig vom Geschlecht, der Ausbildung oder dem Alter – ihre liebste Freizeitbeschäftigung an: Musik hören. Wichtig für Jugendliche in einem Jugendzentrum ist außerdem: Freunde treffen, neue Leute kennenlernen, miteinander reden und tanzen. Alle anderen Betätigungen wie Sport, Spiele, Ausflüge etc. werden viel seltener genannt. Vorträge und kulturelle Veranstaltungen bleiben weitgehend Einzelnennungen.

Hinsichtlich ihrer Einstellung zu Zirkeln sind die Jugendlichen sehr viel distanzierter. Laut Tümmler waren 1989 etwa 43 % der Mitglieder solcher Zirkel und „Kollektiven des künstlerischen Volksschaffens" Kinder und Jugendliche; diese Zahl erhöhte sich bis 1993 um 10 % (Tümmler 1994). Diese Ergebnisse lassen allerdings keinerlei Rückschluß auf ein gestiegenes Interesse der Jugendlichen an solchen Gruppen zu, da sie nur Auskunft über die Altersverteilung innerhalb der Gruppen, aber nicht den Anteil der überhaupt in den Gruppen organisierten Jugendlichen geben. Wir ließen die Jugendlichen das Statement „Ich finde es schade, daß es keine Zirkel mehr gibt" beurteilen. Die möglichen Antwortkategorien lauteten „trifft voll und ganz zu", „trifft eher zu", „trifft eher nicht zu" und „trifft gar nicht zu". Knapp über ein Drittel der Jugendlichen findet es schade, daß es keine Zirkel mehr gibt, wobei Frauen (41%) dieser Einrichtung stärker nachtrauern als Männer (32%). Auch ist der Wunsch nach Zirkeln stark altersabhängig (sig: < 5%). Während von den ältesten Jugendlichen unserer Stichprobe über 40 % bedauern, daß es keine Zirkel mehr gibt, ist dies bei den jüngsten nicht einmal mehr ein Viertel. Daraus könnte man schließen, daß sich die Jüngeren schon stärker den neuen Freizeitmöglichkeiten nach der Wende angepaßt haben und zu DDR-Zeiten noch nicht so stark in das alte System eingepaßt waren wie die heute 18- und 19jährigen.

Der Vergleich mit einer anderen Frage unseres Fragebogens legt allerdings den Verdacht nahe, daß die explizite Erwähnung der Zirkel in diesem Statement nostalgische Gefühle bei den Jugendlichen hervorgerufen hat. Bei einer offenen Frage, in der Jugendliche Freizeitmöglichkeiten nennen sollten, die ihnen fehlen, erwähnen nur 7 % die Zirkel.

Eine ausgeprägte DDR-Nostalgie hinsichtlich der Freizeit in Jugendklubs und Zirkeln nach altem Muster können wir aus unseren Daten nicht ablesen. Der massive Wunsch nach Jugendzentren scheint, wie schon erwähnt, eher damit zusammenzuhängen, daß Treffpunkte für Jugendliche nur selten vorhanden sind. Dafür spricht auch, daß drei Viertel der Jugendlichen froh darüber sind, daß es keine „Zwangsmitgliedschaften" mehr gibt, wie sie im Rahmen der FDJ faktisch gegeben waren. In der Studie von Tümmler, der 1992 bis 1993 künstlerische Kollektive in den neuen Bundesländern befragte, beklagten sich 36% über das mangelnde Interesse der Kinder und Jugendlichen, an diesen Kollektiven teilzunehmen (Tümmler 1994, S. 64).

„Cola trinken und Spaß haben" – Freizeitwünsche im Jugendklub

Hinsichtlich der offenen Jugendarbeit in Jugendzentren und -klubs gibt es verschiedene Auffassungen. Damm stellt fest, daß „Raum, insbesondere jugendeigener Raum", heute nicht selbstverständlich vorhanden ist (Damm 1988, S. 503). Jugendliche brauchen Räume, um sich ungestört mit Gleichaltrigen treffen zu können – ob es nun darum geht, sich einfach zusammenzusetzen und zu reden oder Musik zu hören, oder ob man etwas zusammen unternehmen will. Dies sollen Jugendklubs zunächst einmal leisten. Die Intentionen der offenen Jugendarbeit gehen allerdings über das bloße Zurverfügungstellen von Raum hinaus. Die Funktionen eines Jugendklubs hat Schilling folgendermaßen zusammengefaßt:

„Ingroup-Kontaktfunktion, Outgroup-Kontaktfunktion, Kompensationsfunktion, Kommunikationsfunktion, Lebenshilfefunktion, erosbestimmte Gegenweltfunktion, Problemlösungsfunktion, soziale Lernfunktion, politische Bildungsfunktion, politische Organisationsfunktion." (Schilling 1982, S. 29)

Jugendarbeit unterliegt immer mehr einem Erfolgszwang (vgl. Münchmeier 1980). Insbesondere Kommunalpolitiker erwarten von der Jugendarbeit eine Legitimation darüber, daß die Sozialarbeiter mit Jugendlichen etwas „Sinnvolles" tun und nicht allein „fürs Rumsitzen und Mittrinken" bezahlt werden. Insofern werden in der Jugendarbeit pädagogische Konzepte erwartet, deren Erfolg oder Mißerfolg möglichst wissenschaftlich nachweisbar sein sollte. Die Entlastungsfunktion, die Musikhören und Rumhängen für Jugendliche haben kann, läßt sich nur schwer als Erfolg von Jugendarbeit darstellen. Die Interessen der Jugendlichen geraten aufgrund dieser Voraussetzungen oftmals aus dem Blickpunkt (vgl. Münchmeier 1980).

Um herauszufinden, welchen Aktivitäten Jugendliche in Jugendklubs gerne nachgehen würden, stellten wir folgende Frage: „Was möchtest Du in einem Jugendklub unternehmen?" Es wurden keine Antwortmöglichkeiten vorgegeben, die Jugendlichen konnten mehrere Aktivitäten nennen. 160 Jugendlichen fiel dazu gar nichts ein, und etwa die Hälfte der Jugendlichen nannte lediglich eine Aktivität.

Die zentralen Aktivitäten, die von Jugendlichen genannt werden, sind Musik hören und tanzen (75,1 %), reden (75,5 %) und Kontakte zu anderen pflegen bzw. finden (52,1 %). Dieses Ergebnis unterstützt Kollmanns These (1988), daß Jugendliche immer weniger Räume haben, um ihre Sozialkontakte zu pflegen, und der Bereitstellung von Räumlichkeiten für ungestörte Treffs mit Gleichaltrigen in der Jugendarbeit eine zentrale Rolle zukommen muß. Auch Spiele spielen ist noch relativ beliebt bei Jugendlichen, da immerhin 30,1 % dies als Wunsch nannten.

Andere Aktivitäten, wie Vorträge hören (10,3 %), Sportangebote nutzen (18,5 %) und Konzerte anhören und kulturelle Angebote nutzen (8,9 %), haben dagegen einen geringeren Stellenwert in der Wunschskala der Jugendlichen. Aber auch Video und Fernsehen (16 %) haben keine besonders große Relevanz, was daran liegen kann, daß Jugendliche zu Hause genug fernsehen (76 % sehen immerhin mehrmals pro Woche fern) und daher in Jugendklubs andere Bedürfnisse befriedigen wollen.

Mit 46 % liegt der Wunsch nach „Spaß haben" und „rumhängen" noch sehr hoch in der Wunschliste der Jugendlichen, woraus zu ersehen ist, daß Jugendliche in Jugendklubs auch die Möglichkeit sehen, einfach abzuschalten und sich zu entspannen. Besonders ausgeprägt ist dieser Wunsch bei Jugendlichen, die durch zahlreiche persönliche Probleme belastet sind (sig: < 1 %). Es kann also nicht darum gehen, offene Jugendarbeit als penetrante Animation der Jugendlichen zu kulturellen, sportlichen und politischen Aktivitäten zu begreifen. Wichtiger scheint für Jugendliche zu sein, Kontakte mit Gleichaltrigen pflegen zu können, Musik (laut) zu hören und entspannen zu können.

Erstaunlich häufig stand in den offenen Antworten zu lesen: „Cola trinken und zusammensitzen" oder „Cola trinken und Spaß haben". Cola scheint damit für bestimmte Jugendliche auch in den neuen Bundesländern der Inbegriff von Freizeit und Spaß zu sein – genauso wie es die Werbung suggeriert.

Mit dem Walkman auf dem Moped ... – Besitz von Konsumgütern und Kraftfahrzeugen

Zu Beginn des Kapitels haben wir dargestellt, daß Freizeit, Konsum und Medien kaum zu trennen sind. Wir haben daher die Jugendlichen befragt, welche der folgenden Konsumgüter sie besitzen, welche sie gerne hätten und welche sie nicht interessieren. Tabelle 5.16 zeigt die Ergebnisse in der Reihenfolge der Häufigkeit des Besitzes.

Tabelle 5.16

Konsumartikel	"besitze ich"	"möchte ich haben"	"interessiert mich nicht"
Walkman	77 %	3 %	20 %
Fernseher	73 %	16 %	11 %
Fotoapparat	73 %	12 %	15 %
Stereoanlage	59 %	32 %	9 %
CD-Player	40 %	41 %	19 %
Echter Schmuck	39 %	11 %	50 %
Lederjacke	37 %	18 %	45 %
Renn- /Mountainbike	35 %	18 %	47 %
Videorecorder	33 %	38 %	29 %
Computer	32 %	24 %	44 %
Moped	30 %	13 %	57 %
Instrument	25 %	7 %	68 %
Auto	20 %	65 %	15 %
Mofa	11 %	10 %	79 %
Motorrad	8 %	34 %	58 %
Videokamera	5 %	41 %	54 %

Insgesamt gibt es in bezug auf die Ausstattung mit Gegenständen große Unterschiede. Dabei sind Männer mit folgenden Gegenständen signifikant besser ausgestattet als Frauen: Stereoanlage, CD-Player, Fernseher, Rennrad oder Mountainbike und Auto. Den größten Unterschied findet man bei Computern, Mopeds und Motorrädern, für die sich Frauen allerdings auch sehr viel weniger interessieren.

Frauen dagegen haben signifikant häufiger echten Schmuck (der Männer nicht interessiert), Musikinstrumente und Fotoapparate.

Die teuren Gegenstände sind dabei häufiger im Besitz von Lehrlingen oder Jugendlichen, die bereits arbeiten. Arbeitslose verfügen signifikant seltener über CD-Player, Computer und Stereoanlagen.

Autos und Motorräder sind im Besitz der älteren Jugendlichen unserer Stichprobe – wenig erstaunlich, da für diese Fahrzeuge ein Führerschein benötigt wird, der bekanntlich erst mit 18 Jahren erhältlich ist. Die Ausstattung der von uns untersuchten Jugendlichen mit Autos liegt somit etwas niedriger, als Lange in seiner Untersuchung feststellte, der Anteil der Motorrad-Besitzer dagegen ist fast genauso niedrig (vgl. Lange 1991, S. 54).

Rennräder und Mountainbikes sowie Walkmen besitzen insbesondere die jüngeren Befragten, was auch auf die Ausstattung mit einem Computer zutrifft. Während von den Ältesten nur knapp ein Viertel einen Computer besitzt, sind es bei den Jüngsten 40 %, darunter überwiegend SchülerInnen.

Der relativ hohe Standard an Ausstattung mit Hi-Fi- und Fernsehgeräten deckt sich mit der liebsten Beschäftigung der Jugendlichen, dem Musikhören.

Auffällig ist, daß bei SchülerInnen der Besitz von Konsumgütern wichtiger ist als bei Lehrlingen oder Erwerbstätigen. Sie geben sehr viel häufiger an, bestimmte Dinge, die noch nicht in ihrem Besitz sind, haben zu wollen, als Jugendliche, die eine Lehre absolvieren oder bereits berufstätig sind. Des weiteren ist der Anteil derjenigen, die sich dadurch belastet fühlen, daß sie Unternehmungen der Freunde aus finanziellen Gründen nicht mitmachen können, bei SchülerInnen mit zwei Drittel am höchsten, gegenüber 57 % bei Lehrlingen und 40 % bei berufstätigen Jugendlichen. Wenn wir Nordlohne (1993) folgen, die das „Nichtmithaltenkönnen" im Konsumrhythmus und die „neidvollen Vergleiche unter Jugendlichen" hinsichtlich der Ausstattung mit materiellen Gütern als Belastung ersten Ranges beschreibt, bleibt aufgrund unserer Ergebnisse festzustellen, daß SchülerInnen davon am stärksten betroffen sind, jüngere eher als ältere SchülerInnen und Frauen eher als Männer.

Der Unterschied in der Ausstattung mit Kraftfahrzeugen ist zwischen Jugendlichen, die in ländlichen Gebieten leben, und Stadtjugendlichen extrem groß. Hier wird deutlich, daß die Jugendlichen vom Land der Mobilität einen hohen Stellenwert zumessen. Die Angebote an Kneipen, Kinos, Konzerten etc. sind in den Städten in der Regel sehr viel besser, so daß die Jugendlichen in ländlichen Gebieten auf einen fahrbaren Untersatz angewiesen sind, wenn sie diese Freizeitangebote nutzen wollen. Stadtjugendliche dagegen können öffentliche Verkehrsmittel nutzen und unter Umständen die entsprechenden Einrichtungen sogar zu Fuß oder mit dem Fahrrad erreichen. Tabelle 5.17 zeigt den Anteil der Jugendlichen in ihrer Ausstattung mit Fahrzeugen nach der Größe der Kommune, aus der sie kommen.

Tabelle 5.17

Einwohner	Kraftfahrzeugbesitz		
	bis 10.000	bis 50.000	über 50.000
Mofa	15 %	8 %	5 %
Moped	41 %	28 %	11 %
Motorrad	10 %	7 %	4 %
Auto	23 %	19 %	14 %
Signifikanz: <1%			

Je kleiner die Kommunen sind, in der die Jugendlichen leben, desto größer ist offensichtlich ihr Wunsch nach Mobilität und dementsprechend gut ihre Ausstattung mit Kraftfahrzeugen. Wenn man berücksichtigt, daß 57 % der befragten Jugendlichen überhaupt kein Interesse am Besitz eines Mopeds haben, so wiegt der hohe Anteil der Jugendlichen in den kleinen Kommunen, die ein solches besitzen, um so schwerer. Die Jugendlichen scheinen, was ihrem Wohnort betrifft, die Auffassung zu vertreten: Nichts wie weg hier! Dies bestätigt auch schon eine Untersuchung von Müller, der feststellt, daß vor allem die Jungen aus dem Umland sehr mobil sind und viele von ihnen Mofas und Mopeds besitzen (vgl. Müller 1983, S. 142).

Daß die Landjugendlichen dafür mit Dingen wie Computern und CD-Playern schlechter ausgestattet sind, verwundert kaum noch. Kraftfahrzeuge sind in ihrer Anschaffung und Unterhaltung relativ teuer, so daß das Geld bei anderen Dingen vermutlich eingespart werden muß.

Freizeitverhalten nach Ausbildungs- bzw. Berufsstatus

Weitere Unterschiede im Freizeitverhalten ergeben sich, wenn man die Jugendlichen danach gruppiert, was sie beruflich machen. Wir haben SchülerInnen, Lehrlinge, Erwerbstätige, Arbeitslose und andere unterschieden. Am größten ist der Unterschied zwischen Schülern und denjenigen Jugendlichen, die bereits arbeiten (vgl. Tabelle 5.18).

Tabelle 5.18

Freizeitaktivitäten (in %) von SchülerInnen und erwerbstätigen Jugendlichen			
Aktivität	Durchschnitt in %		
	Schüler	Erwerbstätige	*insgesamt*
Musik hören	97 %	92 %	*96 %*
Video, Fernseh gucken	90 %	86 %	*89 %*
Kneipe, Disco, Café	77 %	77 %	*77 %*
zu Hause klönen, diskutieren	75 %	61 %	*73 %*
Ausflüge machen	75 %	66 %	*72 %*
rumfahren (Fahrrad, Moped etc.)	77 %	63 %	*72 %*
Feten und Parties feiern	73 %	71 %	*72 %*
ins Kino gehen	65 %	61 %	*64 %*
lesen	70 %	33 %	*62 %*
rumhängen, nichts tun	66 %	48 %	*61 %*
Hobbies (basteln, heimwerken...)	64 %	41 %	*57 %*
Essen gehen	55 %	55 %	*56 %*
Spiele spielen	59 %	36 %	*53 %*
zu Hause kochen	56 %	35 %	*52 %*
Sport treiben (ohne Verein)	53 %	34 %	*47 %*
Theater, Ausstellungen	43 %	22 %	*35 %*
Zuschauen bei Sportveranstaltungen	34 %	45 %	*33 %*
Konzerte besuchen	36 %	28 %	*32 %*
ins Jugendzentrum gehen	26 %	24 %	*24 %*
Freizeit im Verein	31 %	19 %	*27 %*
in die Spielhalle gehen	20 %	29 %	*21 %*
Musik machen, in Band spielen	15 %	11 %	*12 %*
kirchliche Jugendgruppe	16 %	5 %	*12 %*
nicht-kirchliche Jugendgruppe	12 %	9 %	*11 %*
politisch, gewerkschaftlich aktiv	8 %	9 %	*7 %*

Aktivitäten, die zeitintensiv (Vereinstätigkeit, Spiele spielen, Hobbys nachgehen, kochen), anstrengend (Sport treiben, lesen) oder an bestimmte Zeiten gebunden sind (Jugendgruppen), werden von arbeitenden Jugendlichen im Unterschied zu den SchülerInnen weitaus seltener angegeben.

Diejenigen, die diese Aktivitäten dennoch betreiben, geben meist an, sich seltener damit zu beschäftigen. Dies betrifft besonders folgende Freizeitbeschäftigungen: in einer Band spielen, lesen, Hobbys nachgehen, Sport treiben (mit oder ohne Verein).

Dafür bevorzugen erwerbstätige Jugendliche passive Freizeitbeschäftigungen: Sportveranstaltungen als Zuschauer besuchen, in die Spielhalle oder ins Kino gehen etc. Diese betreiben sie dann auch häufiger als SchülerInnen.

Die Anteilswerte der Lehrlinge an den Freizeitaktivitäten liegen in der Regel zwischen denen der SchülerInnen und denen der arbeitenden Jugendlichen.

Arbeitslose Jugendliche geben am seltensten Aktivitäten an, die kostenintensiv sind: Konzerte, Kino, Ausstellungen, Ausflüge, Feiern (vgl. Kapitel 5.3.5).

Bei der Frage, mit wem die Jugendlichen ihre Freizeit verbringen, spielt der Partner bei SchülerInnen die geringste Rolle im Vergleich zu den Lehrlingen, den arbeitenden und den arbeitslosen Jugendlichen. Allerdings geben auch nur 45 % der SchülerInnen an, überhaupt eine feste Freundin oder einen festen Freund zu haben. Dies sind rund 10 % weniger als bei den anderen Gruppen. Dabei gibt es einige wenige Aktivitäten, die besonders gerne mit dem Partner unternommen werden. Dazu gehören: Musik hören, in die Kneipe gehen, Essen gehen, Ausflüge machen und ins Kino gehen.

Aktivitäten wie Sport treiben, zu Sportveranstaltungen gehen, Konzerte besuchen, ins Jugendzentrum oder in eine Spielhalle gehen und Spiele spielen sind dagegen „Cliquen-Sache".

Beste Freunde oder Freundinnen spielen bei den Antworten insgesamt eine geringe Rolle.

Die aktivsten unter den Jugendlichen sind eindeutig die SchülerInnen, was damit zusammenhängen dürfte, daß sie über die meiste freie Zeit verfügen. So brauchen die SchülerInnen unserer Befragung durchschnittlich weniger Zeit für den Weg zur Schule als Auszubildende oder Erwerbstätige zu ihrem Arbeitsplatz. 54 % der SchülerInnen haben einen kürzeren Schulweg als 15 Minuten, während der Anteil bei Erwerbstätigen und Lehrlingen, für den dies gilt, deutlich geringer ist. Tabelle 5.19 (sig: < 1 %) zeigt die Verteilung nach der Anzahl der genannten Aktivitäten, denen regelmäßig nachgegangen wird.

Auffällig ist, daß Arbeitslose am inaktivsten sind, obwohl sie über die meiste freie Zeit verfügen können, was den Ergebnissen der Marienthal-Studie von 1933 entspricht (vgl. Jahoda/Lazarsfeld/Zeisel 1975, S. 93ff.). Zum einen handelt es sich bei der geringen Aktivität sicher um ein Motivationsproblem, das bei Arbeits-

Tabelle 5.19

Status	Anzahl unterschiedlicher Freizeitaktivitäten		
	bis 10 Aktivitäten	11 bis 15 Aktivitäten	mehr als 15 Aktivitäten
SchülerIn	33 %	37 %	30 %
Lehrlinge	42 %	38 %	20 %
Arbeitende	55 %	27 %	18 %
Arbeitslose	56 %	30 %	14 %
Andere	47 %	32 %	21 %

losen häufig festzustellen ist, andererseits kommt wieder die Kommerzialisierung der Freizeit ins Spiel. Freizeit kostet Geld, egal, ob man sich mit Freunden in der Kneipe trifft, ins Kino geht oder Ausflüge macht, und Arbeitslosen fehlt dieses Geld, um vielfältige Unternehmungen realisieren zu können. So geben 82 % der arbeitslosen Jugendlichen an, daß sie sich mit ihren Ausgaben einschränken müssen, was natürlich auch die Freizeitaktivitäten betrifft.

Arbeitende haben vermutlich die faktisch wenigste Freizeit, um vielen Aktivitäten nachgehen zu können. Über drei Viertel der arbeitenden Jugendlichen bestätigen dies, in dem sie dem Statement „Ich habe jetzt (durch die Arbeit) viel weniger Freizeit als früher" zustimmen. Dazu kommt, daß sich über die Hälfte dieser Jugendlichen abends nach der Arbeit „kaputt" fühlt.

Freizeit von Land- und Stadtjugendlichen

Hinsichtlich ihrer Aktivitäten unterscheiden sich „Landjugendliche" von „Stadtjugendlichen" in einigen Punkten. Die Kommunen, aus denen die Jugendlichen kommen, wurden von uns in drei Gruppen geteilt: Kommunen bis 10 000, zwischen 10 001 und 50 000 und über 50 000 Einwohner. Wir bezeichnen im folgenden die Jugendlichen, die aus Kommunen mit bis zu 50 000 Einwohnern kommen, als Landjugendliche, die anderen als Stadtjugendliche. Die Landjugendlichen geben signifikant (sig: < 5 %) häufiger an, mit dem Fahrrad, Moped oder Mofa herumzufahren und Feten zu feiern (sig: < 1 %). Dies kann u. a. darauf zurückzuführen sein, daß andere

Möglichkeiten, z.B. Tanzen zu gehen, nicht so oft wie in der Stadt vorhanden sind. Wenig verwunderlich ist ebenfalls die Tatsache, daß Jugendliche, die in großen Kommunen leben, signifikant öfter ins Kino gehen (sig: < 1%), Konzerte (sig: < 1%) und Museen oder Ausstellungen besuchen (sig: < 1%). Dies liegt zum einen daran, daß das Angebot dieser Einrichtungen in Städten natürlich größer ist als auf dem Land, zum anderen sind Jugendliche weniger mobil als Erwachsene, so daß sie bei schlechter Verkehrsanbindung abends auch kaum die Möglichkeiten haben, in die nächstgrößere Stadt zu fahren. So beklagt sich über ein Drittel der Jugendlichen aus den kleinsten Gemeinden darüber, daß die Infrastruktur in ihrer Umgebung zu schlecht ist. Von den Jugendlichen, die in den Kommunen mit über 50000 Einwohnern leben, sind dies nur 15%. Auch geben Landjugendliche signifikant häufiger an, daß es in ihrer Umgebung zu wenig Angebote für Jugendliche gibt (sig: < 1%).

Diskothekenbesuche spielen bei Jugendlichen aus den kleineren Kommunen eine größere Rolle als bei Stadtjugendlichen. Hierzu ist nur bedingte Mobilität notwendig. Es ist zu erwarten, daß kommerzielle Anbieter im Osten die Landdisko-Szene auch schon erschlossen haben, wie es im Westen ja schon lange der Fall ist. Zum anderen werden von örtlichen (Jugend)gruppen auch oftmals in Gemeindehäusern oder kirchlichen Häusern Jugenddiskos veranstaltet.

Erstaunlicher ist dagegen schon, daß Stadtjugendliche häufiger angeben, zu lesen (sig: < 1%) und Hobbys nachzugehen (sig: < 1%). Auch sind sie häufiger in Vereinen aktiv (sig: < 5%). Dieses Ergebnis war nicht unbedingt zu erwarten, wenn man die „Vereinskultur" mit Fußballvereinen, Schützenvereinen etc. auf dem Land in den alten Bundesländern im Hinterkopf hat. Vermutlich hat sich eine Vereins-Infrastruktur in den neuen Bundesländern auf dem Land noch nicht in dem Maße wie in Städten etabliert.

5.5 Problembelastungen der Jugendlichen

Ein Schwerpunkt der Befragung der 16- bis 19jährigen Jugendlichen wurde auf die Erfassung von Problemen gelegt, mit denen sich die Jugendlichen in ihrem Alltag auseinandersetzen müssen. Wir gingen bei der Konstruktion des Fragebogens davon aus, daß sich in den Problemlagen der Jugendlichen wichtige Aspekte ihrer Lebenslage widerspiegeln.

Insbesondere die veränderten Lebensbedingungen in den neuen Bundesländern fordern von Jugendlichen Umorientierungsarbeit, was zum einen die Auseinandersetzung mit neuen Werten betrifft und zum anderen die Bewältigung alltäglicher Probleme, die sich aus den veränderten gesellschaftlichen Verhältnissen ergeben. Im Hinblick darauf ist es wichtig zu fragen, über welche Ressourcen die Jugendlichen verfügen, um sich bei Problemen Rat und Hilfe oder auch einfach nur Trost zu holen. Können soziale Netzwerke wie Familie und peergroup jugendspezifische Belastungen auffangen oder führen die mit dem gesellschaftlichen und wirtschaftlichen Umbau in den neuen Bundesländern einhergehenden Problemlagen zu einer „partiellen Überforderung informeller Ressourcen sozialer Unterstützung" (Otto/Prüß u.a. 1994, Kap. 3.3), und unter welchen Bedingungen sind Jugendliche bereit, sich an institutionelle, professionelle Hilfeeinrichtungen zu wenden?

Die Jugendlichen wurden nach sechs ihre eigene Person und nach sechs stärker die Familie insgesamt betreffenden Problemen befragt (vgl. Tabelle 5.20). Wenn sie eines oder mehrere dieser Probleme haben, wurden sie jeweils danach gefragt, ob sie sich durch dieses Problem belastet fühlen und wen sie um Unterstützung bei der Lösung dieser Probleme bitten. Hat ein Jugendlicher mit „Ich habe niemanden um Unterstützung gebeten" geantwortet, so wurde er oder sie nach ihrer Motivation, niemanden um Unterstützung zu bitten, gefragt.

Außerdem haben wir versucht, mit Hilfe von zwei Variablen

Tabelle 5.20

Probleme des Jugendlichen	Probleme in der Familie
Hattest Du in den letzten zwei Jahren schon einmal Ärger mit der Polizei?	Hattest Du in den letzten zwei Jahren Probleme durch die Ehescheidung Deiner Eltern?
Hattest Du in den letzten zwei Jahren schon einmal Probleme mit einer ungewollten Schwangerschaft (der Partnerin)?	Ist jemand in Deiner Familie alkohol- oder drogenabhängig?
Hattest Du in den letzten zwei Jahren schon einmal Alkohol- oder Drogenprobleme?	Hatte in den letzten zwei Jahren schon einmal ein Familienmitglied Ärger mit der Polizei?
Hattest Du in den letzten zwei Jahren dauerhafte Auseinandersetzungen mit Deinen Eltern?	Gab es in den letzten zwei Jahren Arbeitslosigkeit in Deiner Familie?
Hattest Du in den letzten zwei Jahren dauerhafte Auseinandersetzungen mit Deinen Freunden?	Gab es in den letzten zwei Jahren Gewalttätigkeiten in Deiner Familie?
Hattest Du in den letzten zwei Jahren Liebeskummer?	Gab es in den letzten zwei Jahren finanzielle Probleme in Deiner Familie?

(Anwesenheit der Eltern und eine Einschätzung der Antwortbereitschaft durch die InterviewerIn) etwas über die Validität der Antworten zu erfahren. In der Tendenz gilt die Aussage: Je länger das Interview dauert, desto weniger Eltern sind anwesend. Eine Schlußfolgerung für die Konstruktion künftiger Fragebögen ist, daß Konflikte, bei denen anzunehmen ist, daß die Jugendlichen nur ungern die Eltern ins Vertrauen ziehen oder bei denen die Eltern auf eine strikte Nichtveröffentlichung achten, erst am Ende entsprechender Fragenblöcke stehen sollten. Unsere Entscheidung, mit Fragen nach dem Freizeitverhalten zu beginnen und erst später auf Problemlagen zu kommen, erweist sich somit als methodisch sinnvoll.

Jugendliche mit mehreren Problemen werden in ihrer Antwortbereitschaft von den InterviewerInnen als zögerlicher eingeschätzt als Jugendliche, die nur ein Problem haben. Dies kann als Hinweis darauf gewertet werden, daß die Schwere der Problemlagen Jugendlicher und die durch sie bedingte subjektive Belastung in der vorliegenden Studie eher unterschätzt werden.

45% aller befragten Jugendlichen haben kein einziges der abgefragten persönlichen Probleme, ein Drittel hat eines, 16% haben zwei, 3% haben drei und nicht ganz 1% hat mehr als drei persönliche Probleme angegeben.

Ähnlich ist die Situation bei den Problemen, die stärker die gesamte Familie betreffen. 43% geben an, von keinem der abgefragten Probleme betroffen zu sein, 40% haben eines, 13% haben zwei, 3% drei, und ein halbes Prozent hat mehr als drei Probleme.

Betrachtet man die Gesamtproblembelastung, d.h. von wie vielen der persönlichen oder familiären Problemen ist der oder die Jugendliche betroffen, so zeigt sich, daß fast ein Viertel (23%) der Jugendlichen mit keinem der zwölf Probleme konfrontiert ist. Ein Drittel muß sich mit einem Problem auseinandersetzen, 24% mit zwei, 13% mit drei, 5% mit vier, 2% mit fünf und 1,3% mit mehr als fünf Problemen.

Die Prozentzahlen in den Spalten der folgenden Tabellen (5.21 und 5.22) geben an, wieviel Prozent der Jugendlichen, die dieses Problem hatten, sich bei ihren Eltern, ihren Geschwistern etc. um Hilfe bemüht haben. Es fällt auf, daß Liebeskummer und die Betroffenheit durch Arbeitslosigkeit die zwei am häufigsten genannten Probleme der Jugendlichen zwischen 16 und 19 Jahren sind.

Der Umgang mit diesen Problemen ist völlig unterschiedlich. 58% der Jugendlichen, die mit Arbeitslosigkeit in der Familie zurechtkommen müssen, haben niemanden um Hilfe gefragt. Unsere

Tabelle 5.21

Problem:	Ärger mit der Polizei		Ungewollte Schwangerschaft		Drogen-, Alkoholprobleme		Dauerhafter Streß mit den Eltern		Heftiger Streß mit Freunden		Liebeskummer	
Ansprechpartner bei persönlichen Problemen												
insgesamt: 1865	304	16 %	46	2 %	32	2 %	169	9 %	216	12 %	1098	59 %
um Hilfe gefragt:												
niemanden	88	29 %	6	13 %	18	56 %	55	33 %	74	34 %	286	26 %
Eltern	148	49 %	29	63 %	4	13 %	8	5 %	52	24 %	261	24 %
Geschwister	14	5 %	2	4 %	1	3 %	19	11 %	16	7 %	96	9 %
andere Verwandte	9	3 %	1	2 %	0	0 %	22	13 %	8	4 %	36	3 %
Freunde	88	29 %	10	22 %	7	22 %	72	43 %	93	43 %	576	53 %
Arbeitskollegen	6	2 %	1	2 %	0	0 %	4	2 %	1	1 %	10	1 %
Sozialarbeiter	13	4 %	2	4 %	2	6 %	6	4 %	4	2 %	11	1 %
Nachbarn	0	0 %	0	0 %	0	0 %	1	1 %	1	1 %	3	0 %
Lehrer, Pfarrer	1	0 %	2	4 %	0	0 %	3	2 %	3	1 %	4	0 %
Beratungsstelle	8	3 %	3	7 %	1	3 %	5	3 %	0	0 %	1	0 %
Arzt	6	2 %	12	26 %	1	3 %	4	2 %	1	1 %	1	0 %
andere	5	2 %	0	0 %	0	0 %	7	4 %	3	1 %	6	1 %

Daten scheinen die Überlegungen von Liem & Liem (1979) zu stützen, daß die helfende und unterstützende Funktion des Beziehungsnetzes verlorengeht, wenn der Anteil an Arbeitslosen im so-

Tabelle 5.22

Problem:	Scheidung der Eltern		Drogen, Alkohol in der Familie		Ärger mit Polizei in der Familie		Arbeitslosigkeit in der Familie		Gewalt in der Familie		Geldprobleme in der Familie	
Ansprechpartner bei familiären Problemen												
insgesamt: 1929	93	5 %	45	2 %	108	6 %	1159	60 %	38	2 %	486	25 %
um Hilfe gefragt:												
niemanden	40	43 %	19	42 %	69	64 %	677	58 %	11	29 %	291	60 %
Eltern	8	9 %	13	29 %	25	23 %	61	5 %	3	8 %	44	9 %
Geschwister	10	11 %	3	7 %	4	4 %	32	3 %	8	21 %	14	3 %
andere Verwandte	17	18 %	3	7 %	5	5 %	162	14 %	4	11 %	81	17 %
Freunde	21	23 %	6	13 %	7	7 %	87	8 %	13	34 %	34	7 %
Arbeitskollegen	1	1 %	1	2 %	0	0 %	31	3 %	0	0 %	3	1 %
Sozialarbeiter	1	1 %	0	0 %	1	1 %	6	1 %	2	5 %	5	1 %
Nachbarn	0	0 %	0	0 %	1	1 %	12	1 %	1	3 %	1	0 %
Lehrer, Pfarrer	2	2 %	0	0 %	0	0 %	9	1 %	0	0 %	1	0 %
Beratungsstelle	1	1 %	0	0 %	0	0 %	35	3 %	2	5 %	6	1 %
Arzt	0	0 %	2	4 %	0	0 %	4	0 %	0	0 %	0	0 %
andere	2	2 %	2	4 %	1	1 %	18	2 %	0	0 %	5	1 %

zialen Netz sehr groß ist, wovon in den neuen Bundesländern leider ausgegangen werden muß. Auch haben zumindest für die Jugendlichen die Kontakte von arbeitslosen Familienmitgliedern zu ehemaligen Kollegen nicht die kompensatorische Wirkung, die Kaufmann (1982) beschrieben hat.

20 % der Jugendlichen, die niemanden um Hilfe gefragt haben, finden, daß Arbeitslosigkeit ein Problem ist, das man nicht öffentlich machen soll. 6 % dieser Jugendlichen erwarten von niemandem Unterstützung und bemühen sich deshalb auch nicht um Hilfe. 3 % der Jugendlichen begründen ihr Verhalten, sich bei niemandem Hilfe zu suchen, damit, daß die Arbeitslosigkeit politische Ursachen habe und deshalb auf dem privaten Wege nicht gelöst werden könne. Wichtigster Partner bei der Bewältigung der zahlreichen Auswirkungen der Arbeitslosigkeit sind Verwandte, von denen 14 % der Jugendlichen Unterstützung erfahren. Auch diese hohe Zahl spricht dafür, daß Arbeitslosigkeit und ihre Folgen nur ungern öffentlich gemacht und eher als familieninternes Problem behandelt werden. Dies ist als ein Hinweis auf die mit der Arbeitslosigkeit verbundene Angst vor Stigmatisierung und den Verlust von Selbstvertrauen und Selbstwertgefühl (Strehmel/Ulrich 1990, nach Kieselbach/Wacker 1991, S. 12) zu werten. Kieselbach schreibt zum Hilfesuchverhalten,

„daß Arbeitslose durch die besondere Erfahrung von Gefühlen wie Schock, Stigmatisierung oder Scham, die mit dem Arbeitsplatzverlust verknüpft sein können, stärker als andere Menschen mit psychischen Schwierigkeiten dazu neigen, dieses Problem vor anderen zu verbergen" (Kieselbach 1992, S. 56f.)

Wie aus der folgenden Tabelle 5.23 zu erkennen ist, beklagen die Jugendlichen am häufigsten die durch die Arbeitslosigkeit von Familienmitgliedern bedingten finanziellen Einbußen. Über ein Viertel der Jugendlichen beschreibt die Stimmung in der Familie als depressiv, und ein knappes Viertel der Jugendlichen berichtet von mehr Streit in der Familie. Auch fühlen sich 15 % der Jugendlichen jetzt stärker durch die Eltern kontrolliert.

Nur vier Jugendliche (0,2 %) sehen positive Auswirkungen in der Arbeitslosigkeit von Familienangehörigen. Zum Beispiel äußert sich ein(e) Jugendliche(r) dahingehend, daß „meine Mutter mehr Zeit für den Haushalt" hat, und ein(e) Jugendliche(r) freut sich über „die gute Stimmung und die geregelten Mahlzeiten".

Gerade auch im Hinblick auf die vielfältigen negativen psychosozialen Folgen von Arbeitslosigkeit (vgl. z. B. auch Winter 1990) verdient die Tatsache, daß fast jeder zweite Jugendliche zwischen 16 und 19 Jahren von Arbeitslosigkeit in der Familie betroffen ist oder

Tabelle 5.23

Auswirkungen der Arbeitslosigkeit	
zu wenig Geld	51,4%
depressive Stimmung	28,1%
mehr Streitereien	23,6%
mehr Kontrolle durch die Eltern	15,4%
steigender Alkoholkonsum	2,1%

in den letzten zwei Jahren betroffen war, besondere Aufmerksamkeit. An dieser Stelle wird ein großer arbeitsmarktpolitischer Handlungsbedarf deutlich.

Bei Liebeskummer ist das Bewältigungsverhalten der Jugendlichen völlig unterschiedlich. Über die Hälfte sucht sich bei ihren Freundinnen und Freunden Unterstützung und Trost, weitere 24 % besprechen dieses Problem mit ihren Eltern und 8 % mit ihren Geschwistern. Der Anteil der Jugendlichen, die dieses Problem mit niemandem bereden, beträgt 26 % und ist somit nicht einmal halb so hoch wie bei dem Problem der Arbeitslosigkeit in der Familie. 36 % dieser Jugendlichen, die sich an niemanden wenden, erklären das Problem zur „Privatsache", und 32 % sind „allein damit klargekommen" und brauchten keine Hilfe.

Für eine Bewertung der Problembelastung Jugendlicher in den neuen Bundesländern ist das Wissen um die Existenz einzelner Problemlagen bei weitem nicht ausreichend. Deshalb haben wir durch eine zusätzliche Frage versucht, etwas über die subjektive Bedeutsamkeit der einzelnen Problemlagen zu erfahren. Wie aus Tabelle 5.24 zu erkennen ist, wird Gewalt in der Familie von den meisten der betroffenen Jugendlichen als sehr belastend erlebt, weshalb wir diesem Problem ein eigenes Kapitel gewidmet haben (vgl. Kapitel 5.6). Es fällt weiterhin auf, daß Ärger mit der Polizei nur von einer Minderheit der Jugendlichen als belastend empfunden wird, unabhängig davon, ob sie selbst oder Familienangehörige davon betroffen sind. Diese Unterschiede können mit zwei Zahlen verdeutlicht werden: 52,6 % der Jugendlichen, die gewalttätige Auseinandersetzungen in der Familie erleben, fühlen sich dadurch sehr belastet, haben Familienmitglieder Ärger mit der Polizei, so gilt dies für 12 % der Jugendlichen.

Bei den Antworten auf die Frage, wer um Unterstützung gebeten

Tabelle 5.24

Subjektive Belastung durch die einzelnen Probleme bei den Betroffenen				
	sehr belastet	ziemlich belastet	wenig belastet	gar nicht belastet
Ungewollte Schwangerschaft	55,6 %	20,0 %	15,6 %	8,9 %
Gewalttätige Auseinandersetzungen in der Familie	52,6 %	28,9 %	13,2 %	5,3 %
Scheidung der Eltern	41,8 %	34,1 %	17,6 %	6,6 %
Streß mit Eltern	35,1 %	43,5 %	16,7 %	4,8 %
Drogen / Alkohol in der Familie	31,8 %	31,8 %	25,0 %	11,4 %
Liebeskummer	31,1 %	50,1 %	17,5 %	1,3 %
Heftiger Streß mit Freunden	25,6 %	47,0 %	21,9 %	5,6 %
Ärger mit der Polizei	22,1 %	29,1 %	28,4 %	20,5 %
Geldprobleme in der Familie	19,0 %	44,4 %	29,5 %	7,0 %
Drogen- / Alkoholprobleme	18,8 %	43,8 %	28,1 %	9,4 %
Polizeiprobleme in der Familie	12,0 %	18,5 %	36,1 %	33,3 %

worden sei, werden einige Unterschiede zu den Ergebnissen anderer Jugendstudien sichtbar. So geben laut IPOS Studie 89% der Jugendlichen in Ostdeutschland an, bei ihren Eltern in Situationen großer persönlicher Probleme Hilfe zu bekommen (S. 7). Die Autoren der Shell-Studie kommen zu ähnlichen Zahlen. Auch in etlichen regionalen Studien wird die Unterstützungsfunktion der Eltern ähnlich hoch eingeschätzt. So ist in der Gesellungsstudie des sächsischen Jugendrings nachzulesen, daß für 72 % der Jugendlichen die Eltern als Ansprechpartner wichtig sind (Böhnisch/Bretschneider/Wolf/Schmidt o.J., S. 16). In unserer Studie wenden sich bei den persönlichen Problemen durchschnittlich 30 % an die Eltern, wobei der Umgang mit ungewollten Schwangerschaften eine Sonderrolle einnimmt. Bei diesem Problem werden die Eltern von 63 % der Jugendlichen um Rat und Unterstützung gefragt. Bei familiären Problemen beträgt der durchschnittliche Anteil 14 %. Eine Erklärung für die in unserer Studie festgestellte geringere Bedeutung der Eltern für die Jugendlichen ist sicher in der unterschiedlichen Fragestellung zu suchen. Während in anderen Jugendstudien Fragen zu dem Verhalten in einer hypothetisch angenommenen Situation gestellt werden, fragten wir nach dem tatsächlichen Handeln in einer erlebten Problemsituation. Den Einfluß der Frageformulierung auf die Antwort können wir auch durch Ergebnisse aus der Erhebung belegen. Eine der Fragen in unserem Fragebogen lautet:

„Welche Einrichtungen/Stellen kennst Du, an die sich Jugendliche um Rat und Hilfe wenden können, wenn sie Probleme haben" (siehe Grafik 5.8). Die Jugendlichen hatten keine Antwortvorgaben. Bei den Jugendlichen, die Gewalttätigkeiten in der Familie erleben, geben fast ein Viertel an, die Kirche sei eine solche Stelle. Aber kein einziger und keine einzige dieser Jugendlichen hat sich an einen Pfarrer oder eine kirchliche Stelle gewandt, um Unterstützung in seiner/ihrer schwierigen Situation zu bekommen.

Grafik 5.7

"Welche Einrichtungen/Stellen kennst Du, an die sich Jugendliche um Rat und Hilfe wenden können, wenn sie Probleme haben?"

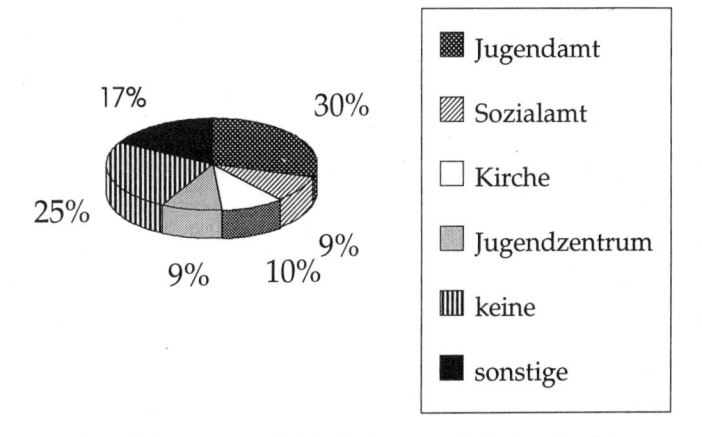

- Jugendamt: 30%
- Sozialamt: 9%
- Kirche: 10%
- Jugendzentrum: 9%
- keine: 25%
- sonstige: 17%

Die wichtigsten „Helfer" für persönliche Probleme sind die Freunde der Jugendlichen, wobei die herausragende Bedeutung der Freunde als Unterstützer auch dadurch belegt wird, daß Jugendliche, die sich bei einem Problem an ihre Freunde wenden, sich auch bei anderen Problemen am ehesten wieder an diese wenden, um die anderen Probleme zu besprechen. Der Pearson'sche Korrelationskoeffizient zwischen der Anzahl der persönlichen Probleme und der Häufigkeit, sich an Freunde gewandt zu haben, beträgt 0.597 (sig: 1%). Zu einem ähnlichen Ergebnis kamen auch die Autoren des Kinder- und Jugendreport Magdeburg: für 48% der Jugendlichen zwischen 15 und 19 Jahren sind die Freunde die wichtigsten AnsprechpartnerInnen (Jugendamt Magdeburg 1992).

Die statistische Auswertung des Hilfesuchverhaltens zeigt, daß viele der Jugendlichen, die bei einem Problem niemanden fragen, sich auch bei einem weiteren Problem an niemanden wenden. Der Korrelationskoeffizient für diese Gruppe beträgt 0.498 (sig: 1%). Als dritte identifizierbare Gruppe gibt es Jugendliche, die sich auch bei mehreren Problemen konstant an die Eltern wenden, der Koeffizient beträgt 0.442 (sig: 1%). Für alle anderen Personen oder Institutionen liegt der Korrelationskoeffizient zwischen 0.05 und 0.25; bei solch niedrigen Werten verbieten sich Aussagen über Zusammenhänge jeglicher Art.

Bei familiären Problemen ergibt die Analyse dieser Zusammenhänge ein anderes Ergebnis. Der einzig feststellbare Zusammenhang lautet: „Wenn sich ein Jugendlicher bei einem eher familiären Problem keine Unterstützung oder Hilfe holt, dann wird er es wahrscheinlich auch bei einem zweiten Problem nicht tun." (Korrelationskoeffizient $r = 0.6880$, signifikant auf dem 1%-Niveau). Der relative Anteil der Jugendlichen, die sich keine Unterstützung suchen, ist allerdings bei den einzelnen Problemen sehr unterschiedlich. Bei Drogen- oder Alkoholproblemen in der Familie suchen 18% der Jugendlichen keine Unterstützung, bei der Frage, ob Familienmitglieder in den letzten zwei Jahren Ärger mit der Polizei hatten, haben sich 64% der Jugendlichen nicht um eine Unterstützung bei der Bewältigung dieser Situation bemüht.

Bei allen angegebenen Personen und Institutionen ist der Korrelationskoeffizient nicht größer als 0.37 und somit nicht als Hinweis auf einen Zusammenhang interpretierbar. Es fällt jedoch auf, daß bei familiären Problemen nicht die Freunde, sondern die Verwandten diejenigen sind, bei denen die Jugendlichen am häufigsten um Unterstützung nachfragen. Dies hängt sicher mit der Art der abgefragten Probleme und den für die Lösung notwendigen Ressourcen zusammen. Wie aus der Tabelle 5.22 zu entnehmen ist, werden Verwandte besonders bei Ehescheidungen der Eltern, Arbeitslosigkeit in der Familie und bei Geldproblemen um Unterstützung gebeten. Bei den beiden letztgenannten Problemsituationen wird u. a. Unterstützung in Form von Geld erwartet, so daß es naheliegt, erst einmal familiäre Ressourcen auszuschöpfen.

Es ist nicht nur interessant, welche Person aus dem sozialen Netzwerk um Unterstützung und Hilfe gefragt wird, sondern auch, an wie viele verschiedene Personen sich jemand wendet. Sucht sich jemand bei mehreren Personen oder Personengruppen Unterstützung, so ist dies aus mindestens zweierlei Gründen positiv zu bewerten. Zum einem zeigt das aktive Bemühen um Hilfe und Unterstützung zur Bewältigung der aktuellen Problemlage, daß keine Kapitulation vor dem Problem erfolgt ist und so eine konstruktive Lösung der schwierigen Situation möglich bleibt, und zum anderen werden die Chancen auf eine Bewältigung durch die größere Zahl von Personen, die ins Vertrauen gezogen wurden, erhöht (vgl. Keupp 1987, Nestmann 1987).

Tabelle 5.25

Anzahl der HelferInnen bei entsprechenden Problemen					
	1	2	3	4	5
Persönliche Probleme:					
Alkohol-/Drogenprobleme	85,7%	14,3%	-	-	-
Liebeskummer	78,2%	17,6%	3,6%	0,5%	-
Streit mit Freunden	73,4%	21,4%	4,3%	-	-
Streit mit Eltern	73,0%	19,8%	5,4%	1,8%	-
Ärger mit Polizei	71,3%	20,8%	6,9%	0,5%	0,5%
Ungewollte Schwangerschaft	64,1%	17,9%	12,8%	5,1%	-
Familiäre Probleme:					
Geldprobleme	92,2%	7,8%	-	-	-
Ärger mit Polizei	87,2%	12,8%	-	-	-
Arbeitslosigkeit	87,1%	9,6%	1,8%	1,3%	0,3%
Scheidung der Eltern	84,6%	9,6%	5,8%	-	-
Alkohol-/Drogenprobleme	84,0%	12,0%	4,0%	-	-
Gewalt in der Familie	81,5%	14,8%	3,7%	-	-

Wie Tabelle 5.25 zeigt, ist der Anteil derjenigen Jugendlichen, die sich zur Bewältigung eines Problems an mehr als zwei verschiedene Gruppen von Netzwerkmitgliedern, wie zum Beispiel Eltern, Verwandte oder Geschwister, wenden, sehr gering. Von den Jugendlichen, die sich überhaupt an jemanden um Hilfe und Unterstützung wenden, sind es pro Problembereich durchschnittlich 2,4%, die sich an drei oder mehr Helfergruppen wenden. Auffällig ist auch, daß bei den familiären Problemen nicht nur die Bereitschaft, das Problem öffentlich zu machen, niedriger ist (vgl. Tabellen 5.21 und 5.22), sondern daß das Helfernetz auch dünner ist. Dies könnte man als einen Hinweis auf den ausgeprägten Privatismus der Familien in den neuen Bundesländern deuten, dem wahrscheinlich gesellschaftliche Normvorstellungen hinsichtlich der Problemlösungskompetenz von Familien zugrunde liegen. Diese Zurückhaltung der Familien ist unter anderem darin begründet, daß in der öffentlichen Diskussion in der DDR für die Erklärung familiärer Probleme im wesentlichen zwei Argumente herangezogen wurden: die „Infiltration aus dem Lager des Imperialismus" und das Versagen der Familie (Helwig 1984, S. 31), so daß bei allen in die Öffentlichkeit getragenen Problemen die Familie unter einem starken Rechtfertigungsdruck stand. Ein anderer, nicht minder wichtiger Grund für die geringe Bereitschaft, Probleme zu veröffentlichen, ist die Erfahrung aus Vor-Wende-Zeiten. Die Jugendlichen fühlten sich innerhalb der Familien noch am gerechtesten behandelt, und die verläßlichsten Sozialpartner für die Kinder und Jugendlichen waren die Eltern (vgl. Kühnel 1991). Trotzdem bleiben sie bei der Bewältigung alltäglicher Konflikte und Probleme eher auf sich selbst angewiesen (vgl. ders. S. 32).

Schule, Lehre, Arbeitslosigkeit und die Problembelastung der Jugendlichen

Bei den eher persönlichen Problemen gibt es eine deutliche Differenzierung nach Ausbildungs- bzw. Arbeitsstatus. Unter denen, die nach eigener Aussage in den letzten zwei Jahren Ärger mit der Polizei, Probleme mit ungewollten Schwangerschaften, mit dem eigenen Drogen- oder Alkoholkonsum oder dauerhaften Streß mit den Eltern hatten, sind überproportional viele Jugendliche, die entweder bereits erwerbstätig oder aber arbeitslos sind, wohingegen Liebeskummer vor allem die Schüler betrifft. Bei den genannten fünf Problemen ist diese Ungleichverteilung auf dem 1-%-Niveau signifikant.

Wie aus zahlreichen Forschungsarbeiten zur Arbeitslosigkeit klar hervorgeht, sind körperliche und seelische Belastungen, Stigmatisierungsprozesse und die Gefahr der materiellen Verarmung die Folgen von Arbeitslosigkeit (vgl. Kapitel 5.3.5, Kieselbach 1992, Strehmel/Degenhart 1987). Besonders auffällig ist der stark erhöhte Anteil von Arbeitslosen, die nach eigener Einschätzung Drogen- oder Alkoholprobleme haben. Etwas mehr als jeder fünfte Jugendliche, der dieses Problem angibt, ist arbeitslos. Wie Henkel (1992) ausführt, steigt die Quote von Alkoholproblemen bei Arbeitslosen immer dann an, wenn Alkohol als Droge zur gesellschaftlichen Normalität gehört.

„Repräsentativerhebungen *(in Westdeutschland, d. Verf.)* zufolge liegt bei arbeitslosen Jugendlichen und jungen Erwachsenen (bis 29 Jahre) die Quote der in psychischer Hinsicht stark Alkoholismusgefährdeten derzeit bei 12,6 Prozent, bei den Berufstätigen gleichen Alters hingegen bei 5,3 %." (Henkel, S. 126)

Unsere Ergebnisse bestätigen, zumindest für die Altersgruppe der 16- bis 19jährigen, daß Arbeitslosigkeit in Ostdeutschland einen wesentlichen Risikofaktor in bezug auf Alkoholismus darstellt. Während insgesamt 1,3 % der Jugendlichen sagen, daß sie selbst Probleme im Umgang mit Alkohol und/oder Drogen haben, sind dies bei den arbeitslosen Jugendlichen 6,4 %. Damit Henkel mit seiner Prognose nicht recht behält,

„daß sich die *Kranken von morgen* in Ostdeutschland zu einem größeren Teil als in Westdeutschland aus den *Arbeitslosen von heute* rekrutieren werden" (Hervorhebungen im Original, S. 137),#

wird eine verstärkte Zusammenarbeit von Jugendberufshilfe mit anderen Institutionen und Organisationen der Jugendhilfe unabdingbar sein (vgl. Höfer/Stiemert/Straus/Gmür 1989, S. 21).

Die negativen Folgen der Arbeitslosigkeit zeigen sich nicht nur – wie gerade ausgeführt – darin, daß arbeitslose Jugendliche überproportional häufig von den einzelnen Problemen betroffen sind, sondern darin, daß sie häufiger mehrfach belastet sind.

Während 3,5 % der Gesamtstichprobe drei und mehr persönliche Probleme haben bzw. in den letzten zwei Jahren gehabt haben, gilt dies für 10,9 % der arbeitslosen Jugendlichen. Auch eine andere Zahl spricht für diese besonders schwierige Situation der arbeitslosen Jugendlichen: Nur ein knappes Drittel der arbeitslosen Jugendlichen gibt an, von keinem einzigen der abgefragten persönlichen Probleme betroffen zu sein, während dies in der Gesamtstichprobe für 43 % gilt.

Bei den stärker die Familie betreffenden Problemen stellt sich die Situation ähnlich dar. 12,7 % der arbeitslosen Jugendlichen haben drei oder mehr familiäre Probleme gegenüber 4,0 % in der Gesamtstichprobe. Nur 12,7 % der arbeitslosen Jugendlichen geben an, keines der abgefragten Probleme zu haben – gegenüber 45,3 % in der Gesamtstichprobe.

Eine mehrfache Belastung im familiären Bereich ist auch für die Jugendlichen festzustellen, die sich in berufsvorbereitenden Maßnahmen befinden, und für die bereits erwerbstätigen Jugendlichen (vgl. Tabelle 5.26).

Im Unterschied zu den eher persönlichen Problemen ist bei den einzelnen familiären Problemen, mit Ausnahme der Arbeitslosigkeit in der Familie, keine ausbildungs- oder arbeitsstatusbedingte Ungleichverteilung nachzuweisen. So sind arbeitslose Jugendliche in besonderem Maße durch Arbeitslosigkeit innerhalb der Familie, also anderen arbeitslosen Familienmitgliedern, betroffen.

Tabelle 5.26

Ausbildungsstatus	persönliche Probleme		familiäre Probleme	
	keine	3 und mehr	keine	3 und mehr
SchülerIn	43,3 %	2,5 %	50,4 %	3,5 %
Auszubildende	43,5 %	3,8 %	44,9 %	3,0 %
Erwerbstätige	48,9 %	4,3 %	33,7 %	7,6 %
Arbeitslose	32,7 %	10,9 %	12,7 %	12,7 %
Berufsvorbereitende Maßnahmen	41,9 %	0,0 %	32,3 %	12,9 %
Andere	43,4 %	3,6 %	38,6 %	3,6 %
insgesamt	43,1 %	3,5 %	45,3 %	4,0 %

Mehrfachbelastung und Ausbildungsstatus

Die SchülerInnen fallen, wie aus der Tabelle 5.26 ersichtlich wird, durch eine deutlich verringerte Problembelastung auf. Von den SchülerInnen geben 50 % an, keines der abgefragten familiären Probleme zu haben. Bei den eher persönlichen Problemen ist der Anteil der Schüler und Schülerinnen, die drei oder mehr Probleme haben, etwas niedriger als in der Gesamtstichprobe.

Haben junge Frauen und junge Männer unterschiedliche Probleme?

Über die Unterschiedlichkeit der Lebenslagen von jungen Frauen und Männern ist in den letzten Jahren viel veröffentlicht worden (vgl. z.B. Funk 1990; Hagemann-White 1984). Im Zusammenhang mit der von uns durchgeführten Jugendstudie ist von Interesse, ob es erkennbare Unterschiede in den Problemlagen von jungen Frauen und Männern gibt.

Bei einer ersten Betrachtung fällt auf, daß sehr viel mehr junge Männer angeben, keine persönlichen Probleme zu haben, als junge Frauen (vgl. Tabelle 5.27). Dementsprechend mehr junge Frauen geben an, genau ein persönliches Problem zu haben. Bei den Jugendlichen, die drei und mehr Probleme genannt haben, sind junge Männer etwas häufiger zu finden. Insgesamt sind die Unterschiede bei den eher persönlichen Problemen zwischen den Geschlechtern signifikant (sig: < 1 %).

Wir haben die jungen Frauen und Männer auch danach gefragt, wie sehr sie sich durch die einzelnen Probleme belastet fühlen. Bei den persönlichen Problemen fühlen sich die jungen Frauen signifikant häufiger belastet als die jungen Männer (sig: < 1 %). Bei den familiären Problemen gibt es keine statistisch auffälligen Unterschiede zwischen den Geschlechtern, wobei allerdings auch hier eine eindeutige Tendenz zu erkennen ist, daß junge Frauen sich durch ihre Probleme stärker belastet fühlen als junge Männer. Dieser Unterschied wird gerade nicht mehr auf dem 5-%-Niveau signifikant.

Tabelle 5.27

Probleme der Jugendlichen			
	weiblich	männlich	
ungewollte Schwangerschaften	76,1 %	23,9 %	*
heftiger Streß mit Freunden	61,1 %	38,9 %	*
Liebeskummer	61,2 %	38,8 %	*
dauerhafter Streß mit Eltern	55,6 %	44,4 %	
eigene Alkohol-/Drogenprobleme	12,5 %	87,5 %	*
Ärger mit der Polizei	17,1 %	82,9 %	*
insgesamt	*48,4 %*	*51,6 %*	
* Der Unterschied ist auf dem 1%-Niveau signifikant			

Ob die geringere Anzahl von jungen Frauen, die angeben, frei von persönlichen Problemen zu sein, als Hinweis auf eine erschwerte Lebenssituation junger Frauen zu werten ist, oder aber durch eine größere Offenheit, über die eigenen Probleme zu reden, zustande kommt, kann aus den Daten letztendlich nicht entschieden werden. Ein Teil dieses Unterschiedes läßt sich nach unseren Daten vielleicht dadurch erklären, daß die jungen Frauen früher und öfter Liebesbeziehungen eingehen und deshalb auch häufiger mit den Frustrationen, die aus solchen Beziehungen entstehen können, zu kämpfen haben. Eine weitere Erklärung könnte die tendenziell bessere Antwortbereitschaft der weiblichen Jugendlichen sein. Wir haben die InterviewerInnen gebeten, nach jeder Frage zu einem Problem die Antwortbereitschaft zu notieren. Wir sind uns der methodischen Probleme dieses Vorgehens bewußt, glauben aber, daß uns diese Einschätzungen der InterviewerInnen durchaus wichtige Hinweise geben können. Über alle persönlichen Probleme hinweg ist das Antwortverhalten der männlichen Jugendlichen überproportional häufig als eher schlecht

(59,5 % männliche Jugendliche und 40,5 % weibliche Jugendliche) eingestuft worden. Diese Differenz ist allerdings nicht groß genug, um die unterschiedliche Problembelastung ausreichend zu erklären. Darüber hinaus ist aus der Netzwerkforschung bekannt, daß Frauen in der Regel eine größere Veröffentlichungsbereitschaft zeigen.

Hinsichtlich des „Hilfesuchverhaltens" bei persönlichen Problemen gibt es deutliche Unterschiede zwischen jungen Frauen und jungen Männern. Zwar gilt für beide Gruppen, daß FreundInnen die wichtigsten AnsprechpartnerInnen sind, bei den jungen Frauen ist dies jedoch sehr viel ausgeprägter. Dies wird auch deutlich, wenn man sich den Korrelationskoeffizienten zwischen der Häufigkeit, Freunde oder Freundinnen um Rat gefragt zu haben, und der Anzahl der persönlichen Probleme betrachtet. Bei den Frauen beträgt er 0.613 und bei den Männern 0.580, d. h., auch hier ist eine leichte Tendenz zu erkennen, daß junge Frauen sich regelmäßiger an ihre Freundinnen und Freunde wenden als junge Männer. Es zeigt sich, daß sich zumindest Teilergebnisse westdeutscher Netzwerkforschung über die Unterschiedlichkeit der Netzwerke von Frauen und Männern (z. B. Keupp/Röhrle 1987) auf die neuen Bundesländer übertragen lassen.

Die Eltern werden sowohl von den jungen Frauen als auch von den jungen Männern am zweithäufigsten als „Helfer" genannt. Bei den jungen Männern ist der Anteil von denen, die bei niemandem Hilfe oder Unterstützung suchen, fast doppelt so hoch wie bei den jungen Frauen. Berechnet man auch hier den Korrelationskoeffizienten zwischen der Häufigkeit, niemanden gefragt zu haben, und der Anzahl der Probleme, so zeigt sich, daß bei jungen Männern die Haltung, niemanden in ihre Schwierigkeiten einzubeziehen, ausgeprägter ist als bei den jungen Frauen ($r_{Männer}$ = 0.589; r_{Frauen} = 0.390). Bei einer differenzierten Betrachtung zeigt sich darüber hinaus, daß mehr junge Frauen, außer bei dem eher typisch männlichen Problem „Ärger mit der Polizei", um Unterstützung nachgefragt haben und daß sie eher bereit sind, sich an mehr als eine Personengruppe zu wenden (vgl. Tabelle 5.27).

Probleme, die überwiegend von jungen Frauen angegeben werden, sind „ungewollte Schwangerschaft", „heftiger Streß mit Freunden", „Liebeskummer" und „dauerhafter Streß mit den Eltern", wohingegen „Probleme mit Alkohol oder Drogen" sowie „Ärger mit der Polizei" im besonderen Maße von den männlichen Jugendlichen angeführt werden. Eine Vermutung war, daß eine Vielzahl der männlichen Jugendlichen aufgrund von Verkehrsdelikten „Ärger mit der Polizei" hat. Einerseits läßt sich zwar kein

Zusammenhang zwischen Lebensalter und der Anzahl der Jugendlichen, die dieses Problem haben, feststellen, andererseits hängt der Grad der Motorisierung jedoch vom Alter der Jugendlichen ab, so daß wir annehmen können, daß sich hinter dem Ärger mit der Polizei nicht überwiegend Verkehrsdelikte verbergen.

Bei den familiären Problemen gibt es keine unterschiedliche Verteilung auf weibliche oder männliche Jugendliche. Auch wird hier die Antwortbereitschaft durch die InterviewerInnen gleich eingestuft.

Wer fragt bei den Profis um Hilfe nach?

In diesem Teilabschnitt des Kapitels möchten wir der Frage nachgehen, ob sich für die verschiedenen professionellen Unterstützungs- und Beratungsstellen und -personen so etwas wie eine typische Nutzergruppe identifizieren läßt. Einschränkend sei bereits an dieser Stelle darauf hingewiesen, daß die Zahl der Jugendlichen, die sich überhaupt an professionelle Helfer gewandt hat, sehr gering ist, so daß wir im Rahmen dieser Repräsentativumfrage sicher kein genaues Nutzerprofil erstellen, sondern lediglich Tendenzen aufzeigen können.

Tabelle 5.28

Professionelle HelferInnen	
Um Rat gefragt:	durchschnittliche Anzahl der angegebenen Probleme
Beratungsstelle bei familiären Problemen	2,8
Lehrer/Pfarrer bei persönlichen Problemen	3,0
Ärzte bei persönlichen Problemen	3,4
Beratungsstelle bei persönlichen Problemen	3,6
Sozialarbeiter bei persönlichen Problemen	3,8

Es zeigt sich, daß besonders die Jugendlichen, die mit mehreren Problemen belastet sind, professionelle Hilfe in Anspruch nehmen (vgl. Tabelle 5.28). Daran wird deutlich, daß gerade für die Jugendlichen, die sich in besonders schwierigen Lebenssituationen befinden, ein professionelles Beratungs- und Unterstützungsangebot notwendig wird. Auch bei der Suche nach professioneller Unterstützung sind junge Frauen aktiver als junge Männer. Nur SozialarbeiterInnen/JugendklubmitarbeiterInnen werden öfter von jungen

Männern um Hilfe gebeten, wobei diese Ausnahme vermutlich Ausdruck der Besucherstruktur von Jugendklubs und Freizeitzentren ist, in denen sich in der Regel mehr junge Männer als junge Frauen aufhalten.

Es bestätigt sich in unserer Untersuchung also für das gesamte Hilfesuchverhalten, was Frey und Röthlisberger so formuliert haben:

„Weibliche Jugendliche sind stärker beziehungsorientiert als männliche. Insbesondere messen die Mädchen der sozialen Unterstützung zur Bewältigung von Krisen eine größere Bedeutung zu, während die Knaben ihre Unterstützungswünsche vermehrt unterdrücken." (Frey/Röthlisberger 1994, S. 273)

Professionelle Hilfe wird besonders für die Probleme „Liebeskummer", „Ärger mit der Polizei", „Streß mit den Eltern", „ungewollte Schwangerschaft" und „Arbeitslosigkeit in der Familie" und die sich daraus ergebenden Schwierigkeiten in Anspruch genommen. Auffällig ist auch die überproportionale Nachfrage nach professionellen HelferInnen in Kleinstädten, die sich aus den von uns erhobenen Daten nicht erklären läßt. Jedoch ist aus der qualitativen Netzwerkforschung bekannt, daß die Veröffentlichungsbereitschaft von Problemen einerseits aufgrund der Intimität der sozialen Beziehungen auf den Dörfern und andererseits aufgrund der Anonymität der sozialen Beziehungen in den Großstädten vermindert ist, während die verringerte soziale Kontrolle in Kleinstädten gegenüber Dörfern und die vergrößerte Übersichtlichkeit von Beratungsangeboten gegenüber den Ballungszentren die Bereitschaft, sich professioneller Hilfe zu bedienen, eher erhöhen.

Regionale Unterschiede

Unternimmt man den Versuch, für die Jugendhilfe relevante Daten über eine repräsentative Befragung in fünf Bundesländern zu erhalten, so ist es unumgänglich, die Problemlagen der Jugendlichen auf regionale Unterschiede und Besonderheiten hin zu untersuchen.

Bei der Betrachtung der regionalen Verteilung der Probleme fällt auf, daß Jugendliche in Mecklenburg-Vorpommern häufiger von Arbeitslosigkeit in der Familie betroffen sind als Jugendliche aus den anderen Bundesländern (vgl. Tabelle 5.29). Diese hier zum Ausdruck kommende strukturbedingte Benachteiligung der Jugendlichen in Mecklenburg-Vorpommern mag eine Erklärung für die von uns gefundene, sehr ausgeprägte Negativhaltung gegenüber AusländerInnen und AsylbewerberInnen sein (vgl. Kapitel 5.7).

Gewalttätigkeiten in der Familie geben überproportional viele Jugendliche aus Sachsen an (vgl. Kapitel 5.6).

Tabelle 5.29

Gab es in den letzten zwei Jahren Arbeitslosigkeit in Deiner Familie?				
	ja		nein	
Mecklenburg-Vorpommern	172	54,1%	146	45,9%
Brandenburg	196	47,6%	216	52,4%
Thüringen	196	46,1%	229	53,9%
Sachsen-Anhalt	196	42,7%	262	57,3%
Sachsen	400	50,0%	400	50,0%
insgesamt	1159	48,1%	1253	51,9%

Im Stadt-Land-Vergleich zeigt sich, daß in Gemeinden mit weniger als 10 000 Einwohnern Jugendliche – nach eigenen Angaben – noch relativ unbeschwert aufwachsen können. Bei keinem der abgefragten zwölf Probleme sind in diesen Gemeinden mehr Jugendliche betroffen, als aufgrund der Verteilung der Stichprobe zu erwarten ist. Neun dieser Probleme betreffen weniger Jugendliche in den Dörfern, als zu erwarten wäre. Völlig anders hingegen ist die Situation für die Jugendlichen in den Kleinstädten mit 10 000 bis 50 000 Einwohnern. Besonders häufig geben die Jugendlichen die Probleme „Ärger mit der Polizei", „Alkohol- und Drogenkonsum" sowie „Streß mit den Eltern" an. Professionelle Hilfe (vgl. oben) wird entsprechend oft auch von den Jugendlichen in den Kleinstädten gesucht und in Anspruch genommen. In den Städten mit über 50 000 Einwohnern werden sieben der zwölf Probleme etwas häufiger genannt. Insgesamt betrachtet müssen die Jugendlichen in den Kleinstädten mit den meisten Problemen zurechtkommen (vgl. Tabelle 5.30).

Auch die sozialen Netze der Jugendlichen in Dörfern unterscheiden sich von denen der Jugendlichen in den Städten. Während von den Jugendlichen in den Städten mit über 50 000 Einwohnern die Freunde nach Verwandten am zweithäufigsten genannt werden, wenn es um Personen geht, die bei familiären Problemen um Hilfe gefragt werden, geben die Jugendlichen in den Dörfern und Kleinstädten genausooft Eltern wie Freunde an.

Unterscheiden sich Subkulturen von der Gesamtheit der Jugendlichen hinsichtlich ihrer Probleme und ihres Umgangs damit?

Die Frage, welche Probleme Jugendliche, die einer Subkultur angehören, besonders betreffen, wird in dem Kapitel über die Subkulturen (Kap. 5.8) ausführlich beantwortet. Hier möchten wir uns mehr der Frage zuwenden, welche Ressourcen die Mitglieder von subkulturellen Gruppen haben und ob sie sich in einem besonderen Maße durch ihre Probleme belastet fühlen. Dabei beschränken wir uns hier auf Jugendliche aus sechs verschiedenen Subkulturen (Skinheads, Punks, Autonome, Rapper, junge Christen, Stinos) und werten somit die Daten von 60 % der Jugendlichen in subkulturellen Bewegungen aus. Für die Auswahl genau dieser sechs Gruppen war ausschlaggebend, daß wir Unterschiede in den Unterstützungsnetzwerken von Jugendlichen, die eine eher größere Distanz zu den gesellschaftlichen Normen aufweisen, wie Autonome, Punks und Skinheads, und denen, die eher durch eine größere Nähe zu den gesellschaftlichen Normen (Stinos und junge Christen) gekennzeichnet sind, erkennen und gegebenfalls verdeutlichen wollten.

Wie an einigen anderen Stellen fallen die Skinheads auch hier besonders auf. Sie sind diejenigen Jugendlichen, von denen sich die

Tabelle 5.30

Prozentualer Anteil der Jugendlichen, die die einzelnen Probleme haben				
	Dorf	Kleinstadt	Stadt	*insgesamt*
Persönliche Probleme:				
Alkohol-/Drogenprobleme	10,2%	15,6%	13,6%	*12,6%*
Liebeskummer	2,0%	1,9%	1,8%	*1,9%*
Streit mit Freunden	0,5%	2,2%	1,8%	*1,3%*
Streit mit Eltern	5,0%	9,6%	7,8%	*7,0%*
Ärger mit Polizei	8,2%	7,5%	11,6%	*8,9%*
Ungewollte Schwangerschaft	43,0%	46,7%	48,2%	*45,4%*
Familiäre Probleme:				
Geldprobleme	3,7%	4,2%	3,7%	*3,8%*
Ärger mit Polizei	1,8%	1,7%	2,1%	*1,9%*
Arbeitslosigkeit	3,7%	4,8%	5,5%	*4,5%*
Scheidung der Eltern	45,8%	51,3%	48,2%	*47,9%*
Alkohol-/Drogenprobleme	1,2%	1,7%	2,0%	*1,6%*
Gewalt in der Familie	18,6%	22,1%	20,7%	*20,1%*

wenigsten hilfesuchend an jemanden wenden (vgl. Tabelle 5.31). Dies ist um so bemerkenswerter, als viele Skinheads aus kinderreichen Familien stammen, so daß das familiäre Netz eine Vielzahl von AnsprechpartnerInnen bieten müßte.

Tabelle 5.31

Gruppe	Skin-heads	Punks	Auto-nome	Rapper	junge Christen	Stinos
um Hilfe gefragt:						
niemand	47 %	29 %	13 %	21 %	17 %	19 %
Freunde	25 %	41 %	50 %	41 %	42 %	42 %
Geschwister	11 %	3 %	9 %	5 %	6 %	8 %
Profis	9 %	5 %	3 %	1 %	5 %	5 %
Eltern	7 %	14 %	19 %	26 %	23 %	22 %
andere	2 %	0 %	3 %	5 %	1 %	0 %
Verwandte	0 %	7 %	3 %	1 %	6 %	3 %

Wer wurde um Hilfe gebeten bei persönlichen Problemen

Relativ wenige Skinheads fühlen sich, nach eigener Angabe, durch ihre persönlichen Probleme belastet. Es muß an dieser Stelle offen bleiben, ob diese geringer empfundene Belastung durch die persönlichen Probleme dazu führt, daß sie sich auch weniger Unterstützung und Hilfe suchen, oder ob, um kognitive Dissonanz zu vermeiden, die mangelnde Möglichkeit, Hilfe zu bekommen, umgedeutet wird in „Ich brauche keine Hilfe". Die Begründungen der Skinheads, warum sie sich an niemanden um Unterstützung gewandt haben, spricht für die zweite Interpretation. Am häufigsten werden die Argumente, „Hilfe war nicht nötig", „Das Problem ist Privatsache" und „Ich bin allein klargekommen" angeführt.

Von den Jugendlichen, die sich den Rappern hinzurechnen, geben mehr Jugendliche, als zu erwarten wäre, an, daß sie sich durch persönliche Probleme belastet fühlen. Noch etwas ausgeprägter ist dies bei den Stinos.

Untersucht man auch hier wieder die Anzahl der verschiedenen Helfertypen, ist festzustellen, daß die Jugendlichen mit subkulturellen Orientierungen weniger häufig eine größere Anzahl von verschiedenen „HelferInnen" angeben als andere Jugendliche. Da wir bei den einzelnen Typen von Helfern (z.B. Freunde, Verwandte, Kollegen etc.) nicht danach gefragt haben, wie viele jeweils um Unterstützung gebeten wurden, können wir keine Aussage darüber machen, ob das dichte Beziehungsgeflecht in den subkulturellen Milieus (vgl. Kapitel 5.8) auch ein hohes Unterstützungspotential darstellt. Es fällt lediglich auf, daß bei den Skinheads die

Bereitschaft, Probleme mit Freunden zu besprechen, ausgesprochen gering ist.

Bei den familiären Problemen gibt es keine erkennbaren Unterschiede zwischen den Jugendlichen, die den hier angeführten Subkulturen angehören.

Weitere Rahmenbedingungen, die mit den Problemen verknüpft sein können

Wir haben die Jugendlichen auch gefragt, ob sie an ihrem Wohnort oder in der näheren Umgebung Freizeiteinrichtungen vermissen (vgl. Kapitel 5.4). Dabei stellt sich heraus, daß die Problembelastung bei den Jugendlichen erhöht ist, die auch einen Mangel an jugendspezifischen Angeboten beklagen. Dies kann nun einerseits auf eine Unterversorgung mit Jugendklubs und/oder anderen Freizeitangeboten in den Stadtteilen und Regionen hindeuten, wo besonders viele Jugendliche in schwierigen Verhältnissen leben, oder aber es ist ein Hinweis darauf, daß die Hilfestellungen der offenen Jugendarbeit nicht unterschätzt werden dürfen.

Daß beengte Wohnverhältnisse Ursache von Entwicklungsstörungen (vgl. Miller 1992) sowie von zahlreichen Konflikten sein können, ist inzwischen in mehreren Studien belegt worden (vgl. z.B. Schulz-Gambard 1990; Wahl 1990). Die Jugendlichen in unserer Erhebung, die ohne ein eigenes Zimmer auskommen müssen, geben mehr familiäre Probleme an. Bei den persönlichen Problemen unterscheiden sie sich von der Gesamtstichprobe nicht.

Unzureichende Wohnverhältnisse werden zwar durch Maßnahmen der Jugendhilfe nicht zu beseitigen sein, aber zumindest müßte die Jugendhilfe im Sinne der Einmischungsstrategie (Mielenz 1981) und gemäß ihres gesetzlichen Auftrags (KJHG § 1 (3), § 81) dafür Sorge tragen, daß bei der Wohnungsvergabe, bei Stadtteilsanierungen und Neuplanungen den Wohnbedürfnissen von Kindern und Jugendlichen Rechnung getragen wird.

5.6 Gewalt in der Familie

Die Diskussion über Gewalt in der Familie ist gekennzeichnet durch einen starken Gegensatz zwischen der ausgeprägten medialen Aufmerksamkeit und der fast nicht vorhandenen sozialwissenschaftlichen Grundlagenforschung (vgl. Rothe 1994). Sozialwissenschaftliche Erklärungsmodelle für Gewalt in der Familie setzen an verschiedenen Punkten an. Im Diskurs des „neuen Kinderschutzes" wird Gewalt „als eine besondere Form interpersonellen Scheiterns an der Offenheit der Balance zwischen den Generationen und Geschlechtern" (Rothe 1994, S. 4) begriffen. In der feministischen Theorie wird Gewalt gegen Frauen und Kinder als Folge der patriarchalischen Zivilisation verstanden. Gewalt in den Familien wird es folglich so lange geben, wie ein Herrschaftsverhältnis zwischen Männern und Frauen existiert. Auch von denen, die Gewalt als Ergebnis sozialer und ökonomischer Desintegrationsprozesse sehen, wird Kritik an den gesellschaftlichen Verhältnissen geübt. Bereits in den siebziger Jahren wurde Gewalt gegen Kinder als „sozialer Indikator" (Garbarino 1977) erkannt. Die Fähigkeiten der Familienmitglieder zur konstruktiven Verarbeitung schwieriger Lebenssituationen reichen nicht aus. Unterstützung aus natürlichen oder künstlichen Netzwerken wird notwendig, soll die Gewalt in der Familie reduziert werden. Aus Platzgründen können die verschiedenen Formen der Unterstützung durch diese Netzwerke hier nicht ausführlich diskutiert werden, es sei nur darauf hingewiesen, daß neben der zumindest vorübergehenden Beseitigung der materiellen Notlagen eine Stärkung der Handlungskompetenzen der Familienmitglieder im Vordergrund der Unterstützung stehen sollte (ausführlicher zu diesem Thema: Hege/Schwarz 1992).

Ein weiteres Erklärungsmodell von familialer Gewalt beschreibt Wahl mit dem Stichwort der Modernisierungsfalle. Die Individuen laufen Gefahr,

„in die Falle zu geraten zwischen verinnerlichten Verheißungen von selbstbewußter Autonomie, Familienglück und gesellschaftlichem Fortschritt einerseits und ihren Erfahrungen verweigerter Anerkennung, mißachteter Menschenwürde und beschädigten Selbstbewußtseins in Familie und Gesellschaft andererseits – in die *Falle zwischen Mythos und Realität der Moderne.*" (Wahl 1990, S. 10, Hervorhebung im Original)

Gewalt gegen andere, Gewalt in der Familie kann demnach eine der möglichen Ausdrucksformen dieser Beschädigungen des Selbstbewußtseins sein.

Die Erkenntnisse der Ursachenforschung zu Gewalt in Familien legen den Schluß nahe, daß Gewalt in den Familien, aufgrund der spezifischen Lebenssituation der Familien in den neuen Bundesländern und dem für viele Individuen erlebbaren Scheitern an den Ansprüchen einer kapitalistischen Gesellschaft, zunehmen wird. Hauptmann, Laske und Lignitz befürchten gar eine enorme Zunahme,

„da die bekannten sozialen Risikofaktoren verstärkt wirksam werden können und vorhandene und erprobte Kinderschutzsysteme nicht existieren." (Hauptmann/Laske/Lignitz 1992, S. 36)

Empirische Befunde

Die Jugendlichen unserer Untersuchung sind gefragt worden, ob es in den letzten zwei Jahren zu Gewalttätigkeiten in der Familie gekommen ist. Wir haben bewußt nicht explizit nach sexuellem Mißbrauch bzw. Kindesmißhandlung gefragt, da wir davon ausgehen, daß diese Themen so stark emotional besetzt sind, daß unsere Chancen, ehrliche Antworten zu bekommen, sehr gering sind. Wer spricht schon in einer eher unpersönlichen Situation eines standardisierten Interviews zu einer wildfremden Person über seine Mißbrauchs- und Mißhandlungserfahrungen? Besonders auf dem Hintergrund, daß Kindesmißhandlungen in der ehemaligen DDR zu einem großen Tabu gemacht wurden. Nach der herrschenden Ideologie waren Kindesmißhandlung und Gewalt in der Familie eigentlich undenkbar, sie wurden verstanden als ein Produkt kapitalistischer Wirtschaftsordnung, das dem System der DDR wesensfremd war (vgl. Hauptmann/Laske/Lignitz 1992, S. 36). Es ist deshalb auch davon auszugehen, daß der Anteil derjenigen, die gewalttätige Auseinandersetzungen in der Familie erlebt haben, durch unsere repräsentative Erhebung unterschätzt wird. Ein weiterer Grund ist, daß Jugendliche in der Gegenwart ihrer Eltern sich sicherlich schwertun, Gewalterfahrungen zu benennen. Und tatsächlich können wir nachweisen, daß bei den Jugendlichen, die angeben, daß es in den letzten zwei Jahren gewalttätige Auseinandersetzungen in den Familien gab, signifikant seltener die Eltern während des Interviews anwesend waren. Nur bei 13 % der Jugendlichen, die diese Frage bejahten, waren die Eltern bei der Beantwortung dieser Frage anwesend. Im Durchschnitt waren bei fast einem Drittel der Interviews die Eltern dabei. Die für diese Fragestellung zu erwartenden geringen Fallzahlen erschweren zwar eine Generalisierung der Ergebnisse, weisen aber andererseits auf wichtige Entwicklungen hin.

Die Hypothese, daß Gewalt gegen Kinder als Indikator für eine ökonomische und soziale Desintegration der Familie heranzuziehen ist, läßt sich durch unsere Befunde bekräftigen.

1,6 % der Jugendlichen haben die Frage nach Gewalttätigkeiten in ihrer Familie bejaht. Sie unterscheiden sich in etlichen Variablen von der Gesamtstichprobe. So müssen diese Jugendlichen im

Durchschnitt dreimal so viele persönliche und familiäre Probleme aushalten. Sie sind mehr als dreimal so häufig durch Ärger mit NachbarInnen belastet und haben mehr als siebenmal mehr Ärger mit ihren MitbewohnerInnen, obwohl verhältnismäßig viele dieser Jugendlichen gar nicht mehr bei ihren Eltern wohnen. Der Anteil der Jugendlichen „mit Gewalterfahrung in der Familie", die bei ihren Partnerinnen bzw. Partnern wohnen, ist siebenmal höher als bei den Jugendlichen „ohne Gewalterfahrung in der Familie". Bis zu ihrem 16. Lebensjahr sind die weitaus meisten bei ihren Eltern aufgewachsen. Prozentual mehr als doppelt so viele Jugendliche wie in der Gesamtstichprobe sind überwiegend in einer sogenannten unvollständigen Familie aufgewachsen. Auch ist sowohl der Anteil der Jugendlichen, die bei Verwandten oder anderen Pflegepersonen aufgewachsen sind, als auch derjenigen, die einen Teil ihres Lebens in einem Kinder- oder Jugendheim verbracht haben, höher als bei denjenigen, die keine gewalttätigen Auseinandersetzungen in der Familie erlebt haben.

Gewalt in der Familie hat oft eine Trennung der Ehepartner zur Folge. In unserer Erhebung haben die Jugendlichen, die angeben, in den letzten zwei Jahren mit Gewalttätigkeiten in der Familie konfrontiert worden zu sein, auch überdurchschnittlich häufig eine Scheidung der Eltern in diesem Zeitraum erlebt (35 % zu 4 % der Gesamtstichprobe).

Eine weitere Auffälligkeit dieser Gruppe ist, daß über ein Drittel (39 %) der Jugendlichen schon einmal von zu Hause weggelaufen ist (vgl. Tabelle 5.32). Betrachtet man diese Zahlen im Detail, so gibt es noch einen wichtigen Unterschied, der auf die besondere Situation in diesen Familien hinweist. Während in der Gesamtstichprobe die meisten (61 %), die schon einmal von zu Hause weggelaufen sind, dies einmal getan haben, sind 67 % der Jugendlichen, die Gewalt in der Familie erleben, mehrmals von zu Hause „ausgerissen".

Viermal so viele Jugendliche, die unter Gewalttätigkeiten in der Familie zu leiden haben, stehen oder standen mit Jugendhilfe in Kontakt (vgl. Tabelle 5.32).

Wie aus dieser Aufzählung ersichtlich wird, befinden sich diese Jugendlichen in einer sehr schwierigen und krisenhaften Lebenssituation, ihre Familien lassen sich als sogenannte Multi-Problem-Familien (vgl. Hege/Schwarz 1992) charakterisieren.

In Anbetracht dieser Fakten ist es unverständlich, wie über 50 % der von uns befragten JugendamtsleiterInnen zu der Einschätzung kommen, daß Gewalt in Familien für ihre Arbeit kein schwerwiegendes Problem sei (vgl. Kapitel 2.3).

Tabelle 5.32

	Gewalterfahrung in der Familie	
	ja	nein
Aufgewachsen		
bei einem Elternteil	18,4 %	4,8 %
bei Eltern	81,6 %	93,9 %
Kontakt mit Jugendamt	42,1 %	9,9 %
Ärger mit Mitbewohnern	29,0 %	4,0 %
Ärger mit Nachbarn	15,8 %	4,1 %
eigenes Zimmer	78,9 %	85,1 %
Wohnen		
bei PartnerIn	13,2 %	1,9 %
bei einem Elternteil	21,0 %	6,2 %
bei Eltern	60,5 %	88,3 %
nie weggelaufen	60,5 %	94,1 %

Die Jugendlichen mit Gewalterfahrung in der Familie vermissen häufiger als die übrigen Jugendlichen Freizeiteinrichtungen in ihrer Wohnumgebung. Dies ist in unseren Augen ein wichtiger Hinweis auf die Entlastungsfunktion, die offene Angebote für Jugendliche haben können.

Ausländerfeindlichkeit, ein Ausdruck von Desintegration?

Die Haltung Ausländern gegenüber ist stärker polarisiert als in der Gesamtstichprobe: Es gibt sowohl verhältnismäßig mehr Jugendliche, die angeben, AusländerInnen zu bekämpfen oder abzulehnen, als auch solche, die AusländerInnen sympathisch finden. Diese stärkere Polarisierung ist insgesamt bei den Jugendlichen nachzuweisen, die eine erhöhte Problembelastung haben (vgl. Tabelle 5.33).

Auch bei der Frage, ob sich die Jugendlichen durch zu viele AusländerInnen in ihrer Wohnumgebung belastet fühlen, unterschei-

Tabelle 5.33

Die Einstellung zu AusländerInnen von Jugendlichen mit Gewalterfahrung in der Familie			
	Einstellungen zu AusländerInnen		
	sympathisch	Ablehnung	bekämpfen
Jugendliche mit Gewalterfahrung in der Familie	21,1 %	28,9 %	7,9 %
Gesamtstichprobe	15,6 %	16,8 %	1,8 %

den sich die Jugendlichen mit Gewalterfahrung in der Familie von der Gesamtstichprobe. 21 % fühlen sich durch AusländerInnen im Wohnquartier belastet, das sind dreimal so viele wie in der Gesamtpopulation. Dies ist ein mögliches Indiz dafür, daß Familien, in denen gewalttätige Auseinandersetzungen vorkommen, besonders häufig in Wohnquartieren anzutreffen sind, die man als soziale Brennpunkte bezeichnen kann. An dieser Stelle scheint deutlich zu werden, daß es nicht nur ungleiche Lebensbedingungen und damit auch Entwicklungschancen zwischen Ost und West, zwischen Stadt und Land, sondern auch zwischen einzelnen Wohnbezirken gibt. Eine andere mögliche Erklärung für die subjektiv stärker empfundene Belastung durch ausländische Bürger könnte in der aufgrund der sozialen und ökonomischen Desintegration stärker erlebten Konkurrenz um die raren Ausbildungs- und Arbeitsplätze sowie Wohnungen zu finden sein.

Bei den Jugendlichen, die mit „Gewalt in der Familie" zurechtkommen müssen, ist diese Polarisierung durch die unterschiedlichen Einstellungen der jungen Männer und Frauen zu erklären. Während 88 % der Frauen dieser Teilpopulation AusländerInnen sympathisch finden, haben 71 % der Männer eine Aversion gegen AusländerInnen (lehnen sie ab bzw. bekämpfen sie). Gegenüber den AsylbewerberInnen gibt es keine verstärkte Polarisierung in dieser Teilpopulation, sondern eine erhöhte Ablehnung 45 % (zum Vergleich: in der Gesamtstichprobe 31 %). Auch hier ist die Ablehnung durch junge Männer häufiger.

AnsprechpartnerInnen

Unterschiede gibt es auch hinsichtlich der Personen, die um Hilfe gefragt werden. „Gewalttätige Auseinandersetzungen in der Familie" ist das einzige der von uns abgefragten Probleme, bei dem die Geschwister als Helfer eine zahlenmäßig große Bedeutung haben. Aber auch bei diesem Problem sind die Freunde die wichtigsten AnsprechpartnerInnen. Trotz oder gerade wegen ihrer schwierigen Lebenssituation wendet sich ein Viertel dieser Jugendlichen an niemanden um Hilfe.

Wir haben alle Jugendlichen gefragt, welche Institutionen oder Einrichtungen ihnen als potentielle Anlaufstelle bei Problemen einfallen. Es ist anzumerken, daß die Wahrnehmung verschiedener Institutionen und Einrichtungen als potentielle Anlaufstelle für Jugendliche in schwierigen Lebenssituationen nicht gleichbedeutend mit der Nutzung dieser Institutionen als Krisenhelfer ist (siehe Tabelle 5.34). Die Kirche wird zum Beispiel von fast einem Viertel der Jugendlichen mit familiärer Gewalterfahrung als helfende Einrichtung genannt, aber kein(e) einzige(r) dieser Jugendlichen hat sich an einen Pfarrer gewandt, um Hilfe zu bekommen.

Tabelle 5.34

	Institutionen als Anlaufstellen	
	Jugendliche mit Gewalterfahrung in der Familie	Jugendliche ohne Gewalterfahrung in der Familie
Jugendamt	42,1 %	39,4 %
keine	28,9 %	33,1 %
sonstige (z.B. pro familia)	28,9 %	21,8 %
Kirche	23,7 %	12,9 %
Jugendklub	10,5 %	12,4 %
Sozialamt	5,3 %	12,3 %

Der häufigere Kontakt mit Institutionen bei den Jugendlichen mit Gewalterfahrung scheint die Einschätzung über deren Funktion für Jugendliche zu verändern. So wird das Jugendamt von dieser Gruppe häufiger als Anlaufstelle gesehen, und das Sozialamt erhält seltener diese Zuschreibung. Der Anteil derjenigen, denen keine Einrichtung oder Institution einfällt, ist geringer und das Wissen um verschiedene, auch nichtstaatliche Einrichtungen (wie zum Beispiel pro familia) größer.

Tatsächlich an eine Beratungsstelle oder eine SozialarbeiterIn gewandt haben sich 10 % der betroffenen Jugendlichen (vgl. auch Tabelle 5.22).

Regionale Besonderheiten

Unter den Jugendlichen, die Gewalt in der Familie ertragen müssen, leben überproportional viele in Städten mit über 50 000 Einwohnern. Von Jugendlichen in ländlichen Gebieten wird dieses Problem seltener genannt. Überträgt man die im Westen gewonnenen Erkenntnisse über die soziale Struktur auf dem Lande und die Bereitschaft, soziale und familiäre Probleme öffentlich zu machen, in den Osten, so liegt die Annahme nahe, daß sich die regionale Ungleichverteilung zumindest teilweise durch eine höhere Tabuisierung familiärer Gewalt erklären läßt. Funk und Böhnisch schreiben in diesem Zusammenhang:

„In der Tradition des ländlichen Raums gibt es weder die städischen Trennungen zwischen öffentlich und privat, noch die Medien, sozialen Bewegungen, Institutionen, welche diese getrennten und gespaltenen Lebensbereiche vermitteln, Konflikte entpersonalisieren und damit institutionell befrieden. Was in der dörflichen Welt der Gegenseitigkeit nicht regulierbar oder akzeptierbar ist, was die Normalität des dörflichen Alltags gefährden würde, wird privatisiert, tabuisiert oder ausgegrenzt: Suchtprobleme, Gewalt in der Familie… Institutionelle Hilfe, die sich hier einbringen will, erscheint noch immer als ‚Intervention von außen' – als Symbol, daß die dörfliche Normalität oder die betreffende Familie nicht mehr funktioniert – und damit als Bedrohung und Kontrolle." (S. 36)

Es muß also offen bleiben, ob die von uns erhobenen Stadt-Land-Unterschiede nicht hauptsächlich auf andere Umgangsformen mit abweichendem Verhalten zurückzuführen sind.

Arbeitslosigkeit und Gewalt in der Familie

Bei der Frage nach „gewalttätigen Auseinandersetzungen in der Familie" zeigt sich einmal mehr, daß arbeitslose Jugendliche mit besonders schwierigen Lebensbedingungen zurechtkommen müssen (vgl. Kapitel 5.3.5). Mit einem Anteil von 13 % sind die arbeitslosen Jugendlichen in dieser Teilpopulation deutlich überrepräsentiert (zum Vergleich: 4,5 % in der Gesamtstichprobe), wohingegen der Anteil an Lehrlingen mit 21 % um 17 Prozentpunkte niedriger liegt als in der Gesamtstichprobe.

5.7 Einstellung zu AusländerInnen und AsylbewerberInnen

Neben Fragen nach den Problemlagen, Netzwerken, subkulturellen Zuordnungen sowie dem Freizeitverhalten der Jugendlichen haben wir die aktuelle Diskussion über rechtsmotivierte Gewalttaten Jugendlicher aufgegriffen. Wir fragen sowohl nach den Aktivitäten Jugendlicher in deutsch-nationalen Gruppen als auch nach ihrem emotionalen Verhältnis zu AusländerInnen und AsylbewerberInnen. Die Jugendlichen müssen sich bei der Frage: „Wie stehst du zu Ausländern?" für eine der vorgegebenen Antwortalternativen („finde ich sympathisch"; „sind mir egal, finde ich weder sympathisch noch unsympathisch"; „lehne ich ab"; „bekämpfe ich") entscheiden. Eine analog formulierte Frage haben wir zu AsylbewerberInnen gestellt. Im Pretest zu diesem Fragebogen wurde überprüft, ob es einen Zusammenhang zwischen der geäußerten Einstellung gegenüber AusländerInnen oder AsylbewerberInnen und der Reihenfolge der Fragen gibt, d. h. ob sich das Antwortverhalten der Jugendlichen ändert, wenn wir zuerst nach AusländerInnen und dann nach AsylbewerberInnen fragen oder anders herum. Der Pretest hat gezeigt, daß ein solcher Zusammenhang nicht besteht.

AusländerInnen stoßen bei den Jugendlichen auf eine geringere Ablehnung als AsylbwerberInnen. 16 % aller befragten Jugendlichen finden AusländerInnen sympathisch, bei den AsylbewerberInnen sind es nur 7 % der Jugendlichen. Der weitaus größte Teil der Jugendlichen verhält sich indifferent gegenüber AusländerInnen (66 %) und AsylbewerberInnen (62 %) und antwortet mit „sie sind mir egal". Die Antwort „ich lehne Ausländer ab" wurde von 17 % der Jugendlichen gegeben, und 2 % sagten, sie würden sie bekämpfen. Bei der Frage nach den AsylbewerberInnen sind diese Zahlen noch höher: Fast ein Drittel (29 %) lehnen sie ab, und 2 % bekämpfen sie.

Wir haben die Jugendlichen, die angeben, AusländerInnen bzw. AsylbewerberInnen abzulehnen oder sie zu bekämpfen, nach den Gründen für ihre Einstellung gefragt. Die sechs häufigsten Gründe (es gab keine Vorgaben), warum eine ausgeprägte Antipathie gegen AusländerInnen besteht, sind Tabelle 5.35 zu entnehmen.

Die Beweggründe, AsylbewerberInnen gegenüber negativ eingestellt zu sein, unterscheiden sich von angeführten Motiven für die Antipathie gegenüber AusländerInnen (vgl. Tabelle 5.36). Die Mehrzahl der Jugendlichen begründet ihre ablehnende Haltung mit denselben Parolen, die in der politischen Diskussion verwendet wurden, um die Verschärfung des Ausländer- und Asylrechts zu rechtfertigen. Zu einem ähnlichen Ergebnis kommt auch Schubarth (1993, S. 263). Diese Begründungen machen deutlich, daß jugendgerecht aufbereitete Informationsveranstaltungen über die Lebenslagen und -bedingungen von AusländerInnen und AsylbewerberIn-

Tabelle 5.35

Einstellung zu AusländerInnen		
Die häufigsten Gründe für eine ablehnende Haltung	Anzahl	Prozent
"Ausländer sind eine Konkurrenz auf dem Arbeitsmarkt"	83	18 %
"Ausländer sind unsympathisch"	58	13 %
Rechtsradikale Parolen	53	12 %
"Es gibt zuviele Ausländer"	48	11 %
"Ausländer sind kriminell"	46	10 %
"Ausländer sind Schmarotzer"	40	9 %

nen in Deutschland durchaus helfen könnten, die in den Begründungen der Jugendlichen genannten Ängste zu verringern. Auch belegen diese empirischen Daten, wie wichtig eine Versachlichung der politischen Diskussion ist.

Tabelle 5.36

Einstellung zu AsylbewerberInnen		
Die häufigsten Gründe für eine ablehnende Haltung	Anzahl	Prozent
"Mißbrauch des Asylrechts"	159	21 %
"Asylbewerber sind Schmarotzer"	139	19 %
"Es gibt zuviele Asylanten"	90	12 %
"Asylanten sindKonkurrenten auf dem Arbeitsmarkt"	79	11 %
"Wir haben genug eigene Probleme"	53	7 %
Rechtsradikale Parolen	47	6 %

Das Antwortverhalten auf die Fragen nach der Einstellung zu AusländerInnen bzw. AsylbewerberInnen der jungen Frauen unterscheidet sich klar von dem der jungen Männer (vgl. Tabelle 5.37). Mehr Frauen finden sowohl AusländerInnen als auch AsylbewerberInnen sympathisch. Auch geben junge Frauen seltener an, AusländerInnen und AsylbewerberInnen abzulehnen bzw. zu bekämpfen. Zu einem ähnlichen Ergebnis kommen Friedrich/Netzker/Schubarth in ihrem 1991 veröffentlichtem Forschungsbericht:

„Zwischen den Geschlechtern gibt es ganz charakteristische, immer wiederkehrende Unterschiede. Mädchen/junge Frauen urteilen milder, positiver, lehnen Ausländer weniger stark ab als Jungen/junge Männer." (Friedrich/ Netzker/Schubarth 1991, S. 7)

Tabelle 5.37

Einstellungen gegenüber AusländerInnen (AsylbewerberInnen)				
Antworten	"sind mir sympathisch"	"sind mir egal"	"lehne ich ab"	"bekämpfe ich"
männlich	13,0% (6,3%)	65,5% (59,1%)	19,0% (31,7%)	2,4% (2,5%)
weiblich	18,4% (7,4%)	65,8% (64,4%)	14,3% (25,9%)	1,2% (1,8%)
insgesamt	15,6% (6,9%)	65,6% (61,6%)	16,7% (28,9%)	1,8% (2,1%)

Regionale Unterschiede

In den Medien wird immer wieder diskutiert, daß rechtsradikale und ausländerfeindliche Einstellungen regional sehr unterschiedlich ausgeprägt seien. Wir können mit unseren Daten zeigen, daß es zwischen den Jugendlichen in den einzelnen Bundesländern unterschiedliche Einstellungen gibt. In Mecklenburg-Vorpommern gibt es unserer Erhebung nach prozentual mehr Jugendliche, die angeben, AusländerInnen abzulehnen (21%) oder zu bekämpfen (5,3%). In Sachsen ist die Aversion gegen AusländerInnen am geringsten, wobei die Unterschiede zu den anderen Bundesländern außer Mecklenburg-Vorpommern gering sind. 16,7% der Jugendlichen in Sachsen sagen, daß sie AusländerInnen entweder ablehnen oder bekämpfen, in Brandenburg sind dies dagegen 19,1%. In Sachsen-Anhalt gibt es besonders viele Jugendliche, die AusländerInnen Sympathie entgegenbringen (18,1%). Bei der Frage nach den Ansichten über die AsylbewerberInnen ändert sich an den Unterschieden zwischen den Bundesländern nichts Wesentliches. Auch hier gilt wieder, daß die relativ meisten Jugendlichen mit einer negativen Einstellung gegenüber AsylbewerberInnen in Mecklenburg-Vorpommern wohnen und die, die AsylbewerberInnen sympathisch finden, in Sachsen-Anhalt (vgl. Tabelle 5.38).

Regionalisiert man diese Daten in einem stärkeren Maße, so erkennt man, daß in den einzelnen Regierungsbezirken in den jeweiligen Bundesländern deutliche Unterschiede zu finden sind. 11% der Jugendlichen im Regierungsbezirk Neubrandenburg geben an, AusländerInnen zu bekämpfen, und 24% sagen, daß sie AusländerInnen ablehnen. Neubrandenburg ist damit der Bezirk, in dem

Tabelle 5.38

	Ansichten über AsylbewerberInnen nach Bundesländer			
	"sind mir sympathisch"	"sind mir egal"	"lehne ich ab"	"bekämpfe ich"
Sachsen-Anhalt	9,2 %	60,9 %	28,6 %	0,4 %
Sachsen	7,0 %	61,4 %	29,3 %	2,1 %
Brandenburg	6,6 %	60,0 %	30,3 %	2,7 %
Thüringen	6,3 %	66,7 %	25,5 %	0,5 %
Mecklenburg-Vorpommern	4,4 %	58,6 %	30,7 %	6,3 %
insgesamt	6,9 %	61,6 %	28,9 %	2,1 %

nach unseren Daten die Ausländerfeindlichkeit unter Jugendlichen am weitesten verbreitet ist. Auch in den Bezirken Rostock sowie Frankfurt an der Oder wird eine ablehnende bzw. militante Haltung gegenüber AusländerInnen überdurchschnittlich häufig zum Ausdruck gebracht. Im Regierungsbezirk Leipzig bringen besonders viele Jugendliche AusländerInnen Sympathie entgegen. 23 % der Jugendlichen geben an, AusländerInnen sympathisch zu finden. In den Regierungsbezirken Potsdam und Halle gibt es ebenfalls überdurchschnittlich viele Jugendliche, die AusländerInnen mit Sympathie gegenübertreten. Es werden von den Jugendlichen in den einzelnen Regierungsbezirken unterschiedliche Beweggründe für ihre ablehnende Haltung geäußert. So geben 24 % der Jugendlichen im Regierungsbezirk Neubrandenburg, die AusländerInnen ablehnen, nationalsozialistische Parolen als Grund für ihre Haltung an, 21 % die angeblich hohe Kriminalitätsrate von AusländerInnen, und 18 % denken, daß „AusländerInnen Schmarotzer sind und uns nur ausnützen wollen". Im Regierungsbezirk Leipzig hingegen empfinden 23 % der Jugendlichen, die AusländerInnen ablehnen, sie als unsympathisch, 16 % geben an, persönlich schlechte Erfahrungen mit AusländerInnen gemacht zu haben, und 13 % begründen ihre Haltung mit nationalsozialistischen Parolen.

Analoges läßt sich zu den Einstellungen gegenüber AsylbewerberInnen feststellen. Wieder ist in den Regierungsbezirken Neubrandenburg und Rostock die Wahrscheinlichkeit am höchsten, Jugendliche zu finden, die von sich behaupten, AsylbewerberInnen zu bekämpfen. Als dritter Regierungsbezirk ist Cottbus, (frühere) Hochburg der inzwischen verbotenen Deutschen Alternative (DA), zu erwähnen. Der Anteil dieser Jugendlichen liegt zwischen 4,0 % in Rostock und 11,8 % im Regierungsbezirk Neubrandenburg.

In den Regierungsbezirken Potsdam, Magdeburg, Halle und Erfurt sind die prozentual meisten Jugendlichen, die AsylbewerberInnen mit Sympathie (jeweils 9%) entgegentreten.

Deutsch-nationale Gruppen

Betrachtet man nun die von den Jugendlichen dargelegten Gründe für ihre ausländerfeindliche Haltung, so wird deutlich, daß die regionalen Unterschiede nicht nur in den Prozentzahlen zu finden sind, sondern auch in einer unterschiedlich starken Verbreitung rechter Parolen bei den 16- bis 19jährigen Jugendlichen. Diese regionalen Unterschiede lassen sich nicht durch unterschiedlich hohe Ausländeranteile an der Bevölkerung erklären. Anfragen bei den statistischen Landesämtern haben ergeben, daß im Sommer 1993 (Erhebungszeitraum) der Anteil der AusländerInnen an der Bevölkerung insgesamt zwischen 1,0 und 1,5 Prozent lag.

118 der 2419 Jugendlichen haben in den Jahren 1991 bis 1993 Kontakt zu deutsch-nationalen Gruppen (z.B. Deutsche Alternative) gehabt. Diese Jugendlichen haben eine deutlich negativere Einstellung zu AusländerInnen und AsylbewerberInnen. So bekämpfen nach eigenen Aussagen 12% der Jugendlichen, die mit deutsch-nationalen Gruppen in Verbindung stehen oder standen, AusländerInnen und 15% AsylbewerberInnen. Jeweils etwas mehr als 1% der anderen Jugendlichen vertreten einen solch radikalen Standpunkt. Die Jugendlichen, die von sich aus den Kontakt zu deutsch-nationalen Gruppen aufrechterhalten haben, äußern wiederum prozentual häufiger, AusländerInnen und AsylbewerberInnen zu bekämpfen. Diese Unterschiede sind auf dem 1%-Niveau signifikant (vgl. Tabelle 5.39).

Tabelle 5.39

Einstellung zu AusländerInnen (AsylbewerberInnen) nach Kontakten zu rechten Gruppen				
Antworten	"sind mir sympathisch"	"sind mir egal"	"lehne ich ab"	"bekämpfe ich"
Kontakte zu rechten Gruppen:				
ja	11,0% (5,1%)	40,7% (41,9%)	36,4% (38,5%)	11,9% (14,5%)
nein	15,9% (7,0%)	67,1% (63,0%)	15,7% (28,5%)	1,3% (1,5%)
insgesamt	15,6% (6,9%)	65,8% (61,9%)	16,8% (29,0%)	1,8% (2,2%)

Mit unserer Erhebung können wir nicht klären, ob die Jugendlichen, die sich ausländerfeindlich äußern, den Kontakt zu deutschnationalen Gruppen gesucht haben oder ob sie ausländerfeindliche Standpunkte vertreten, weil Mitglieder rechtsextremer Gruppen auf sie zugegangen sind.

Wie aus Tabelle 5.40 ersichtlich wird, ist in Gemeinden mit weniger als 10 000 Einwohnern der Anteil der Jugendlichen, die AusländerInnen bekämpfen, gegenüber dem Anteil in Klein- und Großstädten erhöht. Dort gibt einen ausgeprägten Zusammenhang zwischen dem Kontakt zu deutsch-nationalen Gruppen und einer ausländerfeindlichen Gesinnung. Es liegt die Vermutung nahe, daß der Mangel an attraktiven Freizeitangeboten im ländlichen Raum es den rechtsradikalen Gruppen erleichtert, ihre Ideologie zu verbreiten. Ein Indiz, das ebenfalls in diese Richtung weist, ist folgendes Ergebnis: Von den Jugendlichen, die auf unsere Frage, wie sich ihre Freizeitaktivitäten bzw. -möglichkeiten seit der Wiedervereinigung verändert haben, mit „ich weiß nicht so recht, was ich tun soll" antworteten, bekämpfen 7 % AsylbewerberInnen und 6 % AusländerInnen. Von denen, die „wissen, was sie tun sollen" sind es jeweils nur 1,4 %.

Tabelle 5.40

Ansichten über AusländerInnen (AsylbewerberInnen) nach Wohnortgröße				
Antworten	"sind mir sympathisch"	"sind mir egal"	"lehne ich ab"	"bekämpfe ich"
bis 10.000	15,2% (5,9%)	66,6% (63,0%)	15,9% (28,4%)	2,2% (2,6%)
bis 50.000	11,0% (5,6%)	68,1% (58,9%)	19,3% (33,5%)	1,6% (2,0%)
über 50.000 Einwohner	20,8% (9,8%)	62,0% (63,1%)	15,8% (25,5%)	1,4% (1,5%)
insgesamt	15,6% (6,9%)	65,8% (61,9%)	16,8% (29,0%)	1,8% (2,2%)

Im Unterschied zu diesen Zahlen hat die Jugendamtsbefragung gezeigt, daß besonders die JugendamtsleiterInnen in den kreisfreien Städten und nicht die auf dem flachen Land Ausländerfeindlichkeit als ein besonderes Problem für ihre Arbeit sehen (vgl. Kap 2.3).

AusländerInnen und AsylbewerberInnen im Quartier

Eine weitere Frage beschäftigt sich mit dem Verhältnis von deutschen und ausländischen Jugendlichen. Wir wollten von den Jugendlichen wissen, wie sehr sie sich in ihrer Wohnumgebung durch einen „zu hohen" Ausländeranteil belastet fühlen. Die überwiegende Mehrheit der Jugendlichen fühlt sich durch die Anzahl der AusländerInnen in ihrem Wohnquartier nicht belastet (78 %), weitere 15 % geben an, daß sie sich eher nicht belastet fühlen. Aber 3 % empfinden den Anteil an AusländerInnen als sehr belastend und 4 % als etwas belastend. Die bereits bei der Einstellung gegenüber AusländerInnen und AsylbewerberInnen deutlich gewordenen regionalen Unterschiede lassen sich auch bei dieser Fragestellung nachweisen. In Mecklenburg-Vorpommern erleben die prozentual meisten, in Thüringen die prozentual wenigsten Jugendlichen eine Beeinträchtigung durch „zu viele" AusländerInnen im Wohnviertel. Tabelle 5.41 ist die Differenzierung nach ausgewählten Regierungsbezirken zu entnehmen.

Tabelle 5.41

Subjektive Belastungen durch AusländerInnen im Wohnquartier				
ausgewählte Bezirke	belastet sehr	belastet ziemlich	belastet wenig	belastet nicht
Neubrandenburg	14,7 %	2,0 %	9,8 %	73,5 %
Rostock	6,5 %	3,9 %	18,2 %	71,4 %
Chemnitz	3,1 %	3,4 %	19,1 %	74,4 %
Frankfurt/Oder	2,7 %	10,9 %	15,5 %	70,9 %
Erfurt	1,2 %	7,0 %	12,2 %	79,7 %
Magdeburg	1,0 %	1,6 %	11,4 %	86,0 %
Suhl	0,0 %	1,0 %	13,1 %	85,9 %
insgesamt	3,0 %	3,9 %	15,3 %	77,7 %

Ausbildung, Arbeitslosigkeit und Fremdenfeindlichkeit

Die Einstellung zu AusländerInnen und AsylbewerberInnen hängt auch von der Ausbildungs- und Arbeitssituation der Jugendlichen ab.

Am häufigsten wird von arbeitslosen Jugendlichen eine Aversion gegen AusländerInnen und AsylbewerberInnen zum Ausdruck gebracht, am seltensten von SchülerInnen und denjenigen, die Sonstiges als Berufsstatus angeben (vgl. Tabelle 5.42). Willems, Würtz und Eckert (1993) beschreiben den Zusammenhang von Arbeitslosigkeit und fremdenfeindlichen Gewalttaten wie folgt:

„Dennoch liegt der Anteil der Arbeitslosen insgesamt keineswegs so hoch, daß die Gleichsetzung von Arbeitslosigkeit und Fremdenfeindlichkeit oder fremdenfeindlicher Gewalt berechtigt wäre. Die durch Arbeitslosigkeit erzeugten Frustrationen und/oder Orientierungslosigkeiten scheinen somit nur ein potentielles Ursachenbündel für fremdenfeindliche Straf- und Gewalttaten darzustellen." (S. 26)

Tabelle 5.42

Aversion (lehne ab oder bekämpfe) gegen AusländerInnen und AsylbewerberInnen nach Erwerbsstatus der Jugendlichen		
	Ausländer	Asylbewerber
Arbeitslose	33,6 %	51,8 %
Erwerbstätige	26,1 %	35,0 %
Lehrlinge	19,5 %	34,8 %
in berufsvorbereitenden Maßnahmen	19,4 %	32,3 %
Schüler	16,0 %	25,7 %
andere	15,7 %	27,7 %
insgesamt	**18,5 %**	**31,0 %**

Es gibt also keinen Automatismus, nach dem Arbeitslosigkeit zwangsläufig zu einer ausländerfeindlichen Haltung führt. Vielmehr gibt es einen Zusammenhang zwischen existentiellen Ängsten, die unter anderem auch durch Arbeitslosigkeit ausgelöst werden können, und der regressiven Stabilisierung des Selbst durch eindeutige Spaltungen in „gute" und „böse" Teilobjekte. Diese Spaltungen führen zu einer Projektion des „Bösen" auf den Fremden, um so zu narzißtischer Bestätigung zu gelangen, die auf anderem Wege unerreichbar geworden ist (vgl. Streek-Fischer 1993). Arbeitslosigkeit kann so zu einem nicht unwesentlichen Faktor im Entstehungsgefüge von Fremdenfeindlichkeit werden.

Auch was den bisher erreichten höchsten Schulabschluß betrifft, gibt es über die sechs Gruppen hinweg ähnliche Unterschiede. Es gilt, sowohl bei der Frage nach der Einstellung gegenüber AusländerInnen als auch gegenüber AsylbewerberInnen, daß bei den Jugendlichen, die keinen Schulabschluß oder einen Hauptschulabschluß haben, der Anteil der Jugendlichen mit einer negativen Einstellung besonders groß ist. Es gibt eine Ausnahme: bei den Lehrlingen wird die Aversion gegenüber AsylbewerberInnen im besonderen Maße von Jugendlichen mit der mittleren Reife formuliert.

Wendefolgen und ihre Auswirkung auf ausländerfeindliche Äußerungen

Weisen die empirischen Befunde über die Zusammenhänge von Arbeitslosigkeit, Schulabschlüssen und Ausländerfeindlichkeit bereits darauf hin, daß Desintegrationsprozesse in einer engen Beziehung zu ausländerfeindlichen Haltungen stehen, so wird dieser Eindruck durch folgende Ergebnisse noch verstärkt.

Wir haben die Jugendlichen in vier Fragen gebeten, die Auswirkungen der Wende aus ihrer Sicht zu beschreiben. Bei denjenigen, die nach ihrer persönlichen Einschätzung unter den Folgen der Wiedervereinigung leiden, ist der Anteil der Jugendlichen, die AusländerInnen und AsylbewerberInnen ablehnen oder bekämpfen, signifikant höher (vgl. Grafik 5.9). Die Items, die die negativen Folgen beschreiben, lauten „vieles kann ich mir nicht mehr leisten", „ich kann seither seltener öffentliche Sportplätze nutzen", „ich weiß nicht mehr so recht, was ich jetzt tun soll, seit es die Einrichtungen und Angebote nicht mehr gibt" und „ich lerne weniger Leute kennen".

Grafik 5.8

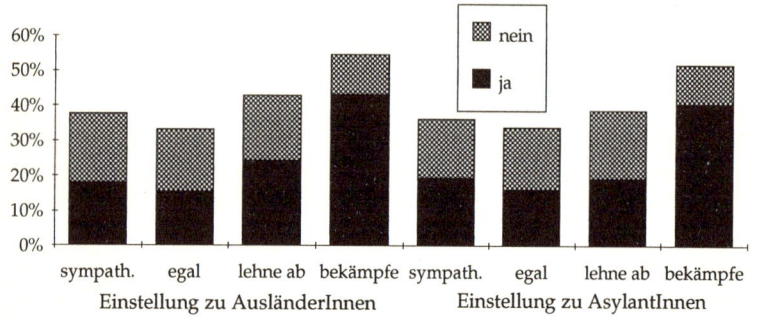

Ablehnung und Zustimmung zum Statement: "Vieles kann ich mir nicht mehr leisten."

Unsere Daten geben also Köhler (1992) recht, der annimmt, daß neben der fehlenden konzeptionellen Bearbeitung der Massenarbeitslosigkeit die Veränderungen in den neuen Bundesländern eine wesentliche Rolle für die Entstehung fremdenfeindlicher Einstellungen spielen.

„Völlig neu und kaum zu verkraften sind die Erfordernisse der (Ellbogen-) Wettbewerbsgesellschaft, die es in der ehemaligen DDR nicht gab, womit auch die Schwierigkeiten mit der Eigeninitiative verbunden sind, die ja für viele jahrzehntelang staatlich verhindert worden war. Und neu ist auch – wiederum für viele – die Freiheit und ihre oft schwer zu bewältigende Versuchssituation. Es gibt in den neuen Ländern weitaus mehr als in den alten eine Ziel-, Visions- und Zukunftslosigkeit sowie Resignation bei der Aussicht auf eine Sackgassensituation nach Zerfall der (für nicht wenige) tragend gewesenen Ideologie." (Köhler 1993, S. 29)

Persönliche Kontakte zu ausländischen Jugendlichen

Viele Konzepte interkultureller Jugendarbeit gehen davon aus, daß durch persönliche Beziehungen zwischen deutschen und ausländischen Jugendlichen das gegenseitige Verständnis gefördert wird und Vorurteile abgebaut werden können (vgl. z.B. Essinger/Graf 1984; Graf/Bendit 1990; Hülsbusch 1994; Nieke 1992). Wir haben die Jugendlichen deshalb gefragt, ob sich ausländische Jugendliche in ihrem Freundeskreis befinden. Der insgesamt sehr niedrige Anteil von AusländerInnen an der Wohnbevölkerung in den neuen Ländern spiegelt sich auch darin wider, daß sich nur bei 5,1 % der Befragten ausländische Jugendliche in der Clique befinden, wobei 35 % dieser ausländischen Jugendlichen aus den Ländern des ehemaligen Ostblocks kommen. Hiermit haben wir deutlich andere Zahlen als Friedrich, Netzker und Schubarth, die bei ihrer Erhe-

Tabelle 5.43

Einstellung zu AusländerInnenn (AsylbewerberInnen) nach Kontakt				
Antworten	"sind mir sympathisch"	"sind mir egal"	"lehne ich ab"	"bekämpfe ich"
Ausländer (Asylbewerber) in der Clique:				
ja	58,2% (21,6%)	37,7% (60,8%)	4,1% (17,5%)	0,0% (0,0%)
nein	13,3% (6,1%)	67,3% (62,0%)	17,5% (29,6%)	1,9% (2,3%)
insgesamt	15,6% (6,9%)	65,8% (61,9%)	16,8% (29,0%)	1,8% (2,2%)

bung von Ende 1990 ermittelt haben, daß 29% der Jugendlichen Kontakte zu AusländerInnen durch ihren Freundeskreis haben (Friedrich/Netzker/Schubarth 1991, S. 29)

Wie der Tabelle 5.43 zu entnehmen ist, gibt es einen positiven Zusammenhang zwischen den Kontakten zu ausländischen Jugendlichen in der Clique und einer positiven Grundeinstellung gegenüber AusländerInnen und AsylbewerberInnen. Auch wenn die Aussage „wer eine AusländerIn kennt, ist nicht mehr ausländerfeindlich" viel zu vereinfachend ist, so scheinen unsere empirischen Befunde die Konzepte interkultureller Jugendarbeit, Xenophobie durch interethnische Kontakte abzubauen, in gewisser Weise zu bestätigen.

5.8 Jugendliche in Subkulturen

Nach Peinhardt ist eine subkulturelle Gruppe für Jugendliche neben den traditionellen Institutionen Familie, Schule und Arbeit ein zentraler Sozialisationsfaktor, ein Bereich, der eine Bezugsgruppe und damit mögliche kollektive Identität bietet, der einen Rahmen abgibt für individuelle Entwicklung, die scheinbar frei ist von Rollenzuweisungen in Elternhaus oder Schule, kurz: eine Ablösungsmöglichkeit (vgl. Peinhardt 1983, S. 36). Durch die Zugehörigkeit zu der Gruppe erfahren die Jugendlichen ein erhöhtes Selbstwertgefühl. Die Gruppe ist gleichzeitig „Spielplatz", um nichtgesellschaftskonforme Verhaltensweisen zu testen. Subkulturelle Gruppen Jugendlicher können als Protest gegen gesellschaftliche Normen und Zustände dienen oder einfach dazu, miteinander Spaß zu haben. Die Zugehörigkeit zu einer subkulturellen Gruppe ist in der Regel auf eine bestimmte Phase im Leben des Jugendlichen beschränkt. Es sollte auch nicht vergessen werden, daß Jugendliche Subkulturen wechseln (vgl. Fischer 1993, S. 145ff.) und unterschiedliche Stile austesten. Da Jugendliche solcher Gruppen oft durch ein ungewöhnliches Outfit auffallen und sich entsprechend provokativ verhalten, werden sie von Außenstehenden meist argwöhnisch betrachtet. Schon Mennicke stellte 1930 fest, daß jugendliche Subkulturen, die als solche zu erkennen sind, sofort kriminalisiert werden (zit. nach Hartwig 1980). Daran hat sich bis heute wenig geändert. So gelten Rocker als gewalttätig und gefährlich, Punks als dreckig und faul, Skins als rechts und brutal, Fußballfans als prügelnd und saufend.

Obwohl sich nur ca. 10% aller Jugendlichen Subkulturen zugehörig fühlen, prägen sie das Bild der Jugend in der Öffentlichkeit mehr als die anderen (vgl. Baacke 1987, S. 90f.), was vor allem am Umgang der Medien und der Verantwortlichen in der Politik mit diesen Gruppen liegt. Es ist natürlich interessanter, einen Fernsehbericht über randalierende, vermummte Autonome oder die Ausländerhatz einer Skin-Gruppe (siehe: Magdeburg, Mai 1994) zu senden, als über Jugendliche in Töpferkursen oder kirchlichen Jugendgruppen zu berichten. Dabei wird meist außer acht gelassen, daß die extrem auffälligen Jugendlichen der einzelnen Subkulturen auch wieder nur eine bestimmte Gruppe der jeweiligen Subkultur repräsentieren. Von politischer Seite lassen sich Subkulturen, insbesondere wenn ihr Ansehen in der Bevölkerung ohnehin niedrig ist, gut als Sündenböcke für Ausschreitungen aufgrund sozialer Probleme verwenden, wie es im Zusammenhang mit Hausbesetzungen der autonomen Szene geschehen ist. Das jüngste Beispiel sind Skinheads, die zu den Schuldigen der deutschen Fremdenfeindlichkeit gemacht werden und, laut Kersten, in die gesellschaftliche „Deppenrolle" geraten sind (Kersten 1993).

Die Gruppen, die in den Mittelpunkt des Medieninteresses und somit in den Blickpunkt der Öffentlichkeit geraten, wechseln regelmäßig: Rocker und 68er in den fünfziger und sechziger Jahren, Kriegsgegner und Umweltaktivisten in den siebziger Jahren. In den achtziger Jahren standen Autonome und Punks im Mittelpunkt des Interesses. Sie wurden von Hooligans abgelöst, und inzwischen finden vor allem Skinheads die Beachtung der Medien. Immer wieder werden Berichte über die brutalen und satanischen Texte in Heavy-Metal-Songs veröffentlicht, und es finden sich in der Lokalpresse Artikel über Konzerte, bei denen gewalttätige Ausschreitungen oder sonstige Exzesse erwartet werden – die allerdings so gut wie nie stattfinden. Dabei werden Heavy-Metal-Fans je nach Bedarf in die linke, die rechte oder die Gewalt-Ecke gedrückt – meist aufgrund von Songtexten, ohne jemals einen Blick auf die Jugendlichen selbst geworfen zu haben (Beispiel: Jena 1994). Besonders beliebt, wenn auch für die meisten Bereiche des Heavy-Metal haltlos, ist die pauschale Zuweisung zu Satanisten (vgl. Helsper 1992). Extreme Gruppierungen werden von dem Großteil der Heavy-Metal-Szene eher kritisch gesehen (vgl. Müller 1993; Müller 1994).

Jugendliche Subkulturen werden zunehmend kommerzialisiert. Durch diese Kommerzialisierung, vor allem in den Bereichen Mode und Musik, werden die Subkulturen gesellschaftsfähig gemacht und verlieren ihre ursprüngliche Bedeutung, nämlich Rebellion und Aufbegehren gegen die bürgerliche Gesellschaft (vgl. Der Spiegel 14/1994; Luger 1988).

Die wissenschaftliche Auseinandersetzung mit jugendlichen Subkulturen ist je nach Gruppierung sehr unterschiedlich. Von den in den letzten Jahren „aktuellen" Jugendkulturen sind Hooligans relativ gut erforscht. Durch zahlreiche Fan-Projekte, die als Reaktion auf massive Ausschreitungen – z.B. in Fußballstadien – finanziert wurden, beschrieb und analysierte man das Verhalten von Hooligans und sammelte fundierte Ergebnisse über diese Gruppe (vgl. dazu die Studien von Bott/Hartmann 1986, Heitmeyer/Peter 1988, Gehrmann 1990 und Matthesius 1992).

Auch über Punks finden sich zahlreiche Studien, die sich insbesondere auch mit der historischen Entwicklung der Punk-Bewegung und der Symbolik des Outfits und der Musik auseinandersetzen (dazu: Hafeneger/Stüve/Weigel 1993; Brabender 1983; Stock/Mühlberg 1990).

Neuere Veröffentlichungen befassen sich fast ausschließlich mit der Skin-Bewegung – fast immer im Zusammenhang mit Gewaltthemen. Aber auch die Arbeit mit rechtsorientierten Jugendlichen ist zum zentralen Thema geworden (vgl. Krafeld u.a. 1993; Otto/Merten 1993). Farin und Seidel-Pielen bedauern, daß sich die Medien, genauso wie die Forschung, fast ausschließlich mit rechten Skins befassen und somit der Szene insgesamt nicht gerecht werden, sondern zur Ausgrenzung von Skins beitragen (Farin/Seidel-Pielen 1993, S. 21).

Die Arbeit mit subkulturellen Jugendlichen stellt MitarbeiterInnen von Jugendämtern und SozialarbeiterInnen immer wieder vor neue Probleme. Eine Differenzierung zwischen „harmlosen" Subkultur-Angehörigen und gewaltbereiten, extremen Mitgliedern solcher Gruppen findet oft nicht statt. Auch Publikationen und Medienberichte befassen sich in der Regel mit den „üblen" Exemplaren der Subkulturen. Aussagen, noch dazu quantifizierende, über Jugendliche, die sich als Heavy-Metal-Fan, Punk, Skin oder Hool bezeichnen und sich an Kriterien der Beschreibung durchschnittlicher Jugendlicher orientieren, sind selten.

Wir haben im Rahmen unseres Projekts zwar keine ausgesprochene Subkultur-Untersuchung gemacht, glauben jedoch, daß es angesichts der oben dargestellten Sachverhalte notwendig ist, die Gruppe von Jugendlichen unserer Befragung, die sich Subkulturen zugeordnet hat, für bestimmte Punkte gesondert zu betrachten. Wir möchten daher im folgenden untersuchen, ob sich die Jugendlichen, die sich Subkulturen zuordnen, hinsichtlich ihrer Probleme, ihrer Freizeitgewohnheiten und Lebensbedingungen von anderen Jugendlichen unterscheiden. Weiterhin wollen wir feststellen, ob sich die Jugendlichen bestimmter Subkulturen hinsichtlich der genannten Punkte voneinander unterscheiden.

Die verschiedenen Subkulturen, die wir in unserer Untersuchung erfragt haben, können mit Hilfe einer Faktorenanalyse aufgrund der Frage, welcher Subkultur man sich zuordnet und wie man die anderen Subkulturen einschätzt, in vier relativ homogene Gruppen gegliedert werden (vgl. Horney 1994):

Gruppe 1: Popper, Stinos (Stinknormale), Rapper, Yuppies, Junge Christen

Gruppe 2: Grufties, Autonome, Punks, Red Skins, Illegale

Gruppe 3: Hooligans, Skins

Gruppe 4: Heavy-Metal-Fans, Biker (Rocker), organisierte Fußballfans

Die aufgeführten jugendlichen Subkulturen sind vielfältig und sehr verschieden. In diesem Kapitel sollen vor allem Jugendliche untersucht werden, die sich nach Meinung der Öffentlichkeit und der Medien zu „gefährlichen" und/oder „randaleträchtigen" Subkulturen zugehörig fühlen. Dies schließt alle Subkulturen der oben genannten Gruppen zwei, drei und vier ein. Auf die Berücksichtigung von Grufties (fünf Nennungen), Red Skins (sieben Nennungen) und Illegalen (zwei Nennungen) mußte aufgrund zu geringer Fallzahlen verzichtet werden. Die anderen Gruppen sollen im folgenden kurz charakterisiert werden:

Autonome: Laßt euch nicht BRDigen

Aufgrund der Lebensweise (Autonom-Sein als Full-time-Job), ihrer Altersstruktur und der Dauer des autonomen Engagements ist die Autonomen-Szene für Lauterbach eine Jugendbewegung (vgl. Lauterbach 1994), die durch ein grundsätzliches Mißtrauen in Institutionen und Staat geprägt ist. Sie begann in der Friedens- und der Öko-Bewegung und radikalisierte sich durch die Hausbesetzungen. Die Instand-Besetzungen der autonomen Szene in Berlin und anderen Großstädten rückten die Problematik der schwierigen Situation auf dem Wohnungsmarkt in den Blickpunkt der Öffentlichkeit (vgl. Sander 1983). Die bekannteste und berüchtigste Gruppierung der Autonomen ist der sogenannte Schwarze Block. In der letzten Zeit engagiert sich die Autonomen-Szene massiv in der Antifa-Bewegung (Antifaschisten-Bewegung). Dabei kommt es häufig zu gewalttätigen Auseinandersetzungen mit Skinheads, die auch bewußt herbeigeführt werden (vgl. Der Spiegel 15/1994). In der autonomen Szene sind oft auch Punks zu finden. Aktuell finden Autonome besonders in den neuen Bundesländern wieder Beachtung, da sie mit den Punks die Hausbesetzer-Szene im Osten dominieren.

Punks: „...du mußtest immer zerrissener sein als der andere, dreckiger als der andere, schmuddeliger als der andere ..." (Stock 1990, S. 185)

Die Punkkultur entstand in den 70er Jahren in England, wo die Punks versuchten, mit ihrem Stil den konservativen Wertvorstellungen der Industriegesellschaft entgegenzutreten. Die erlebte Minderwertigkeit und die Sinnlosigkeit des Lebens werden im Punk-Stil nicht kaschiert, sondern im Gegenteil extrem nach außen gekehrt.

„Im Punk-Stil wird eine gesellschaftliche Realität zitiert, die bisher aus der Mode herausgehalten wurde." (Brabender 1983, S. 79)

Punks fallen besonders durch ihre schrille Kleidung auf: zerrissen und schmuddelig, bunt gefärbte Haare und Piercings. Damit stellen sich Punks so dar, wie sie das Leben sehen: obszön und häßlich. Ihr Stil hat mit allen Tabus der bürgerlichen Gesellschaft gebrochen. Punk ist mittlererweile vermarktet und weltweit zum anerkannten Stil jugendlicher Selbstbehauptung geworden (vgl. Stock/Mühlberg 1990). Insbesondere die Punk-Musik, deren wichtigste und bekannteste Vertreter die Sex Pistols waren, bekam für Jugendliche eine große Bedeutung.

Oftmals gilt Punk als Freizeitbeschäftigung,

„die jedoch durch die Konfrontation mit der Umgebung rasch zur konsequenten Identifikation mit der Punk-Ideologie oder aber zum Ausstieg aus dem Stil führte." (Stock/Mühlberg 1990, S. 167)

In den neuen Bundesländern gewinnt die Punk-Bewegung auch durch die Hausbesetzungen wieder an Bedeutung (vgl. Der Spiegel 12/1994).

Hooligans: „Warum macht ihr das, warum prügelt ihr euch? –
„Weil es uns Spaß macht." (Gehrmann 1990, S. 11)

Die ersten Hools sind aus Vereinsfans hervorgegangen, haben aber ziemlich schnell eine eigene Szene in den Stadien gebildet. Sie tragen keine Vereinsfarben, sondern eher teure Kleidung und sind auch nicht notwendigerweise im Fanblock zu finden. Meist werden Hools als politisch rechts eingeschätzt. Hools entsprechen am ehesten dem, was Heitmeyer als „erlebniszentrierte Fans" beschreibt (Heitmeyer/Peter 1988, S. 30ff.). Bott und Hartmann haben in ihrer Studie über die Mitglieder der „Adler-Front" (Fan-Club von Eintracht Frankfurt) festgestellt, daß Hools ein eher reizarmes Alltagsleben führen und Fußballstadien als Bühne zum Ausagieren auffassen (Bott/Hartmann 1988, S. 71 ff.).

„Prügelei als Freizeitvergnügen: Die Mitarbeiter von Fan-Projekten gehen davon aus, daß die Masse der Hooligans relativ unpolitisch ist." (Schröder 1992, S. 232)

Dabei ist Hoolgewalt in der Regel stark ritualisiert und wird regelrecht geplant (vgl. Matthesius 1992).

Organisierte Fußballfans (Kutten): „Wir scheißen auf den UEFA-Cup und werden deutscher Meister" (Schlachtgesang)

Zu dieser Gruppe zählen Fußballfans, die in Fan-Clubs organisiert und/oder Mitglied in ihrem Lieblingsverein sind. Oft sind sie Dauerkarten-Inhaber, finden sich beim Heimspiel an einem festen Platz im Fan-Block ein und tragen Kutten, die Vereinsfarben, Trikots, Schals, Fahnen etc. Für das Fan-Leben ist es auch zentral, den Verein zu Auswärtsspielen zu begleiten, wozu Pramann schreibt:

„Fans empfinden die Tortur (Fahrten zu Auswärtsspielen, Anm. d. Verf.) allesamt als fröhliche Tour. Sie betrachten die stundenlangen Fahrten zwar auch als anstrengende, aber vor allem als schöne Zeit. Stunden, in denen viel von der Abenteuerlust, die in ihnen steckt, befriedigt wird." (Pramann 1980, S. 207)

Vor allem die organisierten Fans sind es, die mit Schlachtrufen und Gesängen Stimmung in die Stadien bringen. Medien beachten Kutten insbesondere dann, wenn es (unter Alkoholeinfluß) zu gewalttätigen Auseinandersetzungen mit anderen Fangruppen kommt.

Skinheads: „Dreckig, kahl und hundsgemein" (Störkraft)

Die Skin-Szene entstand in den 60er Jahren in England. Insbesondere Jugendliche aus dem „Lumpenproletariat" mit schlechten Zukunftschancen schlossen sich der Bewegung an. Sie bejahten die konservativ-reaktionären Werte der Unterschicht, und ihr Outfit orientierte sich stark an der Kleidung der Arbeiterschaft: Arbeiterhosen, Stiefel (Doc Martens), Hosenträger. Häufig waren sie auch tätowiert.

„Das strenge, asketische und harte männliche Körperlichkeit demonstrierende Erscheinungsbild wurde durch die Glatzen noch betont, ...". (Stock/Mühlberg 1990, S. 12)

In den siebziger Jahren etablierten sich die Skinheads auch in Deutschland. Die Skin-Bewegung zerfiel in rechte und linke Skins (Redskins). Des weiteren gibt es SHARP-Skins, eine antifaschistische Gruppierung innerhalb der Skin-Szene, die insbesondere die Ursprünge dieser Bewegung in der schwarzen Kultur betont (Farin/Seidel-Pielen 1993, S. 118 ff.). Die Musik der Skins hat ihre Wurzeln im Reggae und wird heute allgemein Ska oder Oi! genannt.

Die am häufigsten beachtete Gruppierung sind die rechten Skins. Ihr Haß richtet sich nicht nur gegen Ausländer, sondern auch gegen Homosexuelle, Langhaarige und Linke (Zecken), die nicht in ihr konservatives, nationalsozialistisches Weltbild passen. Nicht alle Skins können allerdings als rechte Aktivisten verstanden werden.

„Rechts-Sein heißt häufig nur: sich mit einem bestimmten Äußeren einer Gruppe zugehörig und damit stark zu fühlen." (Schröder 1992, S. 118)

Eine Identifikation mit rechten Ansichten geschieht oftmals erst durch die Zuschreibung von außen (vgl. Farin/Seidel-Pielen 1993, S. 59 ff.) Im übrigen dient gerade heute das Skin-Sein besonders dazu, in der Öffentlichkeit zu schockieren.

Rocker (Biker): „Born to be wild" (Steppenwolf)

Das Bild der Rocker war lange Zeit von lederbekleideten, mit der Colour ihres Motorrad-Clubs behängten „Wilden" geprägt, die auf schweren Maschinen durchs Land fahren und vor körperlichen Auseinandersetzungen nicht zurückschrecken. Dieses Bild konnte durch einige wissenschaftliche Arbeiten korrigiert werden (vgl. Simon 1989; Opitz 1990). Das zentrale Element der Biker-Szene ist natürlich das Motorrad, daneben spielt jedoch auch ein sehr ausgeprägtes Gruppen- bzw. Clubleben eine große Rolle. Dabei sind Motorradclubs sehr rigide strukturiert und haben feste Regeln, an die sich die Mitglieder halten müssen (vgl. Simon 1989, S. 138 ff.). Rocker haben nach wie vor aufgrund ihrer Motorräder, die von vielen in der Bevölkerung als Bedrohung angesehen werden, und ihres Outfits (Leder, Colour, Tätowierungen) mit Vorurteilen zu kämpfen. Da wir davon ausgehen, daß sich in unserer Befragung, schon aufgrund der befragten Altersgruppe, nur wenige Rocker im Sinne der oben beschriebenen befinden, nehmen wir an, daß es sich in dieser Gruppe auch einfach um Motorradfreaks handelt, für die ihre Maschine oder auch ihr Moped ihr Hobby darstellt.

Heavy-Metal-Fans (Metaller): „The triumph of steel" (Manowar)

Die Subkultur der Metaller ist durch ihre Identifikation über eine bestimmte Musikrichtung geprägt, die sehr unterschiedliche Ausprägungen vereint: Death-Metal, „True Metal", Thrash-Metal, Speed-Metal, Psychedelic, Grunge, Crossover, Melodic-Rock etc. Metal-Fans erfahren vor allem dann Anerkennung in der Szene, wenn sie ein fundiertes Wissen über „ihre" Musik und ein großes Musikarchiv besitzen. Die Metaller finden sich zwar in allen gesellschaftlichen Schichten, haben ihren Schwerpunkt jedoch in der Arbeiter- und Handwerkerjugend.

„Intensiver Umgang mit ‚handgemachter' Musik, den Körper straff umspannende Kleidung, nach reichlich Alkohol die Übersicht behalten – all das verweist auf eine sinnliche Erfahrung von Körperlichkeit, die sonst kaum auszuleben ist. Die in derbem Leder, Ketten, großen Nieten und einer nach Kraftakt nachvollziehbaren Musik aufgehobenen Bezüge zur Körperlichkeit korrespondieren mit Erfahrungen in der Arbeitswelt." (Stock/Mühlberg 1990, S. 126)

Das Tragen bestimmter Kleidung (z. B. enge Hosen, Shirts von Musik-Gruppen, je nach Teilszene auch Schmuck) trägt zur Erkennung der eigenen Gruppe und zur Abgrenzung gegen andere bei, hat aber auch einen engen Bezug zur Körperlichkeit, die in dieser Szene von großer Bedeutung ist und auch durch Tätowierungen unterstrichen wird. Des weiteren tragen gerade männliche Metaller oftmals lange Haare. Das Ausagieren (Headbangen, Luftgitarrespielen) auf der Tanzfläche bei Feten und Konzerten gehört ebenfalls dazu und ist Schwerstarbeit – das intensive Erleben der Musik zentraler Bestandteil der Szene (vgl. Helsper 1992, S. 130ff.).

Obwohl es innerhalb der Metal-Szene sowohl bei den Fans als auch bei den Musikern rechte und linke Gruppierungen gibt, kann man diese Subkultur insgesamt jedoch eher als unpolitisch einstufen. Abschreckend für Außenstehende sind oftmals die Tätowierungen und die laute, aggressiv wirkende Musik.

Jugendliche Subkulturen im Arbeiter-und-Bauern-Staat

Auch in der ehemaligen DDR hatten sich verschiedene der oben genannten Subkulturen gebildet, wobei auch hier die Jugendszenen nicht minder von pauschalen Vorurteilen betroffen waren wie anderswo auch:

„Von der ‚Normaljugend' sowie untereinander fehlt in der gegenseitigen Bewertung die Sachlichkeit. Sie kennzeichnen sich mittels oberflächlicher Klischeebildung. ... Der Punker ist als sozialer Durchhänger mit destruktiver Grundhaltung gekennzeichnet. Heavy Metal Fans gelten als dem Hard-Rock verfallen und damit als musiksüchtig. Der rowdyhafte Fußballfan wird zum Inbegriff des Primitivjugendlichen. ... Die Skinheads dagegen sind die Jugendmonster schlechthin, der ‚Lucifer ante portas'. Sie werden etikettiert als ‚Aggressionsbündel' und ‚unberechenbare Chaoten'." (Brück 1988 [a], S. 3-4)

Seit Ende der siebziger Jahre gibt es eine Punk-Szene, die allerdings losgelöst von England entstand und sich an dem Punk der Medien orientierte. Der Punk entstand

„aufgrund der fremdverordneten Arbeit zum Kollektivwohl. Real brachte es nichts, Geld zu haben, da man damit nicht viel kaufen konnte." (Stock/Mühlberg 1990, S. 167)

Punk-Feten fanden in der ehemaligen DDR beispielsweise in Räumen der evangelischen Kirchengemeinden statt.

Auch Skinheads gab es in den neuen Bundesländern schon zu DDR-Zeiten, wenn sie anfangs auch weitgehend totgeschwiegen wurden.

„Neofaschismus hatte es in der antifaschistischen DDR nicht zu geben, und deshalb gab es diesen nicht. Das waren alles Rowdys und Asoziale." (Seiring 1989, S. 31)

Die Szene kam Mitte der achtziger Jahre auf. Schröder schreibt dazu:

„Der Nationalismus reizte vor allem deswegen, weil er verboten war. Durch ihn konnten die Kinder der Ex-DDR ihre Eltern und ‚die entsprechenden Kreise Westdeutschlands in Verwirrung und Aufruhr' stürzen." (Schröder 1992, S. 111)

Bereits 1988 bekannten sich 2% der DDR-Jugendlichen zu den Skins (vgl. Schubarth 1993, S. 153). Die wissenschaftliche Auseinandersetzung mit Skins fand allerdings nur sehr ideologisch gefärbt statt. Es wurde immer wieder darauf hingewiesen, daß die Skin-Bewegung ein West-Produkt sei, das nun auch in die sozialistische Welt „herübergeschwappt" ist (vgl. Brück 1988 [b]). Auch im Hinblick auf die Ausländerfeindlichkeit wird ausdrücklich darauf hingewiesen, daß diese aus „der BRD" übernommen wurde (ebd.).

Aber auch in der ehemaligen DDR gab es schon eine Aufspaltung der Skin-Szene in rechts und links. Des weiteren wurde zwischen dem harten Kern der Skins und den Mitläufern unterschieden.

Skins und Punks teilen die Ablehnung des Staates und dessen Gesellschaftsordnung miteinander, sind aber ansonsten „Feinde".

„Es existiert eine persönliche Gegnerschaft zu den Punkern. Die Abneigung gegenüber Punks – ihrer Erscheinung, ihrem Auftreten – ist ‚total'. Punks sind im Meinungsbild dieser Skins dreckig, verkalkt, asozial, ausgesprochene Abstauber." (Brück 1988 [b], S. 17)

Zur größten bekanntgewordenen Auseinandersetzung in der ehemaligen DDR zwischen Skins und Punks kam es am 17. Oktober 1987 bei einer Prügelei in und um die Zionskirche in Berlin.

Die beiden Szenen, die zwar faktisch vorhanden waren, können aber deshalb nicht unbedingt mit den westlichen Szenen verglichen werden, weil sich die Aktivitäten weitgehend verdeckt, also nicht in der Öffentlichkeit, abspielten. So stiegen beispielsweise die rechtsradikalen Delikte nach der Wende im Osten sprunghaft an (vgl. Ködderitzsch/Müller 1990), die Jugendlichen konnten erstmals ihre Aktivitäten nach außen tragen.

Heavy Metal hatte auch in der ehemaligen DDR eine große Anhängerschaft. Otto und Wenzke (1992) führen dies vor allem auf den Jugendsender DT 64 zurück, der dieser Art von Musik eine besondere Sendung widmete. Zahlreiche Heavy-Metal-Bands gründeten sich und bildeten eine eigenständige Szene (vgl. Felber 1988). Der Einfluß der West-Medien trug allerdings auch zur Verbreitung von Heavy Metal (und allen anderen westlichen Musikrichtungen) bei. In einer Untersuchung des ehemaligen ZIJ (Zentralinstitut für Jugendforschung) bekannten sich bereits 1987 rund 7 % der befragten Jugendlichen dazu, am liebsten Hardrock und Heavy Metal zu hören (DJI 1992, S. 17).

Es ist anzunehmen, daß vor der Wende im Osten auch im Fußball eine ausgeprägte Fan-Gemeinde vorhanden war, insbesondere natürlich in den Städten, deren Vereine in der ersten Liga spielten (Rostock, Leipzig, Dresden etc.).

Insgesamt gibt es nur sehr wenige Untersuchungen aus Zeiten der ehemaligen DDR über jugendliche Subkulturen, was zum einen damit zusammenhängen mag, daß nicht auf Dinge aufmerksam gemacht werden sollte, die es eigentlich gar nicht geben durfte, und zum anderen damit, daß sich Ost-Wissenschaftler mit dem Begriff der Randgruppe schwer taten. So rechtfertigt sich Brück in seiner Arbeit über Skins, die er als „Problemgruppe" erkennt:

„Der Terminus ‚Problemgruppen' soll nicht als Austauschbegriff, als kaschierter Ausdruck für ‚Randgruppen' eingebracht werden, sondern es handelt sich um qualitative Unterschiede, bezogen auf die soziale Grundlage." (Brück 1988 [b], S. 4)

Und er beteuert:

„Es gibt keine ‚soziale Degradation', keine ‚Randgruppen' und ‚sozial Geächteten'. Der Sozialismus braucht alle und hat Platz für alle." (Brück 1988 [b], S. 4)

Stock beschreibt die Bedeutung, die die subkulturellen Szenen für die Jugendlichen in der ehemaligen DDR hatten:

„Die Mitglieder von Gruppen und Szenen hingegen, die sich aus einem mehr proletarischen Milieu zusammensetzten, lebten die Bedeutung der zum Stil geronnenen Zeichen eher allein in der sinnlich erfahrbaren Unmittelbarkeit des kollektiven Handelns aus, im Tanz, in kollektiver ‚action', in einem Kult von Intensität und ‚power', in urwüchsiger Abkehr von einem als grau und eintönig erlebten Alltagstrott.
Diesen unterschiedlichen Interpretationsweisen, die sozusagen quer zu den Stilen lagen, war gemeinsam, daß sie wesentlich auf den in den 80er Jahren immer spürbareren Legitimationsverfall der sozialistischen Einheitsideologie bezogen waren." (Stock 1991, S. 262)

Damit zeigte sich in den Subkulturen der ehemaligen DDR noch etwas von jener gesellschaftlichen Distanz und Kritik, die im Westen weitgehend der Vermarktung zum Opfer gefallen ist.

Ergebnisse aus der Jugendbefragung

Von den 2419 befragten Jugendlichen unserer Untersuchung ordneten sich insgesamt 13 % einer der oben genannten Subkulturen zu, wobei der Anteil der einzelnen Gruppen, bezogen auf die Grundgesamtheit, zwischen 0,6 % (Hooligans) und 4,5 % (Metaller) schwankt.

47 Jugendliche ordnen sich dabei zwei Subkulturen zu. Die häufigsten Kombinationen sind Metaller und organisierter Fußballfan (14mal), Metaller und Biker (neunmal) sowie Autonomer und Punk (achtmal). Diese Gruppen wurden zunächst in den Berechnungen getrennt berücksichtigt. Es zeigte sich allerdings, daß die Gruppen in den wesentlichen Merkmalen konform mit einer der anderen Subkulturen waren. Aus Gründen der besseren Lesbarkeit und Übersicht wurden sie diesen Gruppen dann wieder zugeordnet. Autonome/Punks befinden sich in der Gruppe der Autonomen, Metaller/Biker in der Gruppe der Metaller und Metaller/Fußballfans bei den organisierten Fußballfans (vgl. Tabelle 5.44). Wie

Tabelle 5.44

Gruppe	Anzahl insgesamt	davon weiblich	Anteil Frauen
Autonome	33	14	42 %
Biker (Rocker)	20	5	25 %
Hooligans	12	1	8 %
Heavy-Metal-Fans	93	26	28 %
Organisierte Fußballfans	96	14	15 %
Punks	22	7	32 %
Skinheads	32	11	34 %

Verteilung der Jugendlichen auf die Subkulturen und dem Anteil der Frauen

zu erwarten war, überwiegen in den aufgeführten Gruppen männliche Jugendliche, d.h. sie machen drei Viertel der Jugendlichen in den Subkulturen aus. Der Anteil der Frauen ist bei den Autonomen am höchsten, bei den organisierten Fußballfans und den Hools am geringsten. Geht man davon aus, daß Skins im allgemeinen als die gewalttätigste Gruppe angesehen werden, ist der hohe Frauenanteil erstaunlich, da in wissenschaftlichen Arbeiten körperliche Gewalt in der Regel als männliches Phänomen behandelt wird (vgl. Kersten 1993) und auch weitgehend männliche Skins die Beachtung der Wissenschaftler finden. Savier (1984) und ihre MitarbeiterInnen stellen dazu fest:

„Die Unsichtbarkeit von Mädchen in Jugendsubkulturen ist allerdings nicht nur eine Frage der Quantität, sondern auch das Resultat der Herangehensweise und Sichtweise von Forschern. ... Viele Einschätzungen von Forschern über die Rolle von Mädchen in Jugendsubkulturen erscheinen uns auf eine sehr zweifelhafte Art und Weise parteilich." (Savier u.a. 1984, S. 19)

Die Verteilung der Gruppen auf die Bundesländer und die Altersgruppen ist weitgehend ausgeglichen, wohingegen es in der Verteilung auf die Größe der Gemeinden leichte Unterschiede gibt. Biker, organisierte Fußballfans und Skins kommen überdurchschnittlich oft aus kleinen Kommunen (bis 10000 Einwohner). Alle anderen Subkultur-Jugendlichen leben häufiger in großen Gemeinden (über 50 000 Einwohner) als der Durchschnitt unserer Stichprobe, was insbesondere für Punks und Autonome gilt.

Wie die Jugendlichen insgesamt in unserer Stichprobe leben auch die meisten der Subkultur-Jugendlichen (83%) noch zu Hause bei ihren Eltern, wobei die organisierten Fußballfans mit 91% die höchste und die Skins mit zwei Drittel die niedrigste Quote haben. 87% der Jugendlichen verfügen über ein eigenes Zimmer. 27% der Jugendlichen sind Einzelkinder. 47% der Jugendlichen haben ein Geschwister, 26% mindestens zwei, wobei hier die Quote der Skins mit 41% mit mindestens zwei Geschwistern überaus hoch ist.

Etwa 9% geben an, bei einem Elternteil zu leben. Zwei Jugendliche leben allein und fünf leben mit einem Partner zusammen (drei Skins und zwei Metaller). Erstaunlich ist, daß kein einziger in einer WG wohnt, obwohl 17% sich diese Wohnform wünschen. Bei den Autonomen sind dies sogar ein Drittel, bei Skins ein Viertel. Diese Art zu wohnen scheint sich in den neuen Bundesländern in der Praxis allerdings noch nicht durchgesetzt zu haben, was teilweise wohl auch an der schwierigen Wohnungsmarktsituation liegt, wo es für Jugendliche schwer sein dürfte, an eine geeignete Wohnung für eine WG heranzukommen. Eine bereits etablierte WG-Szene, in der man in einer bereits bestehenden WG ein Zimmer findet, gibt es bislang in den meisten Regionen anscheinend noch nicht. Ein Drittel der Jugendlichen ist mit seiner jetzigen Wohnsituation zufrieden, von den organisierten Fußballfans über 43%. Das heißt im Klartext, daß diese Jugendlichen auch weiterhin zu Hause wohnen möchten. Ein Drittel der Skins, ein Viertel der Punks und der Metaller würden am liebsten mit ihrer PartnerIn zusammenleben, wobei dieser Wunsch weitgehend unabhängig davon ist, ob die Betreffenden angeben, momentan eine feste Freundin bzw. einen festen Freund zu haben.

Fast 45% der Subkultur-Jugendlichen sind SchülerInnen und 40% Lehrlinge, was in etwa den Werten der Gesamtstichprobe entspricht. Überdurchschnittlich hoch ist der Anteil der SchülerInnen bei den Bikern (63%) und den Punks (77%), den geringsten Anteil an SchülerInnen weisen Hooligans (8%) auf. Von den SchülerInnen besuchen 54% ein Gymnasium, womit der Anteil der GymnasiastInnen bei Jugendlichen aus Subkulturen um 6% niedriger als im Gesamtdurchschnitt liegt. Die höchste Quote an GymnasiastInnen mit 77% ist bei den Bikern zu finden. Die Skins besuchen überwiegend die Realschule. Insgesamt beträgt der Anteil der Subkultur-Jugendlichen, die einen Realschulabschluß anstreben, 30%. In der befragten Gruppe findet sich außerdem ein Sonderschüler.

Die übrigen besuchen die Haupt- oder Gesamtschule. Der höchste Anteil an Lehrlingen ist bei Hooligans (67%) zu finden. Mit 65% Lehrausbildungen in gewerblichen Berufen sind die Subkultur-Jugendlichen damit sehr viel stärker in diesem Bereich vertreten als die anderen Jugendlichen. Überproportional sind hier auch unter Subkultur-Jugendlichen die Metaller vertreten, von denen 73% im gewerblichen Bereich lernen. Nur sechs der Jugendlichen, die momentan eine Lehre machen, haben schon einmal eine Lehre abgebrochen, einer hat bereits eine Lehre abgeschlossen. Der Anteil der arbeitslosen Jugendlichen liegt bei 12%, wobei sich bei den Metallern eine auffallend geringe Arbeitslosenquote (4%) findet.

Freizeitverhalten

Die Subkultur-Jugendlichen – selbst extreme Gruppen wie Autonome und Skins – unterscheiden sich in ihrem Freizeitverhalten nur minimal von allen anderen Jugendlichen. Die zentralen Aktivitäten sind demnach Musik hören, fern- und videosehen, rumfahren und rumhängen. Hinsichtlich anderer Aktivitäten gibt es leichte Unterschiede zwischen den Gruppen. So gehen Subkultur-Jugendliche durchschnittlich mehr ins Jugendzentrum als andere, wobei Autonome, Biker und Punks Jugendzentren besonders häufig besuchen. Von den Skins geben nur 13% an, in Jugendzentren zu gehen. Auffällig ist die hohe Quote von Bikern (40%), Hools (33%) und organisierten Fußballfans (32%), die in Spielhallen gehen. Wenig erstaunlich ist, daß Metaller (50%) und Punks (65%) hinsichtlich ihrer Konzertbesuche weit über dem Durchschnitt der Gesamtstichprobe liegen, da sich gerade diese Subkulturen sehr stark über Musik definieren. Auch für Skins spielt die Musik eine große Rolle, aber durch zahlreiche Auftrittsverbote rechter Rockbands ist die Auswahl an Konzerten nur gering. Skins geben dafür an, relativ häufig Feten zu feiern. Genausowenig erstaunlich ist das Ergebnis, daß Biker besonders oft angeben, rumzufahren und Ausflüge zu machen, da die Nutzung von Moped und Motorrad die Zugehörigkeit zu ihrer Subkultur maßgeblich bestimmt. Überraschend ist es, daß nur 72% der Fußballfans angeben, als Zuschauer zu Sportveranstaltungen zu gehen, da der Besuch in Stadien ja im allgemeinen das Fan-Sein der Organisierten bestimmt. Insgesamt liegen die Subkultur-Jugendlichen beim Besuch von Sportveranstaltungen mit 48% über dem Durchschnitt von 33% der Gesamtstichprobe. Kultur im Sinne von Museumsbesuchen, Ausstellungen und Theatervorführungen führen sich insbesondere Biker (55%)

zu Gemüte, womit sie weit über dem Gesamtdurchschnitt (35 %) liegen. Besonders wenig aktiv sind hierin die Skins (13 %) und die Hools (16 %). Als weitere Freizeiteinrichtungen, die regelmäßig besucht werden, spielen vor allem Fitneß-Center und Diskotheken eine Rolle. Ein Fünftel der Subkultur-Jugendlichen besucht Fitneß-Center und 38 % gehen regelmäßig in die Disko, insbesondere Autonome, Hools, Metaller und organisierte Fußballfans.

Die Aktivsten in ihrer Freizeit sind dabei zweifellos die Biker. Über die Hälfte von ihnen geben an, mehr als 15 verschiedene Freizeitaktivitäten regelmäßig zu unternehmen. Relativ hoch ist der Anteil noch bei Autonomen (36 %) und organisierten Fußballfans (35 %). Von den Skins sind dagegen nur 9 % zu dieser Gruppe zu rechnen.

Wir wollten von den Jugendlichen nicht nur wissen, was sie in ihrer Freizeit tun, sondern auch, mit wem sie ihre Freizeit verbringen. Hier zeigt sich, daß die meisten Aktivitäten entweder mit der Clique oder alleine unternommen werden. Es kommt eher selten vor, daß bestimmte Aktivitäten überwiegend nur mit dem besten Freund/der besten Freundin oder dem festen Freund/der festen Freundin gemacht werden. Dabei geben Skins ihre PartnerInnen noch am häufigsten an: bei Ausflügen, wenn sie zum Essen gehen, zum Klönen und bei Vereinsaktivitäten. Geschwister spielen als FreizeitpartnerInnen für kaum einen der Jugendlichen eine Rolle, und Eltern werden hauptsächlich in der Rubrik „zu Hause diskutieren" und beim Fernsehen genannt.

Bei der Frage, woher die Jugendlichen ihre FreundInnen kennen, haben wir zwischen Orten, wo man andere kennenlernen kann, und Personen, durch die man andere kennenlernen kann, unterschieden. Für alle Gruppen spielt die Schule die größte Rolle, um FreundInnen kennenzulernen. In bezug auf andere Orte, an denen man FreundInnen kennengelernt hat, unterscheiden sich die Gruppen stark voneinander. Hools, Autonome und Skins kennen ihre FreundInnen oft aus Kneipen. Für Skins (47 %) und Autonome (42 %) sind vor allem auch FreundInnen, über die man Kontakte zu anderen bekommt, sehr wichtig. Geht man davon aus, daß die FreundInnen zum Großteil aus derselben Szene kommen wie die Jugendlichen, spricht dieses Ergebnis für die Homogenität der oben genannten Szenen.

Die Veränderungen, die sich seit der Wende für die Freizeit der Jugendlichen ergeben haben, werden unterschiedlich bewertet. So geben knapp die Hälfte der Jugendlichen an, daß sie sich vieles nicht mehr leisten können. Besonders hart fühlen sich Punks betroffen (64 %). Drei Viertel der Jugendlichen finden es gut, daß es keine Zwangsmitgliedschaften mehr gibt. Zwei Drittel der Jugendlichen trauern auch den Zirkeln nicht nach. Nur ein Fünftel der befragten Subkultur-Jugendlichen findet, daß sich die Nutzung von Sportanlagen verschlechtert hat. Allerdings geben zwei Drittel an, daß es weniger Treffpunkte für Jugendliche gibt als vor der Wende. Von den Bikern prangern nur knapp ein Drittel an, daß es jetzt zu wenig Treffpunkte gibt.

Die Orte, an denen sich die Jugendlichen ihrer Meinung nach ungestört treffen können, variieren je nach Gruppierung. Das Jugendzentrum hat nur für ein Fünftel der Subkultur-Jugendlichen eine Bedeutung, wobei es nur von 11 % der Skins und 17 % der organisierten Fußballfans als Treffpunkt angegeben wird. Das ungestörte Treffen bei Freunden zu Hause spielt nur bei knapp einem Drittel der Subkultur-Jugendlichen eine Rolle, in der Gesamtstichprobe nennen diesen Ort über die Hälfte der Jugendlichen. Ausnahme sind hier die Metaller, von denen 53 % diesen Treffpunkt nennen, was vermutlich auf die hohe Bedeutung von Musikhören zurückzuführen ist. Da Wert auf eine bestimmte Art von Musik gelegt wird, ist natürlich das CD-Regal/der Plattenschrank zu Hause oder bei FreundInnen in dieser Hinsicht am besten ausgestattet. Marktplätze, Bushaltestellen und andere öffentliche Plätze im Ort spielen besonders bei organisierten Fußballfans (53 %) und Autonomen (46 %) eine Rolle. Plätze außerhalb von Orten (Kiesgruben, Wald, Steinbrüche etc.) geben nur Skins (42 %) häufiger als Treffpunkte an. Kneipen und Spielhallen nennen nur Skins (39 %) und Hools (67 %) häufiger.

Der Organisationsgrad in Vereinen und Parteien

In Fachkreisen wird oftmals diskutiert, daß Jugendliche, insbesondere Jugendliche in den neuen Bundesländern, nicht mehr bereit sind, festes Mitglied in Organisationen und Vereinen zu werden. Dabei wird Ost-Jugendlichen unterstellt, sie hätten aufgrund ihrer jahrelangen „Zwangsmitgliedschaft" in der FDJ die Nase von Vereinen voll (vgl. Brenner 1990).

Zwei Gruppen der Subkultur-Jugendlichen weisen einen höheren Grad an Mitgliedschaften in Vereinen und Verbänden auf als der Durchschnitt der gesamten Stichprobe. Dies sind zum einen Autonome, von denen über zwei Drittel organisiert sind. Sie sind überwiegend in religiösen Gruppen, Jugendinitiativen und Sportvereinen zu finden. Daß sich Autonome gerade in kirchlichen Gruppen engagieren, ist für westdeutsche Verhältnisse eher überraschend und durch die gänzlich unterschiedliche Tradition der Kirchen im Osten zu erklären, die zu DDR-Zeiten für subkulturelle Jugendliche und andere Minderheiten eine Nische darstellten, die es gestattete, sich bis zu einem gewissen Grad der staatlichen Aufsicht zu entziehen. Die organisierten Fußballfans liegen mit 70 % Mitgliedschaft ebenfalls über dem Durchschnitt. Hier sind die meisten erwartungsgemäß in Fan-Clubs und/oder Sportvereinen organisiert.

Am seltensten (knapp ein Drittel) sind Skinheads Mitglied in Organisationen. Allerdings stellen sie drei der insgesamt elf Jugendlichen, die angeben, Mitglied in einer Partei zu sein.

Die befragten Subkultur-Jugendlichen sind gegenüber dem Durchschnitt der Gesamtstichprobe zu einem Drittel häufiger in Gewerkschaften, zu zwei Dritteln häufiger in Fan-Clubs und um 11 % häufiger in Sportvereinen organisiert.

Problembelastungen und soziale Ressourcen

Wir haben die Jugendlichen danach gefragt, durch welche der vorgegebenen persönlichen und familiären Probleme sie belastet sind. Die abgefragten Probleme im persönlichen Bereich waren: Ärger mit der Polizei, mit ungewollter Schwangerschaft, mit Drogen/Alkohol, mit den Eltern, mit FreundInnen, durch Liebeskummer. Im familiären Bereich haben wir nach Problemen durch Scheidung der Eltern, Drogen und Alkoholmißbrauch in der Familie, mit der Polizei, durch Arbeitslosigkeit, durch Gewalt in der Familie und durch finanzielle Engpässe gefragt.

Tabelle 5.45

Persönlichen Probleme von Subkulturjugendlichen					
Probleme mit Gruppe	Polizei	Drogen/ Alkohol	Eltern (dauerhaft)	Freunden (dauerhaft)	Liebes- kummer
Autonome	45 %	6 %	9 %	15 %	61 %
Biker (Rocker)	20 %	0 %	5 %	10 %	45 %
Hooligans	58 %	0 %	8 %	8 %	67 %
Heavy-Metal-Fans	27 %	3 %	12 %	8 %	48 %
Org. Fußballfans	20 %	5 %	12 %	13 %	33 %
Punks	46 %	5 %	23 %	18 %	50 %
Skinheads	44 %	16 %	31 %	9 %	47 %
Durchschnitt: *Subkulturen*	*31 %*	*5 %*	*14 %*	*11 %*	*46 %*
Gesamt-Stichprobe	*13 %*	*1 %*	*7 %*	*9 %*	*46 %*

Wie Tabelle 5.45 deutlich zeigt, haben Jugendliche, die sich Subkulturen zuordnen, wesentlich öfter mit bestimmten Problemen zu kämpfen. So geben Autonome, Hools, Punks und Skins besonders oft an, schon Ärger mit der Polizei gehabt zu haben. Das kann zum einen daran liegen, daß ihre (politischen) Aktionen dazu führen, daß sie mit der Polizei in Kontakt kommen, es ist auf der anderen Seite aber auch darauf zurückzuführen, daß Jugendliche aus subkulturellen Gruppen, die als solche aufgrund ihres Outfits erkennbar sind, verstärkt die Aufmerksamkeit der Polizei auf sich ziehen, d. h. stärker der staatlichen und öffentlichen Kontrolle unterliegen. Die Daten sagen somit nichts über eine höhere kriminelle Energie von Subkultur-Jugendlichen aus. Auch ist bei Subkultur-Jugendlichen Ärger mit der Polizei kein rein männliches Phänomen. Sind in der Gesamtstichprobe Männer signifikant häufiger betroffen, trifft dies unter den Subkultur-Jugendlichen nicht mehr zu. Obwohl die männlichen Jugendlichen auch hier überwiegen, haben 21,8 % der weiblichen Subkultur-Jugendlichen Polizeikontakte; eine sehr viel höhere Quote als bei den Frauen der restlichen Stichprobe (3 %).

Drogen-/Alkoholprobleme konzentrieren sich verstärkt auf die Gruppe der Skins. Dabei muß die Bewertung der Jugendlichen darüber, ob sie Probleme mit Drogen und Alkohol haben, sehr differenziert betrachtet werden. In bestimmten Subkulturen gehört ein hoher Alkoholkonsum dazu, wobei allerdings das Betrunkensein unterschiedlich bewertet wird. Bei Metallern beispielsweise ist es verpönt, wenn jemand aufgrund seines Alkoholkonsums die Kontrolle über sich verliert (vgl. Stock/ Mühlberg 1990, S. 126). Hinsichtlich der Probleme mit FreundInnen und mit Liebeskummer unterscheiden sich die Subkultur-Jugendlichen im Durchschnitt kaum von der Gesamtstichprobe. Daß Skins seltener als alle anderen Probleme mit FreundInnen angeben, kann ein Indiz für eine sehr homogene Szene sein, kann aber auch bedeuten, daß sich Skins weniger als andere Gruppen innerhalb der Szene kritisch miteinander auseinandersetzen und eher hierarchische Gruppenstrukturen haben. Skins zeichnen sich in der Regel durch ein extremes Gruppenbewußtsein aus (vgl. Sander 1993).

Mit familiären Problemen sind die unterschiedlichen subkulturellen Gruppen verschieden stark belastet (vgl. Tab. 5.46). Besonders auffällig ist der im Vergleich zu den anderen hohe Anteil an „Scheidungskindern" bei Skins. Bei ihnen kommt es auch am häufigsten zu Gewalttätigkeiten innerhalb der Familie.

Ein Viertel der Skins hat mindestens mit drei der vorgegebenen persönlichen Probleme zu kämpfen, was u. a. mit ihrer angespannten familiären Situation zusammenhängen könnte. Skins sind auch

Tabelle 5.46

Gruppe	Probleme mit: Scheidung der Eltern	Drogen/Alkohol	Polizei	Arbeitslosigkeit	Gewalt	Finanzen
Autonome	6 %	6 %	18 %	49 %	3 %	33 %
Biker (Rocker)	0 %	0 %	0 %	42 %	0 %	15 %
Hooligans	0 %	0 %	33 %	58 %	0 %	25 %
Heavy-Metal-Fans	8 %	2 %	12 %	55 %	2 %	24 %
Org. Fußballfans	5 %	1 %	5 %	54 %	3 %	21 %
Punks	5 %	0 %	14 %	55 %	5 %	27 %
Skinheads	13 %	3 %	13 %	56 %	19 %	44 %
Durchschnitt:						
Subkulturen	6 %	2 %	11 %	53 %	4 %	26 %
Gesamt-Stichprobe	4 %	2 %	5 %	48 %	2 %	20 %

Familiäre Probleme von Subkulturjugendlichen

hier prozentual häufiger mehrfach belastet. Skins sind außerdem diejenigen, die am häufigsten von zu Hause weggelaufen sind. Ein Viertel der Skins ist mehrfach von zu Hause weggelaufen, 13 % zumindest einmal. Auch dies dürfte nicht unabhängig von den familiären Problemen sein. Der diskutierte Zusammenhang zwischen rechtsradikalen Orientierungen (und Gewaltbereitschaft) von Jugendlichen und ihren problematischen Lebensverhältnissen (vgl. Willems 1993) kann anhand unserer Daten lediglich für einige Skins andeutungsweise nachvollzogen werden.

Biker fallen als Gruppe mit der wenigsten Problembelastung, sowohl mit eigener als auch mit familiärer, auf. Außer bei eigenen Problemen mit der Polizei zeigen sie in allen anderen Problembereichen eine ähnliche oder niedrigere Quote wie der Durchschnitt der Gesamtstichprobe.

Durchschnittlich ist ein doppelt so hoher Prozentsatz Subkultur-Jugendlicher sowohl bei persönlichen als auch familiären Problemen mehrfach belastet als der Durchschnitt der Gesamtstichprobe.

Interessant ist, daß bei den Jugendlichen der hier untersuchten Subkulturen kein klarer Zusammenhang zwischen Arbeitslosigkeit in der Familie und finanziellen Problemen besteht. Dies kann darauf zurückzuführen sein, daß die Arbeitslosigkeit nur kurz war, gerade erst begonnen hat oder die Familie über genügend Rücklagen verfügt, um eine „Durststrecke" zu überstehen.

Ein eigenes Zimmer zu haben, wirkt sich hinsichtlich der familiären Probleme positiv aus. Wenn Jugendliche die Rückzugsmöglichkeit in ein eigenes Zimmer haben, geben sie signifikant seltener Mehrfachbelastungen durch familiäre Probleme an (sig: < 1 %).

Nur selten werden Hilfen von anderen Personen in Anspruch genommen. Während die Bereitschaft, bei persönlichen Problemen mit anderen darüber zu reden, durchaus noch vorhanden ist, fehlt sie bei familiären Problemen fast völlig. Alle Subkultur-Jugendlichen geben am häufigsten an, bei familiären Problemen „niemanden um Hilfe" gebeten zu haben. Bei Skins und organisierten Fußballfans ist „niemand" auch bei persönlichen Problemen an erster Stelle, bei allen anderen Subkulturen waren es bei persönlichen Problemen die FreundInnen. Dies widerspricht Behauptungen anderer Studien, die Eltern wären nach der Wende für Jugendliche die zentralen Bezugspersonen geworden (vgl. IPOS 1993, S. 7). Zumindest für die Jugendlichen, die sich den hier behandelten Subkulturen zuordnen, trifft dies nicht zu. Für sie sind bei persönlichen Pro-

Tabelle 5.47

Hilfspersonen für Jugendliche bei Problemen		
Gruppe	persönliche Probleme	familiäre Probleme
Punks	1. Freunde (39%) 2. niemand (33%) 3. Eltern (11%)	1. niemand (36%) 2. Verwandte (15%)
Heavy-Metal-Fans	1. Freunde (44%) 2. niemand (22%) 3. Eltern (18%)	1. niemand (43%) 2. Verwandte (33%)
Hooligans	1. Freunde (52%) 2. Eltern (19%) 3. niemand (14%)	1. niemand (31%)
Biker (Rocker)	1. Freunde (33%) 2. niemand (28%) 3. Eltern (22%)	1. niemand (45%)
Autonome	1. Freunde (48%) 2. Eltern (19%) 3. niemand (15%)	1. niemand (58%) 2. Freunde (15%) 3. Eltern (10%)
Org.Fußballfans	1. niemand (44%) 2. Freunde (25%) 3. Eltern (19%)	1. niemand (64%)
Skinheads	1. niemand (43%) 2. Freunde (27%) 3. Geschwister (12%)	1. niemand (74%) 2. Geschwister (13%)

blemen FreundInnen die wichtigsten Bezugspersonen, was sich bei Frauen besonders ausgeprägt zeigt.

Tabelle 5.47 zeigt die Anteile der jeweils drei häufigsten Nennungen an Hilfspersonen für persönliche und familiäre Probleme, getrennt nach den unterschiedlichen Subkulturen. Waren die Anteile der Nennungen zu gering, wurden sie nicht in die Tabelle aufgenommen.

Daß Skins Geschwister als Kontaktpersonen bei Problemen nennen, ist zumindest teilweise dadurch zu erklären, daß sie häufiger als andere aus kinderreichen Familien kommen. 41 % der Skins haben zwei oder mehr Geschwister gegenüber 25 % der Gesamtstichprobe. Allerdings wenden sich Skins auch nur in Ausnahmefällen an ihre Geschwister. In der Regel fragen sie, insbesondere bei familiären Problemen, niemanden um Hilfe.

Andere mögliche Personen, bei denen man sich Hilfe holen kann, wie z.B. LehrerInnen, PfarrerInnen, KollegInnen, SozialarbeiterInnen und ÄrztInnen, werden nur vereinzelt genannt. Auch der Besuch von Beratungsstellen spielt bei der Problembewältigung der Jugendlichen keine Rolle. Am ehesten werden StreetworkerInnen und SozialarbeiterInnen dann genannt, wenn es um ein Problem mit der Polizei geht. Eventuell wurden von den Jugendlichen die MitarbeiterInnen der Jugendgerichtshilfe zu SozialarbeiterInnen gerechnet.

Kontakt und Einstellung zum Jugendamt

Etwa 16 % der Subkultur-Jugendlichen hatten schon einmal Kontakt zum Jugendamt, womit sie über dem Gesamtdurchschnitt von 10 % liegen. Die Anteile in den verschiedenen subkulturellen Gruppen liegen zwischen 12 % bei organisierten Fußballfans und einem Drittel bei Hools. In absoluten Zahlen heißt das, daß 50 Jugendliche aus den Subkulturen schon einmal mit dem Jugendamt zu tun hatten. Der Grund für diesen Kontakt lag in etwa der Hälfte der Fälle in familiären Schwierigkeiten oder in der Scheidung der Eltern begründet. Sieben Jugendliche hatten über die Jugendgerichtshilfe Kontakt zum Jugendamt.

Bei der Frage, was den Jugendlichen zu dem Begriff „Jugendhilfe" einfällt, nennen 42 % Hilfe allgemein und 19 % fällt nichts dazu ein. Dem Begriff „Jugendamt" ordnen 30 % Hilfe allgemein zu, 7 % meinen, daß das Jugendamt bei familiären Problemen hilft, 5 % haben eine schlechte Meinung vom Jugendamt und 21 % fällt nichts zum Jugendamt ein.

Tabelle 5.48

Einstellung der Subkulturjugendlichen zu Jugendämtern		
Statement	Durchschnitt: Subkultur Jugendliche	Gesamt-Stichprobe
Das Jugendamt ist für Kinder zuständig, die aus kaputten Familien kommen oder keine Eltern mehr haben	64 %	70 %
Wenn ein Jugendlicher Hilfe braucht, kann er sich jederzeit ans Jugendamt wenden	63 %	68 %
Jugendämter helfen Alleinerziehenden und jungen Familien	49 %	54 %
Jugendämter helfen Jugendlichen, die mit der Polizei Ärger haben	44 %	47 %
In Jugendämtern sitzen nur Bürokraten, die von Jugendlichen sowieso keine Ahnung haben	29 %	19 %
Jugendämter stecken Kinder und Jugendliche in Heime	28 %	23 %
Beim Jugendamt bekannt zu sein, ist fast so schlimm, wie bei der Polizei	26 %	18 %
Die Leute im Jugendamt wollen aus Jugendlichen nur angepaßte Spießbürger machen	24 %	13 %
Jugendämter versprechen alles mögliche, aber es passiert nichts	23 %	17 %
Jugendämter machen Freizeizangebote für Jugendliche	15 %	16 %

Die Zustimmung zu den Statements ist, im Vergleich zur Gesamtstichprobe, in Tabelle 5.48 dargestellt.

Die Quote derjenigen Jugendlichen, die das jeweilige Statement nicht beurteilen können, schwankt zwischen 24 und 52 %.

Insgesamt kann man feststellen, daß Subkultur-Jugendliche Jugendämter zurückhaltender beurteilen als der Durchschnitt und in ihnen eher eine Kontrollinstanz sehen. Allerdings verbindet ein fast ebenso hoher Anteil wie bei den anderen Jugendlichen mit dem Jugendamt die Vorstellung von Hilfe.

Bei der Beurteilung unserer Statements über Jugendämter fallen besonders drei Gruppen auf. Skins und Autonome beurteilen das Jugendamt ähnlich und wesentlich schlechter als die anderen Gruppen. Sie finden ganz massiv, daß das Jugendamt aus Jugendlichen nur Spießbürger machen will (Autonome 42 %, Skins 41 %), Kinder in Heime steckt (Autonome 52 %, Skins 47 %) und es genauso schlimm ist, dort wie bei der Polizei bekannt zu sein (Skins 41 %, Autonome 39 %). Jeweils etwa 40 % der Autonomen, Skins und Biker finden, daß in Jugendämtern nur Bürokraten sitzen, die von Jugendlichen keine Ahnung haben.

Die Beurteilungen mancher Statements sind signifikant davon abhängig, ob der Betreffende schon einmal Kontakt mit dem Jugendamt hatte. Grundsätzlich sinkt damit der Anteil derjenigen, die ein Statement nicht beurteilen können. Im Fall des Statements „Das Jugendamt will aus Jugendlichen Spießbürger machen" wirkt sich der Kontakt durchaus positiv auf die Meinung der Jugendlichen aus. Von den Jugendlichen, die schon Kontakt mit einem Jugendamt hatten, stimmen 28 % diesem Statement zu, 52 % lehnen es jedoch ab (sig: < 1 %). Auch die Ansicht, daß in Jugendämtern nur Bürokraten sitzen, die von Jugendlichen keine Ahnung haben, verändert sich durch den Kontakt positiv (sig: < 1 %). Fast die Hälfte von ihnen stimmt dieser Aussage nicht zu. Von den Jugendlichen, die keinen Kontakt zum Jugendamt hatten, ist dies nur knapp ein Viertel. Auch bei der Feststellung, daß das Jugendamt hilft, wenn ein Jugendlicher Ärger mit der Polizei hat, stimmen 60 % der Jugendlichen, die bereits Kontakt zum Jugendamt hatten, zu, gegenüber 41 % der Jugendlichen ohne bisherigen Kontakt zum Jugendamt.

Aus diesen Ergebnissen läßt sich ableiten, daß der Kontakt zum Jugendamt, zumindest bei den Jugendlichen, die sich subkulturellen Gruppen zuordnen, zu einer positiveren Einschätzung des Jugendamts führt. Das ist eine erfreuliche Tatsache, da sie wohl dadurch zustande kommt, daß den Jugendlichen von JugendamtsmitarbeiterInnen bei ihren Problemen geholfen wurde oder sie zumindest das Gefühl hatten, Hilfe und Verständnis zu bekommen.

Einstellung zu AusländerInnen und AsylbewerberInnen

Die Einstellung zu AusländerInnen und AsylbewerberInnen ist im Hinblick auf Subkultur-Jugendliche besonders interessant, da sich die Gruppen politisch extrem voneinander unterscheiden und dadurch auch eine unterschiedliche Einstellung zu ausländischen Bürgern erwartet werden kann.

Wir fragten in unserem Fragebogen nach der Einstellung sowohl zu AusländerInnen als auch zu AsylbewerberInnen. Wir wollten von den Jugendlichen wissen, ob sie die Gruppen sympathisch finden, ihnen gleichgültig gegenüberstehen, sie ablehnen oder bekämpfen. Tabelle 5.49 zeigt die Einstellung der unterschiedlichen Gruppen.

Die größte Ablehnung von AusländerInnen und AsylbewerberInnen findet sich bei Hooligans und Skinheads, die geringste bei Autonomen und Punks. Dieses Ergebnis war aufgrund der politischen Haltung dieser Gruppen zu erwarten. Insgesamt liegt der Anteil derjenigen, die AusländerInnen (25%) und AsylbewerberInnen (38%) ablehnen, fast doppelt so hoch wie in der Gesamtstichprobe. AsylbewerberInnen werden in allen Gruppen häufiger abgelehnt als AusländerInnen. Offensichtlich wird hier wirklich eine Unterscheidung im Status dieser Gruppen gemacht. Es kann vermutet werden, daß den ostdeutschen Jugendlichen bei ihrer Beurteilung die in den Medien praktizierte Unterscheidung präsent ist, bei der AsylbewerberInnen meist als Asylanten und oft als Scheinasylanten bezeichnet und negativer als sogenannte „Gastarbeiter" dargestellt werden.

Tabelle 5.49

Ausländerfeindlichkeit nach Subkulturzugehörigkeit		
Subkultur	Anteile für "lehne ich ab" und "bekämpfe ich"	
	Asylbewerber	Ausländer
Skinheads	91 %	84 %
Hooligans	83 %	67 %
Organisierte Fußballfans	43 %	23 %
Heavy-Metal-Fans	27 %	14 %
Biker (Rocker)	25 %	15 %
Autonome	12 %	9 %
Punks	5 %	0 %

Die Gründe, die die verschiedenen Gruppen für ihre Ablehnung von AusländerInnen angeben, sind recht unterschiedlich. Skins begründen ihre Ablehnung überwiegend mit Argumenten wie „Deutschland muß deutsch bleiben" und „es sind zu viele". Weiterhin empfinden sie AusländerInnen als KonkurrentInnen am Arbeitsmarkt. Sie sind der Meinung, daß AusländerInnen kriminell sind, und stören sich an dem Anderssein der ausländischen BürgerInnen. Knapp die Hälfte der Hooligans lehnen AusländerInnen ab, indem sie ihre deutschnationale Gesinnung verdeutlichen, z.B. mit: „Deutschland den Deutschen".

Bei den anderen Gruppen überwiegen Klagen über die Konkurrenz um Arbeitsplätze, die große Zahl an AusländerInnen, das Ausnutzen des Sozialstaats und die Kriminalität von AusländerInnen.

Hinsichtlich der Beurteilung von AsylbewerberInnen bleiben Skins dabei, daß Deutschland durch AsylbewerberInnen überfremdet würde und daß es zu viele seien. Dazu kommt hier das Argument des Asylmißbrauchs, wobei genau dieses Wort gebraucht und keine Umschreibung wie z.B. „nutzen uns nur aus" verwandt wird. So stellen auch Schubarth und Stenke fest, daß

„fremdenfeindliche Denk- und Argumentationsmuster Jugendlicher weniger das Ergebnis eigener Auseinandersetzung mit der Problematik als vielmehr die teilweise unreflektierte Reproduktion des politischen Diskurses (sind)." (Schubarth 1993, S. 263)

Hooligans unterscheiden sich hinsichtlich ihrer Ablehnung von AsylbewerberInnen. Fast alle finden, daß AsylbewerberInnen mit dem Asylrecht Mißbrauch treiben und den deutschen Staat ausnutzen. Bei den anderen Gruppen überwiegen die Vorstellungen, daß es zu viele AsylbewerberInnen in Deutschland gibt und sie eine Konkurrenz für die Arbeitsplätze darstellen.

Die Problembelastungen, denen die Jugendlichen persönlich ausgesetzt sind, haben dabei einen Einfluß auf ihre Beurteilung von AusländerInnen und AsylbewerberInnen (vgl. Tabelle 5.50). Je stärker die Subkultur-Jugendlichen mit eigenen Problemen zu kämpfen haben, desto eher lehnen sie AusländerInnen ab oder bekämpfen sie (sig: < 1%). Bei AsylbewerberInnen geht die Tendenz noch eher in die drastischere Richtung des Bekämpfens (sig: < 1%). Familiäre Probleme scheinen dagegen keinen signifikanten Einfluß auf die Einstellung zu AusländerInnen und AsylbewerberInnen bei den Jugendlichen aus den hier untersuchten Subkulturen zu haben.

Tabelle 5.50

Einstellungen zu AusländerInnen (und AsylbewerberInnen) nach Anzahl der persönlichen Probleme bei Subkultur-Jugendlichen				
persönliche Probleme	Einstellung zu Ausländern (Asylbewerbern)			
	sympathisch	egal	Ablehnung	bekämpfen
keine Probleme	20% (8%)	62% (62%)	12% (24%)	6% (6%)
ein bis zwei Probleme	22% (11%)	55% (52%)	18% (33%)	5% (5%)
mehr als zwei Probleme	18% (11%)	25% (25%)	46% (43%)	11% (21%)

In diesem Zusammenhang haben wir auch die Frage gestellt, ob deutsch-nationale Gruppen einmal Kontakt zu den Jugendlichen aufgenommen und, wenn ja, wie die Jugendlichen darauf reagiert haben. Die häufigste Kontaktaufnahme bestätigten Skins (47%). Von den Bikern hatte keiner jemals Kontakt zu einer deutsch-nationalen Gruppe, von den Metallern geben dies lediglich 4% an. Einige derjenigen, die einmal Kontakt zu den Gruppen hatten, haben ihn wieder aufgegeben, darunter auch drei Skinheads. In Tabelle 5.51 sind die bestehenden Kontakte aufgelistet.

Tabelle 5.51

Anzahl / Gruppe	besucht Veranstaltungen	unterstützt Aktionen	liest Schriften	Mitglied einer Gruppe
Aktivitäten derjenigen Jugendlichen, die Kontakt zu deutsch-nationalen Gruppen haben, nach Subkulturzugehörigkeit				
1 Autonomer	X		X	
3 organisierte Fußballfans	X			
3 organisierte Fußballfans			X	
1 Skinhead	X			
2 Skinheads	X	X	X	X
1 Skinhead	X	X		X
1 Skinhead		X		
2 Skinheads			X	
1 Skinhead			X	X
1 Skinhead				X

Ergänzend muß hinzugefügt werden, daß die drei aktivsten Skins auch Flugblätter verteilen und neue Mitglieder werben. Insgesamt sind 16 der Subkultur-Jugendlichen, das sind 5 %, in deutsch-nationalen Gruppen mehr oder weniger aktiv. Dieser Anteil ist etwa fünfmal so hoch wie der der Gesamtstichprobe, was allerdings kein Wunder ist, da sich in der Subkulturauswahl die Skinheads befinden. Rechnet man die Skins aus der Gruppe heraus, gleicht sich der Anteil der in deutsch-nationalen Gruppen aktiven Jugendlichen dem der Gesamtstichprobe weitgehend an.

21 „unserer" Subkultur-Jugendlichen, also 7 %, haben ausländische FreundInnen, bei den Autonomen beträgt die Quote 21 %. Sechs Jugendliche geben an, daß ihre FreundInnen aus den ehemaligen Ostblock-Staaten kommen; bei acht dieser Jugendlichen kommen die ausländischen FreundInnen aus unterschiedlichen Regionen der Welt. Kein einziger von diesen gibt bei der Frage, wie er zu AusländerInnen steht, an, sie abzulehnen oder zu bekämpfen (vgl. Kapitel 5.7). Aber fünf dieser 21 Jugendlichen lehnen AsylbewerberInnen ab, drei mit der Begründung, daß sie den Staat ausnutzen, einem sind es zu viele und einer fühlt sich durch die angebliche Kriminalität der AsylbewerberInnen bedroht.

Einstellung der unterschiedlichen Subkulturen zueinander

Die für diesen Teil des Berichts ausgewählten Gruppen subkultureller Jugendlicher unterscheiden sich stark hinsichtlich ihrer politischen Ausrichtung, weshalb es notwendig ist, ihre Einstellung den jeweils anderen Gruppen gegenüber zu betrachten. In der Praxis der Jugendarbeit mit Subkulturen kommt es immer wieder zu massiven Auseinandersetzungen zwischen rechten und linken Jugendlichen (vgl. Der Spiegel 41/1993), und auch unsere Daten belegen, daß sich rechte und linke Jugendliche keineswegs freundlich gesinnt sind.

Die klarsten Polaritäten bestehen dementsprechend zwischen Autonomen und Punks auf der einen und Hools und Skins auf der anderen Seite. Für diese Gruppen sind jeweils die anderen ein „rotes" Tuch.

Punks und Autonome finden sich gegenseitig überwiegend sympathisch, stehen Bikern und Metallern eher gleichgültig gegenüber und haben ein relativ gespaltenes Verhältnis zu organisierten Fußballfans.

Skins finden Metaller und organisierte Fußballfans noch am häufigsten sympathisch und haben ein sehr unterschiedliches Verhältnis zu Hools. Einem Drittel sind sie egal, jeweils 28 % finden sie entweder sympathisch oder lehnen sie ab. Hools geht es mit Skins fast ebenso. Allerdings können sich Hools gar nicht dazu entscheiden, eine der anderen Gruppen in größerem Umfang sympathisch zu finden. Das unausgewogenste Verhältnis haben sie zu organisierten Fußballfans. Hier reicht die Palette der Antworten von „zähle mich dazu" bis zu „lehne ich ab". Dies liegt sicher in den „Wurzeln" der Hools begründet, die ja zum Teil aus organisierten Fußballfans hervorgegangen sind, sich in ihrer Entwicklung aber immer mehr von diesen abgrenzen und distanzieren.

Für Metaller und Biker zählen Hools und Skins zum Feindbild, also zu denen, die sie ablehnen oder bekämpfen. Gegenseitig finden sie sich entweder sympathisch oder sind sich egal. Ein eher gespaltenes Verhältnis haben beide Gruppen zu Punks. Etwa ein Viertel findet Punks sympathisch, jeweils ein Drittel lehnt sie ab oder steht ihnen gleichgültig gegenüber.

Die organisierten Fußballfans fallen dadurch auf, daß sie alle politisch „extremen" Gruppen ablehnen oder bekämpfen: Skins ebenso wie Punks und Autonome. Hools werden von ihnen ähnlich stark abgelehnt, was damit zusammenhängen kann, daß Hools in Zeitungsberichten und Fernsehsendungen zunehmend in die rechtsradikale Ecke gesteckt und damit politisiert werden. Andererseits bringen Hools durch ihr gewalttätiges Auftreten in Stadien und im Umfeld von Fußballveranstaltungen auch die Kutten in Verruf, da in der Öffentlichkeit oftmals nicht zwischen diesen Gruppen unterschieden wird. Andere Subkulturen sind Kutten überwiegend gleichgültig, richtig sympathisch ist ihnen keine der anderen Gruppen. Allerdings muß nochmals darauf hingewiesen werden, daß sich 14 von ihnen auch der Heavy-Metal-Szene zuordnen.

Auffallend ist insgesamt die häufige Nennung von „bekämpfe ich" zwischen den politischen Extrem-Gruppen. Hier reicht es zur Abgrenzung offensichtlich nicht aus, die andere Gruppe abzulehnen. Bei den anderen Gruppen spielt diese Kategorie eine weitaus geringere Rolle.

Interessant ist auch, wie Durchschnitts-Jugendliche die einzelnen Subkulturen bewerten und zu ihnen stehen. Tabelle 5.52 zeigt die Einstellung aller Jugendlichen, die sich nicht den in diesem Kapitel beschriebenen Subkulturen zugeordnet haben, zu eben diesen Subkulturen.

Tabelle 5.52

Einstellung Jugendlicher zu Subkulturen					
Subkulturen sind Subkultur	sympa- thisch	gleich- gültig	lehne ich ab	bekämpfe ich	kenne ich nicht
Autonome	6 %	28 %	36 %	2 %	28 %
Biker (Rocker)	13 %	46 %	22 %	0,3%	19 %
Hooligans	3 %	15 %	70 %	5 %	7 %
Heavy-Metal-Fans	18 %	51 %	22 %	0,3%	10 %
Org. Fußballfans	26 %	51 %	17 %	0,3%	6 %
Punks	11 %	39 %	41 %	3 %	6 %
Skinheads	4 %	13 %	70 %	9 %	3 %

Die Ergebnisse zeigen deutlich, daß Skins und Hools die „Haßgruppen" unter den jugendlichen Subkulturen sind (vgl. Shell-Studie, Bd. 4, 1992, S. 140). Sie werden am häufigsten bekämpft, am öftesten abgelehnt und am seltensten sympathisch gefunden (vgl. Kühn 1993). Dementsprechend stehen ihnen auch die wenigsten Jugendlichen gleichgültig gegenüber. Am wenigsten polarisiert zwischen Sympathie und Ablehnung stehen die Jugendlichen organisierten Fußballfans, Metallern und Bikern gegenüber. Etwas weniger beliebt sind Autonome und Punks, wobei bei den Autonomen die höchste Rate an „kenne ich nicht" zu verzeichnen ist.

Bei der Beurteilung der Subkulturen durch die „Normal"-Jugendlichen zeigen sich große geschlechtsspezifische Unterschiede. Während die Frauen eine Vorliebe für Autonome und Punks haben, präferieren Männer organisierte Fußballfans, Metaller und Biker. Dies kann damit zusammenhängen, daß Männer eher Motorradfans sind als Frauen und deshalb auch eher Sympathie für diejenigen aufbringen, die Motorrad fahren. Männer sind in der Regel auch die begeisterteren Fußballfans, die eher auf den Sportplatz oder ins Stadion zum Spiel gehen und dort natürlich die Kutten live erleben. Sie wissen, welche Stimmung durch die organisierten Fußballfans in den Stadien herrscht, und finden sie möglicherweise deshalb sehr viel häufiger sympathisch, als dies Frauen tun. Die stärkere Sympathie der Frauen gegenüber Autonomen, besonders aber gegenüber Punks, ist eventuell darauf zurückzuführen, daß der Punk durch seine sehr starke Kommerzialisierung und sein schrilles Outfit inzwischen auch die Mode beeinflußt hat. Auf der anderen Seite ist der Punk eine stark sexualisierte Subkultur, die sich allerdings extrem von der brutalen Männlichkeit, die die Skins darstellen, unterscheidet und daher wahrscheinlich eher für Frauen anziehend ist. In der Ablehnung von Skins und Hools sind sich die Geschlechter relativ einig.

Zusammenfassung

Insgesamt kann festgestellt werden, daß sich die Jugendlichen aus den beschriebenen Subkulturen in ihrem Ausbildungs- bzw. Arbeitsstatus von der Gesamtstichprobe kaum unterscheiden. Unter den Arbeitslosen sind die Subkultur-Jugendlichen jedoch überproportional stark vertreten. Innerhalb der unterschiedlichen Subkulturen ergeben sich allerdings Unterschiede. SchülerInnen sind vor allem bei Bikern und Punks, Lehrlinge sehr stark bei den Hools vertreten. Subkultur-Jugendliche sind in gewerblichen Lehren stark überrepräsentiert.

Sowohl die Subkultur-Jugendlichen als auch ihre Familienmitglieder haben, im Vergleich zur Gesamtstichprobe, sehr häufig Ärger mit der Polizei, wobei allerdings nicht vergessen werden darf, daß die meisten Gruppen auch stärker als „Normal"-Jugendliche der polizeilichen Kontrolle unterstehen. Des weiteren sind die Familien der Subkultur-Jugendlichen durchschnittlich häufiger von Arbeitslosigkeit betroffen als die Familien in der Gesamtstichprobe. Einzig die Biker scheinen ein relativ problemfreies Leben zu führen. Sie liegen in den meisten Bereichen noch unter den Durchschnittswerten der Gesamtstichprobe.

Dagegen unterscheiden sich die Jugendlichen hinsichtlich ihrer Freizeitaktivitäten nur sehr punktuell von den anderen Jugendlichen (natürlich fahren Biker mehr herum und machen mehr Ausflüge und Metaller besuchen häufiger Konzerte als andere). Damit sind auch bei Subkultur-Jugendlichen Musikhören, Fernsehen/Video ansehen, Rumfahren und Rumhängen die zentralen Freizeitaktivitäten.

Die politischen Zuschreibungen der einzelnen Subkulturen in den Medien und teilweise in den wissenschaftlichen Publikationen lassen sich mit unserer Untersuchung belegen. So haben die Skins und Hools unserer Stichprobe ein ausgeprägtes Feindbild gegenüber ausländischen BürgerInnen und AsylbewerberInnen und große Aversionen gegen Autonome und Punks – den linken „Zecken" also. Diese unterscheiden sich dann auch maßgeblich in ihren Ansichten über AusländerInnen von den „Rechten" und erklären diese zu ihren Gegnern.

Dieser Zuschreibung folgen auch die „Normal"-Jugendlichen, für die Hools und Skins die „Haßgruppen" schlechthin sind.

In ihrer Beurteilung des Jugendamts sind Subkultur-Jugendliche distanzierter als die anderen und sehen das Jugendamt häufiger als Kontrollinstanz. Allerdings wird ihre Beurteilung besser, wenn sie schon einmal persönlich Kontakt zum Jugendamt hatten.

5.9 Wie Jugendliche das Jugendamt sehen

Bis heute wurde die Frage, wie das Jugendamt von den Nutzern gesehen wird, praktisch nicht gestellt. Abgesehen von der Untersuchung von Flösser (1994) und einigen Studien zur regionalen Jugendhilfeplanung, wie zum Beispiel in Saarlouis, wurden weder Jugendliche noch Erwachsene danach gefragt, wie sie das Jugendamt beurteilen. Dies verwundert um so mehr, als gerade in den letzten zehn Jahren die Arbeit der Jugendämter von einer Reihe wesentlicher Veränderungen in der Organisation und Konzeption geprägt war. Man denke nur an den Achten Jugendbericht oder an Titel wie „Sozialarbeit zwischen Routine und Innovation" (Otto 1991) und „Perspektivenwandel in der Jugendhilfe?" (Kreft/Lukas 1990). Hinzu kommen grundlegende Einschnitte durch eine neue gesetzliche Grundlage und den Systemumbruch in den neuen Bundesländern. Es mutet einigermaßen seltsam an, daß es genau in dem Bereich, in dem der Dienstleistungscharakter staatlicher Institutionen besonders betont wird, keine umfassende „Marktforschung" gibt.

Gerade für die Konzepte von lebensweltorientierter, präventiver Jugendhilfe, die darauf abzielen, den Kindern, Jugendlichen und ihren Eltern möglichst viele Partizipationsgelegenheiten und Mitbestimmungsrechte zu geben (vgl. § 36 KJHG), ist es wichtig, daß die Jugendämter von diesen als kompetente Instanz wahrgenommen werden, deren vordringlichste Aufgabe in der Hilfe und nicht in der Kontrolle liegt. Eine weitere wichtige Fragestellung ergibt sich aus dem Systemwechsel in den neuen Bundesländern. Wie sehr wirken Assoziationen und Bilder zum überkommenen, sehr stark eingriffsorientierten Jugendhilfesystem der DDR nach? Lassen sich von dem Bild des Jugendamtes in den Köpfen von Jugendlichen nicht auch Antworten auf die Frage nach deren Verhältnis zu staatlichen Institutionen insgesamt ableiten?

Wir haben versucht, mit mehreren Fragen etwas über die Einstellung der Jugendlichen zum Jugendamt und zur Jugendhilfe herauszufinden.

Bevor wir in unserem Fragebogen explizit auf Jugendhilfe und Jugendämter zu sprechen kamen, wurde eine allgemeine, offen gestellte Frage vorgeschaltet, in der wir von den Jugendlichen wissen wollten, welche Einrichtungen und Stellen sie kennen, an die sich Jugendliche um Rat und Hilfe wenden können. Hier nannten 39 % der Jugendlichen das Jugendamt, 12 % das Sozialamt und 13 % die Kirchen. Weiterhin wurden von etwa 20 % der Jugendlichen Einrichtungen genannt, die im weitesten Sinn mit öffentlicher oder freier Jugendhilfe zu tun haben (z.B. Jugendzentren, Beratungsstellen, Mädchenhäuser und Streetwork). Die Ergebnisse zeigen, daß Jugendliche viele Einrichtungen der Jugendhilfe, die sie nutzen bzw. als Hilfeinstanz betrachten, nicht mit der Jugendhilfe in Verbindung bringen.

Die Ergebnisse zeigen weiterhin, daß die Assoziationen der Jugendlichen offensichtlich nicht (mehr) so stark durch die eingriffsorientierte DDR-Jugendhilfe geprägt sind oder aber die Jugendhilfe der ehemaligen DDR von den Jugendlichen im Osten nicht so negativ empfunden wurde, wie es im Westen oftmals angenommen wird.

„Jugendhilfe ist o.k." oder „So tief will ich nicht sinken."

Im letzten Teil unseres Fragebogens wollten wir von den Jugendlichen wissen, was ihnen zu den Begriffen „Jugendhilfe" und „Jugendamt" einfällt. Diese Fragen wurden ebenfalls offen gestellt.

In Tabelle 5.53 wird deutlich, daß die Mehrzahl der Jugendlichen zwischen den Begriffen „Jugendhilfe" und „Jugendamt" zu unterscheiden wissen, auch wenn fast 19% der Jugendlichen „Jugendhilfe" mit „Jugendamt" gleichsetzen. Insbesondere mit dem Begriff „Jugendhilfe" werden Vorstellungen von Hilfe für Jugendliche und ihre Familie verbunden, die Jugendhilfe

„gibt Familien und Kindern sowie Jugendlichen Hilfe und Unterstützung."

Aber auch das Jugendamt weckt bei 40% der Jugendlichen die Vorstellung von Unterstützung. Das Jugendamt

„gibt Jugendlichen Hilfe, die Ärger im Elternhaus haben"

oder

„gibt Hilfe für Jugendliche, die in Not sind".

Wie die Antworten der Jugendlichen in ihrer Gesamtheit zeigen (vgl. Tabelle 5.53), ist es den Jugendämtern in den neuen Bundesländern bis jetzt nicht gelungen, sich bei den Jugendlichen als die Institution zu präsentieren, die die Gesamtverantwortung für die Erfüllung der Aufgaben nach dem KJHG (§ 79) trägt und die für die Erhaltung und Schaffung einer kinder- und familienfreundlichen Umwelt (§ 1 Abs. 3 Nr. 4) zuständig ist. Vielmehr verbinden über 15% der Jugendlichen das Jugendamt mit spezifischen Problemgruppen wie alkoholkranke Jugendliche oder sogenannte

Tabelle 5.53

Was Jugendlichen zur Jugendhilfe / zum Jugendamt einfällt			
Jugendhilfe		Jugendamt	
· Hilfe allgemein	48,0%	· Hilfe allgemein	29,1%
· Jugendhilfe = Jugendamt	18,6%	· nichts	21,2%
· Zuständig für Problemgruppen (z.B. Süchtige, Asoziale, Straffällige, Mißhandelte, Bedürftige)	11,2%	· Zuständig für Problemgruppen	15,4%
· Konkrete Hilfen (Geld, Arbeit, Schule etc.)	6,7%	· staatlich, bürokratisch	10,6%
· nichts	6,1%	· konkrete Hilfen	11,2%
· negatives Image, Kontrollinstanz, nutzlos	3,6%	· negatives Image, Kontrollinstanz, nutzlos	7,6%
· nichtstaatliche Hilfsorganisation	2,8%	· offene Jugendarbeit	1,6%
· wichtig	2,0%	· wichtig	1,2%
· staatlich, bürokratisch	2,0%	· Jugendamt = Jugendhilfe	0,8%
· offene Jugendarbeit	1,5%	· nichtstaatliche Hilfsorganisation	0,4%
· sonstiges	2,9%	· sonstiges	2,5%

„Asoziale". Auch Flösser kommt in ihrer Erhebung in Nordrhein-Westfalen zu dem Ergebnis daß es zu dem Begriff „Jugendhilfe" zwei dominante Konnotationen gibt: Die Betonung des Hilfeaspekts und Formulierungen, die einen starken Problembezug herstellen (Flösser 1994, S. 55).

Mehr als einem Fünftel der Jugendlichen fällt zu dem Begriff „Jugendamt" gar nichts ein, weitere 10% verbinden mit dem Jugendamt ausschließlich formale Begriffe wie „Das ist eine staatliche Einrichtung" oder „Dort arbeiten Beamte". Das Jugendamt wird doppelt so häufig wie die Jugendhilfe als etwas allgemein Negatives gesehen (siehe Tabelle 5.53). Ihre negative Einstellung zum Jugendamt drücken die Jugendlichen mit Kommentaren aus wie

„Hoffentlich sind mir solche Einrichtungen erspart!",
„war früher nichts und ist heute nichts",
„Angstzustände bei Erwähnung des Wortes",
„Bestrafung hilfesuchender Jugendlicher",
„sollte Jugendlichen helfen, macht aber das Gegenteil" oder
„entscheidet gegen Jugendliche".

Außerdem sollten die Jugendlichen verschiedene Statements zum Jugendamt anhand einer fünfstufigen Skala beurteilen. Zu der offenen Frage nach dem Jugendamt ist 21% der Jugendlichen gar nichts eingefallen, und durchschnittlich über 40% der Jugendlichen sehen sich nicht in der Lage, die vorgegebenen Einschätzungen über das Jugendamt zu beurteilen (vgl. Tabelle 5.54). Hier gibt es einen auffälligen Unterschied zu den Ergebnissen von Flösser: Bei der von ihr durchgeführten Untersuchung war der Begriff „Jugendhilfe" deutlich unbekannter als der Begriff „Jugendamt". Ein Viertel der Befragten hatte keine Assoziationen zu „Jugendhilfe" (Flösser 1994, S. 51).

Aus Tabelle 5.54 wird ersichtlich, daß die Mehrheit der Jugendlichen, die die Statements über das Jugendamt beurteilen, den helfenden Aspekt in den Vordergrund stellt. Dabei liegt die Betonung auf Hilfe für besondere Problemgruppen, nämlich für Kinder aus „kaputten" Familien. Fast 20% der Jugendlichen sehen in den MitarbeiterInnen des Jugendamts Bürokraten, die wenig über Jugendliche wissen, 19% finden es schlimm, beim Jugendamt bekannt zu sein, 22% glauben, daß die Jugendämter die Kinder in Heime stecken, und 17% haben den Eindruck, daß von den Jugendämtern viel versprochen und wenig gehalten wird.

Eine eher positive Einstellung gegenüber dem Jugendamt haben diejenigen Jugendlichen, die schon einmal in Kontakt mit dem Jugendamt standen (sig: < 1%). Eine negative Einstellung zum Ju-

Tabelle 5.54

Das Jugendamt aus der Sicht der Jugendlichen					
	trifft voll zu	trifft eher zu	trifft eher nicht zu	trifft gar nicht zu	nicht beurteilen
- Zuständig für Kinder aus kaputten Familien	33,1%	36,4%	4,1%	2,2%	24,1%
- Jugendliche bekommen dort Hilfe	29,9%	38,2%	6,5%	2,7%	22,7%
- Helfen alleinerziehenden und jungen Frauen	20,6%	33,4%	5,7%	2,9%	37,3%
- Helfen Jugendlichen, die mit der Polizei Ärger haben	13,9%	32,9%	7,5%	3,6%	41,1%
- Bürokraten, die von Jugendhilfe keine Ahnung haben	6,9%	12,4%	17,3%	11,3%	52,0%
- So schlimm, wie bei der Polizei bekannt zu sein	5,9%	11,8%	20,6%	21,5%	40,3%
- Versprechen viel, tun nichts	5,5%	11,5%	16,3%	7,3%	59,5%
- Stecken Kinder in Heime	4,9%	18,2%	19,6%	15,6%	41,7%
- Machen Freizeitangebote für Kinder	3,5%	12,7%	16,4%	16,1%	51,2%
- Wollen aus Jugendlichen nur Spießbürger machen	3,4%	9,8%	21,9%	20,5%	44,4%

gendamt haben dagegen die Jugendlichen, die mehrere familiäre Probleme angegeben haben. Erwerbstätige und arbeitslose Jugendliche haben ebenfalls ein eher negatives Bild von den Jugendämtern. Aber weder regionale Bedingungen noch das Alter oder Geschlecht haben nach unseren Ergebnissen einen Einfluß auf die Beurteilung des Jugendamtes.

Das Verhältnis der Jugendlichen zum Jugendamt erscheint nach unseren Ergebnissen zwiespältig. Während Jugendhilfe noch überwiegend positiv besetzt ist, nur 3,6 % etwas Negatives damit verbinden und 2 % das Stichwort „Bürokratie" dazu einfällt, halten immerhin 10,6 % der Jugendlichen das Jugendamt für bürokratisch und 7,6 % für eine kontrollierende, negative Institution. Dem Engagement der JugendamtsmitarbeiterInnen in den neuen Bundesländern ist es wohl zu verdanken, daß die Jugendlichen, die schon einmal mit dem Jugendamt in Kontakt standen, dieses besser bewerten als die anderen Jugendlichen.

Dieses relativ positive Bild, das die Jugendlichen vom Jugendamt haben, wird sowohl dadurch abgeschwächt, daß ein Fünftel der Jugendlichen mit diesem Begriff überhaupt nichts anfangen kann, als auch dadurch, daß viele Jugendliche immer noch glauben, Jugendämter seien nur für eine spezielle Klientel (z.B. süchtige, kriminelle, bedürftige Jugendliche) zuständig. Dies zu ändern, bedarf es noch großer Anstrengungen auf seiten der Jugendhilfe – insbesondere dann, wenn sich Jugendhilfe als Dienstleistungsangebot für alle Jugendlichen verstehen will. Die relativ positive Besetzung von Jugendhilfe und Jugendamt als Hilfeinstanz wird dann marginal, wenn der Jugendhilfe gleichzeitig von seiten der Jugendlichen eine Zuständigkeit für eine bestimmte Klientel zugeschrieben wird.

5.10 Zusammenfassung: Jugendstudie

In diesem Kapitel werden wir versuchen, aus den vielen Einzelergebnissen der repräsentativen Jugendbefragung die Lebensverhältnisse der 16- bis 19jährigen Jugendlichen in den neuen Bundesländern in groben Zügen nachzuzeichnen.

Antizipierte oder tatsächliche Arbeitslosigkeit ist eines der größten Probleme für die Jugendlichen in den neuen Bundesländern. Die starken Ängste der von uns befragten Jugendlichen vor Arbeitslosigkeit zeigen, daß die Integration in das Arbeitsleben einen hohen Stellenwert für die Jugendlichen hat. Am Beispiel der SchülerInnen läßt sich zeigen, daß die Erosion von Strukturzusammenhängen in Ostdeutschland zu Verunsicherungen und Orientierungsproblemen geführt hat und von der überwiegenden Mehrzahl als Belastung empfunden wird. Vor höhere Anforderungen gestellt fühlen sich vor allem die GymnasiastInnen. Konkurrenzkampf unter den MitschülerInnen und Probleme mit schlechten Noten betreffen vor allem die HauptschülerInnen. Der Übergang von der Schule in die berufliche Ausbildung ist wesentlich risikoreicher und unübersichtlicher geworden. Mehr als ein Drittel der SchülerInnen ist unsicher, was sie mit dem eigenen Schulabschluß auf dem Arbeitsmarkt anfangen können. Für die HauptschülerInnen trifft dies sogar auf die Hälfte der Befragten zu. Für knapp ein Drittel der Haupt- und SonderschülerInnen hat die schulische Ausbildung überhaupt keinen Wert auf dem Arbeitsmarkt.

Angst, nach der Schulzeit keine Lehrstelle bzw. keinen Arbeitsplatz zu finden, haben 43 % der befragten SchülerInnen. Besonders Haupt- und SonderschülerInnen haben diese Befürchtungen.

4,5 % aller befragten Jugendlichen sind arbeitslos. Das entspricht einer Quote von 9 %, da die SchülerInnen dem Arbeitsmarkt nicht zur Verfügung stehen. 42 % der arbeitslosen Jugendlichen unserer Stichprobe bekommen Arbeitslosengeld bzw. Arbeitslosenhilfe, so daß die Hälfte von ihnen über keine eigenen Einnahmen verfügt und von den Eltern finanziell abhängig ist. Schon relativ kurze Zeiten der Arbeitslosigkeit führen bei den befragten Jugendlichen zu den klassischen Folgen: Verlust von Selbstwert, Gefühl der Isolation und gesellschaftliches Ausgegrenztsein bei gleichzeitiger Verringerung der persönlichen Kontakte. Eigene oder familiäre Arbeitslosigkeit wird dabei häufig als Problem empfunden, „bei dem einem keiner helfen kann", „mit dem man allein fertig werden muß".

Arbeitslosigkeit aber ist kein spezielles Jugendproblem, wie auch unsere Untersuchungsergebnisse deutlich zeigen. Fast die Hälfte der befragten Jugendlichen berichtet über Familienmitglieder, die in den letzten zwei Jahren arbeitslos geworden sind. Dies ist einer der Gründe, warum die Familie ihre Funktion als stützende Instanz immer seltener erfüllen kann.

Jugendarbeitslosigkeit ist Teil eines gesamtgesellschaftlichen Problems, dessen „Bearbeitung" nicht allein im Aufgabenbereich der Jugendhilfe liegt. Die Möglichkeiten, die der Jugendhilfe in diesem Bereich zur Verfügung stehen (z.B. im Rahmen von Jugendberufshilfe), sind vergleichsweise gering, die finanziellen Möglichkeiten eingeschränkt. Jugendhilfe kann keine dauerhaften Arbeitsplätze für Jugendliche schaffen. Meistens beschränkt sie sich darauf, die Arbeitslosigkeit individuell erträglicher zu machen. Der Ansatzpunkt „konkrete Einzelfallhilfe" faßt angesichts eines übergreifenden strukturellen Problems wie Arbeitslosigkeit zu kurz und führt langfristig zu keiner Verbesserung der Situation. Jugendhilfe sollte vielmehr den im § 1 Abs. 3 Satz 4 KJHG formulierten Auftrag zur Schaffung positiver Lebensbedingungen Jugendlicher ernst nehmen und in regionalen und überregionalen Kontexten bei Politik und Wirtschaft auf eine Verbesserung der Lebensbedingungen, d.h. auch auf die Schaffung von neuen Ausbildungs- und Arbeitsplätzen, drängen. Eine weitere Aufgabe der Jugendhilfe, insbesondere auch der Jugendarbeit, muß sein, Jugendlichen zu helfen, sich in der für sie neuen Phase des Auswählens unterschiedlicher Berufswege, -zugänge und eventueller beruflicher Umwege zurechtzufinden. Die Jugendhilfe sollte eine der möglichen Ressourcen für Jugendliche sein, die ihnen helfen, die Erfahrungen von Diskontinuität und berufsbiographischen Brüchen konstruktiv zu bearbeiten und sie als Bestandteil einer modernen Normalbiographie zu akzeptieren.

Ebenfalls zentral für die Lebensgestaltung der Jugendlichen sind die Realisierungsmöglichkeiten ihrer Freizeitwünsche. Das bei der Mehrzahl der 16- bis 19jährigen im Vordergrund stehende Bedürfnis nach Entspannung und „Berieselung" in der Freizeit läßt sich als ein eher resignatives Selbstkonzept interpretieren. Man kann mit Jerusalem und Schwarzer auch von einer emotionsorientierten Bewältigung schwieriger Lebensbedingungen sprechen, die auf „eine Verbesserung der emotionalen Befindlichkeit" (Jerusalem/Schwarzer 1989, S. 308) zielen. „So dienen Alkoholkonsum, Fernsehen oder die Nichtbeachtung bzw. Leugnung eines Problems etwa oft nur der Erhaltung bzw. Wiederherstellung des emotionalen Wohlbefindens." (ebd.)

Die Beteiligung Jugendlicher in selbstorganisierten Formen der Jugendarbeit zeigt, daß die Bereitschaft, sich regional zu engagieren, durchaus vorhanden ist. Wie unsere Befragung von Jugendverbänden und Initiativen ergeben hat, sind die Jugendlichen zunehmend frustriert, weil sich ihre Vorstellungen von aktiver Gestaltung ihrer lokalen Umgebung nicht verwirklichen lassen. Bürokratischer Verwaltungsaufwand, kurzfristige Finanzierungen und das Diktat der Finanzierungsrichtlinien hinsichtlich der inhaltlichen Arbeit führen nach unseren Ergebnissen dazu, daß die Motivation und die Bereitschaft Jugendlicher, sich für ihre Belange einzusetzen, abnimmt.

Die Bereitstellung von Räumlichkeiten für Jugendliche ist nach unseren Ergebnissen eine der wichtigsten Aufgaben offener Jugendarbeit. JugendarbeiterInnen stellen mögliche GesprächspartnerInnen für Probleme und Konflikte Jugendlicher dar. Gefragt sind in diesem Zusammenhang GesprächspartnerInnen, die Hilfestellung geben und Möglichkeiten zur Verarbeitung oder Lösung von Problemen aufzeigen. JugendarbeiterInnen leisten social support, d.h. sie vermitteln Alltagswissen und Kontakte zu Institutionen, die Jugendliche sonst eher ausgrenzen. Eine Voraussetzung dafür, daß Jugendliche SozialarbeiterInnen als potentielle Hilfepersonen anerkennen, ist ein Vertrauensverhältnis zwischen ihnen, das gerade bei problembelasteten Jugendlichen nur schwer aufzubauen ist. Die in der Jugendarbeit und Jugendsozialarbeit oftmals nur kurzfristigen Arbeitsverträge der SozialarbeiterInnen, die eine hohe Personalfluktuation zur Folge haben und von allen Trägern der Jugendhilfe kritisiert werden, wirken sich kontraproduktiv aus. Vertrauensverhältnisse können unter solchen Bedingungen nicht aufgebaut werden.

Die Vorstellungen der Jugendlichen über erwünschte Angebote in Jugendklubs lassen darauf schließen, daß die gängigen und von politischer Seite oft geforderten pädagogischen „Beschäftigungskonzepte" der Jugendarbeit, die SozialarbeiterInnen dazu anhalten, etwas „Sinnvolles" mit den Jugendlichen zu machen, überdacht werden müssen. Worum es den Jugendlichen nach unseren Daten hauptsächlich geht, sind Räume, wo sie sich ungestört mit Gleichaltrigen treffen können, wo sie Kontakte knüpfen können und die Möglichkeit haben, auszuspannen, zu tanzen, Musik zu hören und gemeinsam Spaß zu haben. Auch noch vier Jahre nach der Wende werden die Freizeitmöglichkeiten und vorhandenen Treffpunkte von den Jugendlichen sehr viel schlechter als zu DDR-Zeiten beurteilt. Erst langsam, nicht zuletzt durch die sich etablierenden freien Träger, werden neue Jugendzentren eröffnet. Leider befinden sich die Räumlichkeiten vorhandener Jugendklubs immer noch in einem katastrophalen baulichen Zustand (vgl. Gawlik/Seckinger 1993). Trotzdem läßt sich bei der Mehrzahl der Jugendlichen keine DDR-Nostalgie mit „Sehnsucht" nach der FDJ oder den Zirkeln feststellen.

Die Fragen nach den Problemen, mit denen sich die 16- bis 19jährigen Jugendlichen im Alltag auseinandersetzen müssen, haben gezeigt, daß die überwiegende Mehrzahl der Jugendlichen, sieht man einmal von den großen Schwierigkeiten bei dem Übergang von Ausbildung in den Beruf ab, relativ unbeschwert lebt. Aber auch Kumulationseffekte werden deutlich erkennbar: Jugendliche, die sich bereits aufgrund ihrer Arbeitslosigkeit in einer sehr schwierigen Lebenssituation befinden, sind, wie in Kapitel 5.5 dargestellt, in besonderem Maße von einer Vielzahl von Problemen betroffen. Eine andere Gruppe von Jugendlichen, die mit einer Anhäufung verschiedenster Probleme konfrontiert ist, ist die, die unter gewalttätigen Auseinandersetzungen in der Familie zu leiden hat.

Die Analyse des Hilfesuchverhaltens der Jugendlichen hat ergeben, daß sich nur eine Minderheit von Jugendlichen an verschiedene Mitglieder in ihrem Netzwerk wendet, wenn sie Unterstützung und Hilfe bei der Lösung ihrer Probleme suchen. Der Anteil der Jugendlichen, die, entweder weil sie sich von niemandem Hilfe erwarten oder weil sie andere nicht auch noch mit ihren Problemen belasten wollen, niemanden um Hilfe oder Unterstützung fragen, ist sehr hoch. Die Gleichwertigkeit von Eltern und peer-group als Gesprächspartner und „Anlaufstelle" bei Problemen wird in unserer Befragung deutlich. Aufgrund des von uns gewählten methodischen Vorgehens ist es nicht möglich, die von Frey und Röthlisberger festgestellten Unterschiede, wann Familienmitglieder und wann Freunde zur Hilfe herangezogen werden, zu bestätigen. Frey und Röthlisberger kommen zu dem Ergebnis, daß in Krisensituationen die Unterstützung bei den Eltern und zur Bewältigung von Alltagsproblemen diese bei Mitgliedern der peer-group gesucht wird (Frey/Röthlisberger 1994). Die Unterschiedlichkeit der Netzwerke von Frauen und Männern ließ sich von uns im Hinblick auf die Frage „Bei wem suche ich mir Hilfe?" bestätigen. So wenden sich junge Frauen öfters an ihre FreundInnen als junge Männer. Diese wiederum zeigen eine größere Hemmschwelle, mit jemandem über ihre Probleme zu reden. Professionelle HelferInnen werden nur von einer Minderheit der Jugendlichen in Anspruch genommen. Dieses Ergebnis ist nun aber kein Hinweis darauf, daß professionelle Unterstützungsysteme und -angebote in der Fachdiskussion in ihrer Bedeutung überschätzt werden, denn die Minderheit von Jugendlichen, die sich professionelle Unterstützung sucht, befindet sich in der Regel in einer sehr prekären Lebenslage und ist dringendst auf fachliche Unterstützung angewiesen.

Für die Beantwortung der Fragen, wer wann und warum professionelle Hilfe nachfragt, ist es von entscheidender Bedeutung zu wissen, wie die Jugendlichen die Jugendhilfe im allgemeinen und das Jugendamt im besonderen wahrnehmen. Dies ist gerade für die präventive Arbeit von herausragender Bedeutung. Nur ein sehr geringer Anteil von Jugendlichen verbindet mit den Begriffen Jugendhilfe und Jugendamt etwas Negatives, Kontrollierendes. Jugendhilfe wird am häufigsten als allgemeine Hilfeinstanz begriffen. Interessant ist weiterhin, daß Jugendliche, die schon mit dem Jugendamt Kontakt haben, dieses positiver bewerten. Ein Fünftel der Jugendlichen hat keinerlei Assoziationen zu den Begriffen Jugendamt und Jugendhilfe, was das positive Bild der Jugendhilfe relativiert. Ein weiterer Faktor schränkt die auf den ersten Blick erfreuliche Einschätzung der Jugendhilfe und Jugendämter als „Institutionen", die für Jugendliche da sind, ein. Sehr viele Jugendliche beschränken die Zuständigkeit der Jugendämter auf sogenannte „Problemjugendliche". Diese Zuschreibung verringert erheblich die Erfolgsaussichten präventiver Arbeit durch das Jugendamt, denn diese erfordert geradezu die Akzeptanz der Angebote durch die Jugendlichen, die sich (noch) nicht als Problemjugendliche sehen.

Erstaunlich viele Jugendliche unserer Untersuchung ordnen sich Subkulturen zu. Natürlich gab es auch in der ehemaligen DDR subkulturelle Gruppen, insbesondere Heavy-Metal-Fans, Punks und Skins (vgl. Kap. 5.8). Da es sie aber offiziell nicht geben durfte, lebten sie ihre subkulturelle Identität eher im verborgenen aus. Eine gewisse Nische für subkulturelle Jugendliche boten die Kirchen, die somit einen völlig anderen Stellenwert innerhalb der Jugendkultur hatten als im Westen. Unsere Untersuchung zeigt, daß auch heute noch prozentual mehr Autonome in kirchlichen Jugendgruppen aktiv sind als „Normal"-Jugendliche.

Fraglich ist, ob die Transformation der DDR zu einer marktwirtschaftlich verfaßten Dienstleistungsgesellschaft auch zu einer allgemeinen Individualisierung und Pluralisierung von Lebensstilen (vgl. Beck 1986) führen wird. Wahrscheinlicher ist eine geschlechts-, schicht- und bildungsspezifische Abhängigkeit von Individualisierungs- und Pluralisierungsprozessen, wie Meier (1994) ausführt. Aufgabe der Jugendhilfe ist es, die daraus entstehenden sozialen Ungleichheiten zu beseitigen und für positive Entwicklungschancen von Kindern und Jugendlichen zu sorgen.

Jugendhilfe in den neuen Bundesländern bedeutet daher auch einen Aufbau von neuen Arbeitsfeldern zur Bewältigung des Übergangs in ein anderes Gesellschaftssystem. Die Lebensverhältnisse von Kindern, Jugendlichen und ihren Familien haben sich verändert. Partizipation wird ein Schlüsselwort für die weitere Entwicklung von Jugendhilfe sein. An der Umsetzung dieses zentralen Elements der oft beschworenen Dienstleistungsorientierung wird sich die Jugendhilfe in der nächsten Zeit messen müssen. Die Verwendung des Begriffs der Dienstleistungsorientierung in sozialpädagogischen Zusammenhängen macht keinen Sinn, wenn darunter nur Konzepte zur Steigerung der Bürgerfreundlichkeit im Sinne von Servicebereitschaft und Angebots- und Informationspolitik verstanden werden (vgl. Ziebarth 1994). Erst durch die Partizipation von Kindern und Jugendlichen entstehen lebensweltnahe Angebote. Durch die Beteiligung der Träger und Initiativen, die auf der institutionellen Ebene von Kindern und Jugendlichen artikulierte Interessen vertreten, an der Jugendhilfeplanung und durch ihre Vernetzung und Zusammenarbeit, z. B. an runden Tischen, können bedarfsgerechte und bürgernahe Hilfen entstehen. Ansonsten besteht die Gefahr, daß soziale Dienste eher zu einer „Anpassung an das Gegebene" (ebd.) führen.

Literatur

Albrecht, Peter-Alexis: Jugendstrafrecht. München 1987
Alex, Lazlo: Bildungsabsichten von Schülern in den neuen Bundesländern. Berufsbildung in Wissenschaft und Praxis, 1993, 3, S. 22–26
Amtliche Nachrichten der Bundesanstalt für Arbeit (Hrsg.): 1992, 9, S. 1492
Amtliche Nachrichten der Bundesanstalt für Arbeit (Hrsg.): 1993, 11, S. 100
Amtliche Nachrichten der Bundesanstalt für Arbeit (Hrsg.): 1994 (a), 3, S. 395
Amtliche Nachrichten der Bundesanstalt für Arbeit (Hrsg.): 1994 (b), Sondernummer Mai
Andresen, Volker/Böhm, Sigrid/Jutzi, Klaus/Zastrow, Friedhard: Subjektive Bewältigungsstrategien jugendlicher Arbeitsloser und mögliche Konsequenzen für sozialpädagogische Intervention im kommunalen Bereich. Fachhochschule Kiel 1988
Appenheimer, Peter: ErzieherIn und Kind/Jugendlicher in der Heimerziehung. Jugendhilfe, 1992, 3, S. 116–119

Baacke, Dieter: Jugend und Jugendkultur. München 1987
Backhaus-Maul, Holger/Olk, Thomas: Intermediäre Organisationen als Gegenstand sozialwissenschaftlicher Forschung. Theoretische Überlegungen und erste empirische Befunde am Beispiel des Aufbaus von intermediären Organisationen in den neuen Bundesländern. In: Schmähl, Winfried (Hrsg.): Sozialpolitik im Prozeß der deutschen Vereinigung. Frankfurt/M. 1992
Baethge, Martin: Erwerbstätige Jugendliche. In: Markefka, Manfred/Nave-Herz, Rosemarie (Hrsg.): Handbuch der Familien- und Jugendforschung. Neuwied 1989, S. 465–482
Baethge, Martin/Hantsche, Brigitte/Pelull, Wolfgang/Voskamp, Ulrich: Jugend: Arbeit und Identität. Lebensperspektiven und Interessenorientierungen von Jugendlichen. Opladen 1988
Barth, Ariane: „Sonst hole ich dein Auge raus". Der Spiegel, 1992, 42, S. 52–61
Beck, Ulrich: Risikogesellschaft. Auf dem Weg in eine andere Moderne. Frankfurt/M. 1986
Becker, Peter: Alkohol und action. In: Gehrmann, Thomas: Fußballrandale. Essen 1990, S. 151–174
Behnken, Imbke u.a.: Schülerstudie '90. Jugendliche im Prozeß der Vereinigung. München 1991
Bertram, Barbara: Lehrlinge in der Berufsausbildung, ZIJ-Manuskript. Leipzig 1984
Bertram, Hans/Bayer, Hiltrud/Bauereiß, Renate: Familienatlas: Lebenslagen und Regionen in Deutschland. Opladen 1993
Beschäftigungsobservatorium Ostdeutschland: Arbeitsmarktentwicklung und Arbeitsmarktpolitik in den neuen Bundesländern, Mai 1994, 11
Blandow, Jürgen: Heimerziehung in den 80er Jahren. Materialien und Einschätzungen zur jüngeren Entwicklung der Heimerziehung. In: Peters, F. (Hrsg.): Jenseits von Familie und Anstalt – Entwicklungsperspektiven in der Heimerziehung. Bielefeld 1988, S. 28ff
Böhnisch, Lothar: Der Sozialstaat und seine Pädagogik. Darmstadt 1982
Böhnisch, Lothar/Bretschneider, Harald/Wolf, Barbara/Schmidt, Rolf (Hrsg.): Gesellungsformen Jugendlicher und Gewalt. Gesellungsstudie des Sächsischen Jugendring e.V. (o.J.). Manuskript

Böhnisch, Lothar/Funk, Heide: Grundprobleme sozialer Hilfe im ländlichen Raum. In: Bönisch, Lothar/Funk, Heide/Huber, Josef/Stein, Gebhard (Hrsg.): Ländliche Lebenswelten. Fallstudien zur Landjugend. München 1991

Borg, Ingwer/Staufenbiel, Thomas: Theorien und Methoden der Skalierung. Eine Einführung. Bern 1992

Borhau, Brigitte/Krah, Georg: Prävention von Ausbildungs- und Berufsnot junger Menschen. Jugend Beruf Gesellschaft, 1994, 1, S. 46–52

Bothmer, Henrik von: Jugendsozialarbeit in der Bundesrepulik: Herausforderungen und Perspektiven. Sozialpädagogik, 1994, 1

Bott, Dieter/Hartmann, Gerold: Die Fans aus der Kurve. Frankfurt/M. 1986

Braasch, Sönke: „Sich als Deutsche fühlen". Jugendpolitik, 1991, 3, S. 10–12

Brabender, Annette: Wenn Steine Flügel kriegen. Münster 1983

Braun, Frank/Lex, Tilly/Schäfer, Heiner/Zink, Gabriela: Öffentliche Jugendhilfe und Jugendberufshilfe. Jugend Beruf Gesellschaft, 1993, 4, S. 182-187

Brenner, Gerd: An den Schulen braut sich einiges zusammen. deutsche jugend, 1993, 1, S. 203–205

Brenner, Gerd: Gesamtdeutsche Jugendverbände? deutsche jugend, 1990, S. 383–394

Brück, W.: Skinheads im Meinungsbild Jugendlicher. ZIJ-Manuskript. Leipzig 1988 (a)

Brück, W.: Das „Skinhead-Phänomen" aus jugendkriminologischer Sicht. ZIJ-Manuskript, Leipzig 1988 (b)

Brunner, Rudolf: Jugendgerichtsgesetz. Berlin 1978

Bülow, Albrecht v.: Heimerziehung in der Bundesrepublik Deutschland. München 1987

Bürger, Ulrich/Lehning, Klaus/Seidenstücker, Bernd: Heimunterbringungsentwicklung in der Bundesrepublik Deutschland. Theoretischer Zugang, Datenlage und Hypothesen. ISS Frankfurt/M. 1994

Bundesanstalt für Arbeit (Hrsg.): Ausbildungsstellenmarkt Ost. Berufsberatung 1993/94. Nürnberg. Februar 1995

Bundesarbeitsgemeinschaft der Freien Wohlfahrtspflege (Hrsg.): Die Spitzenverbände der Freien Wohlfahrtspflege – Aufgaben und Finanzierung. Freiburg 1985

Bundesarbeitsgemeinschaft der Freien Wohlfahrtspflege (Hrsg.): Die Freie Wohlfahrtspflege im Spiegel der Öffentlichkeit. Bonn 1993

Bundesministerium für Bildung und Wissenschaft (Hrsg.): Berufsbildungsbericht. Bonn 1990

Bundesministerium für Jugend, Familie, Frauen und Gesundheit (Hrsg.): Achter Jugendbericht. Bonn 1990

Bundesministerium für Familie und Senioren (Hrsg): Familien und Familienpolitik im geeinten Deutschland – Zukunft des Humanvermögens. Bonn 1994

Bundesministerium für Frauen und Jugend: KABI, Nr. 17, 13. Mai 1994

Christie, Gerhard: Aspekte der Lebenswelt arbeitsloser Jugendlicher in einer ländlichen Region. Zeitschrift für Sozialisationsforschung und Erziehungssoziologie, 1989, 9, S. 41–57

Colla, Herbert: Heimerziehung. München 1981

Collingro, Peter/Menkel, Günter: Ausbildung und berufliche Qualifizierung als gemeinsames Leistungsangebot der Bundesanstalt für Arbeit und der Jugendhilfe im Jugendaufbauwerk Berlin. Jugend Beruf Gesellschaft, 1993, 4, S. 201–204

Conen, Marie-Luise: Elternarbeit in der Heimerziehung. Frankfurt/M. 1990

Damm, Diethelm/Eigenbrodt, Jörg/Hafeneger, Benno: Jugendverbände in der Bundesrepublik Deutschland. Neuwied 1990

Damm, Diethelm: Modellversuch Vernetzung und Beratung selbstorganisierter Initiativen im Jugendhilfebereich mit Schwerpunkt in Hessen und Thüringen. Zweiter Zwischenbericht der wissenschaftlichen Begleitung. 1993

Damm, Diethelm: Brauchen wir noch Jugendarbeit?. In: Janig, Herbert/Hexel, Peter C./Luger, Kurt/Rathmayer, Bernhard (Hrsg.): Schöner Vogel Jugend. Linz 1988, S. 497–508

Damm, Diethelm: Jugendarbeit in selbstorganisierten Initiativen. Praxiserfahrung und Konzeptentwicklung. München 1993a

Damm-Rüger, Sigrid: Frauenerwerbstätigkeit und Frauenausbildung. Berufsbildung in Wissenschaft und Praxis, 1993, 2, S. 3–7

Dane, Thomas/Wahser, Richard: Vorrang freier Träger. Staatlicher Dirigismus und seine Grenzen – Beispiel Hamburg. Blätter der Wohlfahrtspflege, 1991, 1, S. 29–31

Davids, Sabine: Junge Erwachsene ohne anerkannte Berufsausbildung in den alten und neuen Bundesländern. Berufsbildung in Wissenschaft und Praxis, 1993, 2, S. 11–16

Deimer, Klaus: Wohlfahrtsverbände und Selbsthilfegruppen – Plädoyer für eine Kooperation bei der Leistungserstellung. Volkswirtschaftliche Diskussionsreihe. Institut für Volkswirtschaftslehre der Universität Augsburg, 1991

Deininger, Dieter: Einrichtungen der Jugendhilfe in den neuen Ländern und Berlin-Ost 1991. Wirtschaft und Statistik, 1993, 4, S. 292–300

Der Spiegel: „Haste mal 'ne Million?", 1994, 14, S. 216–218

Der Spiegel: „Die rasten einfach aus", 1992, 42, S. 36–49

Der Spiegel: „Die Realität ist einfach anders", 1992, 15, S. 113f.

Der Spiegel: „Zecken im Fascho-Haus", 1993, 41, S. 46–53

Der Spiegel: „Kinder haften für ihre Eltern", 1992, 14, S. 44–59

Der Spiegel: „Weinen für Deutschland", 1994, 15, S. 18–22

Der Spiegel: „Party bis zum Einsargen", 1993, 24, S. 18–23

Der Spiegel: „Reges Leben", 1994, 12, S. 93–94

Der Spiegel: „So fördern wir die Mafia", 1994, 4, S. 61–62

Der Spiegel: „Der Fall sprengt die Grenzen", 1994, 7, S. 75f.

Der Spiegel: „Wo lernt man das denn?", 1994, 3, S. 70–74

DIE ZEIT: „Als der Kämmerer das Loch entdeckte", 1993, Nr. 40, S. 22

DJI (Hrsg.): Codebuch Pop '87. München/Leipzig 1992

DJI (Hrsg.): Entwicklungsbedingungen und -perspektiven der Jugendhilfe der früheren DDR. München. Herbst 1990

Doblhofer, Hannes/Seiser, Wolfgang: Einige Leitideen der Supervisorenausbildung 1987 am Institut für Heimerziehung. Information zur Bildung und Fortbildung für Erzieher und Sozialarbeiter, 1987, 4, S. 5–14

Ehrhardt, Gisela: Bewältigungsstrategien von Arbeitslosigkeit im Verlauf. In: Kieselbach, Thomas/Vogt, Peter: Systemumbruch, Arbeitslosigkeit und individuelle Bewältigung in der Ex-DDR. Weinheim 1992, S. 199–216

Essinger, Helmut/Graf, Jochen: Interkulturelle Erziehung als Friedenserziehung. Interkulturelle Erziehung 1984

Evers, Adalbert: Megatrends im Wohlfahrtsmix. Soziale Dienstleistungen zwischen Deregulierung und Neugestaltung. Blätter der Wohlfahrtspflege, 1992, 1, S. 3–7

Farin, Klaus/Seidel-Pielen, Eberhard: Skinheads. München 1993

Felber, Holm: Jugendberufshilfe im Osten. Werkstattbericht DJI 1992

Felber, Holm: Zukunftsmodelle bauen! Jugend Beruf Gesellschaft, 1993, 4, S. 178–182

Felber, Holm/Gabriel, Gabriele: Fehlstart in den Beruf? Anmerkungen zur „Arbeitsweltbezogenen Jugendsozialarbeit". DISKURS 1993, 2, 1993, S. 36–44

Felber, Holm: DDR-Rockmusik und DDR-Jugend. Teil I, ZIJ-Manuskript. Leipzig 1988
Festinger, Leon: Theorie der kognitiven Dissonanz. Stuttgart 1978
Fischer, Andreas: Das Bildungssystem der DDR. Darmstadt 1992
Fischer, Cornelia: „Skinpower Germany: mein Leben ist aufregender". In: Jugendwerk der Deutschen Shell, Jugend '92. Lebenslagen, Orientierungen & Entwicklungsperspektiven im Vereinten Deutschland, 1993, Band. 1, S. 141ff.
Floerecke, Peter: Der plötzliche Tod der Jugendhilfeplanung. neue praxis, 1988, 3, S. 233–241
Flösser, Gaby: Soziale Arbeit jenseits der Bürokratie. Über das Management des Sozialen. Neuwied 1994
Förderverein für Jugend- und -sozialarbeit (Hrsg.): AFT – Eine Zwischenbilanz. Erfahrungen und Ergebnisse der Berliner Kontaktstellen. 1992
Forum Jugendhilfe, AGJ-Mitteilungen, 1991, Heft 2–3
Frank, Winfried: Jugend im Verband. Jugendpolitik, 1993, 1–2, S. 19–20
Frei, Conrad U./Röthlisberger, Christoph: Soziale Unterstützung von jugendlichen Schülern. Zeitschrift für Entwicklungspsychologie und pädagogische Psychologie, 1994, 3, S. 262–277
Freigang, Werner: Heim und Gewalt. Institutionelle Bedingungen und pädagogische Handlungsmöglichkeiten. Materialien zur Heimerziehung, Juli 1994, 3, S. 3 ff.
Friedrich, Walter/Netzker, Wolfgang/Schubarth, Wilfried: Ostdeutsche Jugend. Ihr Verhältnis zu Ausländern und einigen aktuellen politischen Problemen. Freudenberg Stiftung 1991
Friedrich, Walter: Lehrlinge in der Berufsausbildung. ZIJ-Manuskript Leipzig 1980
Funk, Heide: Zur gesellschaftlichen Situation von Mädchen. In: Heiliger, Anita/Funk, Heide (Hrsg.): Neue Aspekte der Mädchenforschung. München 1990, S. 19–26

Gaiser, Wolfgang: Jugend und Freizeit – Analyse der aktuellen Situation von Jugendlichen. Vortragsmanuskript. München 1994
Gaiser, Wolfgang/Schefold, Werner/Vetter, Hans-Rolf: Lebenslauf und Wohlfahrtsproduktion. Biographische Muster und wohlfahrtsstaatliche Rahmenbedingungen – Überlegungen zur Wohlfahrtsmixtur. Blätter der Wohlfahrtspflege, 1991, 1, S. 14–16
Galuske, Michael/Rauschenbach, Thomas: Jugendhilfe Ost: Entwicklung, aktuelle Lage und Zukunft eines Arbeitsfeldes. München 1994
Gängler, Hans: Wunschzettel an Jugendverbände. Jugendpolitik, 1993, 1–2, S. 17–18
Gängler, Hans: Jugendverbandsarbeit im gesellschaftlichen Kontext – Entwicklung und Analyse. Vortrags-Manuskript. Dortmund 1994
Gängler, Hans/Winter, Reinhard: Jugendverbände zwischen Programmatik und Funktion. In: Böhnisch, Lothar/Gängler, Hans/Rauschenbach, Thomas (Hrsg.): Handbuch Jugendverbände. Weinheim 1991, S. 218–227
Garbarino, James: The Human Ecology of Child Maltreatment: A Conceptual Model for Research. Journal of Marriage and the Familiy, 1977, 11, S. 721ff.
Gehrmann, Thomas: Fußballrandale – Holligans in Deutschland. Essen 1990
Gernert, Wolfgang: Zur gemeinsamen Erziehung im Regelkindergarten. Gemeinsam leben, 1993, 4, S. 160–163
Gerstenberger, Peter/Zinßler, Manfred: Jugendbewegung in der DDR. Kurzporträts und Dokumente. ISS-Paper 44, 1990
Giessmann, Barbara: Jugendliche im Erfahrungsraum Schule. Zur Situation in den 80er Jahren. In: Gotschlich, Helga u. a. (Hrsg.): Kinder und Jugendliche aus der DDR. Berlin 1991, S. 47–50
Giessmann, Barbara: Die FDJ an den Schulen der DDR – Chancen und Grenzen der Funktionswahrnehmung. ZSE, 1990, 1, S. 91–104

Graf, Pedro/Bendit, René: Ausländische Kinder und Jugendliche in der Jugendhilfe. Zwischen Integration und Marginalisierung. In: Sachverständigenkommission Achter Jugendbericht (Hrsg.): Lebensverhältnisse Jugendlicher. Materialien zum Achten Jugendbericht Bd. 2, 1990, S. 357–496

Graf-Frank, Elisabeth: Die Betreuung behinderter Kinder in Hamburg. München 1984

Grauert, Sabine: Das Selbstverständnis des Heimmitarbeiters und die Notwendigkeit der Beziehung des jungen Menschen zu seiner Herkunftsfamilie während der Heimerziehung. In: Landeswohlfahrtsverband Württemberg-Hohenzollern Landesjugendamt (Hrsg.): Die Bedeutung der Herkunftsfamilie für die Heimerziehung. Ein Tagungsbericht, 1985, S. 27–35

Gref, Kurt: Straßensozialarbeit. In: Gref, Kurt/Menzke, Dieter (Hrsg.): Grenzgänger. Straßensozialarbeit und offene Jugendarbeit. Nürnberg 1994, S. 11–17

Grundsatzpapier des Deutschen Bundesjugendring: Jugendverbände in der Bindestrich-Gesellschaft. Forum Jugendhilfe, 1993, 4, S. 22–23

Günther, Cordula/Karig, Ute/Lindner, Bernd: Wendezeit – Kulturwende? In: Büchner, Peter/Krüger, Heinz-Hermann (Hrsg.): Aufwachsen hüben und drüben. Opladen 1991, S. 187–201

Günther, Dr.: Bereitstellung eines fachgerechten Leistungsangebots durch Einrichtungen der Jugendhilfe – Anforderungen und Maßnahmenvorschläge. Stuttgart 1993

Gutschick, Dieter: Freie Wohlfahrtspflege in den neuen Bundesländern. Soziale Arbeit, 1992, 1, S. 9–17

Hafeneger, Bruno/Stüwe, Gerd/Weigel, Georg: Punks. Opladen 1993

Hagmann-White, Carot: Sozialisation: weiblich-männlich? Opladen 1984

Hahn, Toni: Lageveränderungen, Wertorientierungen und Aktivitätspotentiale bei Arbeitslosen. In: Kieselbach, Thomas/Voigt, Peter (Hrsg.): Systemumbruch, Arbeitslosigkeit und individuelle Bewältigung in der Ex-DDR. Weinheim 1992, S. 199–216

Hanusch, Rolf: Jugendverbände und neue soziale Bewegungen. Tendenzen der achtziger Jahre. In: Böhnisch, Lothar/Gängler, Hans/Rauschenbach, Thomas (Hrsg.): Handbuch Jugendverbände, Weinheim 1991, S. 102–111

Hartwig, Helmut: Jugendkultur. Hamburg 1980

Hauptmann, Christa/Laske, Gisela/Lignitz, Ernst: Kindesmißhandlung und -vernachlässigung in Ost-Berlin. Sozialpädiatrie, 1992, 1, S. 36–42

Hege, Marianne/Schwarz, Gotthart: Gewalt gegen Kinder. Zur Vernetzung sozialer Unterstützungssysteme im Stadtteil. München 1992

Hein, Bernd: Das Image der Freien Wohlfahrtspflege. Bayerischer Wohlfahrtsdienst, 1993, 10, S. 91–93

Heinze, Rolf G./Olk, Thomas: Wohlfahrtsverbände, in: Otto, Hans-Uwe/ Eyferth, Hanns/Thiersch, Hans (Hrsg.): Handbuch zur Sozialarbeit – Sozialpädagogik. Neuwied 1984

Heinze, Ursula: Damals wurde es höchste Zeit – und wie ging es weiter? Entwicklung der Integration behinderter Kinder in Berlin seit der „Wende". Gemeinsam leben – Zeitschrift für integrative Erziehung, 1993, 1, S. 20–22

Heitkamp, Hermann: Heime und Pflegefamilien – konkurrierende Erziehungshilfen? Frankfurt/M. 1989

Heitmeyer, Wilhelm/Peter, Jörg-Ingo: Jugendliche Fußballfans. Weinheim 1988

Helsper, Werner: Okkultismus. Opladen 1992

Henkel, Dieter: Arbeitslosigkeit und Alkoholismus in den neuen Bundesländern der Ex-DDR. In: Kieselbach, Thomas/Voigt, Peter: Systemumbruch, Arbeitslosigkeit und individuelle Bewältigung in der Ex-DDR. Weinheim 1992, S. 124–137

Herms, Michael: Zu einigen aktuellen Problemen der Jugendverbandsarbeit in Ost-Berlin. Jahresbericht Institut für zeitgeschichtliche Jugendforschung e.V. Berlin 1992, S. 221–231

Herwig, Gisela: Jugend und Familie in der DDR. Leitbild und Alltag im Widerspruch. Edition Deutschland Archiv. Köln 1984

Hildebrand, B.: Erziehung und Leben in Jugendwerkhöfen der DDR. Berlin 1993 (Forschungsbericht)

Hille, Barbara: Berufswahl und Berufslenkung in der DDR. In: Jaide, Walter/Hille, Babara (Hrsg.): Jugend im doppelten Deutschland. Opladen 1977, S. 26–50

Höfer, Renate/Stiemert, Sigrid/Straus, Florian/Gmür, Wolfgang: Arbeitslose Jugendliche in sozialpädagogische Maßnahmen – Beratungsprojekte: Zwischenbericht zur Zielgruppenanalyse. IPP-Institut für Praxisforschung und Projektberatung. München 1989 (Forschungsbericht)

Höfer, Renate/Straus, Florian: Von Beginn an ohne Chance? Wien 1993

Hössl, Alfred: Die Bedeutung der Sondereinrichtungen für integrative Entwicklungen im Elementarbereich. DJI, o.J.

Hoffmann, Achim: Jugend und schulische Bildung. In: Gotschlich, Helga u.a. (Hrsg.): Kinder und Jugendliche aus der DDR, 1994

Horney, Alexandra: Möglichkeiten und Probleme der Erhebung und Analyse von Einstellungen und Meinungen. München 1994 (unveröffentlichte Diplomarbeit)

Hülsbusch, Robert: Partnerschaft erfahren. Gemeinsam Ausländer und Deutsche in Schule, Nachbarschaft und Arbeitswelt, Mai 1994, 28, S. 59–65

IPOS (Hrsg.): Jugendliche und junge Erwachsene in Deutschland. Mannheim 1993 (Forschungsbericht)

Jahoda, Marie/Lazarsfeld, Paul/Zeisel, Hans: Die Arbeitslosen von Marienthal. 1975 (Erstausgabe 1933)

Jenal, Christa: Jugendgewalt im Spiegel der Musikkultur. Kinder Jugend Gesellschaft, 1994, 1, S. 20–23

Jordan, Erwin: Erziehung und Strafe – Geschlossene Unterbringung. Ausweg oder Irrweg? Jugendhilfe 1994, 5, S. 308–310

Jordan, Erwin/Schone, Reinhold: Jugendhilfeplanung – Ein Instrument zur Entwicklung der kommunalen Jugendhilfe. Jugendhilfe, 1992, 30, S. 50–59

Jugendamt Magdeburg: Kinder- und Jugendreport Magdeburg. 1992

jugendpolitischer dienst: Lehrstellen-Angebot sinkt stärker als die Nachfrage. 5. 5. 1994, S. 6

Jugendwerk der Deutschen Shell (Hrsg.): Jugend '92. Lebenslagen, Orientierungen und Entwicklungsperspektiven im Vereinten Deutschland, Bände 1–4, Opladen 1992

Junge, Hubertus: Zur Einordnung der Heimerziehung in das neue Kinder- und Jugendhilfegesetz (KJHG). Pädagogischer Rundbrief, März 1992, S. 1–8

Karig, Ute: Freizeit zwischen Lust und Frust oder Jugend auf dem Markt der Möglichkeiten. In: Bien, Walter/Karig, Ute/Kuhnke, Ralf/Lang, Cornelia/Reißig, Monika: Cool bleiben – erwachsen werden im Osten. München 1994, S. 137–164

Kaufmann, H. G: Professionals in search of work. Coping with the stress of job loss and unemployment. New York 1982

Keppeler, Siegfried: Grundsätzliche Überlegungen zur Streetwork in der Jugendarbeit und Jugendhilfe. In: Steffan, Werner (Hrsg.): Straßensozialarbeit. Eine Methode für heiße Praxisfelder. Weinheim 1989, S. 16–30

Kersten, Joachim: Der Männlichkeits-Kult. Psychologie heute, 1993, 9, S. 50–57

Keupp, Heiner: Soziale Netzwerke – Eine Metapher des gesellschaftlichen Umbruchs? In: Keupp, Heiner/Röhrle, Bernd (Hrsg.): Soziale Netzwerke. Frankfurt/M. 1987, S. 11–53

Keupp, Heiner: Lebensbewältigung im Jugendalter aus der Perspektive der Gemeindepsychologie. In: Sachverständigenkommission Achter Jugendbericht (Hrsg.): Risiken des Heranwachsens. München 1990, S. 1–52

Keupp, Heiner: Aufrecht gehen lernen. Blätter der Wohlfahrtspflege, 1993, 2, S. 52–54

Keupp, Heiner: Von einer „Gemeinde" in die nächste? Kontinuitäten und Differenzen von religiöser Herkunft und gemeindepsychologischer Identität. In: Böhm I. u. a. (Hrsg.): Gemeindespsychologisches Handeln. Ein Werkstattbuch. Freiburg 1992, S. 45–60

Kieselbach, Thomas/Wacker, Ali: Bewältigung von Arbeitslosigkeit im sozialen Kontext – Einleitende Bemerkungen. In: Kieselbach, Thomas/Wacker, Ali (Hrsg.): Bewältigung von Arbeitslosigkeit im sozialen Kontext. Weinheim 1991, S. 9–23

Kieselbach, Thomas: Massenarbeitslosigkeit und Gesundheit in der Ex-DDR: Soziale Konstruktion und individuelle Bewältigung. In: Kieselbach, Thomas/Voigt, Peter: Systemumbruch, Arbeitslosigkeit und individuelle Bewältigung in der Ex-DDR. Weinheim 1992, S. 43–72

Kloas, Peter-Werner: Neue Bundesländer: Junge Erwachsene ohne anerkannte Berufsausbildung. Jugend Beruf Gesellschaft. Zeitschrift für Jugendsozialarbeit, 1992, 4, S. 221–225

Ködderitzsch, Peter/Müller, Leo A.: Rechtsextremismus in der DDR. Göttingen 1990

Köhler, Alfred: Feindseligkeit gegenüber Ausländern. In: Köpp, Werner/Rohrer, Robert (Hrsg.): Das Fremde in uns, die Fremden bei uns: Ausländer in Psychotherapie und Beratung. Heidelberg 1993, S. 24–31

Kollmann, Karl: Jugendkonsum – Konsum-Jugend?, in: Janig, Herbert/Hexel, Peter C./Luger, Kurt/Rathmayer, Bernhard (Hrsg.): Schöner Vogel Jugend. Linz 1988, S. 139–157

Korte, Joachim: Faustrecht auf dem Schulhof. Weinheim 1992

Krafeld, Franz-Josef/Moeller, Kurt/Mueller, Andrea: Jugendarbeit in rechten Szenen. Bremen 1993

Krahulec, Peter: Die Entwicklung der FDJ. In: Böhnisch, Lothar/Gängler, Hans/Rauschenbach, Thomas (Hrsg.): Handbuch Jugendverbände, Weinheim 1991, S. 79–85

Krause, Hans-Ulrich: Fremdunterbringung in der ehemaligen DDR. Jugendhilfe, 1992, 30, S. 24–27

Kreft, Dieter/Lukas, Helmut/Institut für soziale und kulturelle Arbeit (Hrsg): Perspektivenwandel der Jugendhilfe. Band 1, Nürnberg 1990

Kressing, Frank: Jugendarbeit als Lückenbüßer. Jugendpolitik, 1993, 1–2, S. 37–38

Krüger, Heinz-Hermann: Zum Wandel von Freizeitverhalten und kulturellen Lebensstilen bei Heranwachsenden in Westdeutschland. In: Büchner, Peter/Krüger, Heinz-Hermann (Hrsg.): Aufwachsen hüben und drüben. Opladen 1991, S. 203–222

Krüger, Helga: Subjektbildung in der Adoleszenz und die Bedeutung von Arbeit. In: Helsper, Werner: Jugend zwischen Moderne und Postmoderne. Opladen 1991, S. 147–161

Krüger, Helga: Doing Gender – Geschlechter als Statuszuweisung im Berufsbildungssystem. In: Brock, Ditmar/Hantsche, Brigitte/Kühnlein, Gertrud/Meulemann, Heiner/Schober, Karen (Hrsg.): Übergänge in den Beruf. München 1991, S. 139–170

Kühn, Horst: Jugendgewalt und Rechtsextremismus in Brandenburg. In: Otto, Hans-Uwe/Merten, Roland (Hrsg.): Rechtsradikale Gewalt im vereinigten Deutschland. Opladen 1993, S. 267–276

Kühnel, Wolfgang: Der Wandel generativer Lebenslagen – Generationsbeziehungen der 80er Jahre. In: Gotschlich, Helga u. a. (Hrsg.): Kinder und Jugendliche aus der DDR. Berlin 1991, S. 28–36

Kühnel, Wolfgang: Gewalt durch Jugendliche im Osten Deutschlands. In: Otto, Hans-Uwe/Merten, Roland (Hrsg.): Rechtsradikale Gewalt in vereinigten Deutschland. Opladen 1993, S. 237–246

Landeswohlfahrtsverband Württemberg-Hohenzollern (Hrsg.): Betreutes Wohnen. Stuttgart 1991

Lange, Elmar: Jugend Konsum. Opladen 1991

Lange, Katharina: Heimerfahrungen. In: Jahresbericht 1992 des Instituts für zeitgeschichtliche Jugendforschung e.V. Berlin 1992, S. 181–208,

Lantermann, Ernst-Dieter/Kruse, Lenelis/Graumann, Carl-Friedrich: Ökologische Psychologie. Ein Handbuch in Schlüsselbegriffen. München 1990, S. 430–434

Lauterbach, Jörg: Staats- und Politikverständnis autonomer Leistungen zwischen Deregulierung und Neugestaltung. Blätter der Wohlfahrtspflege, 1992, 1, S. 3–7

Lex, Tilly: „Männlich, deutsch und fit" – Determinanten des Weges ins Arbeitsleben bei „benachteiligten" Jugendlichen. DJI-Arbeitspapier 1-077. München 1993

Liem, G. R./Liem, J. H.: Social support and stress: Some general issues and their application to the problem of unemployment. In: Ferman, L. A., Gordus, J. P. (Hrsg.): Mental health and the economy. Kadamazoo. Mich. 1979

Luger, Kurt: „... dann ist der Tag irgendwie gewonnen!" In: Janig, Herbert/Hexel, Peter C./Luger, Kurt/Rathmayer, Bernhard (Hrsg.): Schöner Vogel Jugend. Linz 1988, S. 255–283

Maas, Udo: Aufgaben sozialer Arbeit nach dem KJHG. Weinheim 1991

Matthesius, Beate: Anti-Sozial-Front. Vom Fußballfan zum Hooligan. Opladen 1992

Mehler, Frank/Winterhager-Schmid, Luise: Orientierungskrisen Jugendlicher in Ostdeutschland als Folgen eines Individualisierungsschocks. deutsche jugend, 1993, 1, S. 22–30

Meier, Uta: Die neue Beliebigkeit? Familie der 90er Jahre. DISKURS, 1994, 2, S. 6–13

Menne, Klaus: Erziehungsberatung in den neuen Ländern. Bundeskonferenz für Erziehungsberatung e.V. 1993, 2–3, S. 32–36

Merchel, Joachim: Jugendhilfeplanung als kommunikativer Prozeß. neue praxis, 1992, 2, S. 93–106

Miedaner, Lore: Gemeinsame Erziehung behinderter und nichtbehinderter Kinder. München 1986

Mielenz, Ingrid: Die Strategie der Einmischung – Soziale Arbeit zwischen Selbsthilfe und kommunaler Politik. neue praxis, 1981, Sonderheft 6: Sozialarbeit als soziale Kommunalpolitik, S. 57–67

Miller, Rudolf: Hausformen. In: Kruse, Lenelis/Graumann, Carl-Friedrich/Lantermann, Ernst Dieter: Ökologische Psychologie. Ein Handbuch in Schlüsselbegriffen. München 1990

Minz, Hermann E.: Haus Buckow als Reformmodell in der Heimerziehung. In: Reichel-Koß, Ilse/Beul, Ursula (Hrsg.): Ella Kay und das Jugendamt neuer Prägung. München 1991

Müller, Burkhard: Abschied vom Ehrenamt. In: Böhnisch, Lothar/Gängler, Hans/Rauschenbach, Thomas (Hrsg.): Handbuch Jugendverbände. Weinheim 1991, S. 792–800

Müller, Hans-Ulrich: Wo Jugendliche aufwachsen. München 1983

Müller, Margrit: Der schwere Weg zur Anerkennung berufsbegleitender Bildung in den neuen Bundesländern. DISKURS, 1993, 2, S. 64–68

Müller, Robert: Satanische Verse. Metal Hammer, 1993, 6

Müller, Robert: Raise the dead – Wiederauferstehung oder Leichenfledderei? Metal Hammer, 1994, 8, S. 112–113

Münchmeier, Richard: „Wofür wirst du eigentlich bezahlt?" Zur Professionalisierung in der Jugendarbeit. In: Böhnisch, Lothar/Münchmeier, Richard/Sander, Ekkehard (Hrsg.): Abhauen oder bleiben? München 1980, S. 117–131

Münchmeier, Richard: Herausforderungen für die Jugendhilfeforschung. DISKURS, 1993, 2, S. 15–19

Münder, Johannes: Frankfurter Lehr- und Praxiskommentar zum KJHG. Münster 1991

Münder, Johannes: Das neue Jugendhilferecht. Münster 1991

Münning, Mathias: Neue Instrumente der Zusammenarbeit zwischen freier und öffentlicher Jugendhilfe: Die Arbeitsgemeinschaften gem. Artikel 1 § 78 KJHG. Zentralblatt für Jugendrecht, 1992, 12, S. 605–606

Nave-Herz, Rosemarie/Markefka, Manfred (Hrsg.): Handbuch der Familien- und Jugendforschung. Neuwied und Frankfurt/M. 1989, S. 465–482

Nehring, Almuth: Den Daumen drauf. Neues Deutschland, Berlin, 9.6.1994

Nestmann, Frank: „Macht vierzehnachtzig – Beratung inklusive". Natürliche Helfer im Dienstleistungssektor. In: Keupp, Heiner/Röhrle, Bernd (Hrsg.): Soziale Netzwerke. Frankfurt/M. 1987, S. 268–293

Neue Zeit: Pfadfinder haben Zulauf. Ausgabe vom 2.2.1994, S. 8

Nickel, Hildegard Maria: Gemeinsame Strecke bis zur Weggabelung. Geschlechtstypische Übergänge von DDR-Jugendlichen in den Beruf. In: Brock, Ditmar/Hantsche, Brigitte/Kühnlein, Gertrud/Meulemann, Heiner/Schober, Karen (Hrsg.): Übergänge in den Beruf. München 1991, S. 170–179

Nieke, Wolfgang: Interkulturelle Jugendarbeit – Die Minderheiten stärken und die Einheimischen einbeziehen. Gemeinsam Ausländer und Deutsche in Schule, Nachbarschaft und Arbeitswelt. Dezember 1992, 25, S. 9–19

Noelle-Neumann, Elisabeth/Strümpel, Burghard: Macht Arbeit krank? Macht Arbeit glücklich? München 1984

Nolteernsting, Elke/Lindner, Bernd/Melzer, Wolfgang: Getrennte Vergangenheit – gemeinsame Kultur? Jugendkulturen im Prozeß der deutschen Vereinigung. In: Neubauer, Georg/Melzer, Wolfgang/Hurrelmann, Klaus (Hrsg.): Jugend im deutsch-deutschen Vergleich. Neuwied 1992, S. 93–140

Nörder, Martin: Ehrenamtlichkeit und Jugendverbandsarbeit. Unsere Jugend, 1993, 7, S. 289–295

Nordlohne, Elisabeth: Psychosoziale Belastungen von Jugendlichen in Ost- und Westdeutschland. deutsche jugend, 1993, 2, S. 79–86

Oesterreich, Detlef: Identitätsprobleme jugendlicher Ostberliner. deutsche jugend, 1993, 1, S. 222–229

Opitz, Martin G.: Rocker im Spannungsfeld zwischen Clubinteressen und Gesellschaftsnormen. Konstanz 1990

Oppl, Hubert: Zur „Marktposition" der Freien Wohlfahrtspflege. Soziale Arbeit, 1992, 5, S. 152–158

Otto, Hans-Uwe: Sozialarbeit zwischen Routine und Innovation: Professionelles Handeln in Sozialadministrationen. Berlin, New York 1991

Otto, Hans-Uwe: Jugendliche in den neuen Bundesländern – die vergessenen Vereinigungsverlierer. Bielefeld 1993 (Manuskript)

Otto, Hans-Uwe/Merten, Roland (Hrsg.): Rechtsradikale Gewalt im vereinigten Deutschland. Opladen 1993

Otto, Hans-Uwe/Prüß, Franz u. a.: Jugendhilfe im Umbruch – Chancen für den Aufbau lebenslagenbezogener Hilfe- und Unterstützungsleistungen? Arbeits- u. Ergebnisbericht. Bielefeld 1994

Otto, Manfred/Wenzke, Gerhard: Punks, Heavys, Skinheads, Grufties – informelle Gruppen in der DDR. In: Jugendwerk der Deutschen Shell. Jugend '92. Lebenslagen, Orientierungen und Entwicklungsperspektiven im Vereinten Deutschland. Band 3, 1992, S. 183–196

Peinhardt, Ingrid/Sparschuh, Ute u. a.: Einblicke – Jugendkultur in Beispielen. Baden-Baden 1983

Pelz, Monika/Münz, Rainer: Arbeitslose „Kinder" und ihre Eltern – Erwerbslosigkeit als Konfliktpotential in der Beziehung zur Herkunftsfamilie. In: Schindler, Hans/Wacker, Ali/Wetzels, Peter (Hrsg.): Familienleben in der Arbeitslosigkeit. Heidelberg 1990

Planungsgruppe PETRA: Analyse von Leistungsfeldern der Heimerziehung. Frankfurt/M. 1987

Pogundke, Arne: Eine Chance für Jugendverbände? In: Gotschlich, Helga u. a. (Hrsg.): Kinder und Jugendliche aus der DDR. Berlin 1991, S. 209–219

Pollmer, Käthe/Hurrelmann, Klaus: Neue Chancen oder neue Risiken für Jugendliche in Ostdeutschland? – Eine vergleichende Studie zur Streßbelastung sächsischer und nordrhein-westfälischer Schülerinnen und Schüler. Zeitschrift für Sozialisationsforschung und Erziehungssoziologie, 12. 2. 1992, S. 2–29

Pramann, Ulrich: Fußballfans. Hamburg 1980

Prantl, Heribert: Kommentar in der Süddeutschen Zeitung vom 1. 9. 1992, S. 4

Prognos AG: Entwicklung der freien Wohlfahrtspflege bis zum Jahr 2000. Basel 1984

Prölß, Reiner/Wagner, Klaus: Das KJHG aus Sicht eines Großstadt-Jugendamtes, in: DBJR (Hrsg.): KJHG Das neue Kinder- und Jugendhilfegesetz und Länderausführungsbestimmungen. Schriftenreihe des Deutschen Bundesjugendringes. 1990, Nr. 18, S. 26–33

Raab, Erich: Hilfen zur beruflichen Integration – ein neues Handlungsfeld in einem veränderten Übergangssystem. In: Brock, Ditmar/Hantsche, Brigitte/Kühnlein, Gertrud/Meulemann, Heiner/Schober, Karen (Hrsg.): Übergänge in den Beruf. München 1991, S. 290–307

Raab, Erich/Rademacker, Hermann: Berufsbezogene Jugendhilfe in München. DJI-Arbeitspapier 2-070. München 1992

Raab, Erich/Rademacker, Hermann: Schule und Jugendhilfe – Schulsozialarbeit. DJI Manuskript, 1994

Rabe, Rita: Gesetzliche Regelungen über Anpassungsqualifizierungen im Bereich der Jugendhilfe in den neuen Bundesländern. Manuskript des IBFJ. Berlin, 1993

Rathmayr, Bernhard: Aufwachsen im Konsumzeitalter. In: Janig, Herbert/Hexel, Peter C./Luger, Kurt/Rathmayer, Bernhard (Hrsg.): Schöner Vogel Jugend, Linz 1988, S. 109–137

Rauschenbach, Thomas: Das Ehrenamt im Jugendverband. Historisches Relikt oder unverzichtbarer Bestandteil? In: Böhnisch, Lothar/Gängler, Hans/Rauschenbach, Thomas (Hrsg.): Handbuch Jugendverbände. Weinheim 1991, S. 282–294

Rothe, Sabine: Gewalt in Familien. Expertise zum Fünften Familienbericht. In: Büchner, Peter u. a. : Kindliche Lebenswelten, Bildung und innerfamiliale Beziehungen. München 1991, S. 80–84

Rückert, Klaus: Supervision als Schritt zur Professionalisierung in der Heimerziehung und Sozialpädagogik. Information zur Bildung und Fortbildung für Erzieher und Sozialarbeiter. 1987, 4, S. 1–5

Sachverständigenkommission Achter Jugendbericht: Expertenanhörung zum Thema „Ehrenamtlichkeit – Selbsthilfe – Professionalität", DJI Arbeitspapier 1-023, München 1990
Sander, Ekkehard: Skinheads – Gefangene des eigenen Mythos? In: DJI (Hrsg.): Gewalt gegen Fremde. Weinheim 1993, S. 161–172
Sander, Ekkehard/Mayr-Kleffel, Verena/Barthelmes, Jürgen: Medienerfahrungen von Jugendlichen in Familien und Peergroups. Ergebnisse einer Pilotstudie 1992. DJI-Arbeitspapier 7-040. München 1992
Sander, Ekkehard: Neue Jugendbewegungen und Jugendproteste. In: DJI (Hrsg.): Lebenslage Jugend. München 1983
Savier, Monika/Fromm, Claudia/Eichelkraut, Rita/Kurth, Anne/Kreyssig, Ulrike: Alltagsbewältigung: Rückzug – Widerstand. Opladen 1984
Schäfer, Heiner: Auf dem Weg ins Abseits. Prozesse der beruflichen und sozialen Marginalisierung bei jungen Männern. DJI-Arbeitspapier 1-078. München 1993
Schattner, Heinz: Sozialpädagogische Familienhilfe in der Forschung. Vergleich der Ergebnisse des Forschungsprojekts beim DJI mit den Empfehlungen des Deutschen Caritasverbandes zur Gestaltung der Sozialpädagogischen Familienhilfe. In: Deutscher Caritasverband (Hrsg.): Sozialpädagogische Familienhilfe im Bereich des Deutschen Caritasverbandes – Anspruch und Wirklichkeit. Tagungsbericht. 1993
Schefold, Werner: Jugendverbände und Bildungssystem. In: Böhnisch, Lothar/Gängler, Hans/Rauschenbach, Thomas (Hrsg.): Handbuch Jugendverbände. Weinheim 1991, S. 153–161
Schilling, Johannes: Der Jugendclub. München 1982
Schilling, Johannes: Mobile Jugendarbeit – Die unbekannte Möglichkeit. Theorie und Praxis der Sozialen Arbeit, 1983, 10, S. 341–345
Schlicht, Hans: Mobile Jugendarbeit im Backesclub. Ein Modell ländlicher Jugendarbeit. deutsche jugend, Heft 7, 1981, S. 310–313
Schmitt, Wolfgang: Einrichtungsstatistik zum 31.12.1991. Ostdeutschland. Statistische Informationen des Diakonischen Werkes der evangelischen Kirche in Deutschland, 1993, 2
Schneider, Peter: Erziehung nach Mölln. In: Kursbuch, 1993, S. 131–141
Schröder, Burkhard: Rechte Kerle. Hamburg 1992
Schröder, Jörg-Achim: Analyse von Leistungsfeldern der Heimerziehung. Unsere Jugend, 1992, 12, S. 521–533
Schubarth, Wilfried: Rechtsextreme Einstellungen Jugendlicher vor und nach dem gesellschaftlichen Umbruch. In: DJI (Hrsg.): Gewalt gegen Fremde. München 1993, S. 149–159
Schubarth, Wilfried: Sehnsucht nach Gewißheit. In: Otto, Hans-Uwe/Merten Roland (Hrsg.): Rechtsradikale Gewalt im vereinigten Deutschland. Opladen 1993, S. 256–266
Schulz-Gambard, Jürgen: Dichte und Enge, in: Kruse, Lenelis/Graumann, Carl-Friedrich/Lantermann, Ernst Dieter: Ökologische Psychologie. Ein Handbuch in Schlüsselbegriffen. München 1990, S. 339–346
Schwarz, Gotthart: Aufgaben und Bedeutung des Allgemeinen Sozialdienstes (ASD) in den 90er Jahren, in: Hege, Marianne/Schwarz, Gotthart: Gewalt gegen Kinder. München 1992, S. 23–43
Schweikert, Klaus: Jugend und Berufsausbildung in den neuen Bundesländern. Berufsbildung in Wissenschaft und Praxis, 1993, 3, S. 17–21
Seiring, Wilfried: Neonazistische Vorkommnisse in der DDR – Skinheads im Sozialismus – Vom Totschweigen zur Hysterie. Informationen zur DDR-Pädagogik, 1989, 3, S. 30–40
Simon, Titus: Rocker in der Bundesrepublik. Weinheim 1989

Spengler, Peter: Jugendverbände und Kommerz. In: Böhnisch, Lothar/Gängler, Hans/Rauschenbach, Thomas (Hrsg.): Handbuch Jugendverbände. Weinheim 1991, S. 336–345

Spiegelhalter, Franz: Der dritte Sozialpartner: die freie Wohlfahrtspflege – ihr finanzieller und ideeller Beitrag zum Sozialstaat. Freiburg i. Breisgau. 1990

Stock, Manfred: Jugendliche Subkulturen in Ostdeutschland. In: Büchner, Peter/Krüger, Heinz-Hermann (Hrsg.): Aufwachsen hüben und drüben. Opladen 1991, S. 257–266

Stock, Manfred/Mühlberg, Phillip: Die Szene von innen. Skinheads, Grufties, Heavy Metals, Punks. Berlin 1990

Streeck-Fischer, Anette: Fremdenfeindlichkeit – Über jugendliche, rechtsextreme Skinheads und ihren mißglückten Umgang mit dem Fremden. In: Köpp, Werner/Rohrer, Robert (Hrsg.): Das Fremde in uns, die Fremden bei uns: Ausländer in Psychotherapie und Beratung. Heidelberg 1993, S. 32ff

Strehmel, Petra/Degenhardt, B.: Arbeitslosigkeit und soziales Netzwerk. In: Keupp, Heiner/Röhrle, Bernd (Hrsg.): Soziale Netzwerke. Frankfurt/M. 1987, S. 339–346

Strehmel, Petra/Ulich, Dieter: Erwerbsbiographie und Entwicklung – Neue Ergebnisse einer Längsschnittuntersuchung mit jungen Erwachsenen. Augsburg 1990

Struck, Norbert: Medieninformation. 1993

Süddeutsche Zeitung: Einstellungsstopp kommt Stadt teuer zu stehen, 26. 1. 1993

Tiedtke, Michael: Die Schule – rechtliche Grundlagen, bildungspolitische Prämissen und pädagogisch-theoretische Legitimierung. In: Gotschlich, Helga (Hrsg.): Kinder und Jugendliche aus der DDR. Berlin 1991, S. 44–47

Tümmler, Christiane/Tümmler, Siegfried: Vom Kollektiv zum Verein. Berlin 1994 (fjs Arbeitsheft)

Tümmler, Siegfried: Jugendhilfe im Umbruch – Der Aufbau der örtlichen Strukturen der Jugendhilfe und die Aufgabenwahrnehmung der Jugendämter in den neuen Bundesländern. Forschungsbericht. Berlin. 1992

Ulrich, G.: Lehrlinge heute – zu Einstellungen und Verhaltensweisen von Lehrlingen in der DDR Ende der 80er Jahre. ZIJ-Manuskript. Leipzig 1989

Vondrach, Gert: Jugendarbeitslosigkeit. In: Markefka, Manfred/Nave-Herz, Rosmarie (Hrsg.): Handbuch der Familien- und Jugendforschung. Band 2. Neuwied und Frankfurt/M. 1989, S. 699–717

Wahl, Klaus: Studien über Gewalt in Familien: Gesellschaftliche Erfahrung, Selbstbewußtsein, Gewalttätigkeit. München 1990

Weis, Christine/Schaefer, Anka: Jugendstrafrecht und seine Anwendung in der DDR nach Erlaß des Strafgesetzbuches von 1960. In: Gotschlich, Helga u. a. (Hrsg.): Kinder und Jugendliche aus der DDR. Berlin 1991, S. 193–200

Wildenradt, Constanze von: Jugendhilfeplanung in kommunalen Engpässen. Hamburg 1991

Willems, Helmut: Gewalt und Fremdenfeindlichkeit. In: Otto, Hans-Uwe/Merten Roland (Hrsg.): Rechtsradikale Gewalt im vereinigten Deutschland. Opladen 1993, S. 88–108

Willems, Helmut/Würtz, Stefanie/Eckert, Roland: Fremdenfeindliche Gewalt: Eine Analyse von Täterstrukturen und Eskalationsprozessen. Forschungsbericht für BMFJ und DFG, Juni 1993

Winnicott, Donald: Aggression: Versagen der Umwelt und antisoziale Tendenzen. Stuttgart 1984

Winter, Gerhard: Die Lebenswelt der Arbeitslosen. In: Kruse, Lenelis/Graumann, Carl-Friederich/Lantermann, Ernst Dieter (Hrsg.): Ökologische Psychologie. Ein Handbuch in Schlüsselbegriffen. München 1990, S. 430–434

Wirtschaft und Statistik, 1992, 12, S. 894 (Tabelle 5)

Wolffersdorff, Christian von/Sprau-Kuhlen, Vera: Geschlossene Unterbringung in Heimen. München 1990

Wünsche, Sigrid: AFT-Versuch einer Zwischenbilanz. In: Gerstenberger, Peter: AFT – Eine Zwischenbilanz. Erfahrungen und Ergebnisse der Berliner Kontaktstellen. fjs-Arbeitsheft, 1992, Berlin

Wüstendörfer, Werner/Schimany, Peter/Seel, Hans-Jürgen: Jugendstudie. Nürnberg 1986

Ziebarth, Uwe: Abschied vom Klienten. Ein Organisations- und Handlungsmodell im Amt für Soziale Dienste als Jugendamt vor Ort. In: Widersprüche, 1994, 52, S. 11–28

Zilch, Dorle: FDJ – Die „Last" der Vergangenheit. In: Gotschlich, Helga u. a. (Hrsg.): Kinder und Jugendliche aus der DDR, Berlin 1991, S. 50–53

Veröffentlichungen der ProjektmitarbeiterInnen

Gawlik, Marion: Ohne Ehrenamtliche läuft nichts! – Ehrenamtliche Mitarbeiter in Jugendverbänden der neuen Bundesländer. Jugendpolitik, 1994, 1, S. 28–31

Gawlik, Marion: Skins, Punks, Kutten und Heavys – Probleme und Ressourcen von Subkultur-Jugendlichen in den neuen Bundesländern. Unsere Jugend, 1994, 10

Gawlik, Marion: Zwischen Problemsicht und institutioneller Realität – Reaktionen der Jugendhilfe in den neuen Bundesländern auf jugendspezifische Problemlagen. Jugendhilfe, 1995, 2, S. 67–75

Gawlik, Marion/Krafft, Elena: Die Jugendämter in den neuen Bundesländern. Erste Ergebnisse einer Totalerhebung. Forum Jugendhilfe, 1993, 1–2, S. 36–38

Gawlik, Marion/Krafft, Elena/Seckinger, Mike/Sprau-Kuhlen, Vera: Die Jugendämter in den NBL. Spielräume (fjs Berlin),1993, 8, S. 8–10

Gawlik, Marion/Krafft, Elena/Seckinger, Mike: Schlechte Startbedingungen. DJI-Bulletin, 1993, 26, S. 5

Gawlik, Marion/Krafft, Elena/Seckinger, Mike: Was Schüler streßt. DJI-Bulletin, 1994, 29, S. 5–6

Gawlik, Marion/Krafft, Elena/Seckinger, Mike: Govermantal and Nongovermental Youth Welfare in the New German Länder. ADOLESCENCE, 1994, 29, S. 905–911

Gawlik, Marion/Seckinger, Mike: Wie ist unter solchen Bedingungen eine gute Jugendarbeit möglich? Spielräume (fjs Berlin), 1993, 10, S. 10–11

Gawlik, Marion/Seckinger, Mike: „Jugendamt? Das is' was für Asoziale" – Zur Sicht der Jugendhilfe durch Jugendliche in Ostdeutschland. DJI-Bulletin, Sommer 1995

Krafft, Elena: Entwicklungen von Jugendinitiativen in den neuen Bundesländern. Jugendhilfe, 1994, 1, S. 20–25

Krafft, Elena/Seckinger, Mike: Freie Träger etabliert? Forschungsbefunde. Spielräume (fjs Berlin), September/Oktober 1994, S. 2–3

Lotze, Sabine/Spörl, Eva-Maria/Sprau-Kuhlen, Vera: Jugendhilfestrukturen in den neuen Bundesländern. DISKURS 1993, 2, S. 44–53

Seckinger, Mike: Zum Aufbau der Jugendhilfe in den neuen Bundesländern. In: Landesjugendamt Sachsen (Hrsg.): Dokumentation der Jugendamtsleitertagung vom 18. bis 20.4.1994

Seckinger, Mike: Kommentar: Zur Professionalisierungsdebatte in der Jugendhilfe. neue praxis, 1994, 4, S. 359–361

Seckinger, Mike: Professionalisierung in der Jugendhilfe. Was fördert sie – was wirkt ihr entgegen? Sozialpädagogik, 1994, 5, S. 249–251

Seckinger, Mike/Sprau-Kuhlen, Vera: Einige Ergebnisse einer Jugendamtsbefragung in den neuen Bundesländern. In: Barthe, Susan/Sommer, Karin (Hrsg.): Impulse zur Erziehungsberatung – zur Situation von Erziehungsberatung in den neuen Bundesländern. Dokumentation einer Fachtagung, DJI-Arbeitspapier 4-085, München 1994, S. 85–95

DISKURS

DISKURS – Studien zu Kindheit, Jugend, Familie und Gesellschaft – ist die sozialwissenschaftliche Zeitschrift des Deutschen Jugendinstituts. Sie bietet in kompakter, attraktiver Form Forschungsergebnisse und Literaturübersichten zu aktuellen Fragen der Kindheit, Jugend, Familie und Gesellschaft. Wissenschaftliche Resultate werden gebündelt und leserfreundlich präsentiert.

Die **Bibliographie Jugendhilfe – Literatur zu Jugendforschung, Jugendhilfe und Jugendpolitik** erschließt relevante Veröffentlichungen zur Kindheits- und Jugendforschung sowie zum Praxis- und Politikbereich des Kinder- und Jugendhilfegesetzes (KJHG), bietet Zusammenfassungen sowie Personen-, Körperschafts- und Schlagwortregister.

Das Jahresabonnement besteht aus drei Lieferungen:
DISKURS erscheint zweimal jährlich, die
Bibliographie Jugendhilfe einmal jährlich.
Neben dem Abonnement sind auch Einzelbestellungen möglich. Zur Zeit (Stand März 1995) sind noch folgende Einzelhefte lieferbar:

DISKURS 2/1991, Thema: Jugend und der Ernstfall: Einstieg ins Arbeitsleben in Ost und West
DISKURS 1/1992, Thema: Kindheit heute – Aufwachsen in der Moderne
DISKURS 2/1992, Thema: Europa und sein Nachwuchs
DISKURS 1/1993, Thema: Region: Raum, Lebenswelt und Planungsgröße
DISKURS 2/1993, Thema: Jugendhilfe
DISKURS 1/1994, Thema: Aufwachsen im Medienalltag
DISKURS 2/1994, Thema: Familie im Sozialstaat
Bibliographie Jugendhilfe 1991
Bibliographie Jugendhilfe 1992
Bibliographie Jugendhilfe 1993
Bibliographie Jugendhilfe 1994

Bestellungen bitte nur über Ihre Buchhandlung oder beim Juventa Verlag, Ehretstraße 3, 69469 Weinheim

DJI Verlag Deutsches Jugendinstitut

Juventa Verlag, Ehretstraße 3, 69469 Weinheim

JUVENTA